U0754281

国家图书馆中国边疆文献研究文库

文献为证

钓鱼岛图籍录

国家图书馆中国边疆文献研究中心 编著

國家圖書館出版社

图书在版编目（CIP）数据

文献为证：钓鱼岛图籍录 / 国家图书馆中国边疆文献研究中心 编著 . —北京：国家图书馆出版社，2015.4（2018.2 重印）

（国家图书馆中国边疆文献研究文库）

ISBN 978-7-5013-5525-9

Ⅰ. ①文… Ⅱ . ①国… Ⅲ . ①钓鱼岛问题—史料—图集 Ⅳ . ① D823

中国版本图书馆 CIP 数据核字 (2014) 第 294106 号

书　　名	文献为证：钓鱼岛图籍录
著　　者	国家图书馆中国边疆文献研究中心 编著
丛 书 名	国家图书馆中国边疆文献研究文库
责任编辑	廖生训　陈 卓
重印编辑	张慧霞
整体设计	麒麟轩文化
出　　版	国家图书馆出版社（100034 北京市西城区文津街 7 号） （原书目文献出版社 北京图书馆出版社）
发　　行	010-66114536 66126153 66151313 66175620 66121706（传真） 66126156（门市部）
E-mail	nlcpress@nlc.cn（邮购）
Website	www.nlcpress.com 投稿中心
经　　销	新华书店
印　　装	三河弘翰印务有限公司
版　　次	2015 年 4 月第 1 版 2018 年 2 月第 2 次印刷
开　　本	850×1168（毫米） 1/16
印　　张	20
字　　数	320 千字
书　　号	ISBN 978-7-5013-5525-9
定　　价	180.00 元

《文献为证：钓鱼岛图籍录》

主编　张曙光

撰稿　张曙光　梁 婧　张 维　阴政宏　孙 圆

翻译　陈颖艳　姜 婧

总 序

中国幅员辽阔，有着 2 万多公里的绵长陆路边界线和广阔的海疆海域，与我国陆地相邻的国家有 14 个，隔海相望的国家 6 个。中国陆地边疆地区特有的民族、政治、经济特点和历史文化，以及海疆海域所形成的海洋文明，是中华文明史的重要组成部分。反映中国边疆历史、记录边疆发展的文献史料，亦代代相传，保留至今。全面收集、研究中国边疆地区的文献史料，对研究中国历史上治边政策的经验教训、近代中国与邻国的疆界变迁、中国统一多民族国家形成和发展的历史规律等至关重要。同时对当代中国边疆地区热点问题进行预研性研究，全面梳理相关文献，服务国家大政方针决策也具有特殊的战略意义。

国家图书馆在 1909 年成立至今的百年历史中，通过开展有关中国边疆文献的研究和服务，积累了一定数量的目录辑纂成果和专题文献咨询成果，多次为我国国防和外交工作提供了积极支持和帮助。近年来，随着中国经济的快速发展和国际影响力的日益增大，我国边疆局势出现新的动向，维护国家主权和领土完整的形势日益严峻。为充分履行国家图书馆为国家立法决策服务的职能，2012 年 8 月，国家图书馆“中国边疆文献研究中心”正式成立。“中国边疆文献研究中心”旨在以国家图书馆宏富馆藏文献为依托，致力于我国国内中国边疆文献（包括民族文字文献）的全面入藏、开发、建设和服务，以及国外馆藏中国边疆文献的广泛收集，使国家图书馆成为世界一流的中国边疆文献典藏、研究与服务中心，从而为国家立法与政府机构提供决策参考，为国内外教学与科研单位提供文献保障和服务。

“中国边疆文献研究中心”成立伊始，即将《国家图书馆中国边疆文献文库》的建设工作纳入重要工作内容并首先以国家图书馆馆藏边疆文献为基础，开始中国边疆文献收藏情况的摸底与调研。调研工作以东北边疆、北部边疆、新疆、西藏、西南以及海疆海域六个区域为横切面，以历史发展为纵轴，通过区域和专题相结合的方式，按需开展馆藏中国边疆文献的整理和研究工作。《文献为证——钓鱼岛图籍录》即是《国家图书馆中国边疆文献文库》以海疆海域为专题开展边疆文献研究的首个成果，此后将陆续出版《南海图籍录》等相关研究成果。

《国家图书馆中国边疆文献文库》的建设是国家图书馆一项长期的、艰苦的基础业务工作，对于国家外交与国防政策的制定，也是一项十分重要的文献信息支撑工程。以文献为立足点，通过文献学的方法和相关学科领域知识相结合，辅以现代计算机网络信息技术支撑，全面开展对我国边疆文献的梳理、开发、研究与服务，是本文库的基本特色。伴随着国家图书馆“中国边疆文献研究中心”各项工作的深入开展，《国家图书馆中国边疆文献文库》系列研究成果将会陆续出版，这也正是国家图书馆中国边疆文献研究中心“基于历史文献、服务现实社会”的目标所在。

韓永進

2014 年 12 月

前 言

钓鱼岛及其附属岛屿是中国领土不可分割的一部分。无论从历史、地理还是从法理的角度来看，钓鱼岛都是中国的固有领土，中国对其拥有无可争辩的主权。

国家图书馆作为国家总书库、研究型图书馆，长期关注钓鱼岛相关文献的收集、入藏和整理。依靠馆藏文献优势，借助咨询馆员特长，国家图书馆编制了大量的钓鱼岛文献资料，举办了钓鱼岛文献展览等活动，如《钓鱼岛问题资料汇编》(2004年)、《钓鱼岛馆藏文献目录》（2009年）、《钓鱼岛舆情监测》（2011年至今）、“馆藏钓鱼岛相关文献情况介绍会”（2012年）、“文献中的钓鱼岛”展览（2012年）等，为国家决策及学界服务。在此基础上，国家图书馆组织专门人力，梳理前人研究成果，遍查相关文献，编制了这部《文献为证：钓鱼岛图籍录》（以下简称《图籍录》）。

《图籍录》全书共四章，包括钓鱼岛及其附属岛屿概况、古代文献中的钓鱼岛、中外舆图中的钓鱼岛、近代以来文献中的钓鱼岛。全书收录文献130余种、近260幅图，系统梳理了从古至今有关钓鱼岛较为重要的文献。经过细致挖掘、考证，《图籍录》揭示并收录了部分鲜见文献，丰富和补充了既往的研究成果。

《图籍录》所涉文献年代跨度大，类型多元，来源广泛。全书以国家图书馆馆藏纸本文献为主，辅以数字资源、网络资源，同时多方检索、搜求其他机构相关文献作参考、比对并加以补充。所收文献主要来自中国国家图书馆、首都图书馆、福建省图书馆、福建师范大学图书馆、福建师范大学闽台区域研究中心、日本国立国会图书馆、日本国立公文书馆、冲绳县立图书馆、琉球大学附属图书馆、明治大学附属图书馆、日本岛根大学附属图书馆、日本国立民族学博物馆、美国国会图书馆、美国哈佛大学图书馆、澳大利亚国家图书馆、英国大英图书馆以及个人收藏捐赠等。

《图籍录》运用文献学的方法，以图配文，收录最早最佳版本的原典文献，清晰标注了文献成书背景、出版信息、收藏机构，客观呈现了文献所涉钓鱼岛相关内容，以期准确揭示钓鱼岛及钓鱼岛问题的本质，为维护钓鱼岛及其附属岛屿主权提供文献依据。

在《图籍录》的编纂过程中，国家海洋局国际合作司张海文司长，国家海洋局战略研究所李明杰研究员，中国社会科学院边疆史地研究中心厉声研究员、李国强研究员，中国社会科学院历史研究所万明研究员，香港中文大学亚太研究所郑海麟研究员，福建师范大学闽台区域研究中心谢必震教授，清华大学当代国际关系研究院刘江永教授，北京大学历史系王晓秋教授，北京师范大学法学院赵英军博士，国家图书馆黄润华研究馆员、王菡研究馆员、陈红彦研究馆员、李凡副研究馆员等专家、学者对于《图籍录》的大纲体例、史料梳理、文献支撑等，提出许多中肯的意见并为作者充分吸收融入终稿。

《图籍录》编纂期间，正值国家图书馆馆舍维修，这对文献的深度挖掘、揭示工作带来了一定的影响。加之编纂人员学识有限，在文献研究方面难免有不到之处，敬请各方批评指正。国家图书馆中国边疆文献研究中心将继续致力于钓鱼岛文献的研究，加快文献整理，为国家决策和学术研究服务。

编 者

2014 年 12 月

目 录

第三章　中外舆图中的钓鱼岛

第一章 钓鱼岛及其附属岛屿概况

钓鱼岛及其附属岛屿（以下简称钓鱼岛）位于中国台湾岛的东北部，是台湾的附属岛屿，分布在东经123°20′－124°40′，北纬25°40′－26°00′之间的海域，由钓鱼岛、黄尾屿、赤尾屿、南小岛、北小岛、南屿、北屿、飞屿等岛礁组成，总面积约5.69平方千米。

钓鱼岛，亦称钓鱼台、钓鱼屿、钓鱼山，面积约3.91平方千米，是钓鱼诸岛中面积最大的岛屿，距离浙江省温州市约356千米，福建省福州市约385千米，台湾省基隆市约190千米。黄尾屿，亦称黄尾山、黄毛屿、黄麻屿，位于钓鱼岛东北约27千米，面积约0.91平方千米，为钓鱼诸岛的第二大岛。赤尾屿，亦称赤屿、赤坎屿、赤尾山、赤尾岛、赤尾礁，位于钓鱼岛东北约110千米，面积约0.065平方千米。

钓鱼岛鸟瞰图

中华人民共和国
东
海
福
建
省
台
湾
海
峡
台
台
湾
省
钓鱼岛
图例
钓鱼岛及其附属岛屿在中国的地理位置
北京
中华人民共和国
钓鱼岛及周边岛屿
1：25 000
龙头鱼岛
钓鱼岛
黄姑鱼岛
大黄鱼岛
小黄鱼岛
鲨鱼岛
飞屿
飞仔岛

钓鱼岛及其附属岛屿领海基线

一、钓鱼岛、黄尾屿、南小岛、北小岛、南屿、北屿、飞屿的领海基线为下列各相邻基点之间的直线连线

1、钓鱼岛1	北纬25°44.1′	东经123°27.5′
2、钓鱼岛2	北纬25°44.2′	东经123°27.4′
3、钓鱼岛3	北纬25°44.4′	东经123°27.4′
4、钓鱼岛4	北纬25°44.7′	东经123°27.5′
5、海豚岛	北纬25°55.8′	东经123°40.7′
6、下虎牙岛	北纬25°55.8′	东经123°41.1′
7、海星岛	北纬25°55.6′	东经123°41.3′
8、黄尾屿	北纬25°55.4′	东经123°41.4′
9、海龟岛	北纬25°55.3′	东经123°41.4′
10、长龙岛	北纬25°43.2′	东经123°33.4′
11、南小岛	北纬25°43.2′	东经123°33.2′
12、鲳鱼岛	北纬25°44.0′	东经123°27.6′
1、钓鱼岛1	北纬25°44.1′	东经123°27.5′

二、赤尾屿的领海基线为下列各相邻基点之间的直线连线

1、赤尾屿	北纬25°55.3′	东经124°33.7′
2、望赤岛	北纬25°55.2′	东经124°33.2′
3、小赤尾岛	北纬25°55.3′	东经124°33.3′
4、赤背北岛	北纬25°55.5′	东经124°33.5′
5、赤背东岛	北纬25°55.5′	东经124°33.7′
1、赤尾屿	北纬25°55.3′	东经124°33.7′

钓鱼岛及其部分附属岛屿标准名称、地理坐标

标准名称	汉语拼音	地理坐标	
钓鱼岛	Diàoyú Dǎo	北纬25°44.6′	东经123°28.4′
龙头鱼岛	Lóngtóuyú Dǎo	北纬25°45.0′	东经123°29.2′
鲳鱼岛	Chāngyú Dǎo	北纬25°44.0′	东经123°27.6′
大黄鱼岛	Dàhuángyú Dǎo	北纬25°44.4′	东经123°28.6′
小黄鱼岛	Xiǎohuángyú Dǎo	北纬25°44.4′	东经123°29.0′
金钱鱼岛	Jīnqiányú Dǎo	北纬25°44.4′	东经123°29.3′
金钱鱼西岛	Jīnqiányúxī Dǎo	北纬25°44.4′	东经123°29.3′
梅童鱼岛	Méitóngyú Dǎo	北纬25°44.4′	东经123°29.3′
梅童鱼东岛	Méitóngyúdōng Dǎo	北纬25°44.4′	东经123°29.3′
梅童鱼西岛	Méitóngyúxī Dǎo	北纬25°44.4′	东经123°29.3′
龙王鲷岛	Lóngwángdiāo Dǎo	北纬25°44.5′	东经123°29.4′
龙王鲷西岛	Lóngwángdiāoxī Dǎo	北纬25°44.5′	东经123°29.4′
龙王鲷东岛	Lóngwángdiāodōng Dǎo	北纬25°44.4′	东经123°29.4′
龙王鲷南岛	Lóngwángdiāonán Dǎo	北纬25°44.4′	东经123°29.4′
黄姑鱼岛	Huánggūyú Dǎo	北纬25°44.5′	东经123°29.5′
黄尾屿	Huángwěi yǔ	北纬25°55.4′	东经123°40.9′
海豚岛	Hǎitún Dǎo	北纬25°55.8′	东经123°40.7′
大珠岛	Dàzhū Dǎo	北纬25°55.6′	东经123°40.7′
小珠岛	Xiǎozhū Dǎo	北纬25°55.6′	东经123°40.7′
上虎牙岛	Shànghǔyá Dǎo	北纬25°55.7′	东经123°41.0′
下虎牙岛	Xiàhǔyá Dǎo	北纬25°55.8′	东经123°41.1′
西牛角岛	Xīniújiǎo Dǎo	北纬25°55.6′	东经123°41.1′
东牛角岛	Dōngniújiǎo Dǎo	北纬25°55.6′	东经123°41.1′
黄牛岛	Huángniú Dǎo	北纬25°55.6′	东经123°41.1′
牛尾岛	Niúwěi Dǎo	北纬25°55.6′	东经123°41.2′
牛蹄岛	Niútí Dǎo	北纬25°55.6′	东经123°41.2′
小龙岛	Xiǎolóng Dǎo	北纬25°55.5′	东经123°40.6′
大雁岛	Dàyàn Dǎo	北纬25°55.5′	东经123°40.6′
燕子岛	Yànzi Dǎo	北纬25°55.5′	东经123°40.5′
刺猬岛	Cìwèi Dǎo	北纬25°55.4′	东经123°40.6′
卧蚕岛	Wòcán Dǎo	北纬25°55.3′	东经123°40.6′
大金龟子岛	DàJīnguīzi Dǎo	北纬25°55.3′	东经123°40.7′
小金龟子岛	XiǎoJīnguīzi Dǎo	北纬25°55.2′	东经123°40.7′
海龟岛	Hǎiguī Dǎo	北纬25°55.3′	东经123°41.4′
海星岛	Hǎixīng Dǎo	北纬25°55.6′	东经123°41.3′
海贝岛	Hǎibèi Dǎo	北纬25°55.2′	东经123°41.2′
赤尾屿	Chìwěi Yǔ	北纬25°55.3′	东经124°33.5′
赤背北岛	Chìbèiběi Dǎo	北纬25°55.5′	东经124°33.5′
赤背东岛	Chìbèidōng Dǎo	北纬25°55.5′	东经124°33.7′
赤背西岛	Chìbèixī Dǎo	北纬25°55.4′	东经124°33.5′
赤背南岛	Chìbèinán Dǎo	北纬25°55.4′	东经124°33.6′
小赤尾岛	Xiǎochìwěi Dǎo	北纬25°55.3′	东经124°33.3′
赤头岛	Chìtóu Dǎo	北纬25°55.3′	东经124°33.4′
赤冠岛	Chìguān Dǎo	北纬25°55.3′	东经124°33.4′
赤鼻岛	Chìbí Dǎo	北纬25°55.3′	东经124°33.4′
赤嘴岛	Chìzuǐ Dǎo	北纬25°55.3′	东经124°33.3′
望赤岛	Wàngchì Dǎo	北纬25°55.2′	东经124°33.2′
北小岛	Běixiǎo Dǎo	北纬25°43.8′	东经123°32.5′
鸟巢岛	Niǎocháo Dǎo	北纬25°43.9′	东经123°32.5′
鸟卵岛	Niǎoluǎn Dǎo	北纬25°43.9′	东经123°32.5′
小鸟岛	Xiǎoniǎo Dǎo	北纬25°43.7′	东经123°32.7′
南小岛	Nánxiǎo Dǎo	北纬25°43.4′	东经123°33.0′
龙门北岛	Lóngménběi Dǎo	北纬25°43.5′	东经123°32.7′
龙门岛	Lóngmén Dǎo	北纬25°43.5′	东经123°32.6′
龙门南岛	Lóngménnán Dǎo	北纬25°43.4′	东经123°32.7′
卧龙岛	Wòlóng Dǎo	北纬25°43.4′	东经123°32.6′
卧龙西岛	Wòlóngxī Dǎo	北纬25°43.4′	东经123°32.6′
飞龙北岛	Fēilóngběi Dǎo	北纬25°43.4′	东经123°33.4′
飞龙岛	Fēilóng Dǎo	北纬25°43.3′	东经123°33.4′
龙珠岛	Lóngzhū Dǎo	北纬25°43.3′	东经123°33.3′
飞龙南岛	Fēilóngnán Dǎo	北纬25°43.3′	东经123°33.4′
长龙岛	Chánglóng Dǎo	北纬25°43.2′	东经123°33.4′
金龙岛	Jīnlóng Dǎo	北纬25°43.3′	东经123°33.3′
北屿	Běi Yǔ	北纬25°46.9′	东经123°32.6′
北屿仔岛	Běiyǔzǎi Dǎo	北纬25°46.8′	东经123°32.6′
小元宝岛	Xiǎoyuánbǎo Dǎo	北纬25°46.8′	东经123°32.6′
飞云岛	Fēiyún Dǎo	北纬25°46.8′	东经123°32.4′
元宝岛	Yuánbǎo Dǎo	北纬25°46.8′	东经123°32.5′
南屿	Nán Yǔ	北纬25°45.3′	东经123°34.0′
飞屿	Fēi Yǔ	北纬25°44.1′	东经123°30.4′
飞仔岛	Fēizǎi Dǎo	北纬25°44.1′	东经123°30.4′

注：坐标公布到0.1′

中华人民共和国钓鱼岛及其附属岛屿，中国地图出版社，2012 年

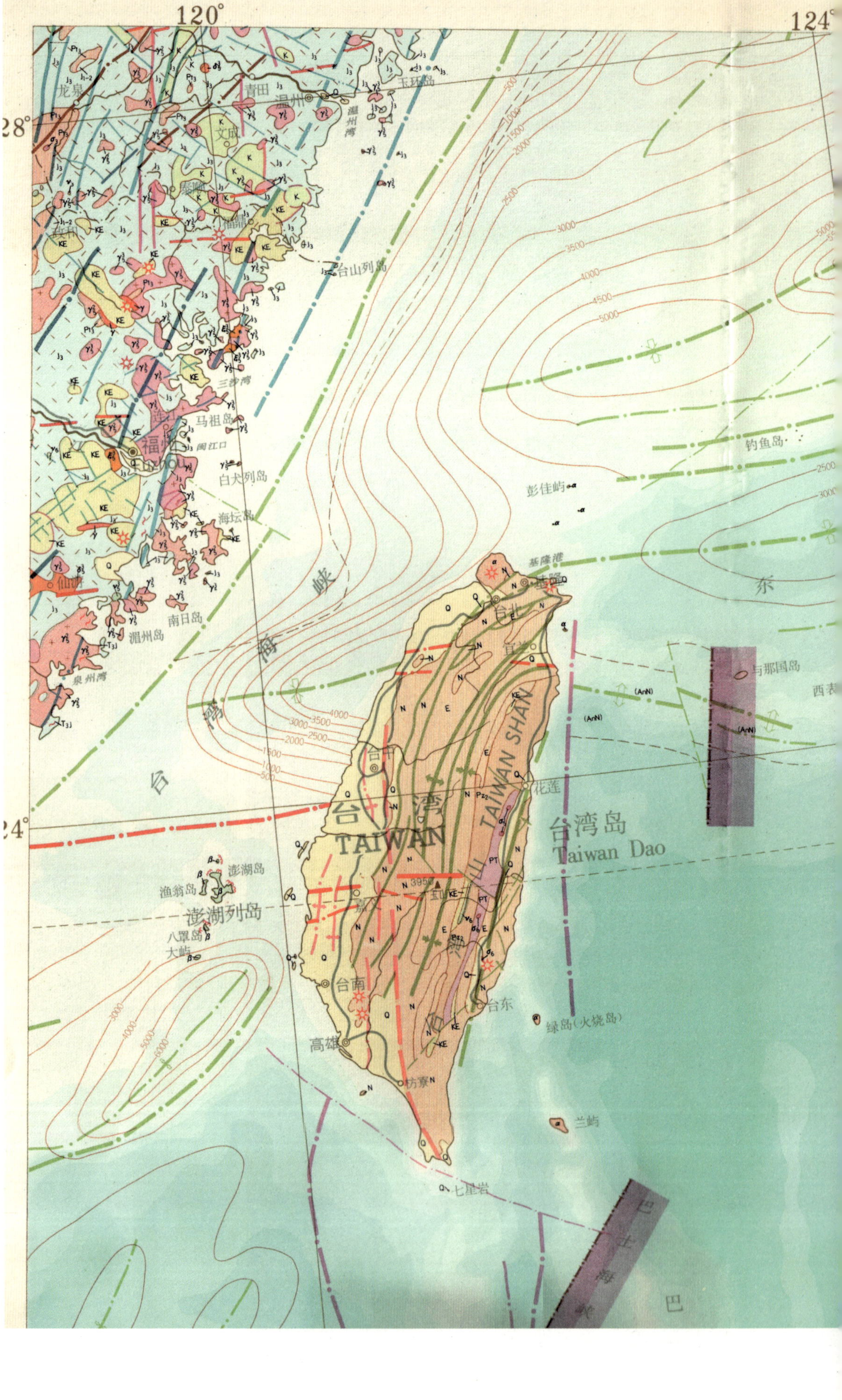

120°
124°
28°
24°
龙泉
青田
温州
温州湾
玉环岛
文成
泰顺
福鼎
台山列岛
三沙湾
马祖岛
福州
Fuzhou
闽江口
白犬列岛
海坛岛
仙游
南日岛
湄州岛
泉州湾
台湾海峡
钓鱼岛
彭佳屿
基隆港
基隆
台北
宜兰
TAIWAN SHAN
台中
台湾
TAIWAN
花莲
台湾岛
Taiwan Dao
澎湖岛
渔翁岛
澎湖列岛
八罩岛
大屿
台南
高雄
枋寮
台东
绿岛（火烧岛）
兰屿
七星岩
与那国岛
西表
东
巴士海峡
巴

中华人民共和国及其毗邻海区构造体系图之第九幅（局部），地图出版社，1984 年

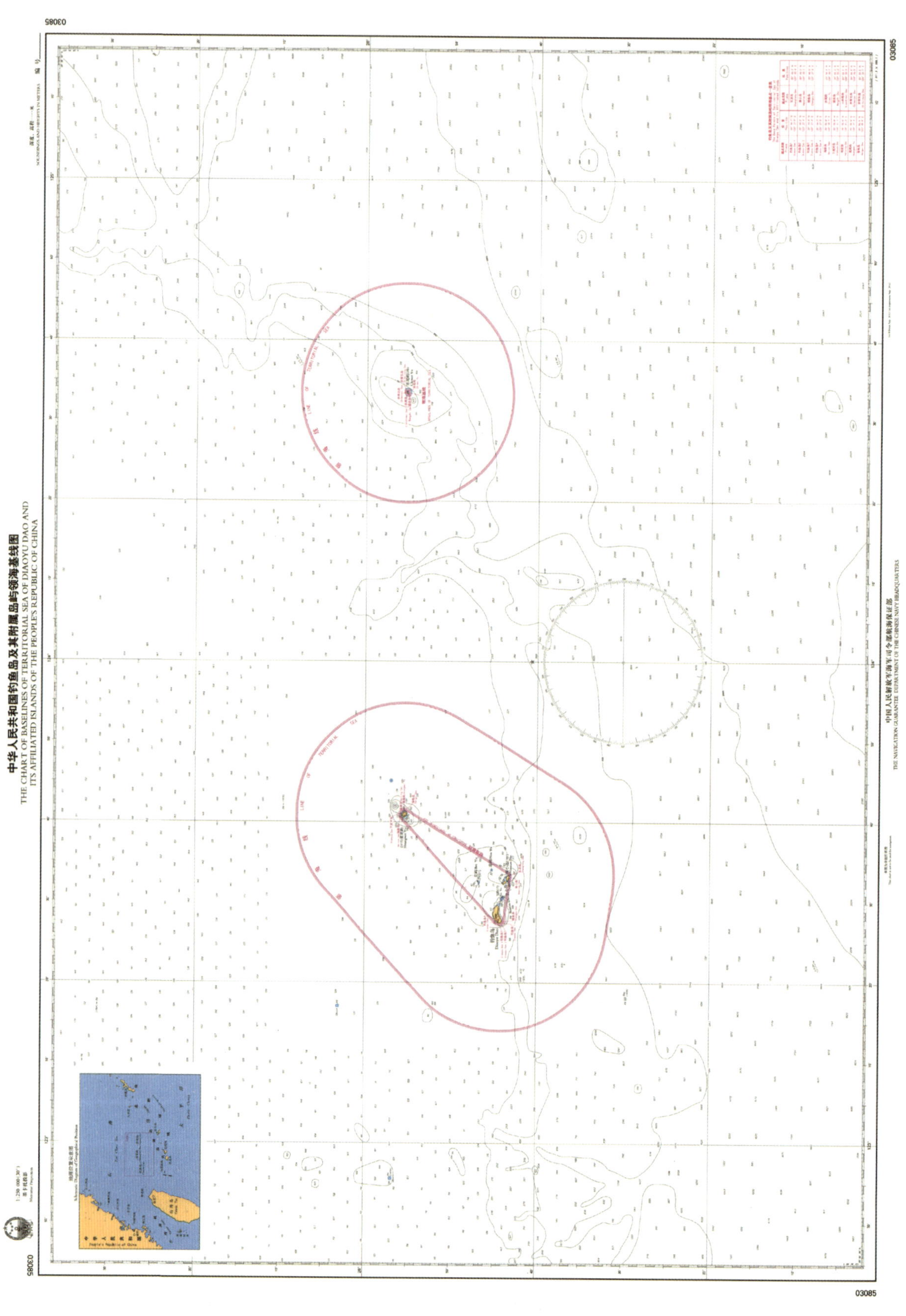

中华人民共和国钓鱼岛及其附属岛屿领海基线图
联合国海洋事务和海洋法司网站，2012 年

第二章 古代文献中的钓鱼岛

中国古代先民在经营海洋和从事海上渔业的实践中，最早发现钓鱼岛并予以命名。现存最早记载钓鱼岛、赤尾屿等地名的史籍，是明代的《顺风相送》。这表明，早在14、15世纪中国就已经发现、命名了钓鱼岛。此后，钓鱼岛的名称不断在中国文献中出现。

钓鱼岛是册封使前往琉球的途经之地，有关钓鱼岛的记载大量出现在明清册封琉球使所著琉球使录中，如陈侃《使琉球录》、周煌《琉球国志略》等。这些官方性质的史料，不仅详细地记录了经过钓鱼岛的细节，而且清晰地表明了钓鱼岛在中琉海界古米山以西的中国海域内。此外，《日本一鉴》（1565）将钓鱼岛明确为台湾附属岛屿，《筹海图编》（1562）、《武备志》（1621）等史籍均将钓鱼岛纳入福建沿海军事海防区域。其他诸多有关琉球以及中琉关系的古代著述，也都记载了中琉分界所在，以及钓鱼岛属中国领土的史实。

一、中国最早发现、命名和利用钓鱼岛

中国是最早发现、命名并利用钓鱼岛的国家。明洪武五年（1372），明太祖朱元璋遣使杨载前往琉球。中山王察度派弟泰期出使明朝，向明朝称臣，并开始朝贡。从此，琉球国成为明朝的藩属国，其王均由中国皇帝册封，官方与民间往来频繁，关系十分密切。

中国明清两代朝廷先后二十余次向琉球王国派遣册封使，留下大量具有官方性质的册封使录，较为详尽地记载了钓鱼岛地形地貌，并界定了赤尾屿以东是中国与琉球的分界线。

明清两朝册封使简况

次第	正使			副使			到达琉球时间	受封国王
	姓名	职务	使录名称	姓名	职务	使录名称		
1	杨 载						-	察 度
2	时 中	行人					永乐二年(1404)	武 宁
3	陈季若	行人					永乐十三年(1415)	他鲁每
4	柴 山	中官					洪熙元年(1425)	尚巴志
5	余 忭	给事中		刘 逊	行人		正统八年(1443)[1]	尚 忠
6	陈 傅	给事中		万 祥	行人		正统十三年(1448)[2]	尚思达
7	陈 谟[3]	给事中		董守宏[4]	行人		景泰三年(1452)[5]	尚金福
8	李秉彝[6]	给事中		刘 俭	行人		景泰七年(1456)[7]	尚泰久
9	潘 荣	给事中		蔡 哲	行人		天顺七年(1463)[8]	尚 德
10	官 荣	给事中		韩 文	行人		成化八年(1472)[9]	尚 圆
11	董 旻	兵科给事中		张 祥			成化十五年(1479)	尚 真
12	陈 侃	吏科左给事中	使琉球录	高 澄	行人司行人		嘉靖十三年(1534)	尚 清
13	郭汝霖	刑科右给事中	使琉球录	李际春	行人		嘉靖四十年(1561)	尚 元
14	萧崇业	户科右给事中	使琉球录	谢 杰	行人	使事补遗	万历七年(1579)	尚 永
15	夏子阳	兵科右给事中	使琉球录	王士桢	行人		万历三十四年(1606)	尚 宁
16	杜三策	户科左给事中	琉球记	杨 抡	司正		崇祯六年(1633)	尚 丰
17	张学礼	兵科副理官	使琉球记	王 垓	行人		康熙二年(1663)	尚 质
18	汪 楫	翰林院检讨	使琉球杂录	林麟焻	内阁中书舍人		康熙二十二年(1683)	尚 贞
19	海 宝	翰林院检讨		徐葆光	翰林院编修	中山传信录	康熙五十八年(1719)	尚 敬
20	全 魁	翰林院侍讲		周 煌	翰林院编修	琉球国志略	乾隆二十一年(1756)	尚 穆
21	赵文楷	翰林院修撰		李鼎元	内阁中书舍人	使琉球记	嘉庆五年(1800)	尚 温
22	齐 鲲	翰林院编修	续琉球国志	费锡章	工科给事中		嘉庆十三年(1808)	尚 灏
23	林鸿年	翰林院修撰		高人鉴	翰林院编修		道光十八年(1838)	尚 育
24	赵 新	詹事府右赞善	续琉球国志略	于光甲	内阁中书舍人		同治五年(1866)	尚 泰

本表是在吴天颖《甲午战前钓鱼列屿归属考：兼质日本奥原敏雄诸教授》（社会科学文献出版社，1994）一书（第40-41页）及谢必震《明清士大夫与琉球》（福建师范大学学报（哲学社会科学版），2002年第4期）一文基础上，核查《文渊阁四库全书数据库》中明清册封使录等再整理而成。第16行《琉球记》为胡靖于崇祯六年（1633）跟随杜三策出使琉球时所撰。表格“到达琉球时间”项史书有不同记载，如下：

1.《明史》（卷三百二十三）、周煌《琉球国志略》（卷六）等记为正统七年（1442）
2.《明史》（卷三百二十三）、周煌《琉球国志略》（卷六）等记为正统十二年（1447）
3. 一作乔毅，参见《明史》（卷三百二十三）、周煌《琉球国志略》（卷六）
4. 又作童守宏，参见《明史》（卷三百二十三）、周煌《琉球国志略》（卷六）
5.《明史》（卷三百二十三）、周煌《琉球国志略》（卷六）等记为景泰二年（1451）
6. 一作严诚，参见《明史》（卷三百二十三）、周煌《琉球国志略》（卷六）
7.《明史》（卷三百二十三）、周煌《琉球国志略》（卷六）等记为景泰六年（1455）
8.《明史》（卷三百二十三）、周煌《琉球国志略》（卷六）等记为天顺六年（1462）
9.《明史》（卷三百二十三）记为成化七年（1471）；周煌《琉球国志略》（卷六）成化六年（1470）

琉球国王尚敬有关朝贡事宜的奏折

清乾隆十一年（1746） 满汉文写本

来源：国家图书馆

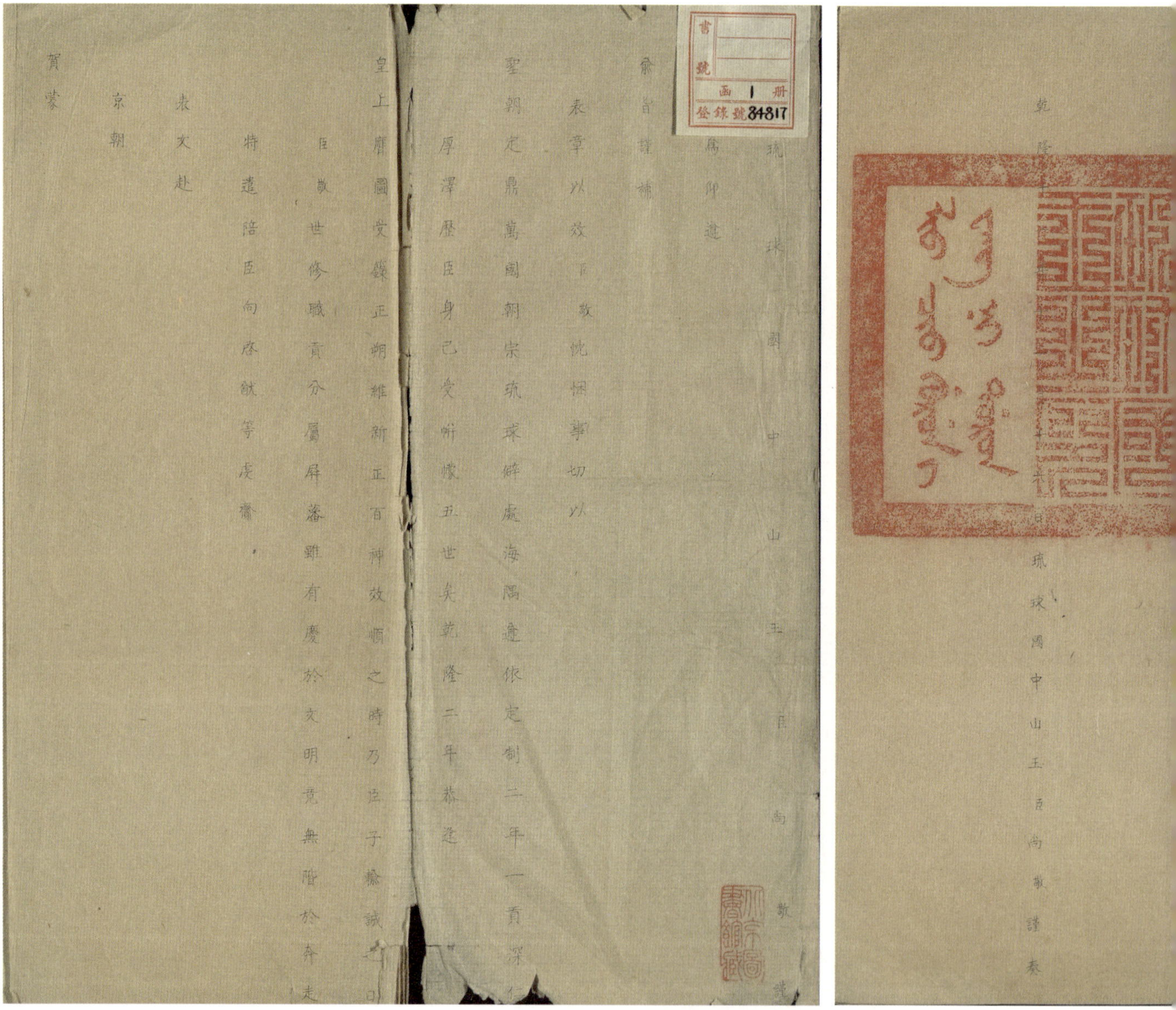

琉球國中山王臣尚敬
爲仰遵
俞旨謹補
表章以效下敬忱悃事切以
聖朝定鼎萬國朝宗琉球僻處海隅遵依定制二年一貢深仁
厚澤歷臣身已受所懷五世矣乾隆二年恭進
皇上膺圖受籙正朔維新正百神效順之時乃臣子輸誠之日
臣敬世修職貢分屬屏藩雖有慶於文明竟無階於奔走
特遣陪臣向啓猷等虔齎
表文赴
京朝
賀蒙

汉文写本（局部）

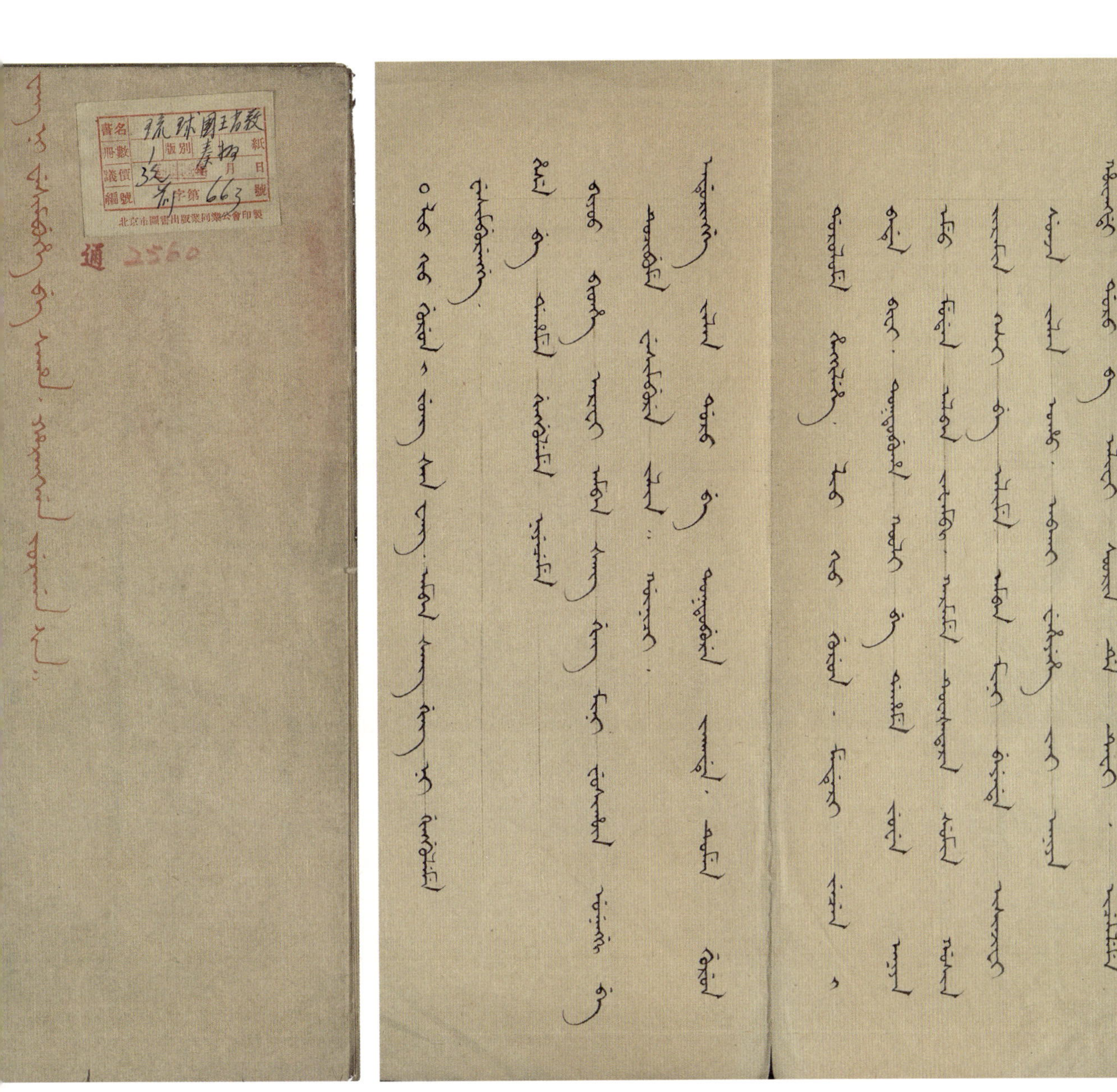

满文写本（局部）

顺风相送 一卷

（明）佚名　明抄本

《顺风相送》是明代的一部海道针经，作者不详，记录了明永乐元年（1403）至崇祯十二年（1639）之间的历次针路。原书为旧抄本，藏于英国牛津大学鲍德里氏图书馆(Bodleian Library)。1935年北京图书馆研究员向达在该馆整理中文史籍时，抄录了《顺风相送》等中国古籍。书中《福建往琉球》条记述了福建往琉球航线的五次查勘航海记录，包括针路航向和沿途岛屿名称，其中就提到了钓鱼岛。可见明代初期我国海船活动区域和福建海域，均包括钓鱼岛。同时也说明，至迟从永乐元年（1403）起，钓鱼岛已经有了正式命名。

来源：福建师范大学闽台区域研究中心所藏鲍德里氏图书馆扫描件

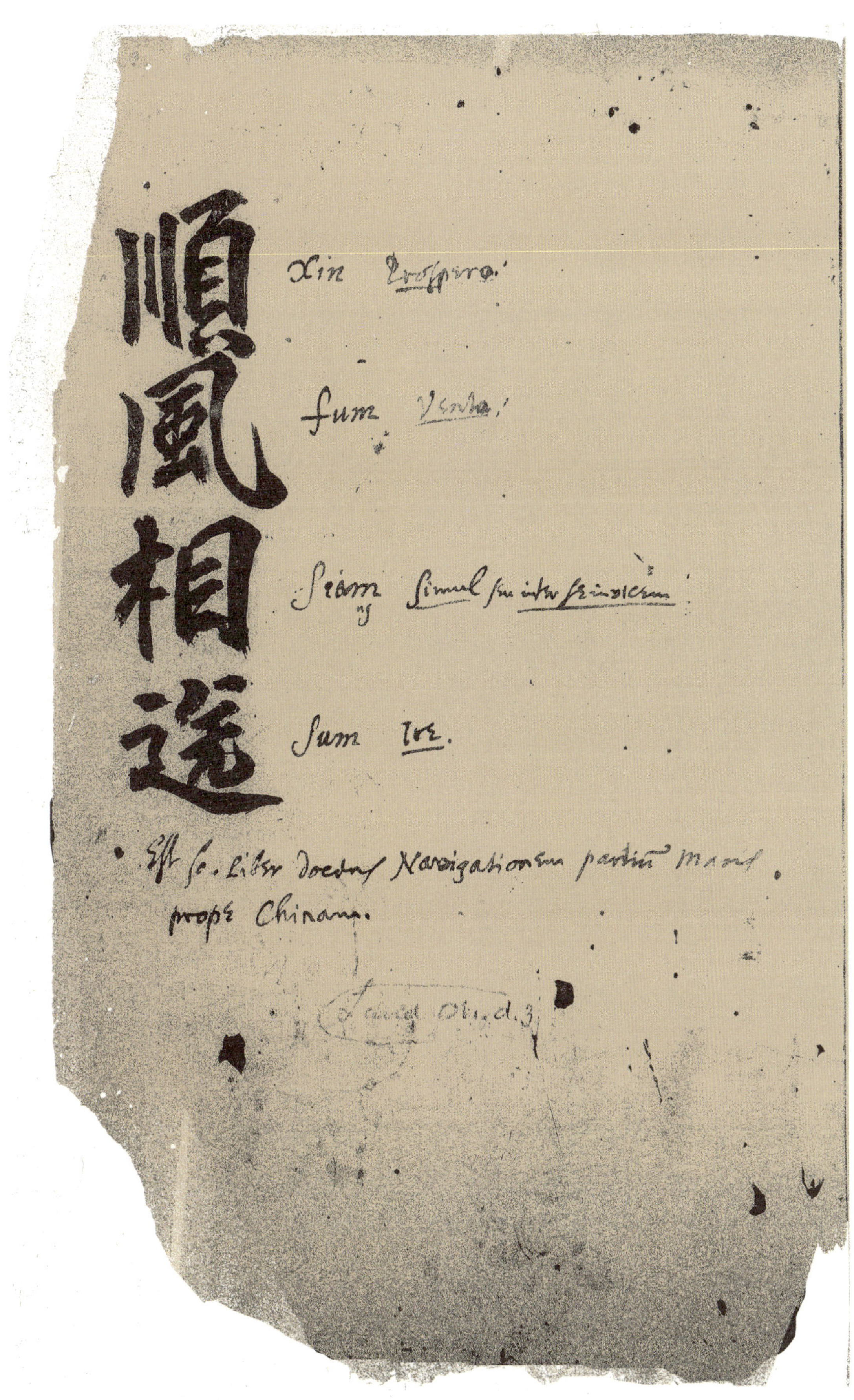
順風相送

Xin Prospero.

Fum Vento.

Siam Simul

Sum Ire.

Est &c. Liber docens Navigationem partium maris prope Chinam.

《顺风相送》

長枝頭開船丙午七更取彭湖丙午三十更丙巳取三嶼沿山
使丙午收表丙巳見里安里良大山辰巽入吕宋單巽取芒烟
大山沿山使用巽巳取平嶼過洋單辰五更取高西山右邊離
山辰巽取里沙大山沿山落丙巳取大山尾丙巳好風二十更
單巳取麻安大山單午見雙里山船在山西邊過丙午十五更
取蘇祿單酉并坤申出崑崙門庚酉并辛酉三十更取麻里犇
山在北邊離山巽巳十更入崑崙尾在右邊來單巳取筆架山
入港東加蠟拋船是杉木　出入

杉木回浯嶼

東加蠟開船見麻那犇山離崑崙尾用乾亥取麻里奔山若見
半洋小嶼在東邊過船乾亥取麻里奔山離山尾壁頭起身子
癸十更取半洋離崑崙子癸十更壬子并壬癸取三牙七峯沿
山使見南頭高單酉取糞箕嶼單亥取蘇祿出門過洋乾亥五
更單亥離巴漢頭山十更單子取里良山并麻里荖表壬子廿
五更取浯嶼洋中壬子廿五更取浯嶼也

福建往琉球

太武放洋用甲寅針七更船取烏坵用甲寅并甲卯針正南東
墙開洋用乙辰取小琉球頭又用乙辰取木山北風東湧開洋

《福建往琉球》-1

用甲卯取彭家山用甲卯及单卯取釣魚嶼南風東湧放洋用
乙辰針取小琉球頭至彭家花瓶嶼在内正南風梅花開洋用
乙辰取小琉球用单乙取釣魚嶼南邊用卯針取赤坎嶼用艮
針取枯美山南風用单辰四更看好風单甲十一更取古巴山
即馬齒山是麻山赤嶼用甲卯針取琉球国為妙
不入港歆往日本對琉球山豪霸港可開洋琉球放洋用单丁
針四更船取椅山外過单癸針二更半是葉壁山離椅山了单
癸四更取流横山又用丑癸五更取田家地用丑癸三更半取
萬者通七島山邊用单寅針五更取野故山内過船離野故山

用艮針二更半船取但尔山又单艮四更取酉南山平港口其
水望東流十分緊单寅十更船取啞慈子里美山其山用单艮
二更单寅三更沿度奴烏佳眉山用癸針三更船若是船開单
子一更取是麻山邊南邊有沉礁名傲長礁東邊過船单丑一
更船是正路用子針四更船取大山門中傍西邊門過船用单
丑是兵庫港為妙

琉球往日本針路

計山對四個椅山共五十七更船豪霸港口開船单子四更取
椅山外過用癸針二更半取葉壁单癸四更取流横山用丑癸

《福建往琉球》-2

使琉球录 一卷

（明）陈侃、高澄撰　清徐氏烟屿楼抄本

《使琉球录》是明嘉靖十三年（1534）琉球册封使陈侃、高澄所著。陈侃，字应和，浙江鄞县（今浙江宁波市鄞州区）人，明嘉靖五年（1526）进士，授刑科给事中，自琉球归朝后，又晋光禄寺少卿、南京太仆寺少卿。《使琉球录》序言中叙述了陈侃出使目的、中琉宗藩关系，以及著书详情。该书是现存最早记载中国与琉球海上疆界的中国官方文献，也是后人研究中琉交流史与钓鱼岛问题的重要史料。书中明确记载了“过钓鱼屿，过黄毛屿，过赤屿，目不暇接”，“见古米山，乃属琉球者。夷人鼓舞于舟，喜达于家”。意即琉球人乘船过了赤屿，看到古米山（今久米岛）后便认为到达琉球。这充分表明，位于古米山以西的钓鱼岛是中国的领土，而非琉球国土。

来源：国家图书馆

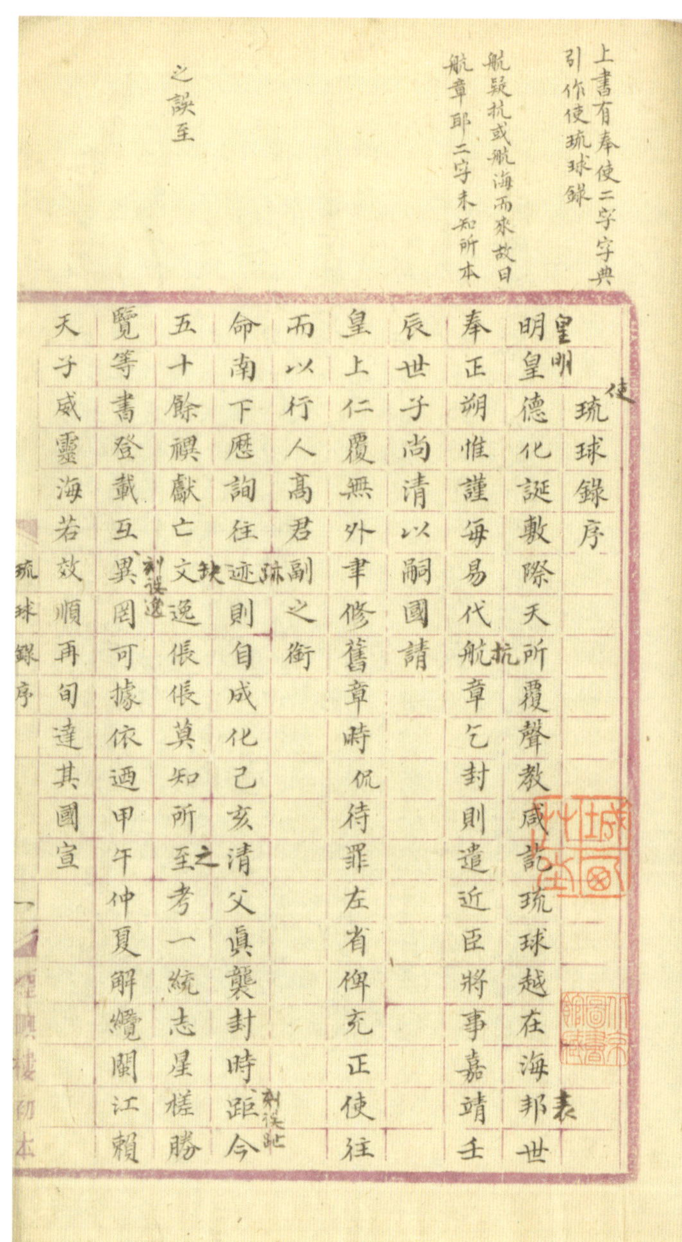
上書有奉使二字字典引作使琉球錄
航疑抗或航海而來故曰航章耶二字未知所本
之訛至

使琉球錄序
皇明德化誕敷際天所覆聲教咸訖琉球越在海邦世
奉正朔惟謹每易代航章乞封則遣近臣將事嘉靖壬
辰世子尚清以嗣國請
皇上仁覆無外聿修舊章時侃待罪左省俾充正使往
而以行人高君副之銜
命南下歷詢往跡則自成化己亥清父眞襲封時距今
五十餘禩獻亡文佚莫知所至之考一統志星槎勝
覽等書登載互異罔可據依適甲午仲夏解纜閩江賴
天子威靈海若效順再旬達其國宣

《使琉球录》序

逆誤送

乎字或是逓文或是平字屬下嘉山竟不能曉

今人既集矣渙之恐難卒萃舟不速行器宇易窳有司
費已侈緩則更倍之遂別諸君慨然登舟連日風送五
日始發舟不越數舍而山海角尚淺至八日出海口方
一望汪洋矣風順而微波濤亦不洶湧舟不動而移與
夷舟相為先後出艙觀之四顧廓然茫無山際惟天光
與水光相接耳雲物變幻無窮日月出沒可駭誠一奇
觀也雖若可樂終不能釋然於懷九日隱隱見一小山
乃小琉球也十日南風甚迅舟行如飛然順流而下亦
不甚動過乎嘉山過釣魚嶼過黃毛嶼過赤嶼目不暇
接一晝夜兼三日之程夷舟帆小不能及因失在後十

不能遂上下未懼當有脫悞遂當退上下亦懼謂此時上下尚未危懼也

一日夕見古米山乃屬琉球者夷役鼓舞於舟喜達於
家夜行徹曉風轉而東進寸退尺失其故處又竟一日
始至其山有夷人駕小舠來問夷通事與之語而去十
三日風小助順即抵其國奈何又轉而北逆不可行欲
泊於山麓險石亂伏於下謹避之遠不敢近舟蕩不寧
長年報舵甚堅與風為敵不能進不能遂上下未懼相
持至十四日夕舟刺刺有聲若有分崩之勢大桅原非
一木以五小木攢之束以鐵環孤高衝風搖撼不可當
環斷其一眾恐其遂折也驚駭叫囂亟以釘鉗之聲小
息原船用鐵不足艌麻不密板聯不固罅縫皆開以數

《使琉球录》-2

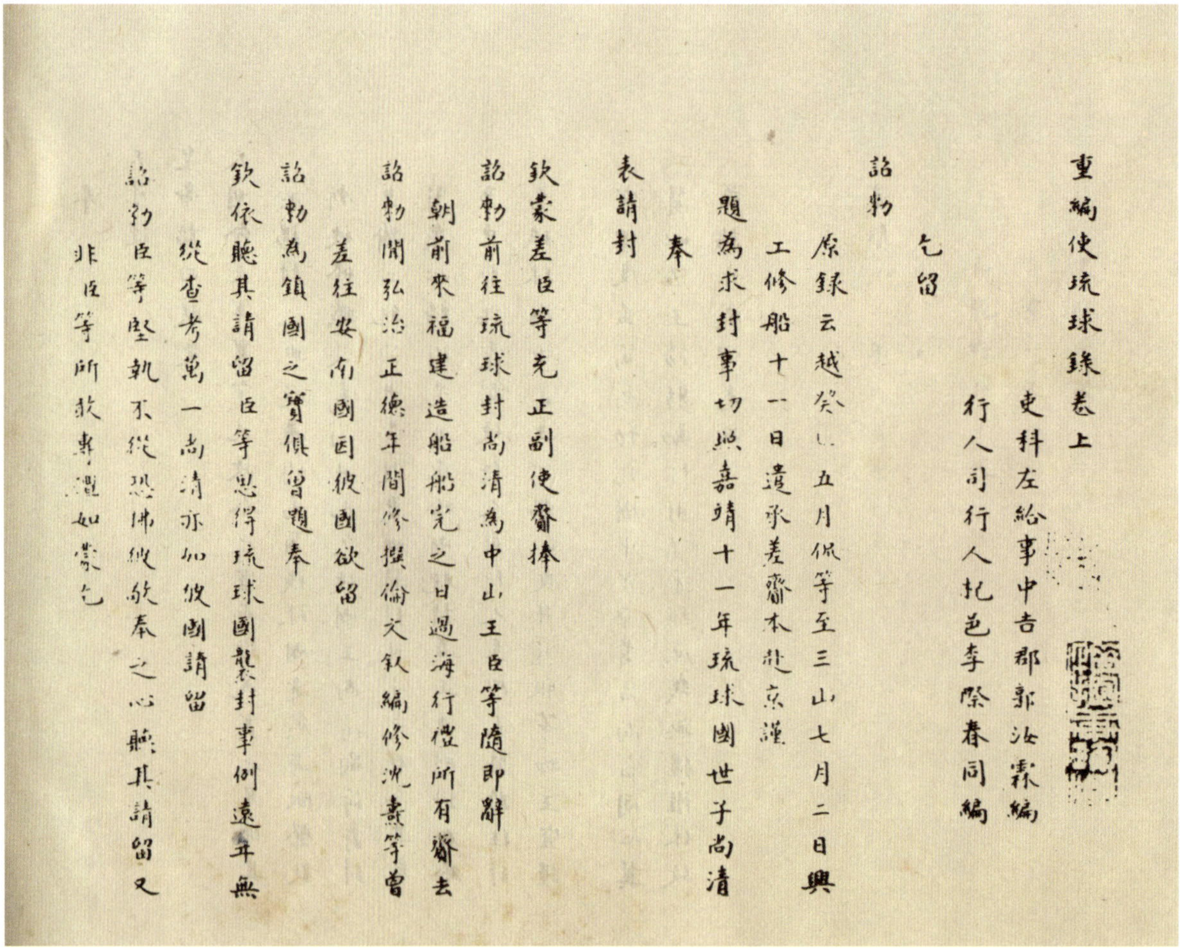

重編使琉球錄卷上
吏科左給事中吉郡郭汝霖編
行人司行人北邑李際春同編
乞留
詔勅
原錄云越癸巳五月侭等至三山七月二日興
工修船十一日遣承差齎本赴京謹
題為求封事切照嘉靖十一年琉球國世子尚清
奏
表請封
欽蒙差臣等充正副使齎捧
詔勅前往琉球封尚清為中山王臣等隨即辭
朝前來福建造船船完之日過海行禮所有齎去
詔勅聞弘治正德年間修撰倫文叙編修沈燾等曾
差往安南國因彼國欲留
詔勅為鎮國之寶俱曾題奉
欽依聽其請留臣等思得琉球國襲封事例遠年無
從查考萬一尚清亦如彼國請留
詔勅臣等堅執不從恐拂彼欽奉之心聽其請留又
非臣等所敢專擅如蒙乞

《重编使琉球录》卷上

重编使琉球录 二卷

（明）郭汝霖撰　《四库全书存目丛书》（史 49），齐鲁书社，1995 年

《重编使琉球录》由琉球册封正使郭汝霖撰著。明嘉靖三十七年（1558），琉球国世子尚元请求册封。郭汝霖、李际春奉旨于明嘉靖四十年（1561）出使琉球。郭汝霖，一作世霖，字时望，号一厓，江西永丰县人，嘉靖三十二年（1553）进士，授吏科给事中，上平倭十事，官至南太常卿。《重编使琉球录》分为卷首、卷上和卷下三部分，详细记录了本次册封的诏敕、使事、造船、用人、敬神，以及琉球国的制度礼仪、风俗习惯、名山大川。该书详细记述了前往琉球的航程，并清楚指出：“闰五月初一日，过钓屿。初三日，至赤屿焉。赤屿者，界琉球地方山也。”也就是说过了赤尾屿才算入了琉球国的国境。

来源：国家图书馆

至恐風尚未定三司諸君送者仍欲守候余曰天時難測今已南風又疑其未定而欲俟其定何時乃定且彩長輩皆余所需以決事者今臨事率不敢擔當事在一人信矣遂決而行二十七日至广石二十八日祭海登舟別三司諸君．二十九日至海花開洋幸值西南風大旺瞬目千里長史梁炫舟在後不能及過東湧小琉球三十日過黄茅閏五月初一日過釣嶼初三日至赤嶼焉赤嶼者界琉球地方山也再一日之風即可望姑米山矣奈何屏翳絶馳纖塵不動

十五

潮平浪靜海洋大觀自奇絶也舟不能行住三日初六日午刻得風乃行見土納己山土納己山琉球之案山洋路從姑米山而入正也時東南風旺用舵者欲力駕而來勢既未捷至申刻乃見小姑米山小姑米山在琉球之西稍過即執壁山幸而小姑米山夷人望見船來即駕小艜來迎有二頭目熟知水路且曰既不能從大．姑米山入何可傍土納己山而入其中多礁予等聞之駭二頭目一面令夷船入報渠遂躬在余船道駕從小姑米山而入且云得一日一夜

之力即未遂登岸可保不下執壁山矣予等厚賞賜之晝夜趕行初七日未刻望見王城那霸港焉然東風為多相隔僅五十里不能輒近世子遣法司官來近夷船凡五十餘艘集封舟前．後欲用先年輓入故事予謂風浪方旺豈能力勝諸人欲急登岸余莫能止然竟未能行至初八日午刻有衝風暴雨予曰可整舟挽而行諸人疑之既而果得行初九日辰刻遂達岸焉蓋風旺三日而復暴急予憶其必將止若暴先發則旺勢未衰此理之常何足疑哉既抵岸三日

十六

後有傳賊船從其境上過者蓋蓬力小大洋中自不相及擇日行封祭禮畢守候風汛回國往者封船既至琉人亦招集各島夷船以觀天使為名實亦因之滋貿易也是年則琉人務假防護之名時雖有商船一隻亦逐出之而各役所帶纖毫行李俱不能售於是盡舉而歸之琉人．琉人故蹬而賤之而各役之情苦矣往者九月終交初冬則東北風旺是年九月內風氣不定．日東日南守之至十月初颶風大作彩長等皆以颶風既過可以遂行十月初九日登舟及登

史 49—667

《重编使琉球录》-2

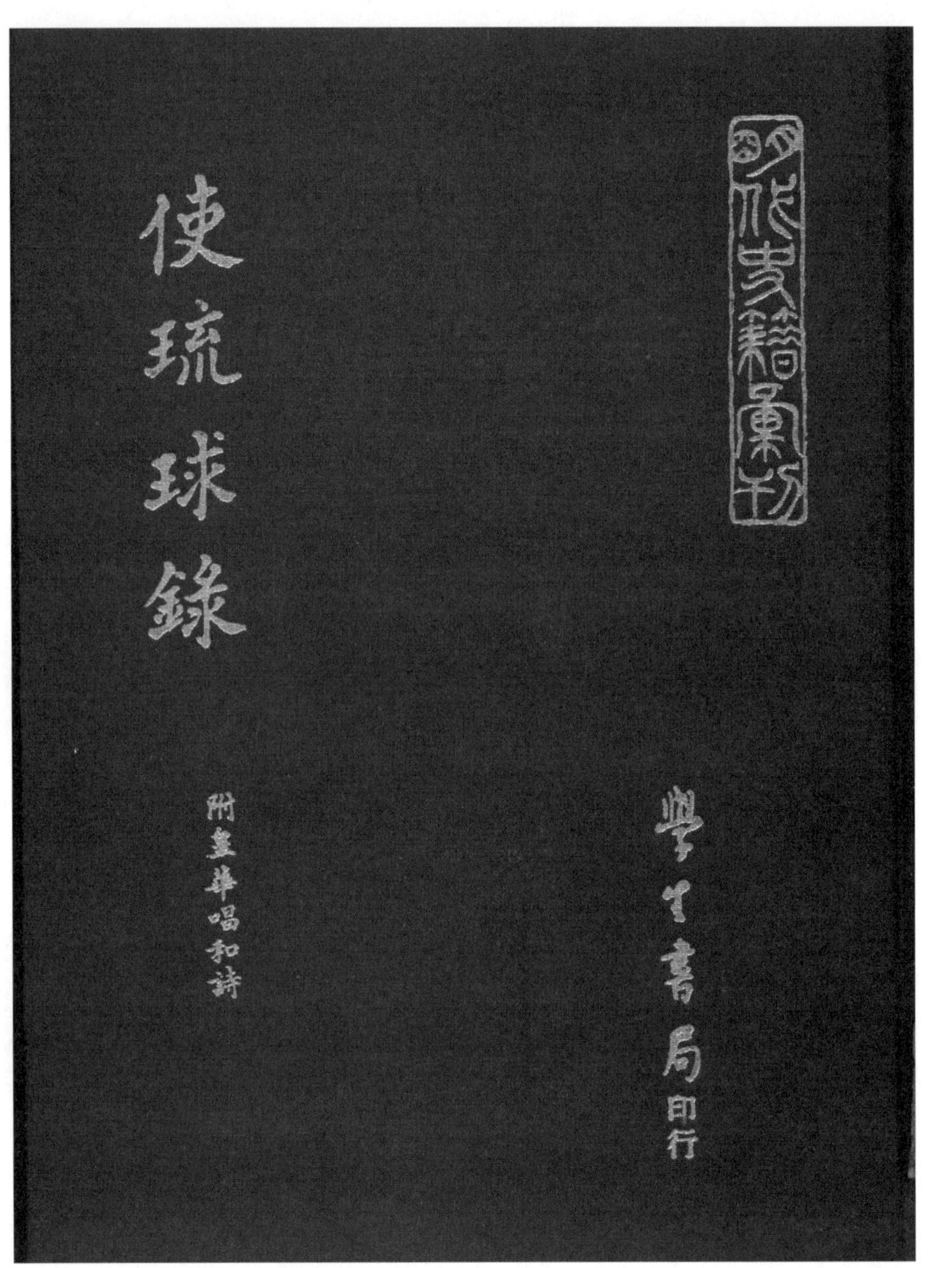

《使琉球录》封面

使琉球录 二卷

（明）萧崇业撰　1977 年台湾学生书局影印本

《使琉球录》为明万历七年（1579），钦差正使户科左给事中萧崇业，副使行人谢杰前往琉球中山国敕封国王尚永所著。萧崇业，字允修，号乾养，云南建水人，隆庆五年（1571）进士，历任庶吉士、兵科给事中、工科右给事中等职。《使琉球录》共分上、下二卷，书中详细记录了萧崇业、谢杰二人的出使经过、见闻及所考察的当地地理状况、物产资源、风土民情等。

来源：国家图书馆

使琉球録序

萬曆癸酉冬中山王世子尚永以繼立請故事遣給事中一人行人一人之其國封爲有司者故他歷歷徃覆勘嚴遷延迄丙子秋余以次當叅信使大行則謝君副

1

《使琉球录》序

《使琉球录》之《琉球过海图》

《琉球过海图》为萧崇业所著《使琉球录》卷前所绘附图。此图记载了钓鱼岛各岛屿名称，自广石梅花头（所）至那霸港入琉球城天使馆的针路、更数，记载颇为详细和准确，与实际距离相吻合。可见，明朝使臣对钓鱼岛的地理概念极为熟悉。

来源：国家图书馆

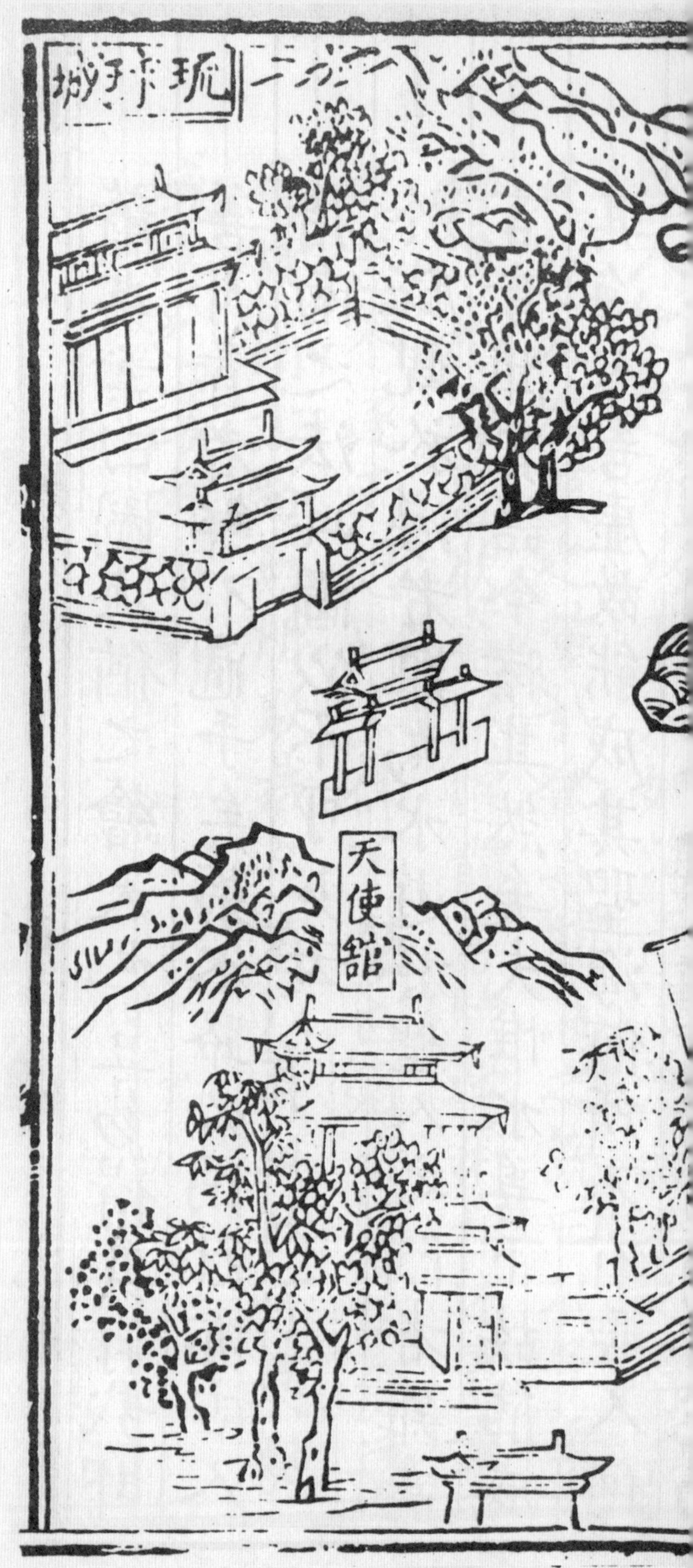

琉球過海圖
广石
梅花所

使琉球录 二卷

（明）夏子阳、王士桢编　明万历木活字本

《使琉球录》是明万历三十四年（1606），钦差正使兵科右给事中夏子阳、副使王士桢前往琉球册封中山王尚宁，回国后所著。夏子阳，字君甫，号鹤田，江西玉山人。明万历十七年（1589）进士，授绍兴推官，政绩卓著，升为兵部给事中。

书中所绘《琉球过海图》明确标绘了花瓶屿、钓鱼屿、黄尾屿等岛屿。

《使事记》记有："午后过钓鱼屿，次日过黄尾屿，是夜风激浪狂，舵牙连折……"可见，夏子阳亦将钓鱼屿作为赴琉球的航海标识，这一点与历代册封使相同。

书中还记有："连日所遇水皆深黑色，宛如浊沟积水，或又如靛色，望忆前使录补遗称去由沧水入黑水，信哉言矣。二十九日见粘米山，夷人喜甚，以为渐达其家。"通过以上记述可知，到姑米山才入琉球国境。

来源：国家图书馆

使琉球錄卷上

兵科右給事中玉山夏子陽編
行人司行人泗水王士楨同編

題奏

禮部爲循職効忠條陳奉使事宜以隆
大典事儀制清吏司案呈奉本部送禮科抄出兵科等衙門署科事給事
中等官洪瞻祖等題前事等因奉
聖旨該部知道欽此欽遵抄出到部送司案呈到部看得兵科等衙門給
事中等官洪瞻祖等爲領差琉球開欵具疏大都謹愼將事之意內

琉球錄上卷 十

會稽夏氏宗譜

《使琉球录》卷上

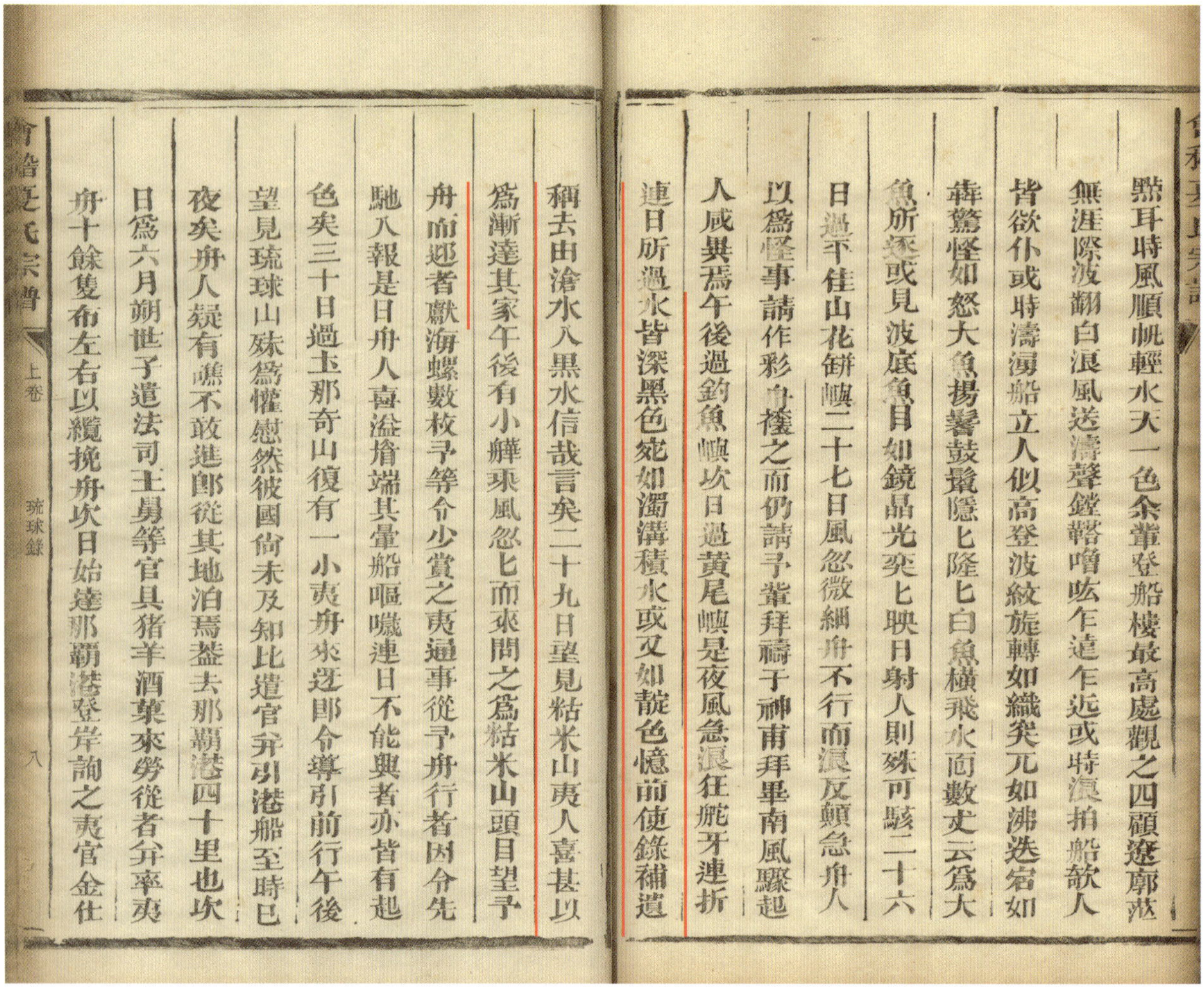

黠耳時風順帆輕水天一色余輩登船樓最高處觀之四顧遼廓茫無涯際波翻白浪風送濤聲鏜鞳噌吰乍遠乍近或時浪拍船欹人皆欲仆或時濤瀉船立人似高登波紋旋轉如織奕兀如沸迭宕如犇驚怪如怒大魚揚鬐鼓鬣隱隱隆隆白魚横飛水面數丈云爲大魚所逐或見波底魚目如鏡晶光奕奕映日射人則殊可駭二十六日過平佳山花餅嶼二十七日風忽微細舟不行而浪反顛急舟人以爲怪事請作彩舟禳之而仍請予輩拜禱于神甫拜畢南風驟起人咸異焉午後過釣魚嶼次日過黃尾嶼是夜風急浪狂舵牙連折連日所過水皆深黑色宛如濁溝積水或又如靛色憶前使錄補遺稱去由滄水入黑水信哉言矣二十九日望見粘米山夷人喜甚以爲漸達其家午後有小艓乘風忽忽而來問之爲粘米山頭目望予舟而迎者獻海螺數枚予等令少賞之夷通事從予舟行者因令先馳入報是日舟人喜溢臉端其暈船嘔噦連日不能興者亦皆有起色矣三十日過土那奇山復有一小夷舟來迓即令導引前行午後望見琉球山殊爲懽慰然彼國尚未及知比遣官并引港船至時已夜矣舟人疑有礁不敢進即從其地泊焉蓋去那霸港四十里也次日爲六月朔世子遣法司王舅等官具猪羊酒菓來勞從者并率夷舟十餘隻布左右以纜挽舟次日始達那霸港登岸詢之夷官金仕

《使琉球录》-2

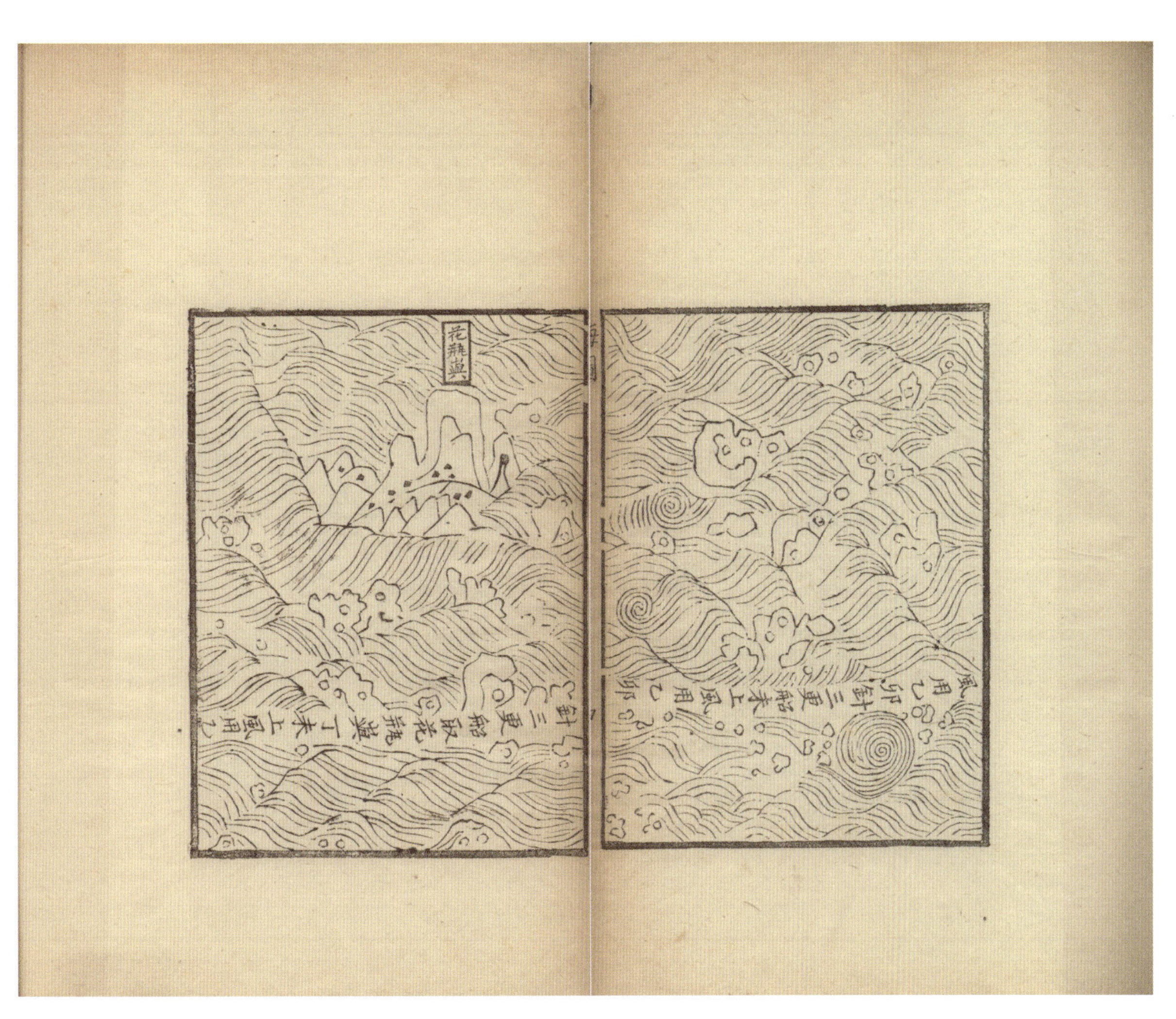

《琉球过海图》（局部）-1

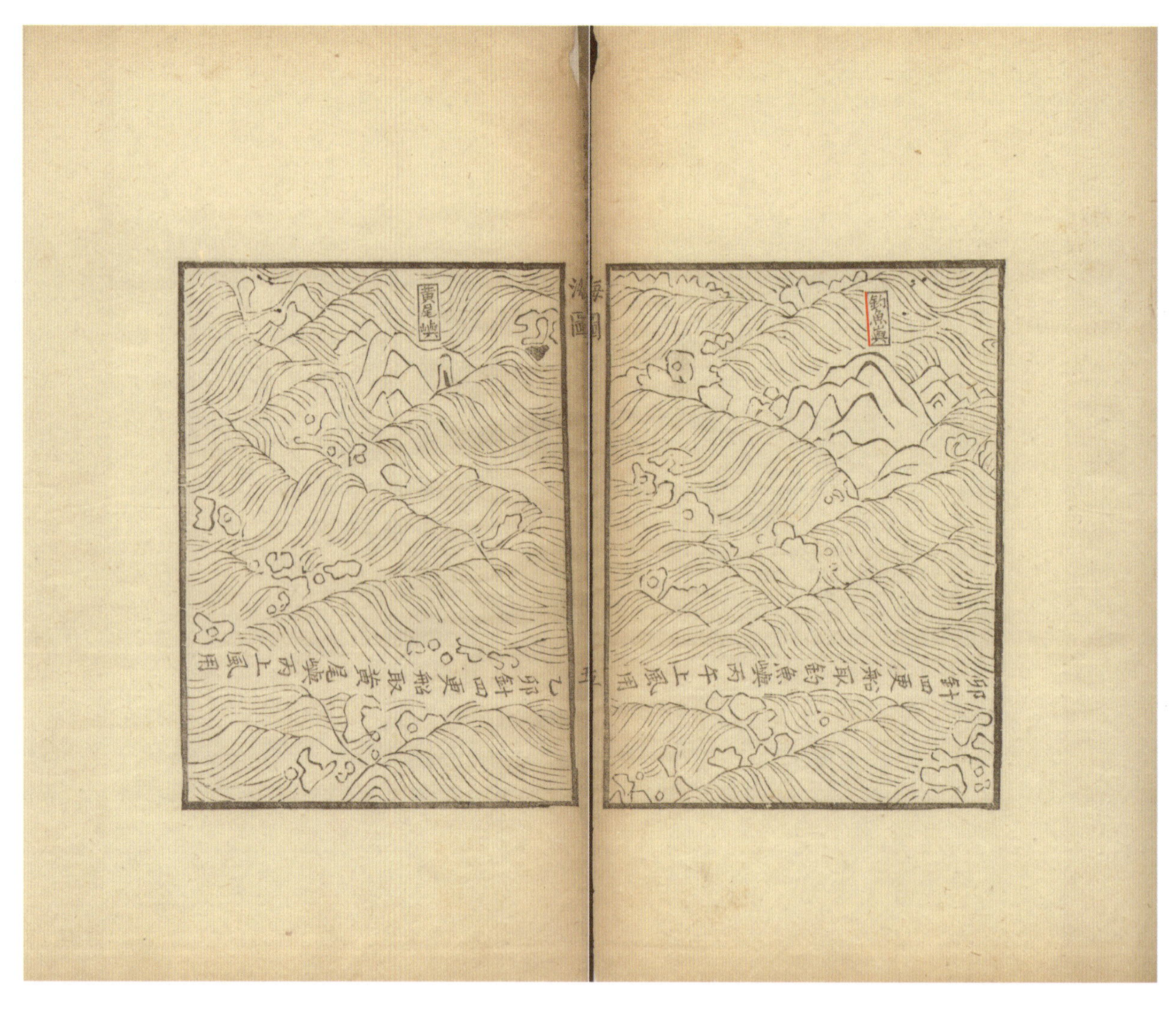

《琉球过海图》（局部）-2

《琉球过海图》（局部）-3

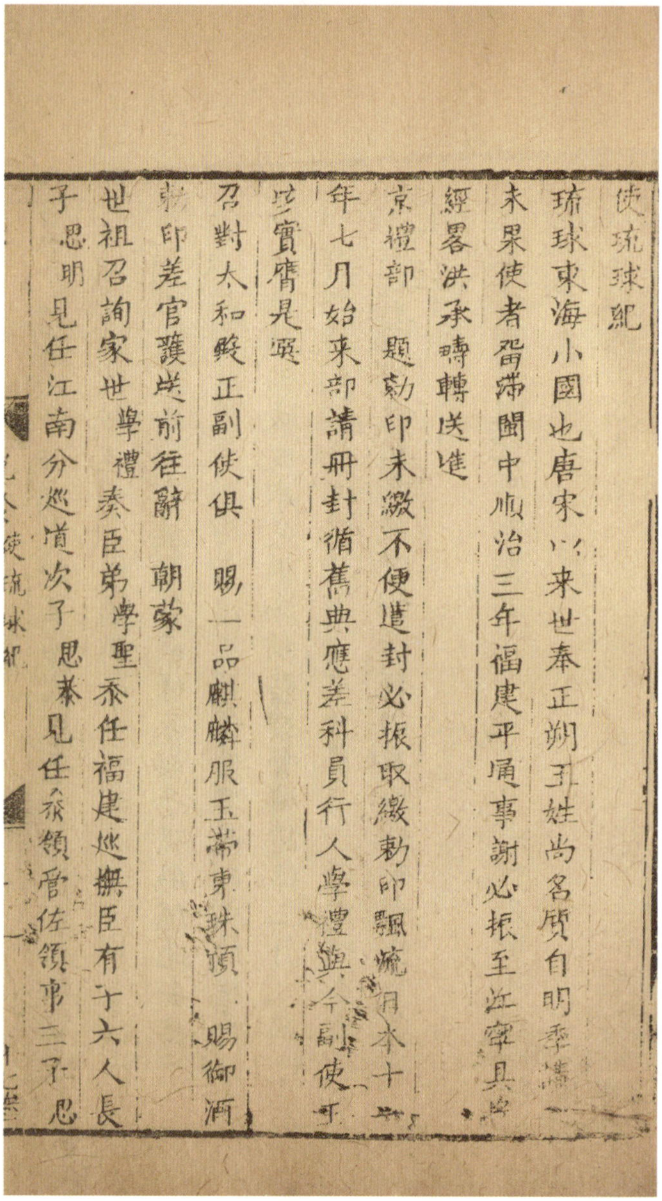
使琉球紀
琉球東海小國也唐宋以來世奉正朔王姓尚名質自明季
未果使者留滞閩中順治三年福建平通事謝必振至江寧具
經畧洪承疇轉送進
京禮部 題勅印未繳不便遣封必振取繳勅印飄流用本十
年七月始来部請冊封循舊典應差科員行人學禮與今副使王
垓實膺是選
召對太和殿正副使俱 賜一品麒麟服玉帶東珠頂 賜御酒
勅印差官護送前往爵 朝蒙
世祖召詢家世學禮奏臣弟學聖忝任福建巡撫臣有子六人長
子思明見任江南分巡道次子思恭見任旗鼓佐領事三子思

《使琉球纪》

使琉球纪 一卷

（清）张学礼撰　《说铃》（第 6 册）　清刻本

《使琉球纪》是清康熙二年（1663）五月，册封正使兵科副理事官张学礼奉旨出使琉球后所撰。张学礼，字立庵，奉天辽阳州（今辽宁辽阳市）人，贡生，镶蓝旗汉军，官至广西道监察御使。书中对所经海洋的自然景观进行了描述，记有：“浪急风猛，水飞如立，舟中人颠覆呕逆，呻吟不绝，水色有异，深青如蓝。舟子曰：‘入大洋矣。’顷之，有白水一线，横亘南北。舟子曰：‘过分水洋矣。’此天之所以界中外者。”这些记载提供了有关中国与琉球两国天然界限的证据。

来源：国家图书馆

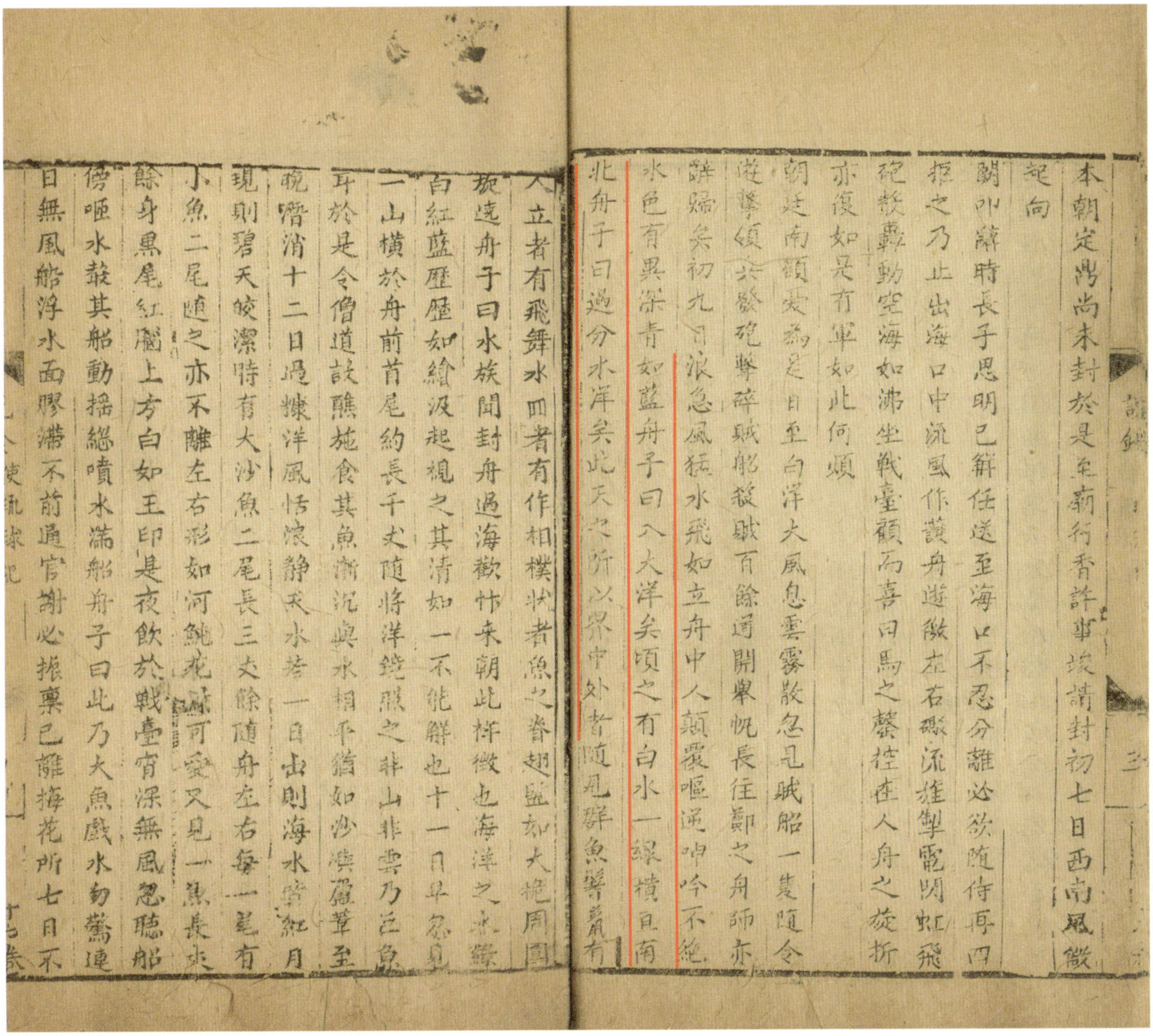

本朝定鼎尚未封於是王薦行香許事竣請封初七日西南風微
起向
闕外辭時長子思明已解任送至海口不忍分離必欲隨侍再四
拒之乃止出海口中流風作護舟遊徼左右徼巡往擊礮閃虹飛
砲發轟動空海如沸坐戰臺顧而喜曰馬之聲控在人舟之旋折
亦復如是有軍如此何煩
朝廷南顧憂為是日至白洋大風息雲霧散忽見賊船一隻隨令
遊擊領兵發砲擊碎賊船殺賊百餘通開舉帆長往鄭之舟師亦
辭歸矣初九日浪急風猛水飛如立舟中人顛覆嘔逆呻吟不絕
水色有異深青如藍舟子曰入大洋矣頃之有白水一線橫亘南
北舟子曰過分水洋矣此天之所以界中外者隨見群魚簇擁有
人立者有飛舞水面者有作相撲狀者魚之脊翅豎如大艇周圍
旋遶舟子曰水族聞封舟過海歡忭來朝此祥徵也海洋之水綠
白紅藍歷歷如繪汲起視之其清如一不能辯也十一日午忽見
一山橫於舟前首尾約長千丈隨將洋鏡照之非山非雲乃巨魚
耳於是令僧道誦經施食其魚漸沉與水相平猶如沙漠蘆葦至
晚潛消十二日過黑洋風恬浪靜天水若一日出則海水皆紅月
現則碧天皎潔時有大沙魚二尾長三丈餘隨舟左右每一尾有
小魚二尾隨之亦不離左右形如河豚花斑可愛又見一黑長丈
餘身黑尾紅腦上方白如王印是夜飲於戰臺宵深無風忽聽船
傍啞水聲其船動搖總噴水滿船舟子曰此乃大魚戲水勿驚達
日無風船浮水面膠滯不前過官謝必振稟已離梅花所七日不

《使琉球纪》-2

使琉球雜錄卷一

翰林院檢討臣汪楫纂

使事

康熙二十一年中山王世子尚貞遣耳目官毛見龍正議大夫梁邦翰奉表貢方物以其父中山王質之喪來告貞以嫡嗣當襲請授封禮臣議航海道遠應如暹羅例不遣官齎封儀物敕貢使齎回便見龍等搏顙固請禮臣持不可

使琉球雜錄 卷一 一

諸山及二十四日天明見山則彭佳山也不知諸山何時飛越辰刻過彭佳山酉刻遂過釣魚嶼船如凌空而行時復欹側守備請衙側掛免朝牌許之浪竟平二十五日見山應先黃尾後赤嶼無何遂至赤嶼未見黃尾嶼也薄暮過郊（或作溝）風濤大作投生猪羊各一潑五斗米粥焚紙船鳴鉦擊鼓諸軍皆甲露刃俯舷作禦敵狀久之始息問郊之義何取曰中外之界也界於何辨曰懸揣耳然頃

使琉球雜錄 卷五 五

《使琉球杂录》

使琉球杂录 五卷

（清）汪楫撰　清康熙二十五年（1686）刻本

《使琉球杂录》是清康熙二十二年（1683）六月，钦差正使翰林院检讨汪楫、副使内阁中书舍人林麟焻，前往琉球册封中山王尚贞，归国后于康熙二十三年（1684）六月著成。全书共分使事、疆域、俗尚、物产、神异五卷。汪楫，字舟次，号悔斋，安徽休宁人。康熙十八年(1679) 举博学鸿词，授检讨，官至福建布政使。

书中卷五《福建往琉球》中有如下记载：“（二十四日）辰刻过彭佳山，酉刻遂过钓鱼屿”，“二十五日，见山，应先黄尾后赤屿”，“薄暮过郊，风涛大作，投生猪羊各一，泼五斗米粥”，“问‘郊’之义何取？曰‘中外之界’也。”以上记述表明，当时汪楫一行也将钓鱼岛作为使琉航海的标识，并在经过赤（尾）屿后，举行了过“郊（沟）”祭海的仪式，并指出黑水沟即中国与琉球的海域分界。

来源：国家图书馆

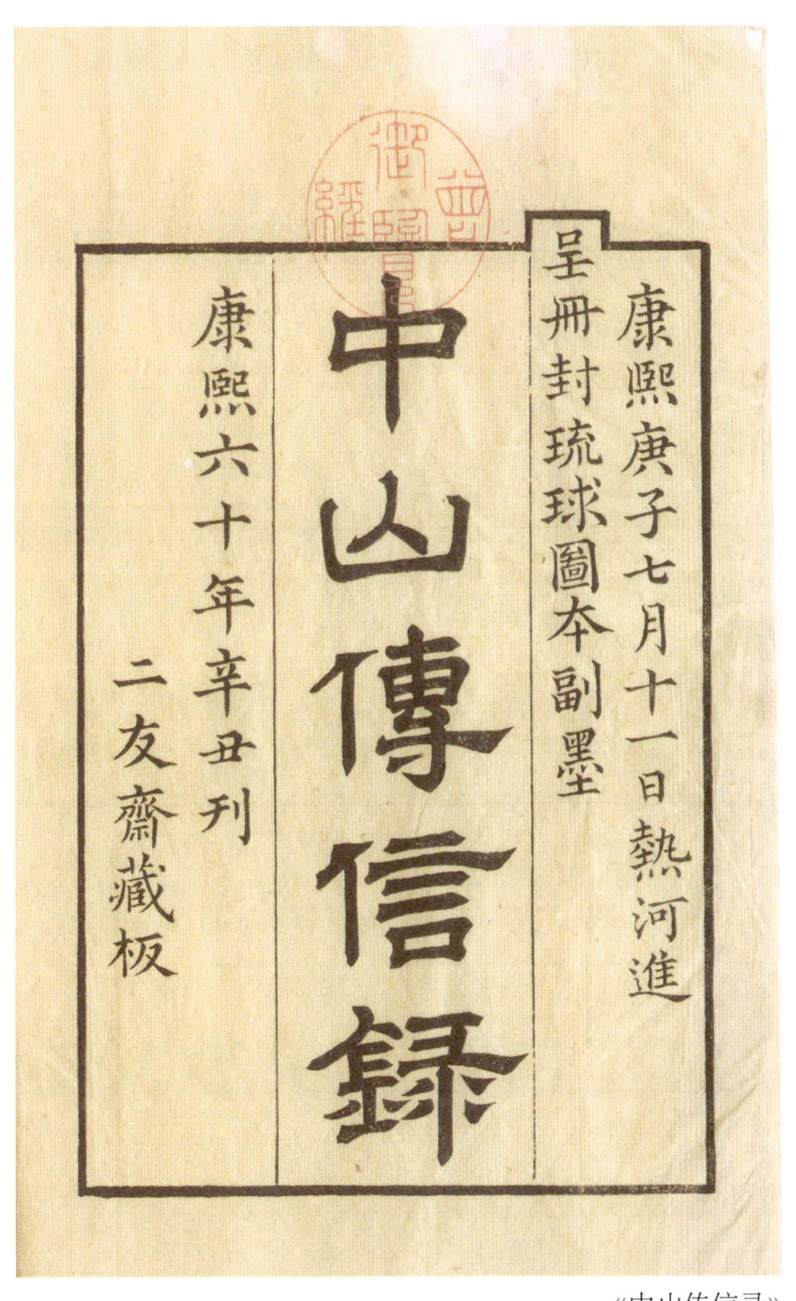

《中山传信录》

中山传信录 六卷

（清）徐葆光纂　清康熙六十年（1721）刻本

《中山传信录》由清康熙年间琉球册封使徐葆光编纂，全书约三万六千字，对研究琉球历史、政治、经济、地理具有重要的价值。徐葆光，字亮直，号澄齐，江苏长洲（今江苏苏州市）人，康熙五十一年（1712）进士，授官翰林院编修。康熙五十八年（1719），翰林院检讨海宝为册封正使，徐葆光为副使，前往琉球册封中山王尚敬。在康熙五十八年（1719）五月至康熙五十九年（1720）二月使琉期间，徐葆光遍查琉球山川图籍，复考中山制度礼仪及民俗风习，重绘海行针路，编纂为六卷本的《中山传信录》。

来源：国家图书馆

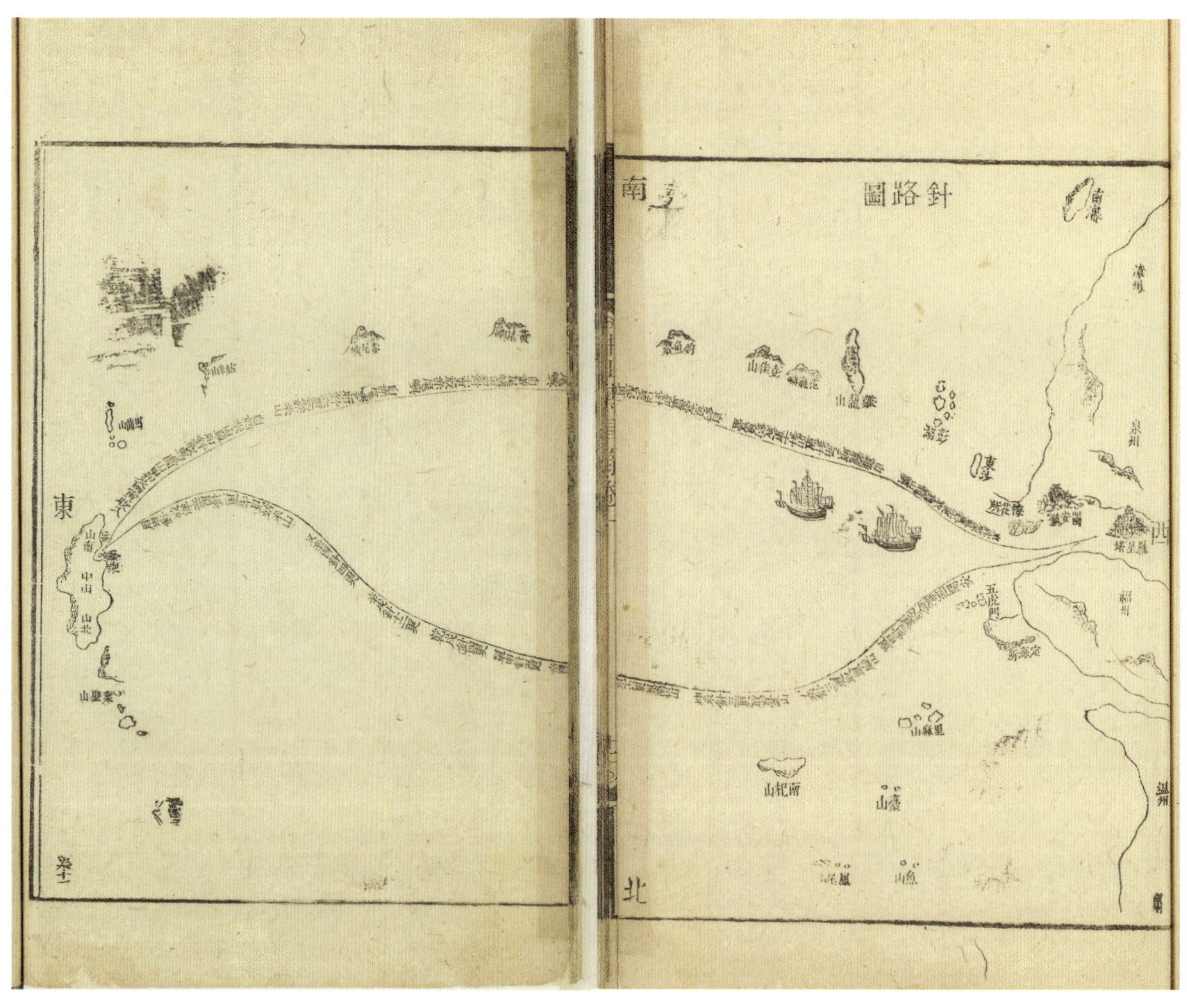

《福建往琉球》针路 -1

《中山传信录》之《福建往琉球》针路

《中山传信录》卷一《福建往琉球》中所绘针路图上明确标明了钓鱼台。同时，该条也引用清朝琉球国学者程顺则所著《指南广义》中有关针路的文字记载：“用乙卯并单卯针十更，取钓鱼台”，“用乙卯针六更，取姑米山（琉球西南方界上镇山）；用单卯针，取马齿；甲卯及甲寅针，收入琉球那霸港。”可见，作者沿袭前册封使将钓鱼岛作为赴琉的航海标识。

来源：国家图书馆

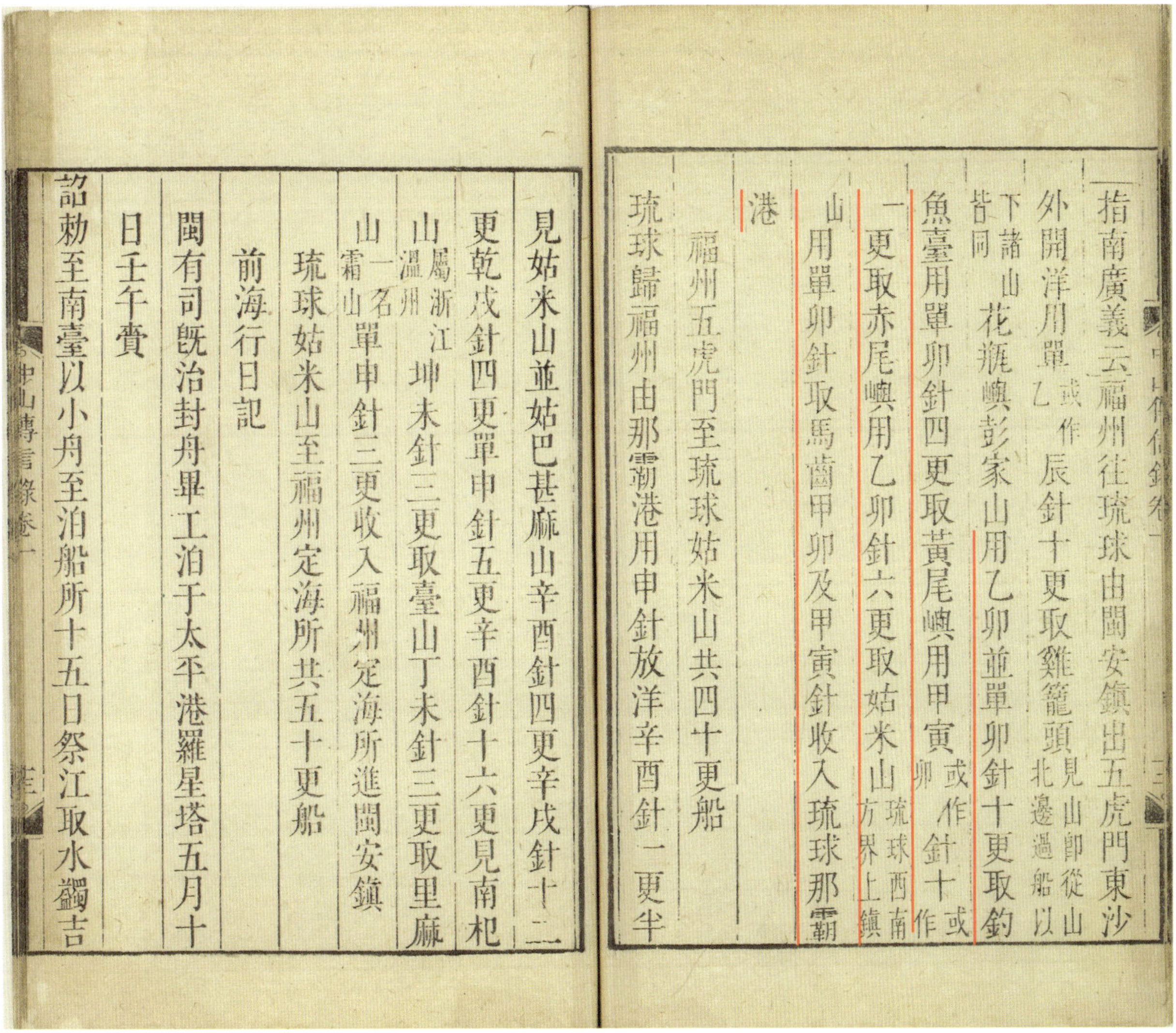

指南廣義云福州往琉球由閩安鎮出五虎門東沙外開洋用單乙(或作辰)針十更取雞籠頭(見山即從山北邊過船以下諸山皆同)花瓶嶼彭家山用乙卯並單卯針十更取釣魚臺用單卯針四更取黃尾嶼用甲寅(或作卯)針十(或作一)更取赤尾嶼用乙卯針六更取姑米山(琉球西南方界上鎮山)用單卯針取馬齒甲卯及甲寅針收入琉球那霸港

福州五虎門至琉球姑米山共四十更船

琉球歸福州由那霸港用申針放洋辛酉針一更半見姑米山並姑巴甚麻山辛酉針四更辛戌針十二更乾戌針四更單申針五更辛酉針十六更見南杞山(屬浙江溫州)坤未針三更取臺山丁未針三更取里麻山(一名霜山)單申針三更收入福州定海所進閩安鎮

琉球姑米山至福州定海所共五十更船

前海行日記

閩有司旣治封舟畢工泊于太平港羅星塔五月十日壬午賚

詔勅至南臺以小舟至泊船所十五日祭江取水𤅊吉

《福建往琉球》针路 -2

《琉球三十六岛图》

《中山传信录》之《琉球三十六岛图》

《中山传信录》卷四所收录的《琉球三十六岛图》，基本符合琉球国的地理和三十六岛分布的实际状况，填注地名十分详备，图中并无钓鱼岛。文中一一列举的三十六岛（包括东四岛、正西三岛、西北五岛、东北八岛、南七岛、西南九岛）中也没有钓鱼岛。

来源：国家图书馆

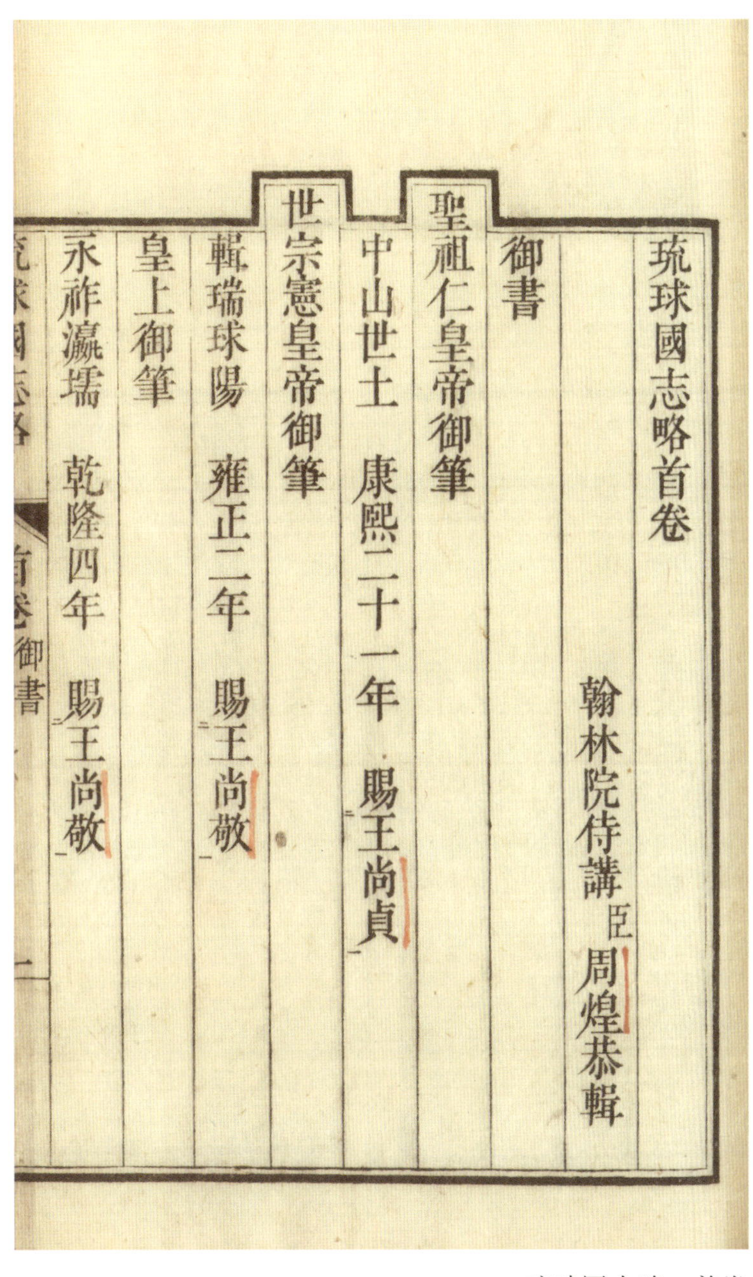
琉球國志略首卷

翰林院侍講臣周煌恭輯

御書

聖祖仁皇帝御筆

中山世土　康熙二十一年　賜王尚貞

世宗憲皇帝御筆

輯瑞球陽　雍正二年　賜王尚敬

皇上御筆

永祚瀛壖　乾隆四年　賜王尚敬

琉球國志略　首卷　御書

《琉球国志略》首卷

琉球国志略 十六卷首一卷

（清）周煌辑　清乾隆三十九年（1774）武英殿刻本

《琉球国志略》是清乾隆年间琉球册封使周煌所辑。乾隆二十一年（1756），钦差正使翰林院侍讲全魁、副使周煌，赴琉球册封中山王尚穆，归国后周煌著《琉球国志略》，全书共十六卷。周煌，字景桓，四川涪州（今重庆市涪陵区）人，乾隆二年（1737）进士，改庶吉士，曾任兵部侍郎、兵部尚书、左都御史。

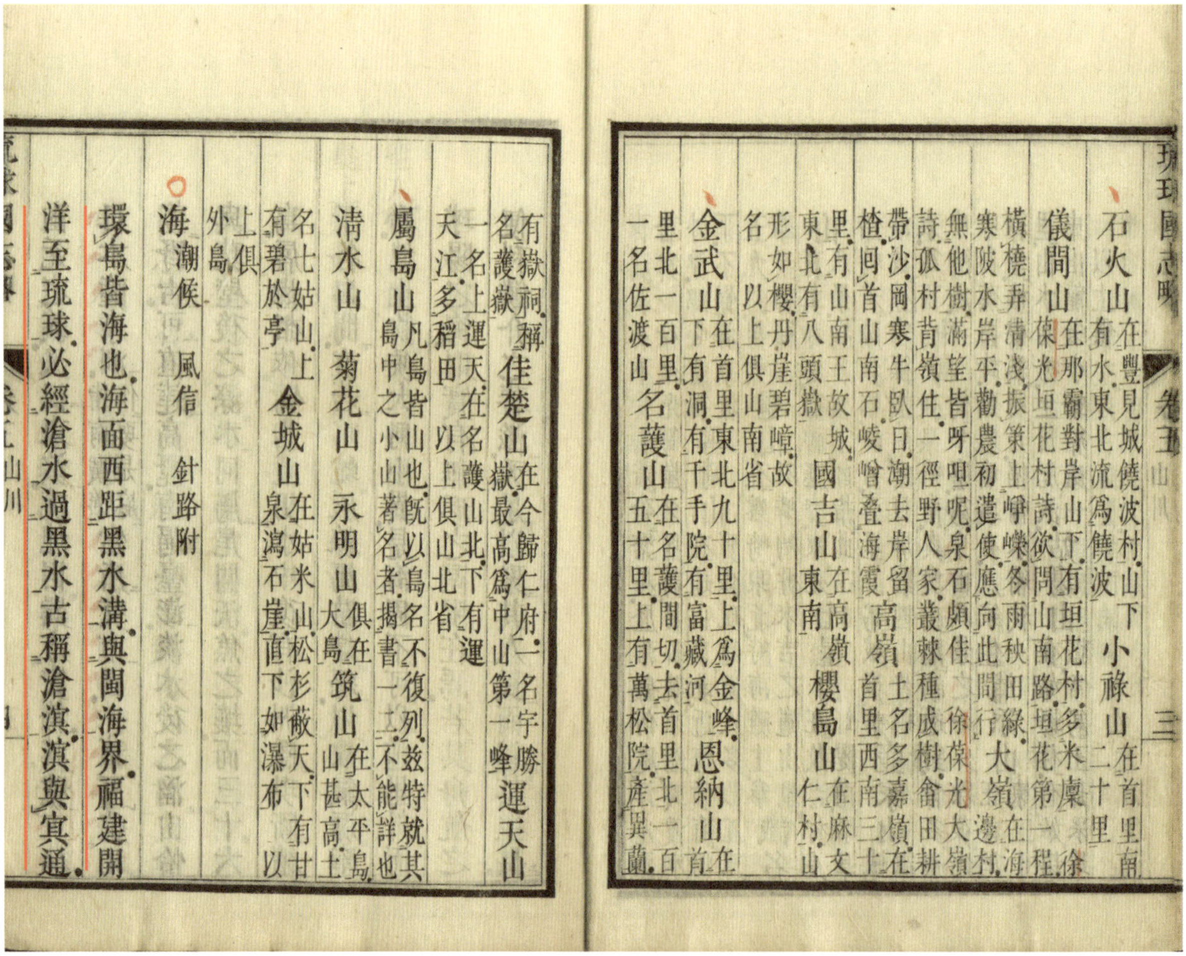
琉球國志略 卷五 山川 三

石火山在豐見城饒波村山下有水東北流爲饒波 小祿山在首里南二十里

儀間山在那霸對岸山下有垣花村多米虞徐葆光垣花村詩欲問山南路垣花第一程橫槎弄清淺振策上崢嶸冬雨秧田綠寒陂水岸平勸農初遣使應向此間行

大嶺在海邊村無他樹滿望皆呀咀呪泉石頗佳徐葆光大嶺詩孤村背嶺住一徑野人家叢棘種成樹畲田耕帶沙岡寒牛臥日潮去岸留楂迴首山南石崚嶒疊海霞

高嶺土名多嘉嶺在首里西南三十里有山南王故城東北有八頭嶽

國吉山在高嶺東南 櫻島山在麻文仁村山形如櫻丹崖碧嶂故名 以上俱山南省

金武山在首里東北九十里上爲金峰下有洞有千手院有富藏河 恩納山在首里北一百里一名佐渡山 名護山在名護間切去首里北一百五十里上有萬松院產異蘭有嶽祠稱名護嶽

佳楚山在今歸仁府一名宇勝嶽最高爲中山第一峰 運天山一名上運天在名護山北下有運天江多稻田 以上俱山北省

屬島山凡島皆山也既以島名不復列茲特就其島中之小山著名者揭書一二不能詳也

清水山 菊花山 永明山俱在大島 筑山在太平島山甚高上名七姑山上有碧於亭 金城山在姑米山松杉蔽天下有甘泉瀉石崖直下如瀑布 以上俱外島

海 潮候 風信 針路附

環島皆海也海面西距黑水溝與閩海界福建開洋至琉球必經滄水過黑水古稱滄溟溟與冥通

琉球國志略 卷五 山川

《琉球国志略》-2

《琉球国志略》卷五《山川》记载琉球“环岛皆海也，海面西距黑水沟，与闽海界。福建开洋，至琉球，必经沧水过黑水，古称沧溟。溟与冥通，幽元之意。又曰东溟。”

幽元之義又曰東溟琉地固異方實符其號東鄰
日本薩摩洲指南廣義作耍是麻常所交市國一葦可航北
望野古可直達高麗南逼臺澎淡水後之溜山恰
與葉壁後之漈水同屬尾閭沃焦之壤而三十六
島層齒相依臂指互用水中復有沙洲隱現斷續
于各島間直若草蛇灰線馬跡蛛絲以故氣脉牽
聯地土物候大同小異是海固不可以道里計而
球陽之海則實有無形之區限在焉若其舟航之
便利鱗介之蕃滋又足以聚其人民而遂其生長

建邦斯土者其永覩海波之不揚而長祝中國萬
年有道之
聖人恪共爾職慎固吾圉我
皇上覆載同仁中外一體自必深嘉樂予加惠無窮而
不忍膜外視之者矣
水之進退有度朝而至者爲潮夕而至者爲汐然
世之論者不一山海經以爲海鰌出入之故夫鰌
特一微物耳顧能橫四海之大而鼓之以盈縮耶
浮屠氏謂爲神龍變化之迹殊不知龍見于春夏

《琉球国志略》-3

这段文字表明，中国与琉球的海域分界线为黑水沟。由福建至琉球，必经绿色海域而进入黑色海域，黑水沟以西的绿色海洋为中国海域，以东的黑色海洋为琉球海域。这种海域边界的划分法，明、清册封使录中亦反复提及，是当时中、琉官方使节及航海家的共识。

来源：国家图书馆

《琉球国全图》

《琉球国志略》之《琉球国全图》

《琉球国志略》首卷《图绘》中录有《琉球国全图》，图中所绘琉球国西南方向以姑米山为界，极西南方向以由那姑呢（与那国岛）为界，可见当时钓鱼岛不属琉球。

来源：国家图书馆

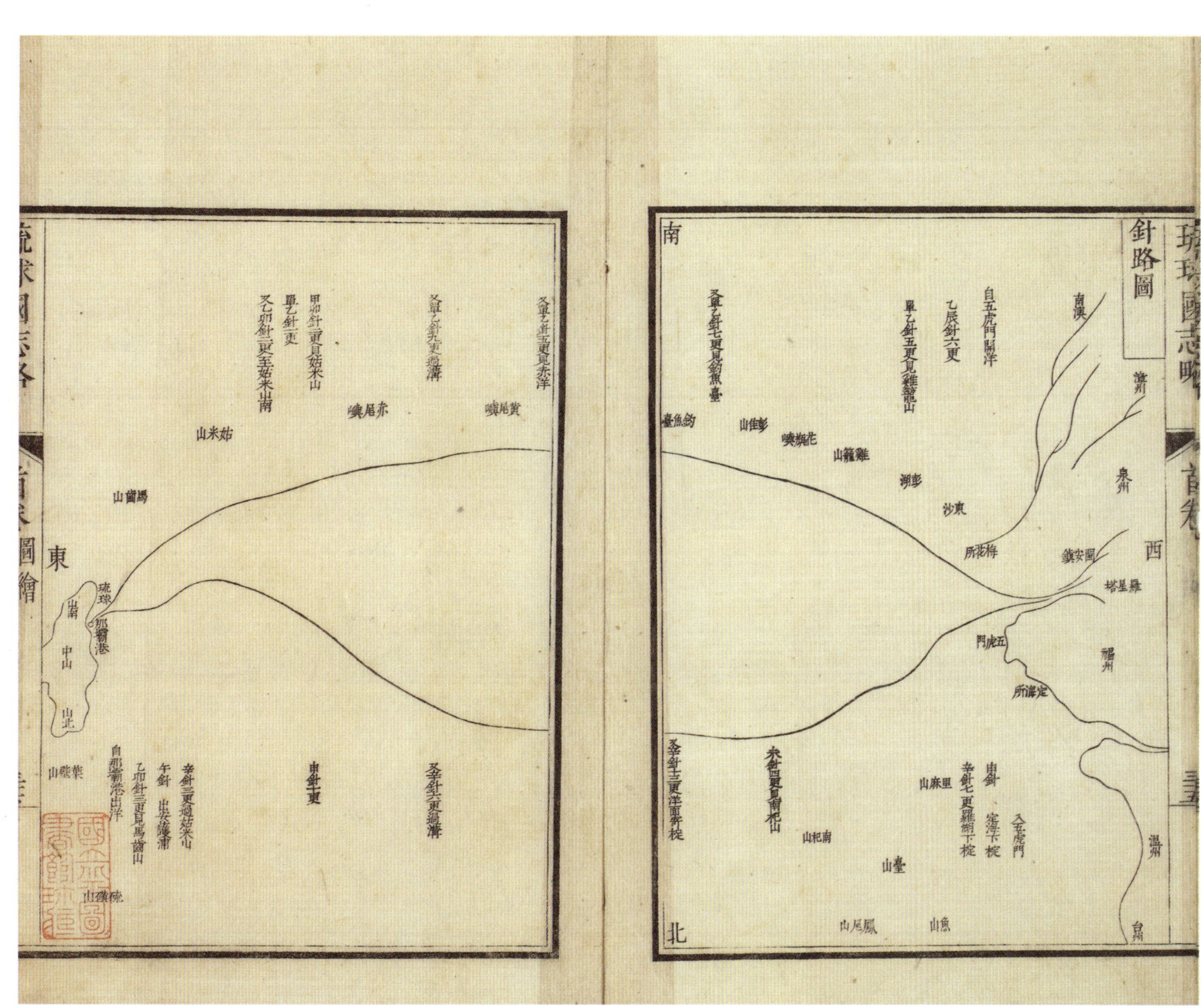

《针路图》

《琉球国志略》之《针路图》

《琉球国志略》首卷《图绘》中录有《针路图》，图中也明确标注了钓鱼台、黄尾屿、赤尾屿等，并将其作为出使琉球的航海标识。

来源：国家图书馆

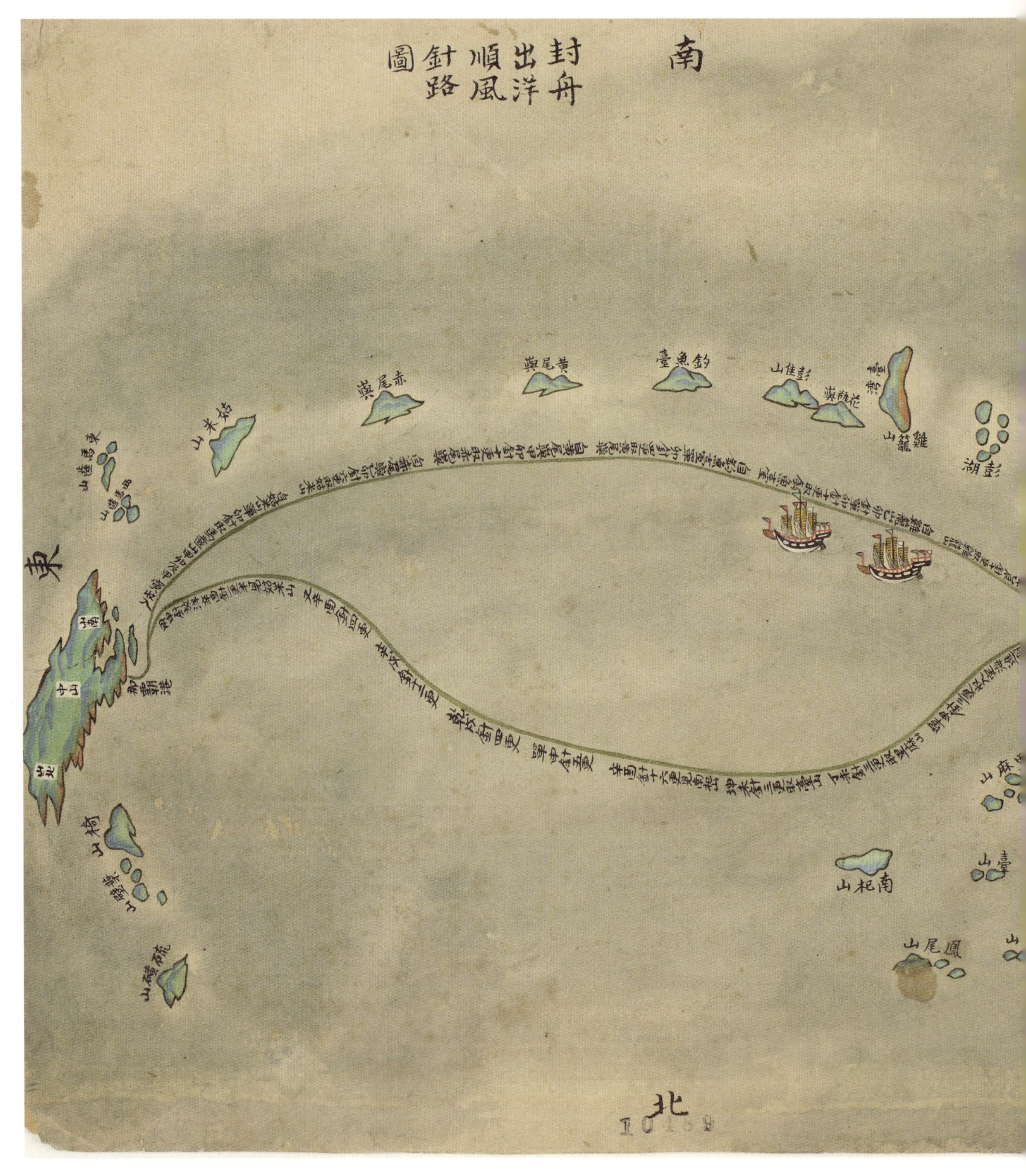

封舟出洋顺风针路图

清乾隆年间彩色绘本

来源：国家图书馆

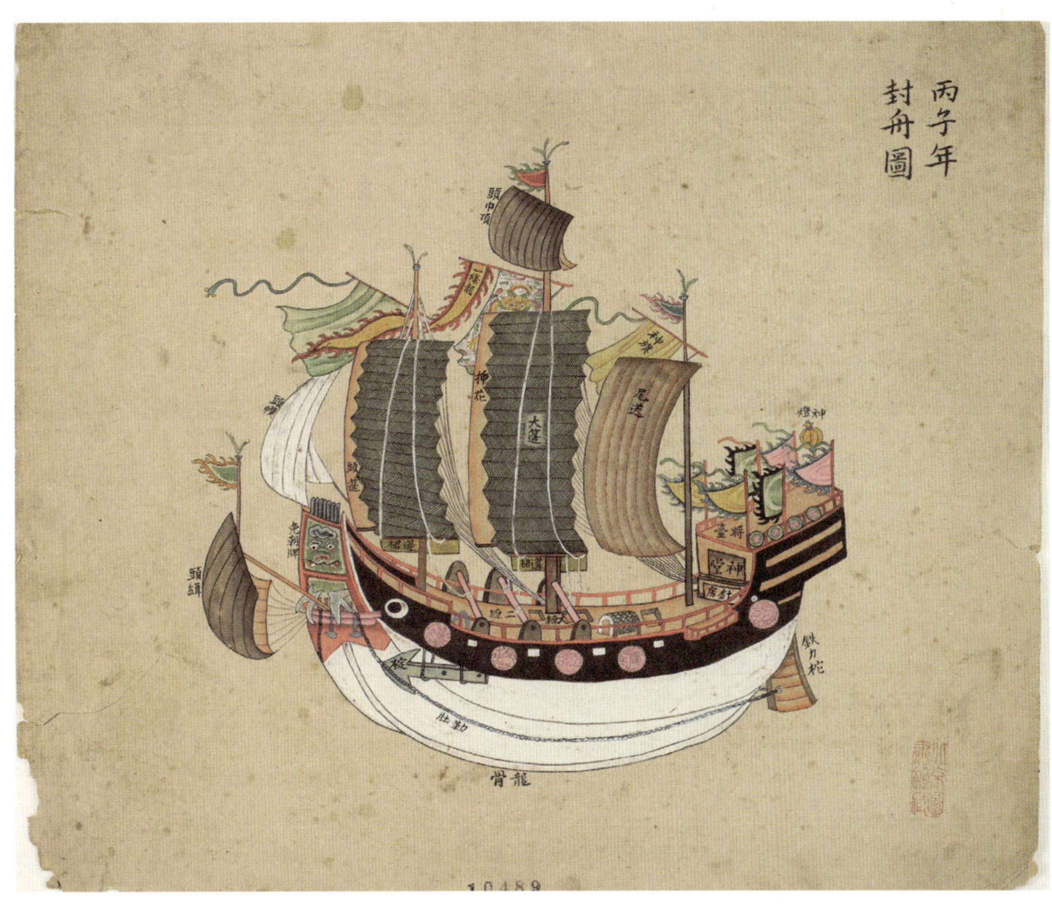

封舟图

清乾隆年间彩色绘本

来源：国家图书馆

六更船仍用單乙針
十一日壬辰陰丁未風仍用單乙針計赤尾嶼至此行
十四更船午刻見姑米山山共八嶺嶺各一二峯或斷
或續舟中人歡聲沸海未刻大風暴雨如注俗傳十一
日為天帝龍王朝玉皇之期又十三為關帝颶發於前
後三日殆其驗也然雨雖暴而風順酉刻舟已近山計
又行五更船球人以姑米多礁黑夜不敢進待明而行
亦不下碇但將蓬收回順風而立則舟蕩漾而不能進
退初使風時各蓬皆加插花褲大蓬更加頭巾頂皆以
布為之插花附於蓬側頭巾附於桅梢至此盡落之惟

使琉球記 卷三 六

黑水溝按汪舟次雜錄過黑水溝投生羊豕以祭且威
以兵今開洋已三日莫知溝所琉球夥長云伊等往來
不知有黑溝但望見釣魚臺即酬神以祭海隨令投生
羊豕焚帛奠酒以祭無所用兵連日見二號船在前約
去數十里
初十日辛卯晴丁未風仍用單乙針東方黑雲蔽日水
面白鳥無數計彭家至此行船十四更辰正見赤尾嶼
嶼方而赤東西凸而中凹凹中又有小峯二船從山北
過有大魚二夾舟行不見首尾脊黑而微綠如十圍枯
木附於舟側舟人舉酒相慶巳刻微雨從南來雷一發

使琉球記 卷三 五

《使琉球记》-3

使琉球记 六卷

（清）李鼎元撰　清嘉庆年间刻本

《使琉球记》由清嘉庆五年（1800）出使琉球册封副使李鼎元（正使赵文楷）归国后著成，书中记述了出使、到达琉球的详细经过。李鼎元，字和叔，一字味堂，号墨庄，四川绵州(今四川绵阳市)人。乾隆四十三年（1778）进士，改翰林院庶吉士，授检讨。

书中卷三有关于钓鱼岛等诸岛屿及黑水沟的记述：“琉球伙长云：伊等往来，不知有黑沟，但望见钓鱼台即酬神以祭海”，还记有：“午刻见姑米山，山共八岭，岭各一二峰，或断或续，舟中人欢声沸海。”

使琉球記 卷三 四

浪密而細如初篩之米點點零落米糠字極有形容日
落計又行三更船夥長云雞籠山花瓶嶼去船遠不應
見是夜用乙辰針行船六更舟中吐者甚多余日坐將
臺初不覺險飲食如常
初九日庚寅晴卯刻見彭家山山列三峯東高而西下
計自開洋行船十六更矣由山北過船辰刻轉丁未風
用單乙針行十更船中正見釣魚臺三峯離立如筆架
皆石骨惟時水天一色舟平而駛有白鳥無數繞船而
送不知所自來入夜星影橫斜月光破碎海面盡作火

《使琉球记》-2

使琉球記卷一
欽命冊封琉球副使賜正一品麟蟒服內閣中書前翰林院檢討綿州李鼎元撰
乾隆五十有九年甲寅四月八日琉球國中山王尚穆
薨世子尚哲先七年卒世孫尚溫取具通國臣民結狀
於嘉慶三年戊午八月遣正使耳目官向國垣副使正
議大夫曾謨進例貢表請襲封四年二月福建巡撫臣
汪志伊以
聞禮部上其議
天子特命內閣大學士翰林院掌院都察院禮部堂官
選舉學問優長儀度修偉者為正副使時選得內閣中

使琉球記 卷一

《使琉球记》卷一

由此可见，当时册封使不仅将钓鱼岛、赤尾屿等作为航海标识，而且在“但望见钓鱼台”的情形下，举行了“酬神以祭海”的仪式。当册封使船驶近姑米山时，船上的琉球水手即欢声雷动，知道离家乡不远了，这与明嘉靖十三年（1534）陈侃《使琉球录》中所记载的“见古米山，乃属琉球者。夷人鼓舞于舟，喜达于家”的情形是一致的，从侧面证明了进入姑米山即入琉球国境。

来源：国家图书馆

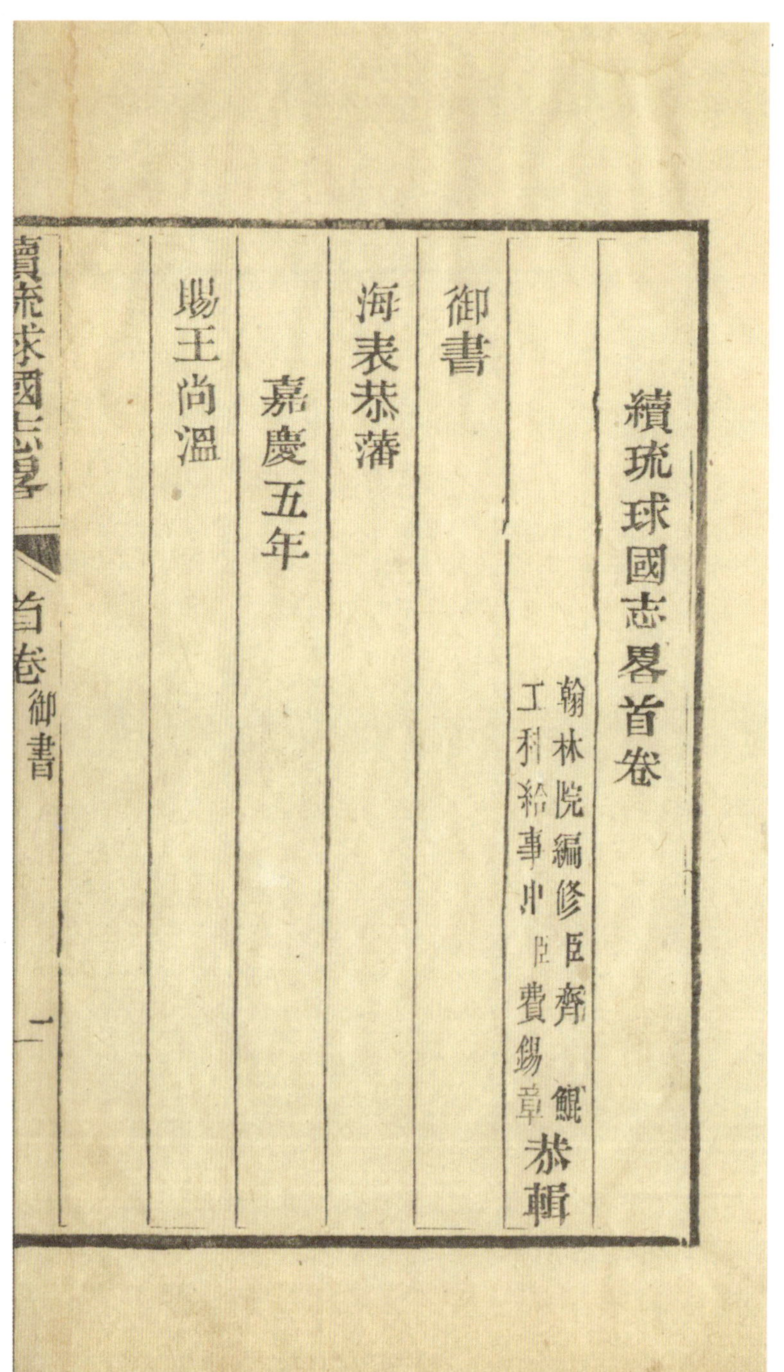

《续琉球国志略》首卷

续琉球国志略 五卷首一卷

（清）齐鲲、费锡章辑　清嘉庆年间武英殿木活字本

《续琉球国志略》是清嘉庆十三年（1808），册封琉球正使翰林院编修齐鲲与副使工科给事中费锡章出使琉球后合辑。齐鲲（1776—1820），字鹏霄，又字北瀛，福建侯官县（今福建福州市）人，清嘉庆六年（1801）进士，改庶吉士，授翰林院编修，官至河南府尹。

南過午刻午未風用辰卯針至下午行船一
更半入夜行船二更見梅花嶼十三日天明
見釣魚臺從山南過仍辰卯針行船二更午
刻見赤尾嶼又行船四更五過溝祭海申刻
轉西北風夜半轉東北風船欹側危甚十四
日下午轉東南風仍不能進十五日雞鳴回
西南風仍辰卯針十五日黎明見姑米山行

《续琉球国志略》-2

《续琉球国志略》卷三详细记载了出使琉球去程的针路和所经过的海山岛屿，包括了钓鱼岛、赤尾屿。此外，齐鲲此行举行“过沟祭海”的海域也与前任册封使大体相同。这说明，中国政府的历任册封使都将赤尾屿以东的中琉海沟视为中琉两国的天然国界。

来源：国家图书馆

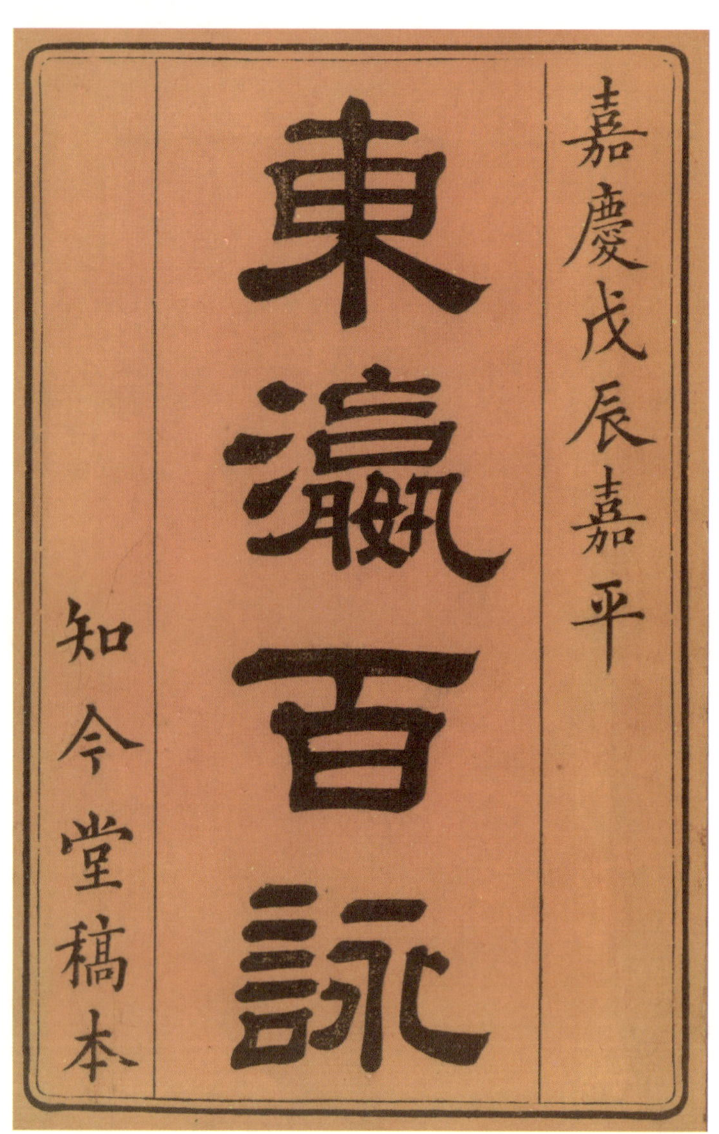
嘉慶戊辰嘉平

東瀛百詠

知今堂稿本

《东瀛百咏》

东瀛百咏 一卷

（清）齐鲲著　清嘉庆十三年（1808）刻本

《东瀛百咏》是清嘉庆十三年（1808）册封正使翰林院编修齐鲲所著诗集。书中《航海八咏》是一组五言诗，包括《钓鱼台》《赤尾屿》《黑沟洋》《姑米山》等，其中《黑沟洋》一诗提及中琉海上分界黑水沟及“过沟祭海”的内容。《姑米山》一诗中注有“此山入琉球界”，以及琉球人见到琉球属山时的喜悦之情。

来源：首都图书馆

東瀛百詠

侯官齊鯤北瀛

出都紀

恩留別七律四首

儒生何以答

昇平持節今看萬里行四海車書通日窟

九霄雨露沛春城絲綸

帝命宣風遠章服臣叨

《东瀛百咏》-2

披裘者登臨亦小哉

赤尾嶼

赤尾連黄尾參差島嶼分頳魚身半露紅日燄如焚跳躍龍門浪吹嘘蜃市雲夾舟有神助三兩自成羣是日有大魚隨舟而行

黑溝洋

大海無中外渾然劃一溝合黎通異派分

十

水滙同流金鼓昏中震羔豚暗裡投馮夷原効順不必耀戈矛舊録云過黑水溝投生羊豕以祭且威以兵玆但于昏時望祭無所用兵

姑米山此山入琉球界

忽覩流虬狀西來第一山半天峯斷續八嶺路迴環海霧微茫裡船風瞬息間球人欣指點到此即鄉關舟中有接封球官望山喜躍

馬齒山山為琉球門户

航海八咏

太平港

萬派朝宗地安瀾紀太平此間無濁水自古錫嘉名瀨紀投金美心同飲馬清廉泉留一勺相送到東瀛向例封舟到此投金取水此次淡水足用僅載一石以應嘉名

五虎門

屹立嘯風烟盤空五虎連雲開程九萬潮射弩三千浩蕩凌波壯巉巖沒羽堅金城排石壁設險果天然

雞籠山山在臺灣府後

猶是中華界蒼茫四望空萬濤圍鳳舸一髮認雞籠獨立雲垂北長鳴日在東何當振雙羽軒舉九天風

釣魚臺

《航海八咏》

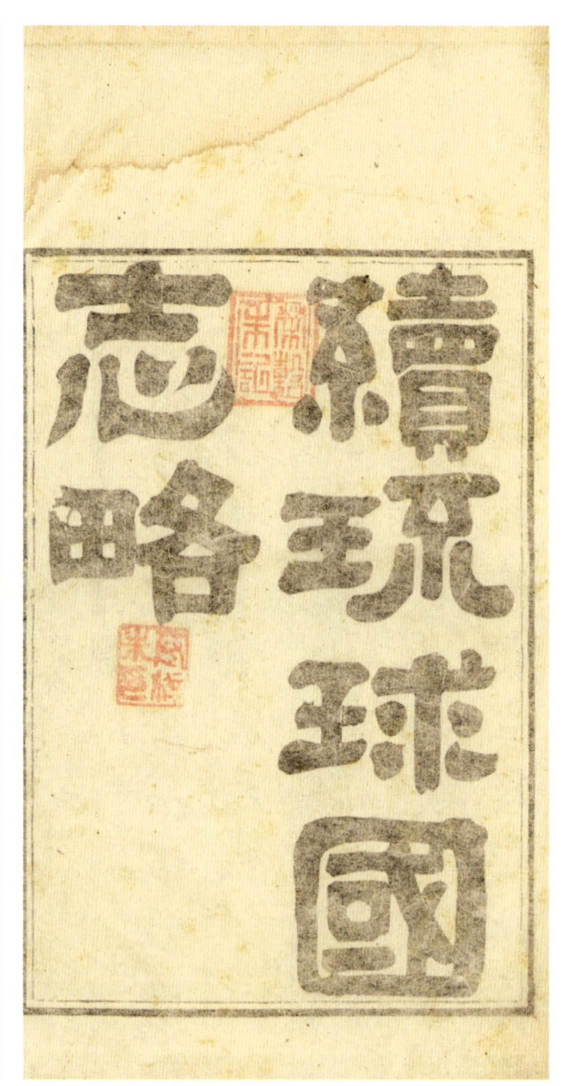

《续琉球国志略》

续琉球国志略 二卷首一卷

（清）赵新撰　清光绪八年（1882）刻本

《续琉球国志略》是清同治五年（1866）最后一位册封正使翰林院检讨赵新出使琉球后所撰。赵新（1809—1876），字又铭，福建侯官县（今福建福州市）人，清咸丰二年（1852）进士，改庶吉士，授翰林院编修，国史馆总纂，官至陕西督粮道。

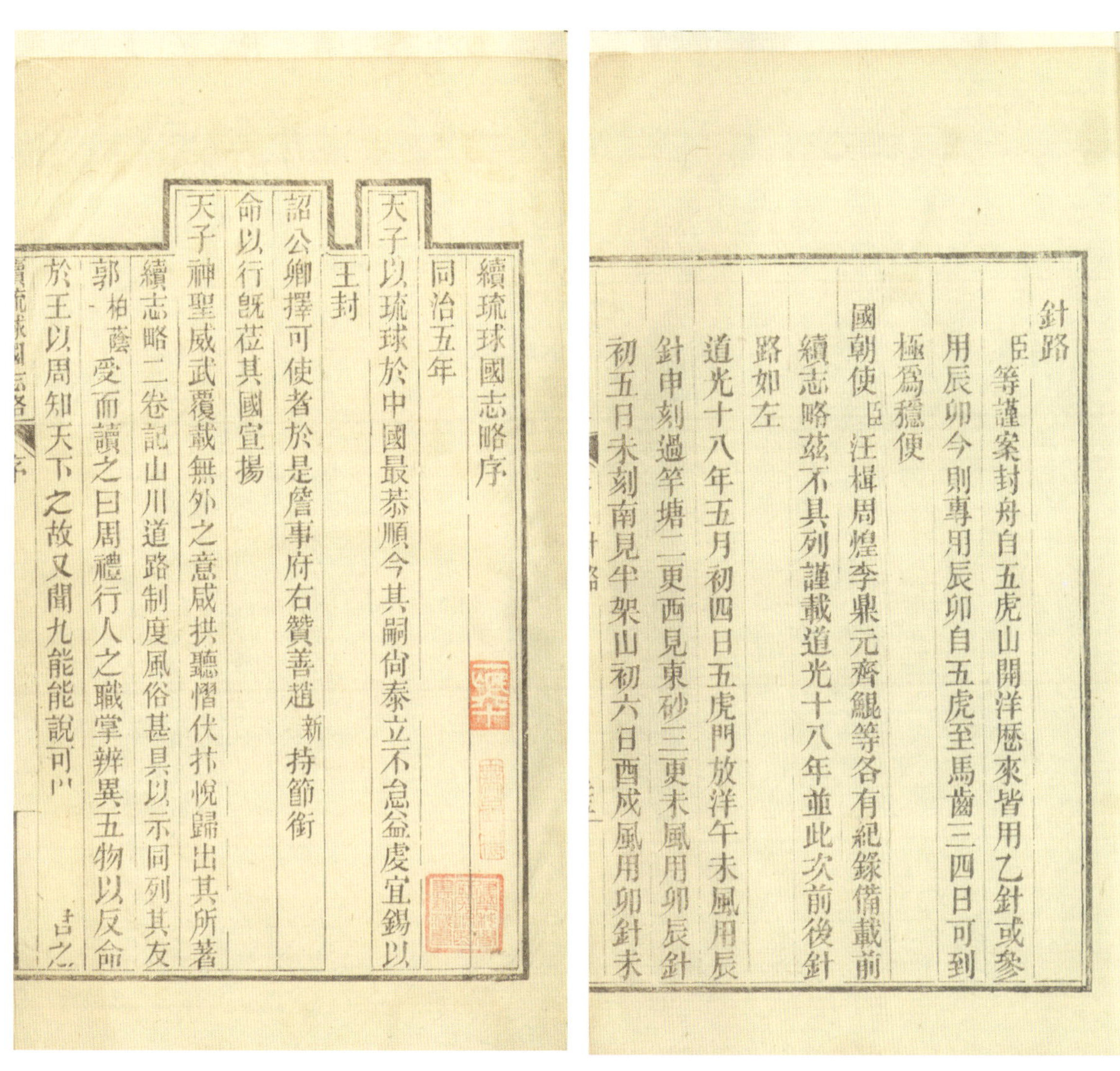
續琉球國志略序

同治五年

天子以琉球於中國最恭順今其嗣尚泰立不怠益虔宜錫以

王封

詔公卿擇可使者於是詹事府右贊善趙新持節銜

命以行既莅其國宣揚

天子神聖威武覆載無外之意咸拱聽慴伏抃悅歸出其所著

續志略二卷記山川道路制度風俗甚具以示同列其友

郭柏蔭受而讀之曰周禮行人之職掌辨異五物以反命

於王以周知天下之故又聞九能能說可

針路

臣等謹案封舟自五虎山開洋歷來皆用乙針或參

用辰卯今則專用辰卯自五虎至馬齒三四日可到

極爲穩便

國朝使臣汪楫周煌李鼎元齊鯤等各有紀錄備載前

續志略茲不具列謹載道光十八年並此次前後針

路如左

道光十八年五月初四日五虎門放洋午未風用辰

針申刻過竿塘二更西見東砂三更未風用卯辰針

初五日未刻南見半架山初六日酉戌風用卯針未

《续琉球国志略》序　　《针路》-1

其所著《续琉球国志略》不仅记载了此次出使琉球的针路和航程，还记载了清道光十八年（1838）册封正使翰林院修撰林鸿年的使琉针路，两次航海行程均经过了钓鱼岛。此外，由于赵新出使期间，十分留心琉球的风物典故，所以《续琉球国志略》也是研究琉球国的历史沿革、山川物产、风土人情和中琉友好关系等方面的珍贵资料。

来源：国家图书馆

刻取釣魚山申刻取久場島酉刻巳風用卯辰針近晡轉辰巳風初更轉午方用卯辰針初七日黎明取久米赤島酉刻申酉風仍用卯辰針初八日黎明西見姑米島申刻見馬齒山酉刻灣泊那霸洋面初九日辰刻進那霸港

道光十八年十月十二日那霸港開洋寅卯風用酉針未刻風轉丑方仍用酉針酉刻過馬齒山十三日子風用酉戌針辰刻取姑米島四更丑風仍用酉戌針十四日風止舟停四更亥子風起仍用酉針十六日辰刻子丑風用酉戌針三更寅風用戌針十七日

二更辰巳風用酉戌針十八日子丑風仍用酉戌針辰刻見中華外山未刻見南杞山用未申針十九日午刻過定海未刻進五虎門

同治五年六月初九日卯刻放洋未風兼西用辰針（船由上向駕駛故用辰針）午刻轉正南風用辰針過竿塘申刻過東湧東沙洋面初十日轉西南風用辰針申刻過半架山十一日轉午風用卯辰針酉刻過釣魚山戌刻過久場島亥刻用寅卯針十二日卯刻轉午未風用卯辰針午刻轉巳午風用寅卯針未刻過久米赤島申刻風停是夜轉巳午微風十三日風停船順流而

《针路》-2

行是夜亥刻起丑風用卯辰針十四日丑風用卯辰針夜同十五日轉卯風用辰巳針辰刻見姑米山十六日轉寅卯風用巳午針申刻駛近姑米山酉刻該島有小船數十隻來引三更進姑米山前寄椗十七日卯刻起椗巳刻進兼城港口下椗申刻起未申風正西南起椗開行戌刻風停船流不定至十八日辰刻開放大炮該島又有小船前來挽帶因海潮沖進不能近山小船亦難前駛十九日隨流二百餘里申刻起午未風船向姑米山駕駛（此時向山而行未用針）二十日午未風加巾頂駛近姑米山（因見午未風色順利卽向馬齒山駕駛）二

十一日辰刻到馬齒山酉刻抵那霸港收泊

同治五年十一月初十日登舟巳刻自那霸港開洋丑寅風針向酉申刻過馬齒山酉刻丑風針向辛戌夜子刻風暴十一日未刻丑風針向辛戌十二日丑風針向戌夜子刻丑風針向辛戌十三日丑風針向辛酉未刻丑風針向辛酉十四日丑風針向辛酉夜子刻丑風針向坤申十五日子丑風針向坤申夜子刻至四嶼寄椗

《针路》-3

二、中国将钓鱼岛纳入海防管辖

早在明朝初期，中国就将钓鱼岛纳入海防管辖区域。由明朝驻防东南沿海的最高将领胡宗宪主持、郑若曾编纂的《筹海图编》中，就明确将澎湖列岛（澎湖澳）、台湾岛（小琉球）、彭佳山、钓鱼岛（钓鱼屿）、黄尾屿（黄毛山）、赤尾屿（赤屿）等，纳入福建沿海的军事海防区域。由郑舜功所撰的具有官方文书性质的《日本一鉴》中也记有“钓鱼屿，小东（即台湾）小屿也”，这些都清楚反映出明朝政府早已确认钓鱼岛为台湾附属岛屿。

鄭開陽雜著

壬申夏六月陶風樓印行

《郑开阳杂著》

郑开阳杂著 十一卷

（明）郑若曾撰　民国二十一年（1932）影印本

《郑开阳杂著》包括《万里海防图论》《江防图考》《日本图纂》《朝鲜图说》《安南图说》《琉球图说》《海防一览图》《海运全图》《黄河图议》《苏松浮粮义》等十种著述。郑若曾 (1503—1570)，字伯鲁，号开阳，江苏昆山人，明嘉靖年间贡生，明代著名的布衣军事家、战略家。

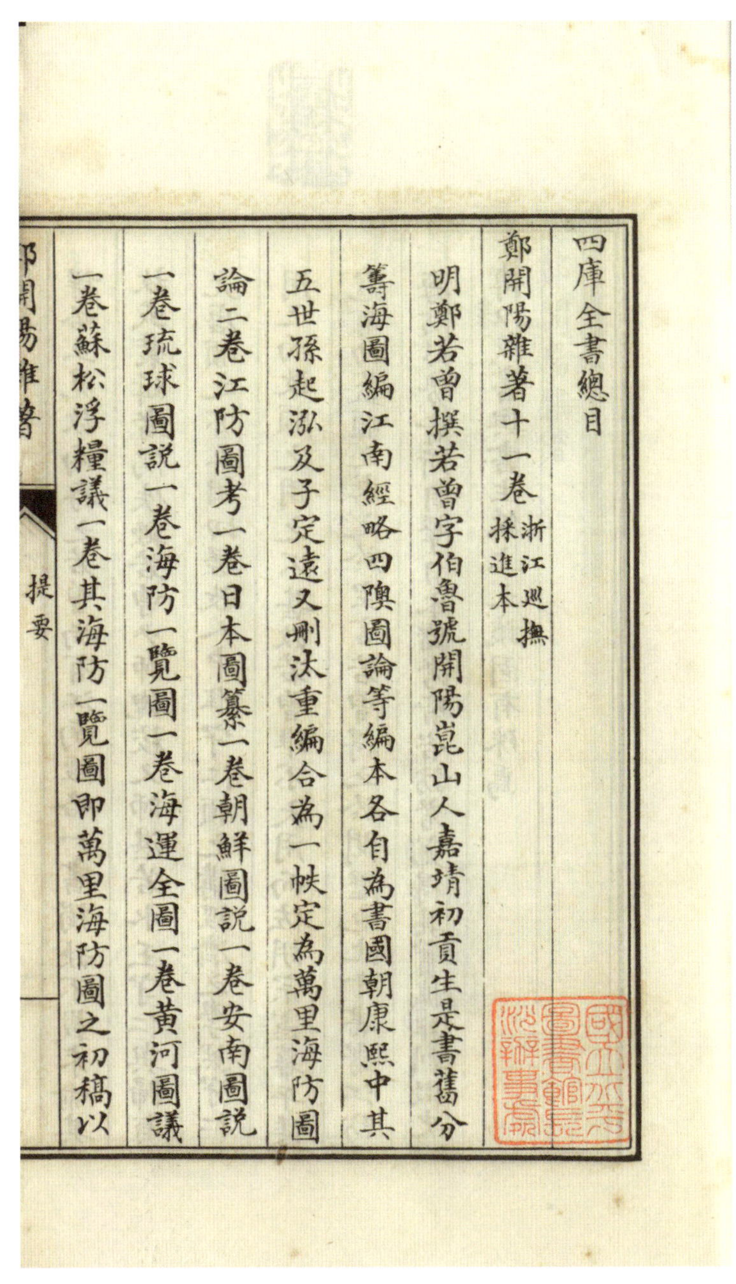
四庫全書總目

鄭開陽雜著十一卷 浙江巡撫採進本

明鄭若曾撰若曾字伯魯號開陽崑山人嘉靖初貢生是書舊分籌海圖編江南經略四隩圖論等編本各自為書國朝康熙中其五世孫起泓及子定遠又刪汰重編合為一帙定為萬里海防圖論二卷江防圖考一卷日本圖纂一卷朝鮮圖說一卷安南圖說一卷琉球圖說一卷海防一覽圖一卷海運全圖一卷黃河圖議一卷蘇松浮糧議一卷其海防一覽圖即萬里海防圖之初稿以

鄭開陽雜著 提要

《四库全书总目》之《郑开阳杂著》提要

《郑开阳杂著》根据作者亲身考察所得资料而撰，其中有关日本诸岛屿图说，皆来自前往日本考察者的“实据”，因此可信度极高。

来源：国家图书馆

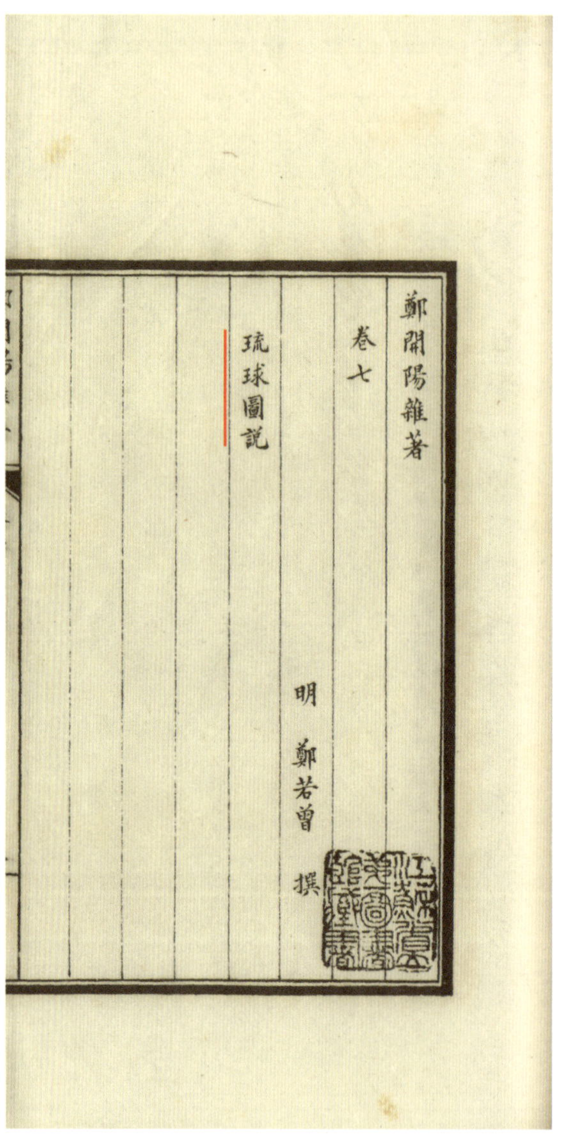
鄭開陽雜著

卷七

琉球圖說

明 鄭若曾 撰

《郑开阳杂著》卷七

《郑开阳杂著》之《琉球图说》

《琉球图说》为《郑开阳杂著》卷七，分为琉球国图、琉球考、世纪、山川、风俗、福建使往大琉球针路、土产、国朝贡式、制限进贡方物，后附《郑端靖公纪事》等内容。其中《福建使往大琉球针路》记载了经过钓鱼岛等岛屿的海行针路。

来源：国家图书馆

三檯餘皆茅土風雨飄搖以螺殼爨炊無釜甑耕無鐵
先以火燒而引水灌持一插以石爲刀長尺餘濶數寸
而墾之厥田良沃宜稻粱禾黍麻豆赤豆胡黑豆末有
楓桔松梗楠杉梓竹畜有熊豹豺狼尤多猪雞無牛羊
驢馬蔬果同於江表氣候與嶺南相類婦人嚼米爲酒
男子煮海爲鹽市用日本錢十當一如宋季鵝眼綖貫
人無貴賤皆驍健善走耐勞苦飢寒不知醫藥而無疾
疫兵革堅利有刀稍弓箭劍鈹之屬編紵爲甲或用熊
豹皮射可至二百步進止有金鼓鄰國視爲勍敵

福建使往大琉球鍼路

梅花東外山開船用單辰針乙辰針或用辰巽針十更
船取小琉球
小琉球套北過船見雞籠嶼及花瓶嶼至彭嘉山
彭嘉山北邊過船遇正南風用乙卯鍼或用單卯鍼或
用單乙針西南風用單卯鍼東南風用乙卯針十更船
取釣魚嶼

《福建使往大琉球针路》-1

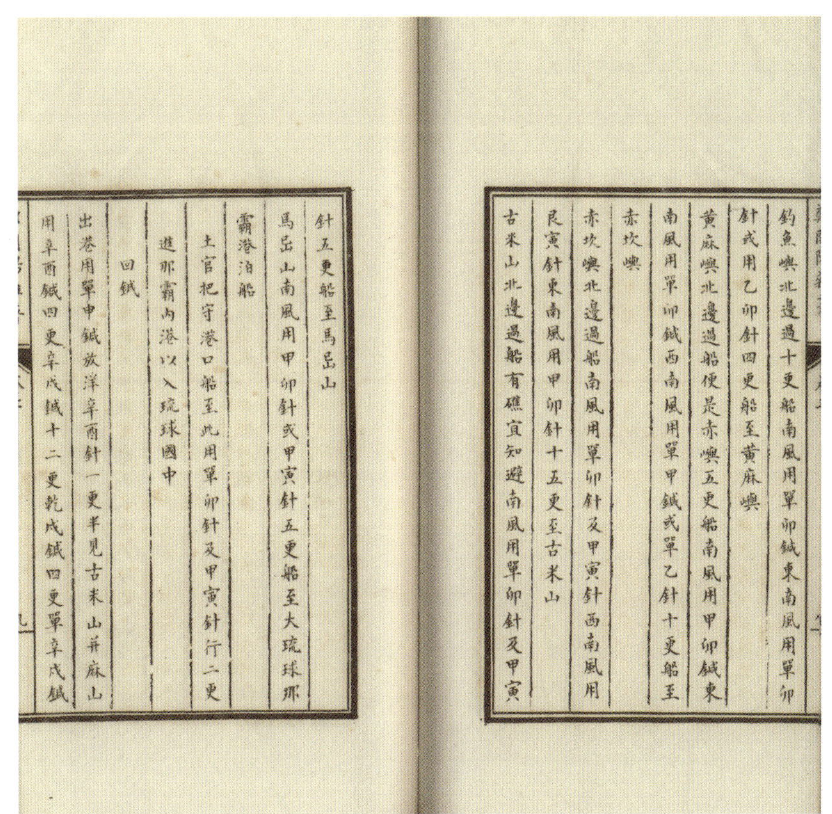

釣魚嶼北邊過十更船南風用單卯鍼東南風用單卯
針或用乙卯針四更船至黃麻嶼
黃麻嶼北邊過船便是赤嶼五更船南風用甲卯鍼東
南風用單卯鍼西南風用單甲鍼或單乙針十更船至
赤坎嶼
赤坎嶼北邊過船南風用單卯針及甲寅針西南風用
艮寅針東南風用甲卯針十五更至古米山
古米山北邊過船有礁宜知避南風用單卯針及甲寅
針五更船至馬齒山
馬齒山南風用甲卯針或甲寅針五更船至大琉球那
霸港泊船
土官把守港口船至此用單卯針及甲寅針行二更
進那霸內港以入琉球國中
回鍼
出港用單申鍼放洋辛酉針一更半見古米山并麻山
用辛酉鍼四更辛戌鍼十二更乾戌鍼四更單辛戌鍼

《福建使往大琉球针路》-2

《郑开阳杂著》之《万里海防图》

《万里海防图》是一幅独具中国特色的海防图，在有限的纸幅上详细标注了中国东海范围内的海疆地理和明朝海军的巡防海域及会哨地点，其“第六幅东南向”所含海山岛屿，包括了钓鱼屿、赤屿等，说明这些岛屿皆属中国东海疆域领土范围。

来源：国家图书馆

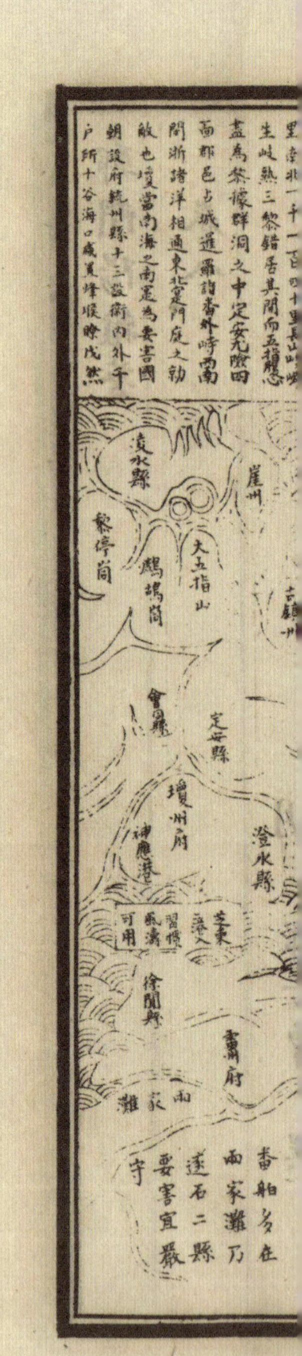

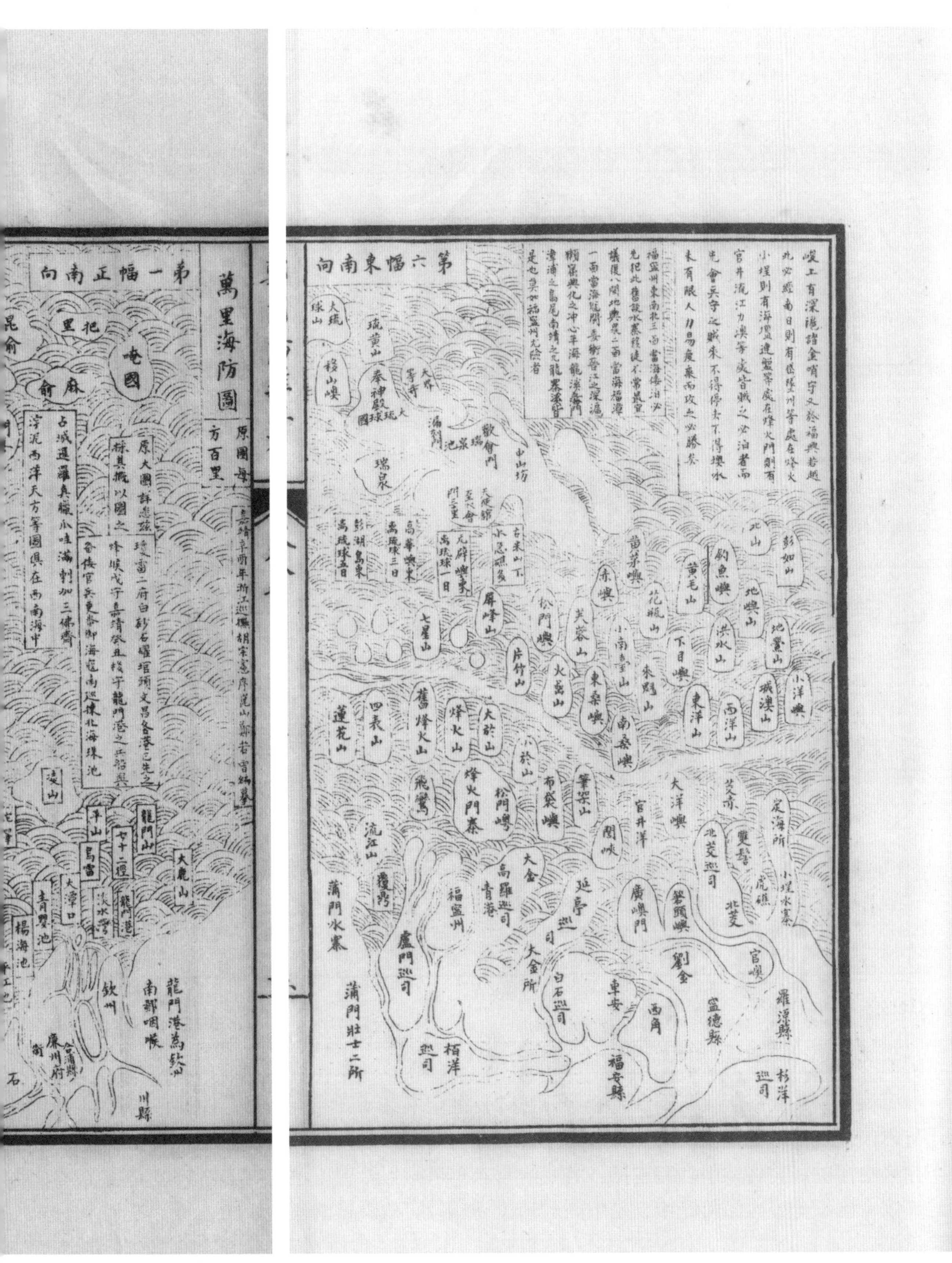

《万里海防图》第一幅正南向

《万里海防图》第六幅东南向

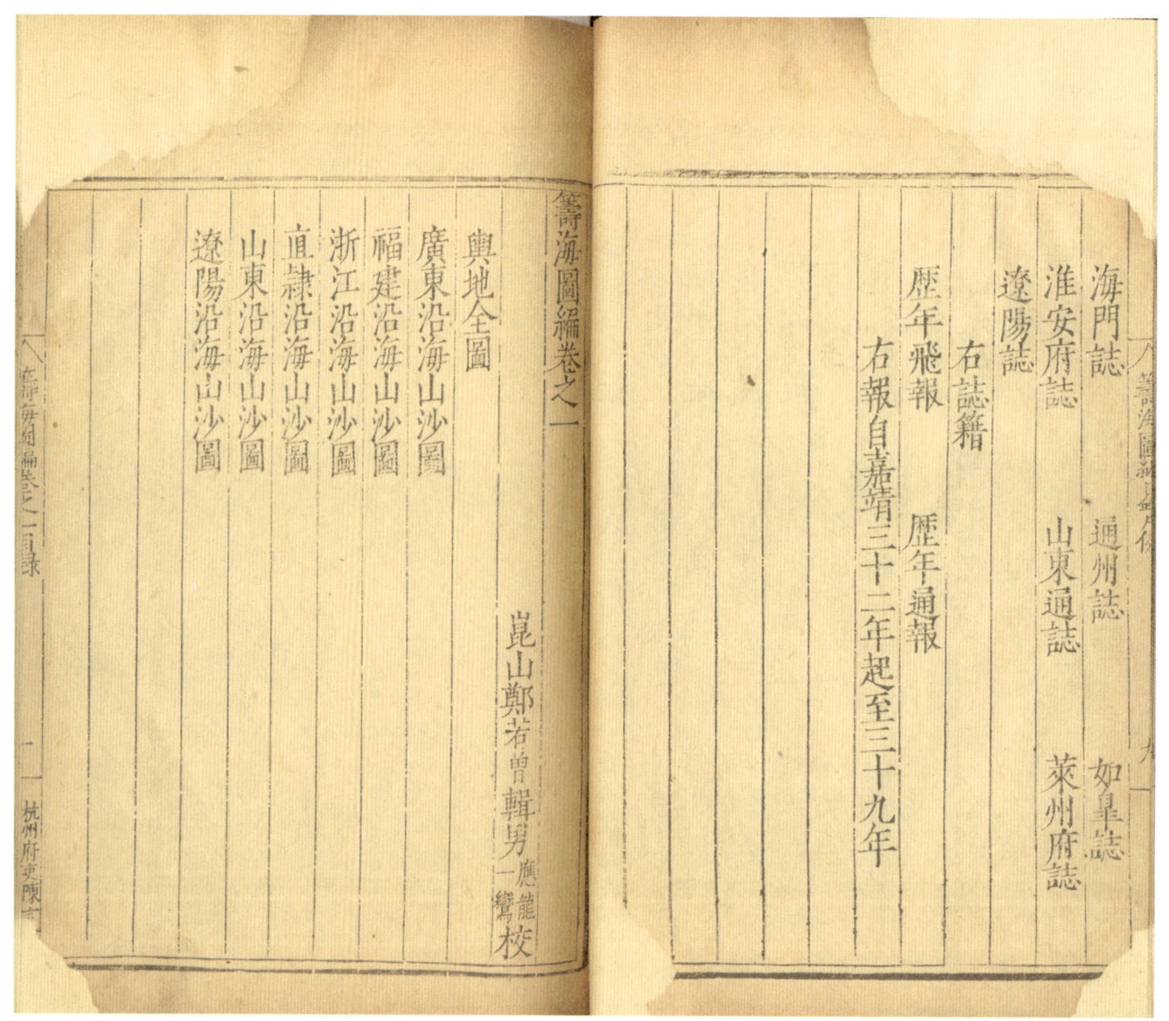
海門誌 通州誌 如臯誌
淮安府誌 山東通誌 萊州府誌
遼陽誌
右誌籍
歷年飛報 歷年通報
右報自嘉靖三十二年起至三十九年

籌海圖編卷之一
崑山鄭若曾輯 男應龍 一鸞 校
輿地全圖
廣東沿海山沙圖
福建沿海山沙圖
浙江沿海山沙圖
直隸沿海山沙圖
山東沿海山沙圖
遼陽沿海山沙圖

《筹海图编》卷之一

筹海图编 十三卷

（明）胡宗宪主持、郑若曾辑　明嘉靖四十一年（1562）刻本

《筹海图编》成书于明嘉靖四十一年（1562），全书共十三卷，此书是一部系统讨论海防的经世之作，也是明代海防和边疆史地研究的集大成之作。《筹海图编》由当时驻防东南沿海的最高将领胡宗宪主持，著名的布衣军事家郑若曾主笔。本书将钓鱼岛等岛屿作为中国领土列入海防区域，是中国对钓鱼岛实行有效管辖的有力证明。

来源：国家图书馆

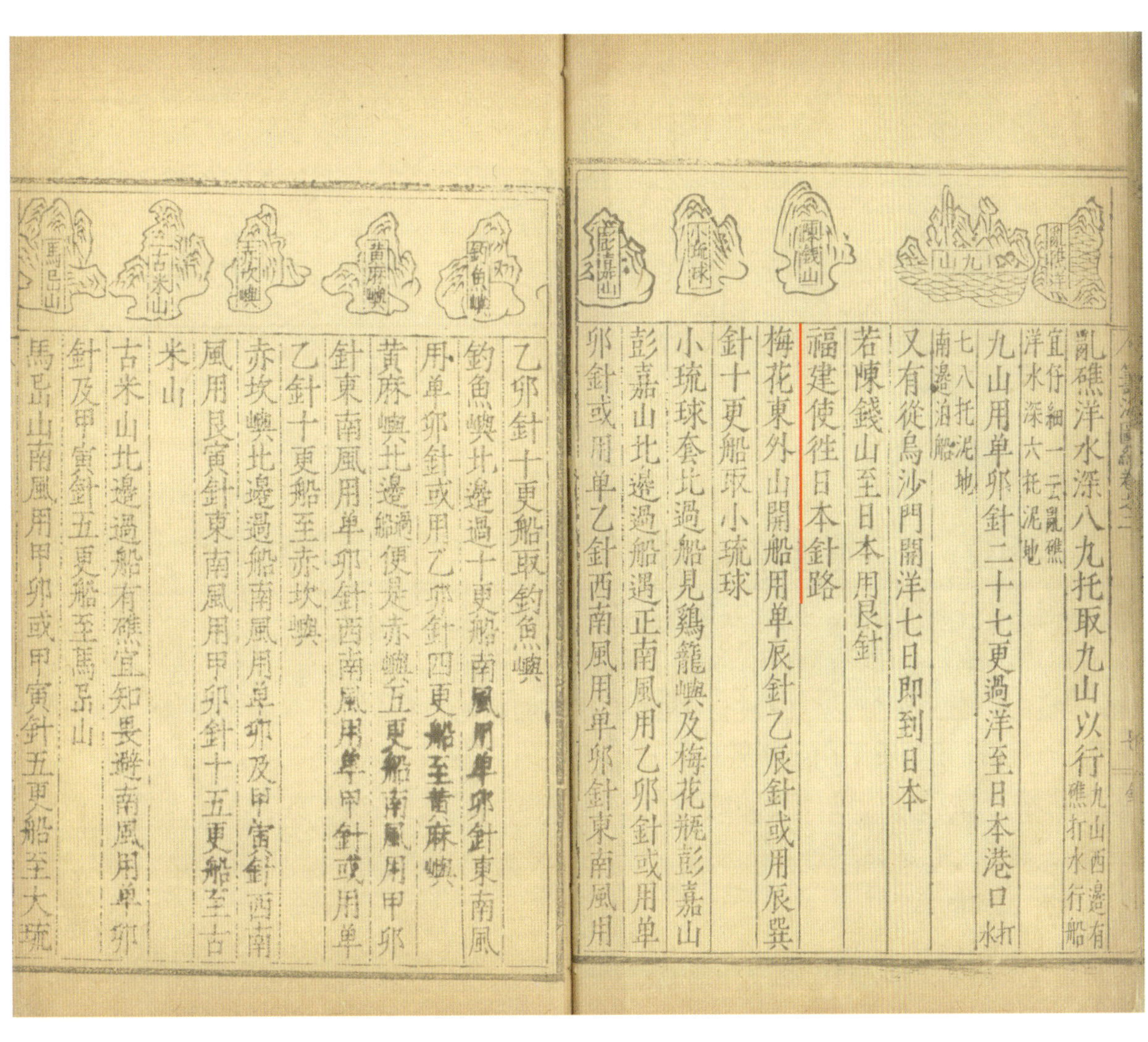

亂礁洋水深八九托取九山以行九山西邊有礁打水行船宜仔細一云亂礁洋水深六托泥地
九山用单卯針二十七更過洋至日本港口打水七八托泥地南邊泊船
又有從烏沙門開洋七日即到日本
若陳錢山至日本用艮針

福建使往日本針路

梅花東外山開船用单辰針乙辰針或用辰巽針十更船取小琉球
小琉球套北過船見鷄籠嶼及梅花瓶彭嘉山
彭嘉山北邊過船遇正南風用乙卯針或用单卯針或用单乙針西南風用单卯針東南風用乙卯針十更船取釣魚嶼
釣魚嶼北邊過十更船南風用单卯針東南風用单卯針或用乙卯針四更船至黄麻嶼
黄麻嶼北邊過船便是赤嶼五更船南風用甲卯針東南風用单卯針西南風用单甲針或用单乙針十更船至赤坎嶼
赤坎嶼北邊過船南風用单卯及甲寅針西南風用艮寅針東南風用甲卯針十五更船至古米山
古米山北邊過船有礁宜知要避南風用单卯針及甲寅針五更船至馬齒山
馬齒山南風用甲卯或甲寅針五更船至大琉

《福建使往日本针路》

《筹海图编》之《福建使往日本针路》

《福建使往日本针路》是中国自古以来传承相沿的航海针路，记载了梅花东外山至大琉球那霸港沿途所经过的海山岛屿及针路，标明出使琉球的船只须经过小琉球、鸡笼山、梅花瓶、彭嘉山、钓鱼屿、黄麻屿、赤屿后才能到达姑米山，进入琉球境内。

来源：国家图书馆

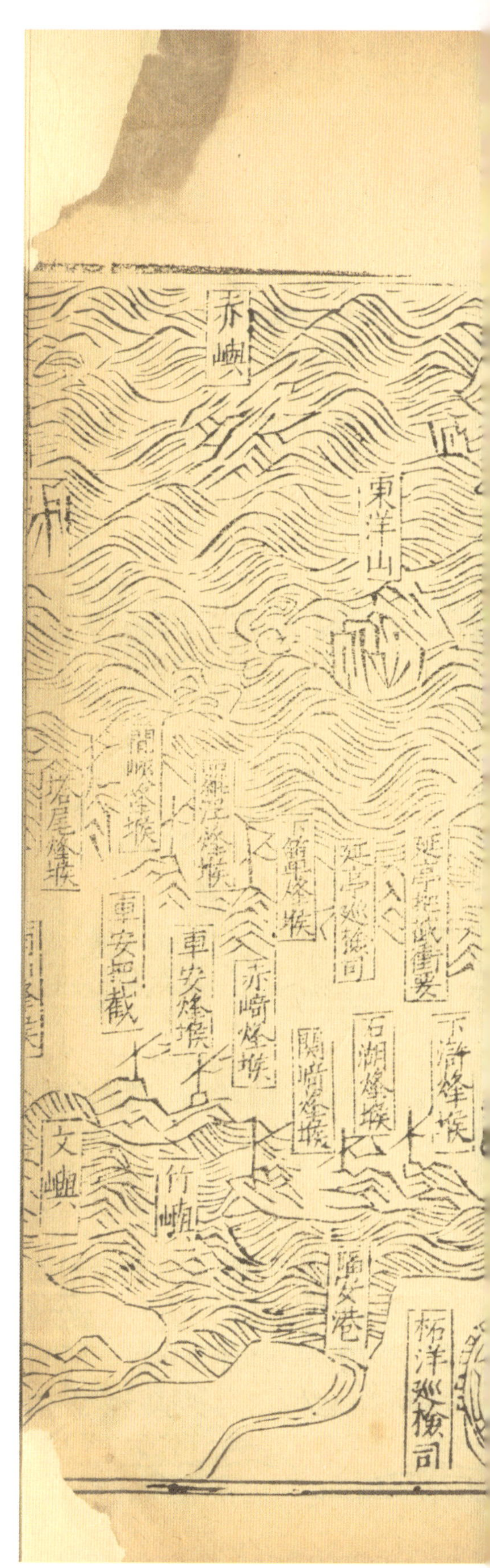

《筹海图编》之《福建沿海山沙图》

《福建沿海山沙图》是《万里海防图》的修订绘本，在福（建）七图、福（建）八图两幅图内，上排自右至左从第五岛“鸡笼山”起，依次绘有彭加山、钓鱼屿、花瓶山、黄毛山、橄榄山、赤屿等岛屿，表明明朝政府已经将钓鱼岛等岛屿列入了中国海防区域。

来源：国家图书馆

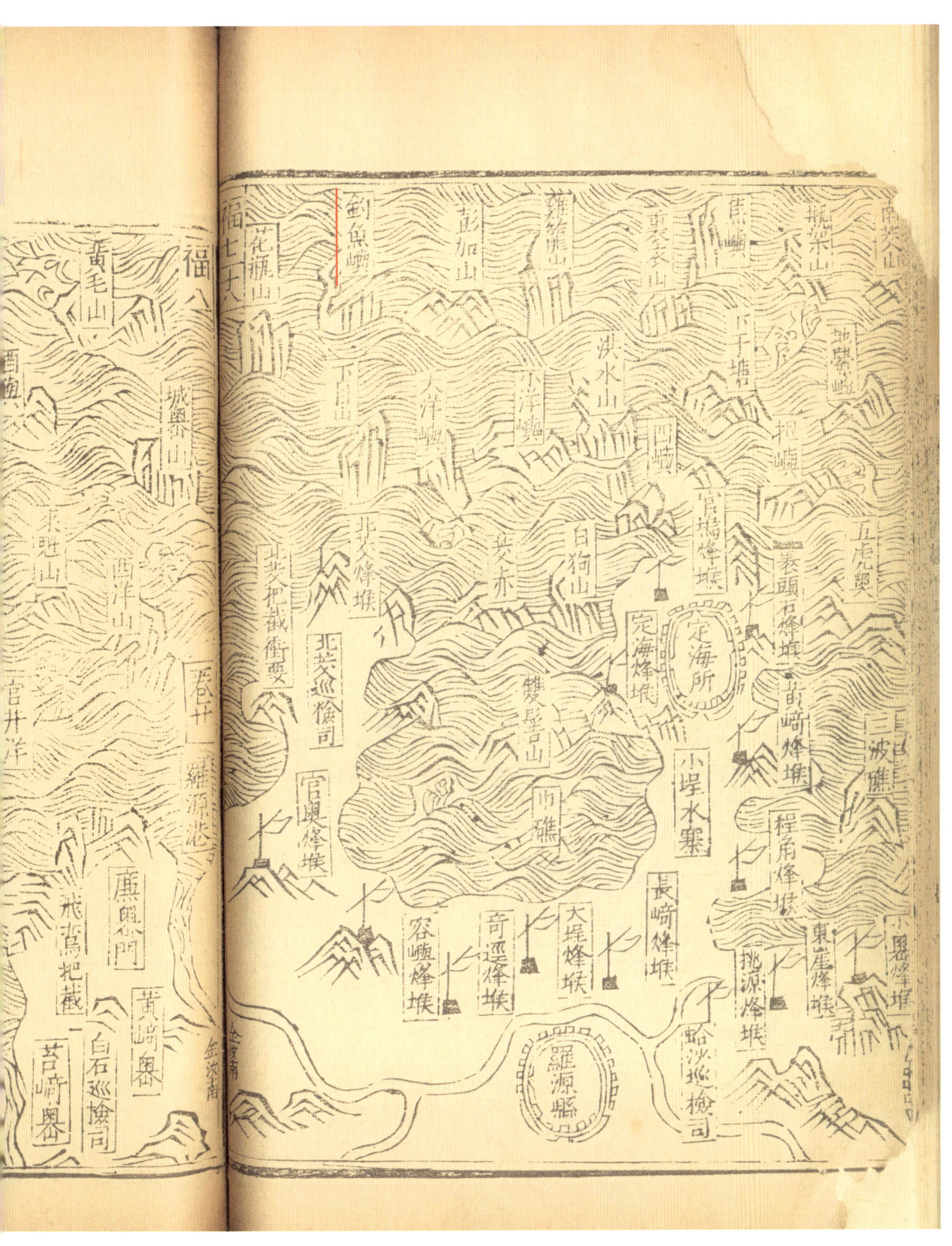
福八
黄毛山
西洋山
羅源港
飛鸞把截
白石巡檢司
福七十九
花瓶山
釣魚嶼
彭加山
雞籠山
東沙山
瓶架山
南茭山
淡水山
小洋嶼
大洋嶼
下目山
白狗山
官塘烽堠
北茭烽堠
北茭把截衛要
北茭巡檢司
定海烽堠
定海所
雙髻山
黄崎烽堠
小埕水寨
官嶼烽堠
程角烽堠
長崎烽堠
大埕烽堠
容嶼烽堠
東崖烽堠
蛤沙巡檢司
羅源縣
《福建沿海山沙图》

日本一鑑桴海圖經卷之一
奉使宣諭日本國新安郡人鄭舜功撰述
歲乙卯功方
奉
使日本取道嶺南惟時治事偵風故召司方之人以供其事司
方者司趨向方之人也爰究指南之書而詢蹈海之要廣求
博采者久之人有以所録之書應者謂之曰鍼譜按考日本
路經言之未詳後得二書一曰渡海方程一曰海道經書此
兩者同出而異名也歷按是書多載西南夷國方程而日本
程途雖有其名亦鮮有詳者一曰四海指南内載三

《日本一鉴·桴海图经》卷之一

日本一鉴 十七卷

（明）郑舜功撰　民国抄本

《日本一鉴》包括《桴海图经》三卷、《穷河话海》十卷、《绝岛新编》四卷，成书于明嘉靖四十四年（1565）。郑舜功，南京新安卫（今安徽歙县）人，嘉靖三十五年（1556）奉浙江总督杨宜之命，以“大明国客”的身份“宣谕日本国”，回国后著该书。

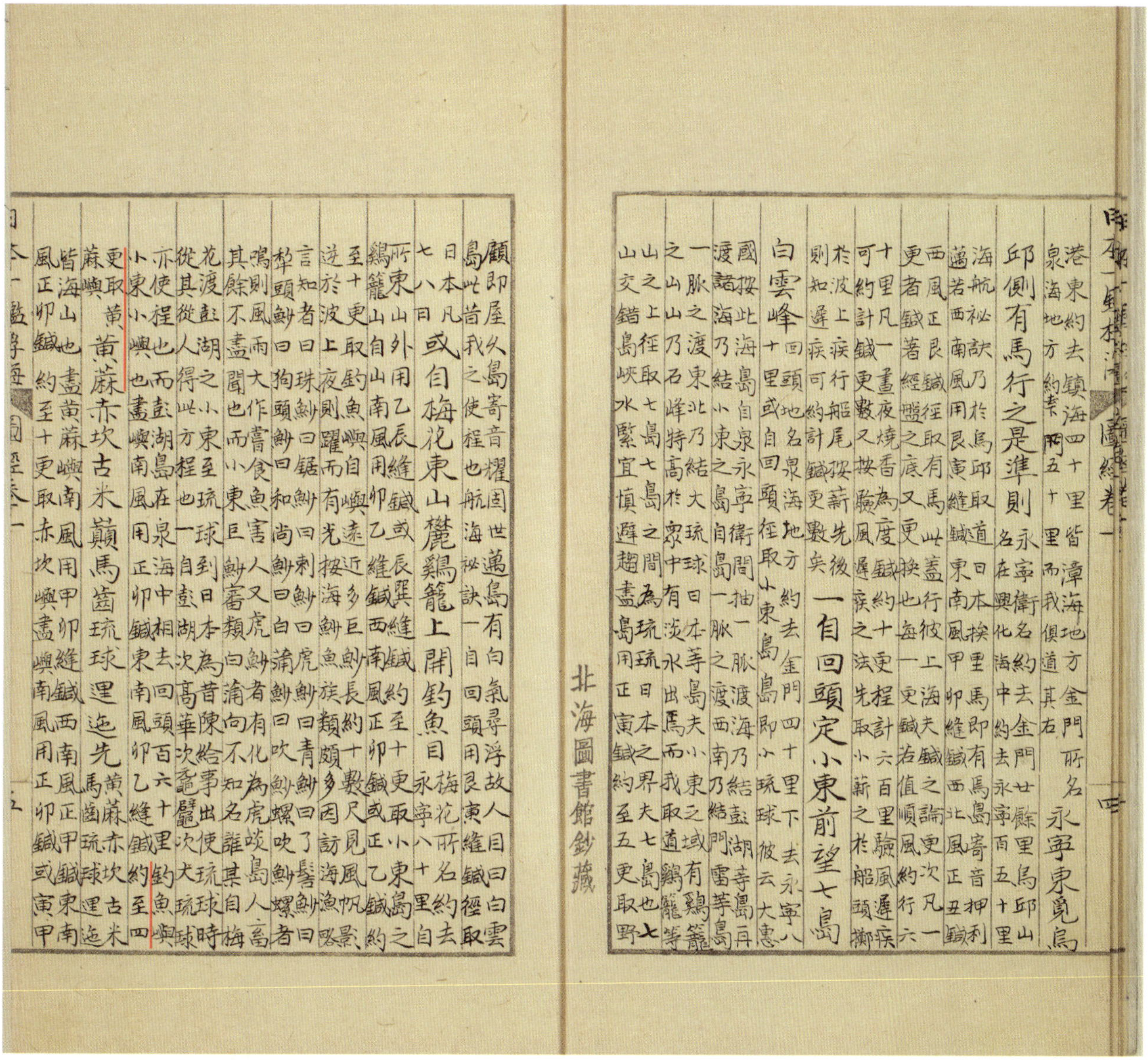

《日本一鉴·桴海图经》-2

书中《桴海图经》卷一《万里长歌》所载《福建往日本针路》中记有：“钓鱼屿，小东小屿也。”“小东”是当时台湾的别称，说明钓鱼岛为台湾附属岛屿。

来源：国家图书馆

《日本一鉴》之《沧海津镜》

《日本一鉴·桴海图经》卷二《沧海津镜》，绘制了自小东岛（小琉球，即台湾岛）至热壁山（亦作叶壁山）一段。该图是郑舜功为防倭御寇，奉命前往日本国探查后所作《万里长歌》及海行针路的图解。

来源：国家图书馆

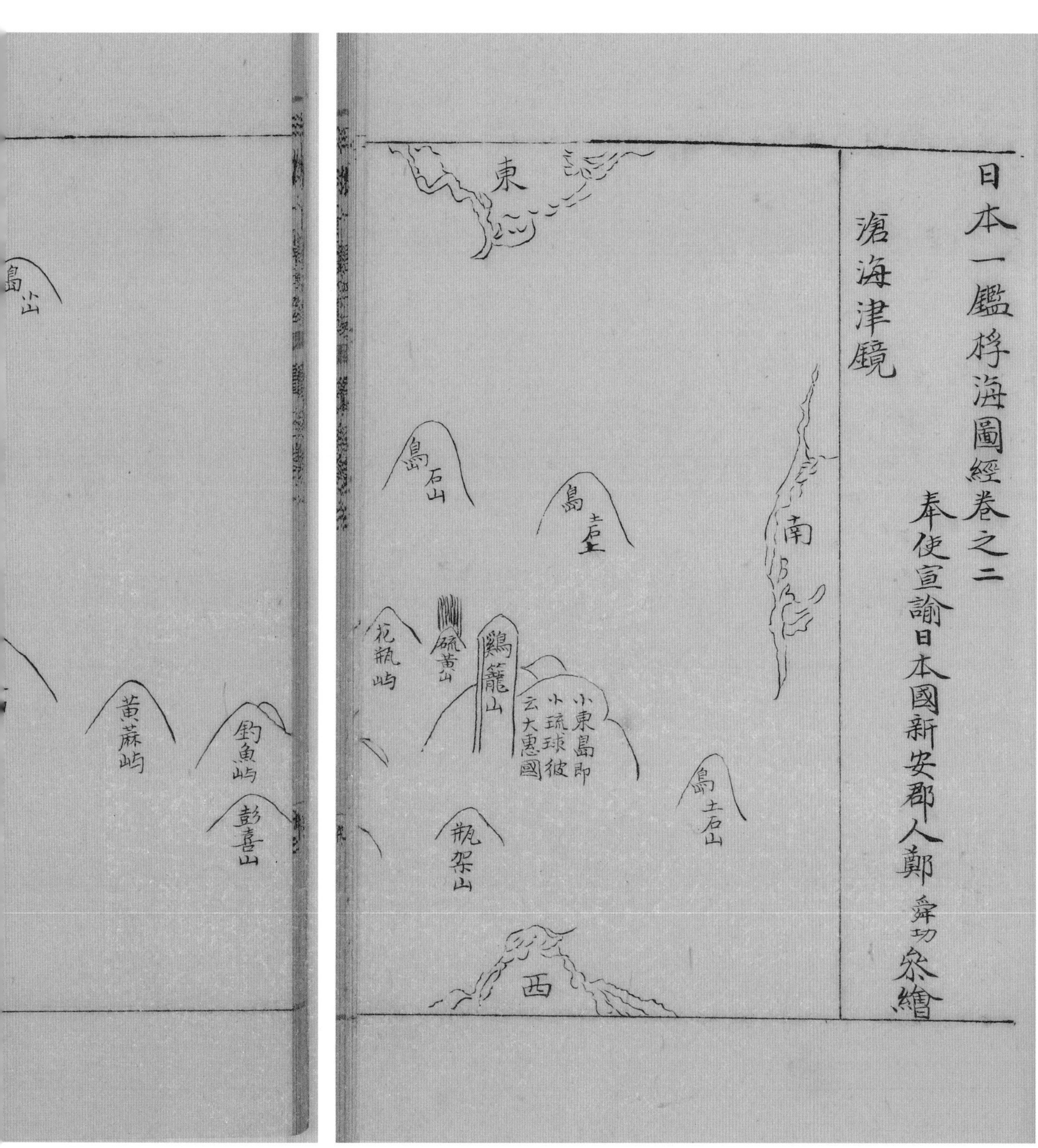
日本一鑑桴海圖經卷之二
奉使宣諭日本國新安郡人鄭舜功糸繪
滄海津鏡
東
南
西
鳥石山
鳥土台
鳥土石山
花瓶嶼
硫黄山
鷄籠山
小東島即小琉球彼云大惠國
瓶架山
黄麻嶼
釣魚嶼
彭喜山

《沧海津镜》

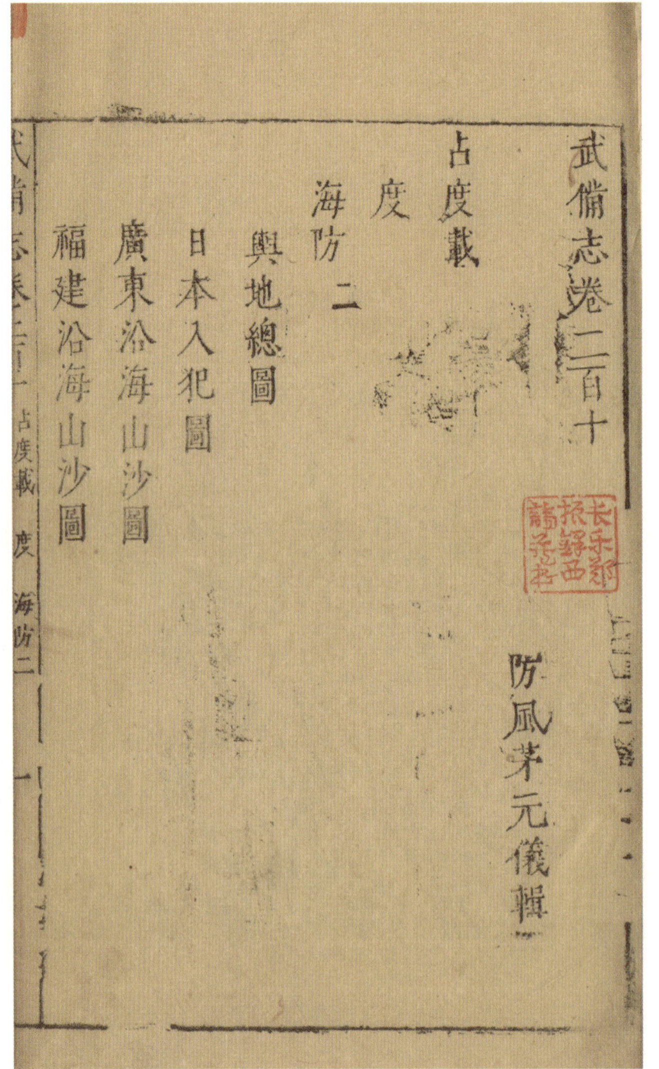
武備志卷二百十

防風茅元儀輯

占度載

度

海防二

輿地總圖

日本入犯圖

廣東沿海山沙圖

福建沿海山沙圖

《武备志》卷二百十

武备志 二百四十卷

（明）茅元仪辑　明天启年间刻本

《武备志》是明代大型军事类书，集中国历代兵书之大成，成书于明天启元年（1621）。茅元仪 (1594—1640)，字止生，号石民，浙江归安 (今浙江湖州市) 人，明崇祯初因功入翰林院，其祖父茅坤曾经参与编纂《筹海图编》并为之作序。《武备志》全书二百四十卷，200 余万字，图 738 幅，由兵诀评、战略考、阵练制、军资乘、占度载五部分组成，是一部百科全书式的重要兵书。

来源：国家图书馆

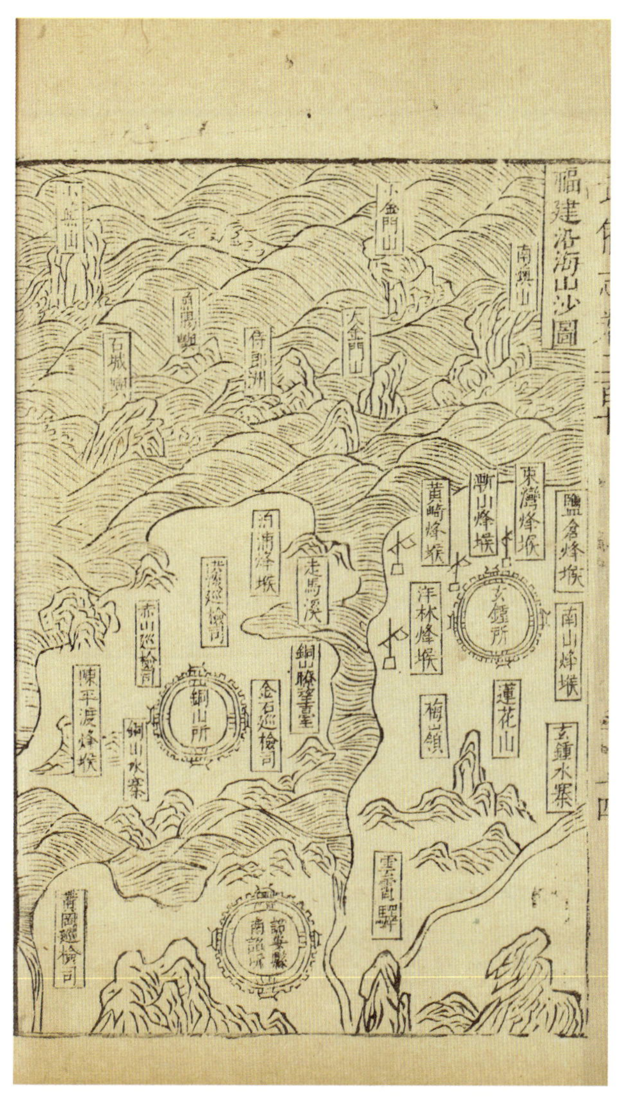

《福建沿海山沙图》-1

《武备志》之《福建沿海山沙图》

《福建沿海山沙图》出自《武备志》卷二百十，此图大量辑录了《筹海图编》中以《福建沿海山沙图》为代表的各式舆图，涵盖了福建沿海岛屿及台湾附属所有海山岛屿，将钓鱼山、黄毛山、赤屿绘入福建海防区域。

来源：国家图书馆

南麂山
瓶架山
焦嶼
東洛山
雞籠山
彭加山
釣魚山
花瓶山
地賓嶼
下干塘
洪水山
小洋嶼
大洋嶼
下目山
四嶼
官塢烽堠
白狗山
麥赤
北茭烽堠
北茭把截衝要
五虎門
鳥頭石烽堠
定海烽堠
定海所
黄崎烽堠
雙髻山
北茭巡檢司
三波礁
小埕水寨
巾礁
官嶴烽堠
稈角烽堠
長崎烽堠
大埕烽堠
奇逕烽堠
容嶼烽堠
東崖烽堠
桃源烽堠
蛤沙巡檢司
羅源縣

《福建沿海山沙图》-2

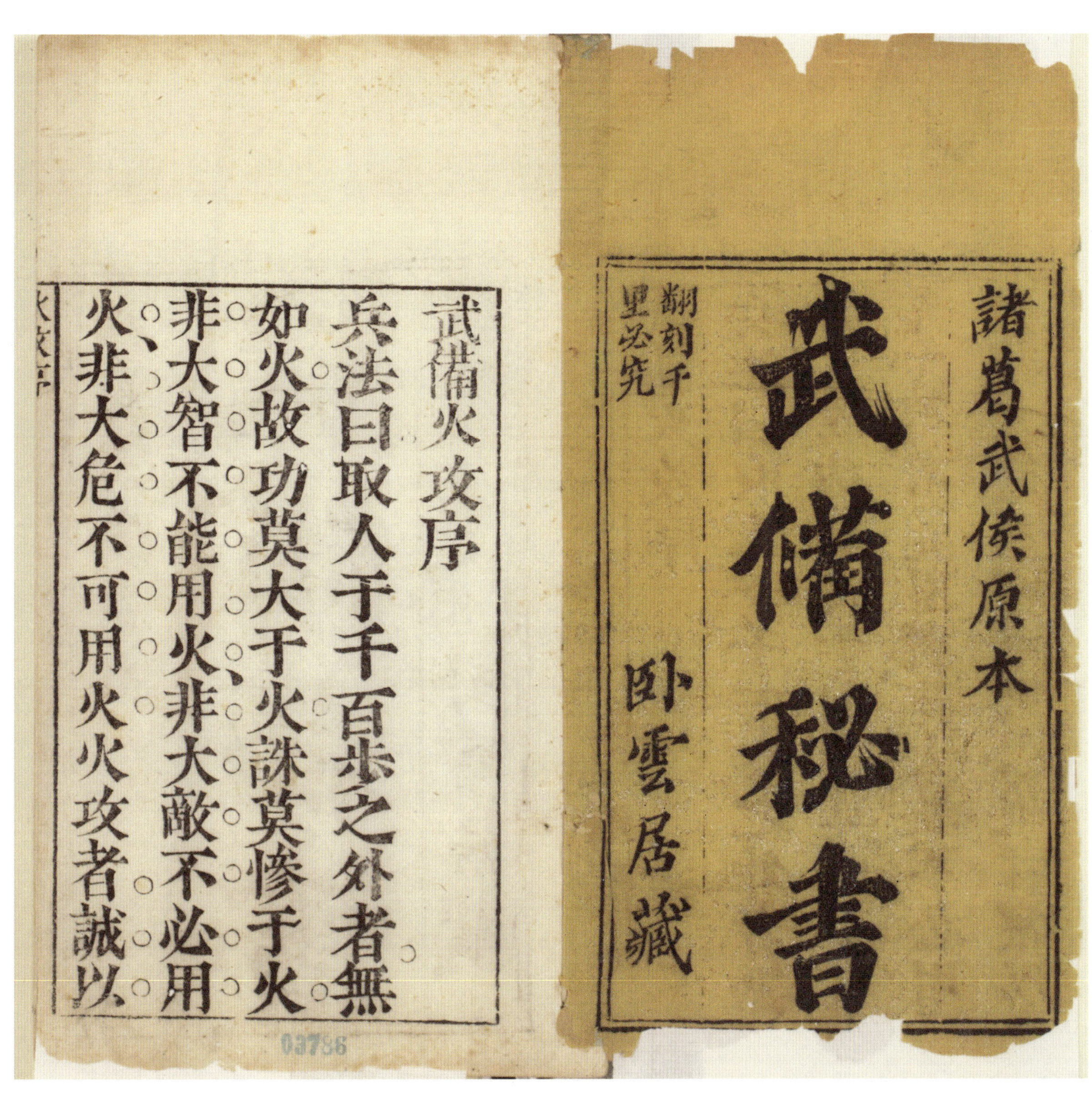
諸葛武侯原本
武備秘書
翻刻千里必究
卧雲居藏

武備火攻序
兵法曰取人于千百步之外者無
如火故功莫大于火誅莫慘于火
非大智不能用火非大敵不必用
火非大危不可用火火攻者誠以
火攻序

《武备秘书》

武备秘书

（明）施永图辑　清刻本

《武备秘书》由施永图辑于明天启、崇祯年间（1621—1644），旨在防倭筹海。其所附《福建防海图》沿袭《筹海图编》《筹海重编》《武备志》等兵书所载的防海图绘法，明确标出了处于明政府管辖下福建海疆地域的大小岛屿，其中包括钓鱼山。

来源：国家图书馆

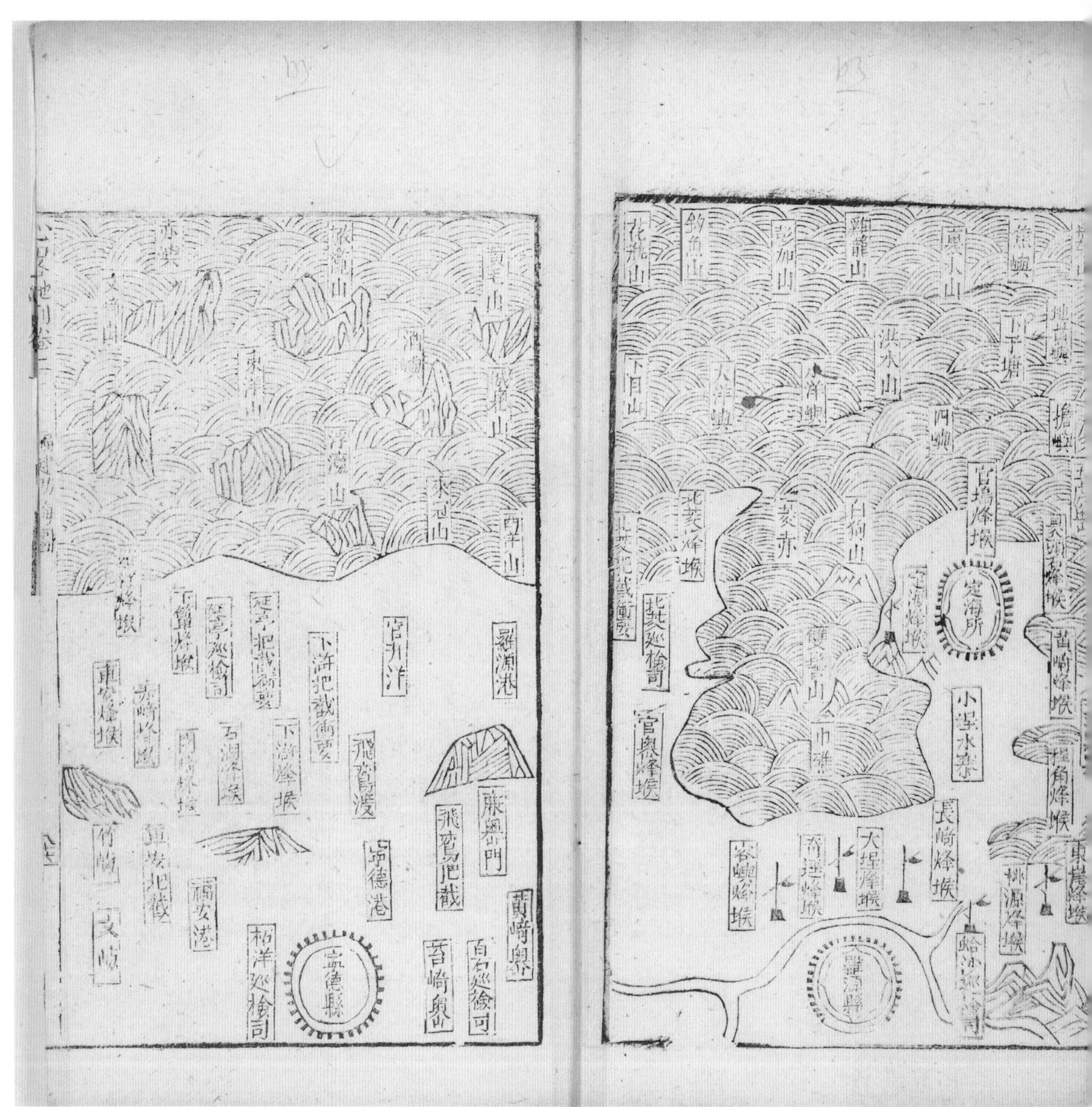

《福建防海图》

三、证明钓鱼岛属中国领有的其他著述

钓鱼岛为中国所领有，不仅在明清两代官方文献中有明确记载，而且这一事实也得到了琉球国的承认与尊重，如琉球国第一部正史《中山世鉴》、琉球国中山王府第一部编年史《球阳》等著述，都直接或间接地承认了琉球国西界为古米山，钓鱼岛为中国所领有的史实。此外，有关钓鱼岛的著述更多见于明清学者所记（绘）针路（图）中。可见，明清册封使录所记的中琉两国地方分界及钓鱼岛属中国管辖的史实，是当时中琉两国的官方及学者间的共识。

殊域周咨录 二十四卷

（明）严从简辑　明万历年间刻本

《殊域周咨录》约成书于明万历二年(1574)，是记载明代边疆历史与中外关系史的著作。严从简，字仲可，号绍峰，浙江嘉兴人，明嘉靖三十八年（1559）进士，初授行人，转工科、刑科给事中，后任扬州同知。

《殊域周咨录》以明朝为中心，介绍了边疆及相邻各国的山川、民族、风俗、物产等情况。其中卷四《东夷（东南）》之《琉球国》中详细介绍了从明洪武年间明太祖派杨载为册封使，册封察度为琉球王，到嘉靖年间郭汝霖、李际春出使琉球、册封琉球王这近二百年间，历次册封琉球使事。书中引用了陈侃的《使琉球录》和郭汝霖的《重编使琉球录》中的相关记载，从这些记述中可知，赤尾屿和姑（古）米山之间的海沟为中琉地方分界，到了姑米山才进入琉球国境内。

来源：国家图书馆

殊域周咨錄卷之四

皇明行人司行人刑科右給事中嘉禾嚴從簡輯

東夷 東南

琉球國

琉球國居東海古未詳何國漢魏以来不通中華隋大業中令羽騎尉朱寛訪求異俗始至其國語言不通掠一人以歸後遣武賁良将陳稜率兵自義安（即今潮州也）泛海至其都虜男女五千人還唐宋時未嘗入貢元遣使招諭之不從

《殊域周咨录》卷之四

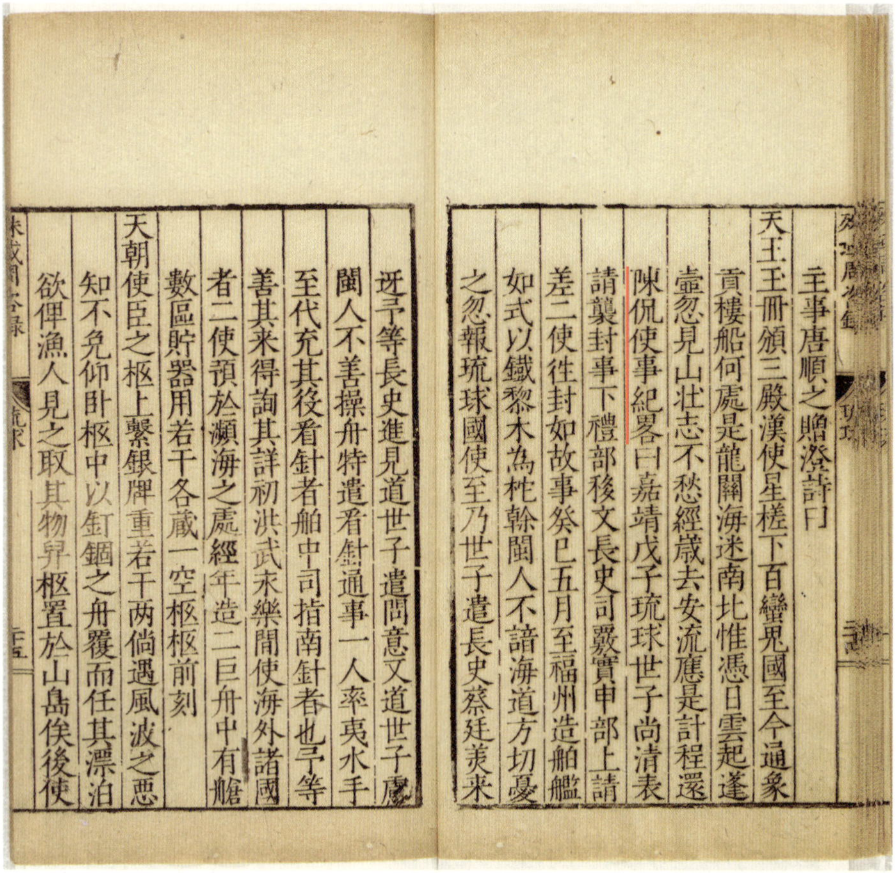

主事唐順之贈潑詩曰
天王王冊頒三殿漢使星槎下百蠻見國至今通象
貢樓船何處是龍關海迷南北惟憑日雲起蓬
壺忽見山壯志不愁經歲去安流應是計程還
陳侃使事紀畧曰嘉靖戊子琉球世子尚清表
請襲封事下禮部移文長史司覈實申部上請
差二使往封如故事癸巳五月至福州造船艦
如式以鐵黎木為柁幹閩人不諳海道方切憂
之忽報琉球國使至乃世子遣長史蔡廷美来

迓予等長史進見道世子遣問意又道世子慮
閩人不善操舟特遣看鍼通事一人率夷水手
至代充其役看鍼者船中司指南鍼者也予等
善其来得詢其詳初洪武永樂間使海外諸國
者二使預於瀕海之處經年造二巨舟中有艙
數區貯器用若干各藏一空柩柩前刻
天朝使臣之柩上繫銀牌重若干兩倘遇風波之悪
知不免仰卧柩中以釘錮之舟覆而任其漂泊
欲俾漁人見之取其物昇柩置於山島俟後使

《殊域周咨录》-2

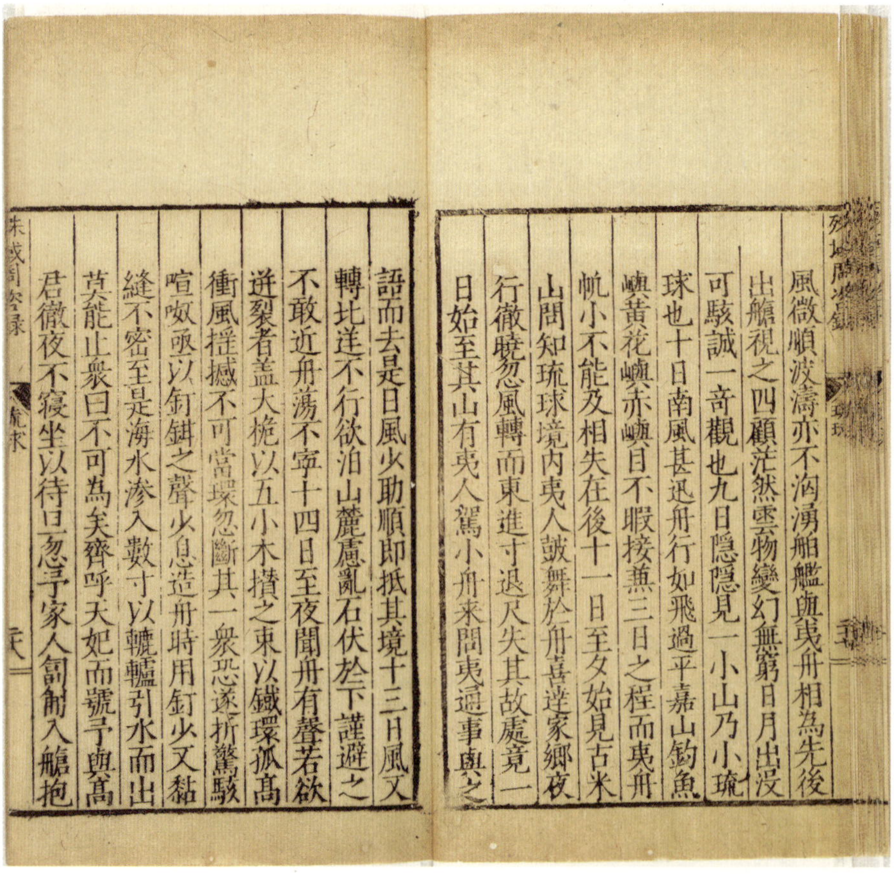

風微順波濤亦不洶湧船艦與夷舟相為先後
出艙視之四顧茫然雲物變幻無窮日月出没
可駭誠一奇觀也九日隱隱見一小山乃小琉
球也十日南風甚迅舟行如飛過平嘉山釣魚
嶼黄花嶼赤嶼目不暇接兼三日之程而夷舟
帆小不能及相失在後十一日至夕始見古米
山問知琉球境内夷人鼓舞於舟喜達家鄉夜
行徹曉忽風轉而東進寸退尺失其故處竟一
日始至其山有夷人駕小舟来問夷通事與之

語而去是日風少助順即抵其境十三日風又
轉北逆不行欲泊山麓慮亂石伏於下謹避之
不敢近舟蕩不寧十四日至夜聞舟有聲若欲
迸裂者盖大桅以五小木攢之束以鐵環孤高
衝風搖撼不可當環忽斷其一衆恐遂折驚駭
喧呶亟以鉤鉺之聲少息造舟時用釘少又黏
縫不密至是海水滲入數寸以轆轤引水而出
莫能止衆曰不可為矣齊呼天妃而號予與高
君徹夜不寢坐以待旦忽予家人匍匐入艙抱

《殊域周咨录》-3

殊域周咨録　卷四　琉球

原德長史蔡朝器等另駕一册隨同上表謝
恩亦以初十日到于福建海口汝霖等還朝畢事疏
曰臣惟唐虞三代之盛四夷來王漢唐以下雖有
屬國叛服不常琉球在海島中乃能永堅一心歸
化無渝臣等到彼供應廪餼趨走承順如郡縣然
非
聖朝文德漸被之極何以致此我
皇上十三年既冊其父兹者又封其子
聖壽萬齡
天威萬里視
祖宗有光而軼唐虞三代不二矣臣等雖當海鷩風
波之險猶得周旋使事之榮臣無任感荷欣忭之
至
郭汝霖重刻使琉球録曰嘉靖三十四年六月
琉球國中山王尚清薨三十七年正月世子尚
元差政議大夫長史等官到京
請乞襲封王爵禮部以請勘俱係彼國官民乃不復
行勘奏

《殊域周咨录》-4

殊域周咨録　卷四　琉球

七日至广石二十八日祭海登舟别三司諸君
二十九日至梅花開洋幸值西南風大旺瞬目
千里長史梁炫舟在後不能及過東湧小琉球
三十日過黄茅閏五月初一日過釣嶼初三日
至赤嶼焉赤嶼者界琉球地方山也再一日之
風即可望姑米山矣奈何屏翳絶驅纖塵不動
潮平浪静海洋大觀真奇絶也舟不能行住三
日初六日午刻得風乃行見土納巳山土納巳
山琉球之案山洋路從姑米山而入正也時東
南風旺用舵者欲力駕而東勢既未捷至申刻
乃見小姑米山小姑米山在琉球之西稍過即
熱壁山幸而小姑米山夷人望見船來即駕小
艓來迎有二頭目熟知水路且曰既不能從大
姑米山入何可傍内納巳山而入其中多礁予
等聞之駭二頭目一面令夷船入報渠遂躬在
余船道駕從小姑米山而入且云得一日一夜
之力即未擬登岸可保不下熱壁山矣予等厚
賞賜之晝夜趕行初七日未刻望見王城那霸

《殊域周咨录》-5

海防纂要卷之二

黎陽王在晋明初甫纂

直隷事宜

直隷東濱巨海北亘長淮中貫大江江南則爲蘇松常鎮諸郡江北則爲淮楊諸郡其勢不能以相援也故各有廵撫之設在蘇松四府有防海防江二者之責在淮揚二府有防海防江淮三者之責以其均之爲直隷也合爲一卷

江南諸郡

都御史方廉議云松江府自金山衛至南滙所官軍各分信地各有定額如金山衛以西守禦獨樹江門二營舊制各設官軍四十名又貼守兵共一百名金山衛全山營胡家港堡蔡廟港堡舊制各設官軍四十名又貼守軍共三百五十二

《海防纂要》卷之二

海防纂要 十三卷

（明）王在晋纂　明万历四十一年（1613）刻本

《海防纂要》成书于明万历二十三至四十一年（1595—1613），是继《筹海图编》《筹海重编》《海防类考》这三大海防专书之后又一部重要的防倭抗倭专书。王在晋（?—1643），字明初，号岵云，南京太仓州（今江苏太仓市）人，明万历二十年（1592）进士，官至兵部尚书。

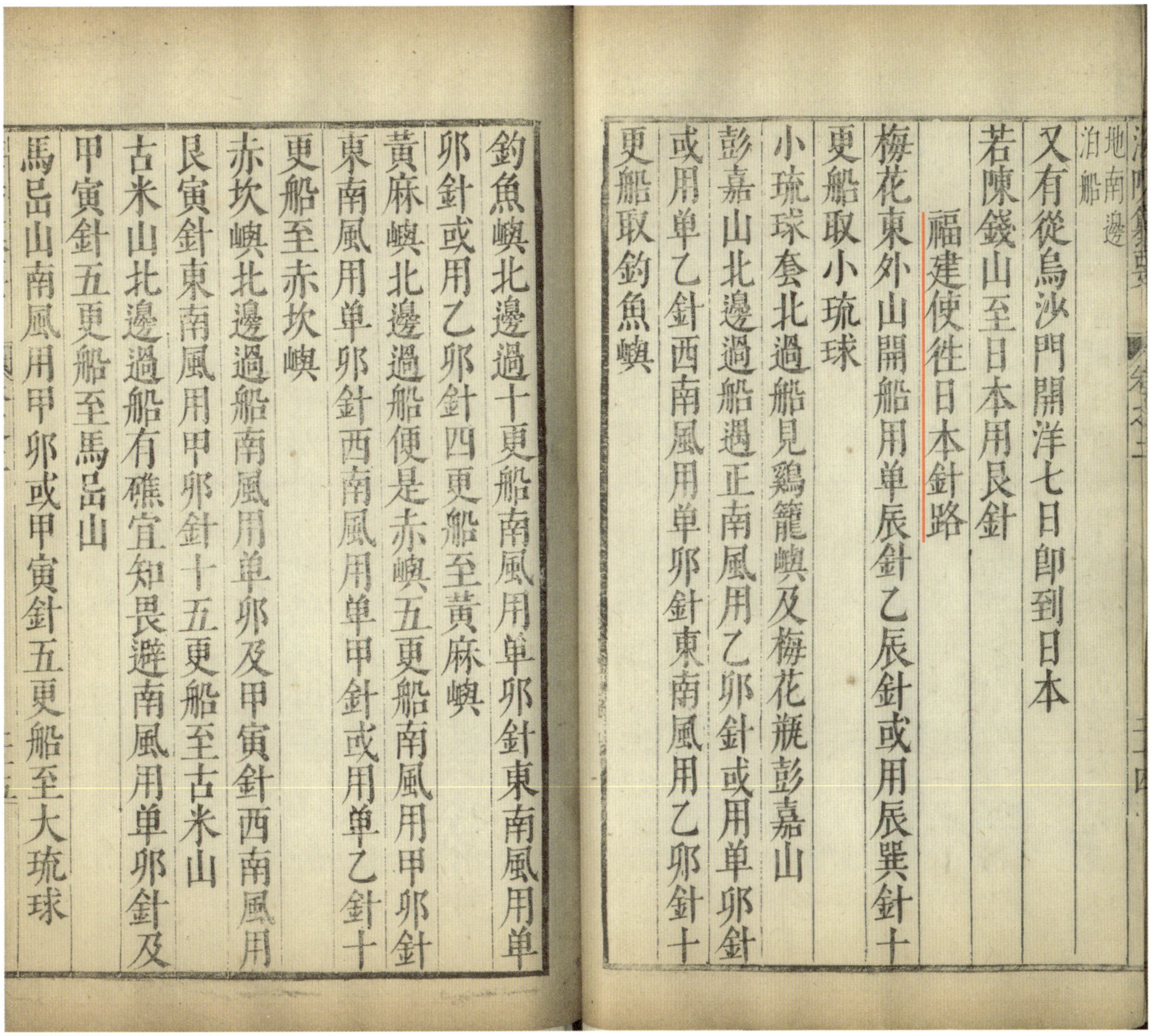

地南邊泊船

又有從烏沙門開洋七日即到日本

若陳錢山至日本用艮針

福建使往日本針路

梅花東外山開船用单辰針乙辰針或用辰巽針十更船取小琉球

小琉球套北過船見鷄籠嶼及梅花瓶彭嘉山

彭嘉山北邊過船遇正南風用乙卯針或用单卯針或用单乙針西南風用单卯針東南風用乙卯針十更船取釣魚嶼

釣魚嶼北邊過十更船南風用单卯針東南風用单卯針或用乙卯針四更船至黄麻嶼

黄麻嶼北邊過船便是赤嶼五更船南風用甲卯針東南風用单卯針西南風用单甲針或用单乙針十更船至赤坎嶼

赤坎嶼北邊過船南風用单卯及甲寅針西南風用艮寅針東南風用甲卯針十五更船至古米山

古米山北邊過船有礁宜知畏避南風用单卯針及甲寅針五更船至馬齒山

馬齒山南風用甲卯或甲寅針五更船至大琉球

《海防纂要》-2

《海防纂要》绘有海防纂要图十一幅，记载了沿海各省份地区海防事宜，以及御倭方略、备倭兵器及战船、抗倭战斗等。书中卷二所载《福建使往日本针路》记录了经过钓鱼岛及其附属岛屿的海行针路。

来源：国家图书馆

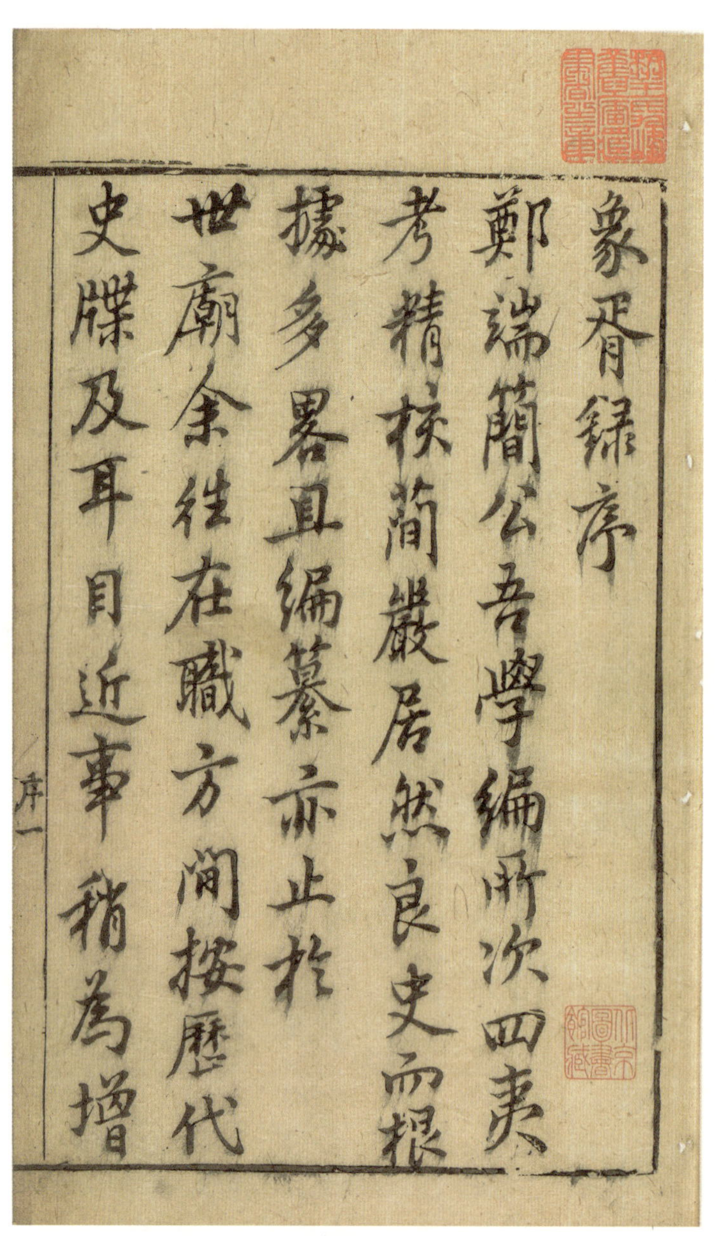
象胥録序
鄭端簡公吾學編所次四夷
考精核簡嚴居然良史而根
據多畧且編纂亦止於
世廟余往在職方閒按歷代
史牒及耳目近事稍爲增
序一

《皇明象胥录》序

皇明象胥录 八卷

（明）茅瑞徵撰　明崇祯二年（1629）茅氏芝园刻本

《皇明象胥录》成书于明崇祯二年（1629），该书搜集历代史牒及时事，记录了明代边疆四裔诸国及各部落、部族、国家之历史沿革、山川地理、风俗民情。茅瑞徵，字伯符，浙江归安（今浙江省湖州市）人，明万历二十九年（1601）进士，历任兵部职方生事、郎中、南京光禄寺卿等职，与周边诸国、部族多有接触，故据耳目闻见，参照历代史牒，编撰是书。

琉球

琉球國居海島中直福建泉州之東自長樂梅花所開洋風利可七晝夜至距福寧温台亦頗近然貢道必由閩縣以達　京師漢唐宋不通中國隋大業三年煬帝令羽騎尉朱寛入海訪異俗遂抵流求語不通掠一人歸明年慰撫不從遣武賁郎將陳稜等率兵自義安浮海擊之至高華嶼又東行二日至鼅鼊嶼又一日至其都虜男女數千人而還其後遂絶元世祖遣使招諭不至元貞三年

象胥　琉球　十七　芝園

《皇明象胥录》-2

錄一　藏板

皮弁玉圭麟袍犀帶賜二品秩及妃皆有冠服綵幣初用中使宣德間改用給事中行人給事賜衣麒麟行人賜衣白澤並假玉帶從福建往治五桅巨艦長可十七丈桅用杉舵用鐵梨木其國届期遣看針通事一人并水手來與偕密室看針即白晝燃燈亦名十更船往以西南風期孟夏歸以東北風期季秋望見古米山即其境東去三百里爲葉壁山又東即日本恒與貿易假貸近國哪霸首里並有馬市販鬻率女儈市用日本錢十當一如

《皇明象胥录》-3

《皇明象胥录》卷一《琉球》中记载，从福建出航，进入古米山即到琉球国境，钓鱼岛在姑米山以西属中国领有。

来源：国家图书馆

琉球记 一卷 中山诗集 一卷

（明）胡靖撰　清顺治十年（1653）刻本

《琉球记》是明代最后一次册封琉球使团的“从客”胡靖归国二十年后，于清顺治十年（1653）写成。明崇祯六年（1633），户科左给事中杜三策、司正杨抡奉旨出使琉球，册封琉球王尚丰。胡靖随团至琉球，作《琉球记》和《中山诗集》各一卷。胡靖，字献卿，福建南平人，善诗工画。

《琉球记》绘有《琉球图》五幅，第一幅以琉球国姑米山为界绘出了姑米山、马齿山、烟台等。其余各幅绘出了琉球国内重要的山水景物。

书中记述了册封使船过姑米山，到达琉球国界后边防官员举烽火依次传递报告，并迎接册封使船的情形：“琉球居南山、北山之间，谓之中山，更有姑米、马齿诸山，皆其所属”，“八日薄暮，过姑米山，夷人贡螺献新，乘数小艇，灭没巨浪中。比至，系缆船旁，左右护驾夜深各举灯，如江干渔火，上下零乱。镇守姑米山夷官远望封船，即举烽闻之马齿山，马齿山即举烽闻之中山。世子爰命紫金大夫洎三法司，统通国夷人诣那灞候接。次日舟到海涯，即那灞港口。”这里所述姑米山为琉球国界，马齿山为琉球门户，册封使船行至姑米山后，始有琉球国人迎接护驾，并以火把为信号向国中上报。

来源：国家图书馆

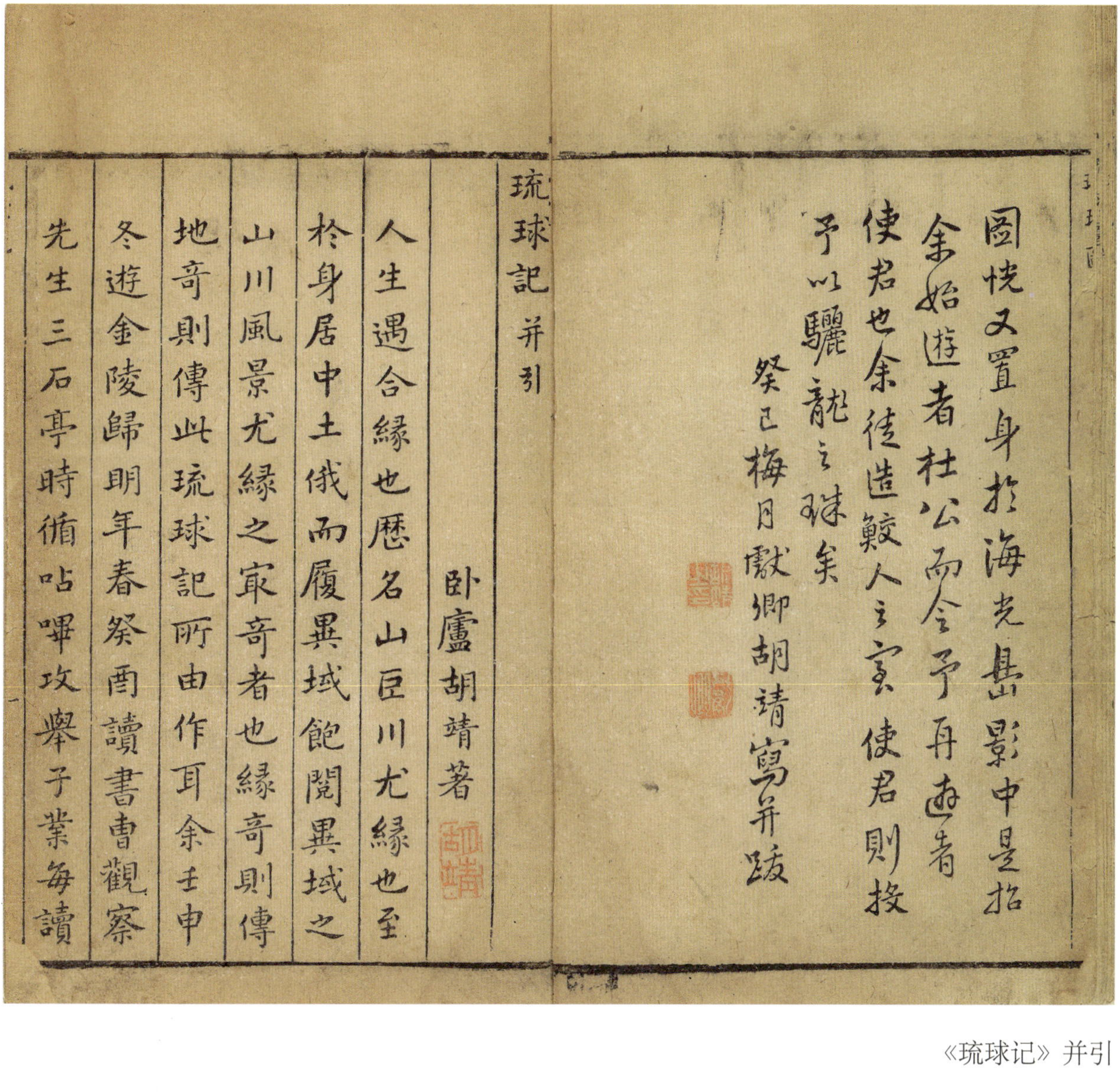

圖恍又置身於海光蜃影中是招
余始遊者杜公而今予再遊者
使君也余徒造鮫人之室使君則探
予以驪龍之珠矣
癸巳梅月戲卿胡靖寫并跋

琉球記 并引

臥廬胡靖著

人生遇合緣也歷名山巨川尤緣也至
於身居中土俄而履異域飽閱異域之
山川風景尤緣之最奇者也緣奇則傳
地奇則傳此琉球記所由作耳余壬申
冬遊金陵歸明年春癸酉讀書曹觀察
先生三石亭時循咕嗶攻舉子業每讀

《琉球记》并引

日糧離鄉井輙作數日悪且感、不寧一旦乘風破浪為異域之游寧非緣耶遂爾五閱月于中山得追隨杜給諫楊大行兩天使時善畫者岷山顧西樵建州陳仲昭善操者姑蘇周泰来每共酣於書画文酒間輿到則偕諸君登山眺遠臨海觀濤故指點群勝歷、如几席間適為杜公繪中山圖遂約略其言以誌之

琉球居南山北山之間謂之中山更有姑米馬齒諸山皆其所屬東海中一大島嶼也地勢東南行可數千里西北行可數千里余從天使五月廿三日自三山啟行由樂邑抵广石建醮天妃祈靈水聖然後登舟、與尋常規造迥別廣六丈長廿丈入水約五丈中有大堂上置　詔勅左右官房引道直出兩傍共廿四房頂設天妃殿

《琉球记》-2

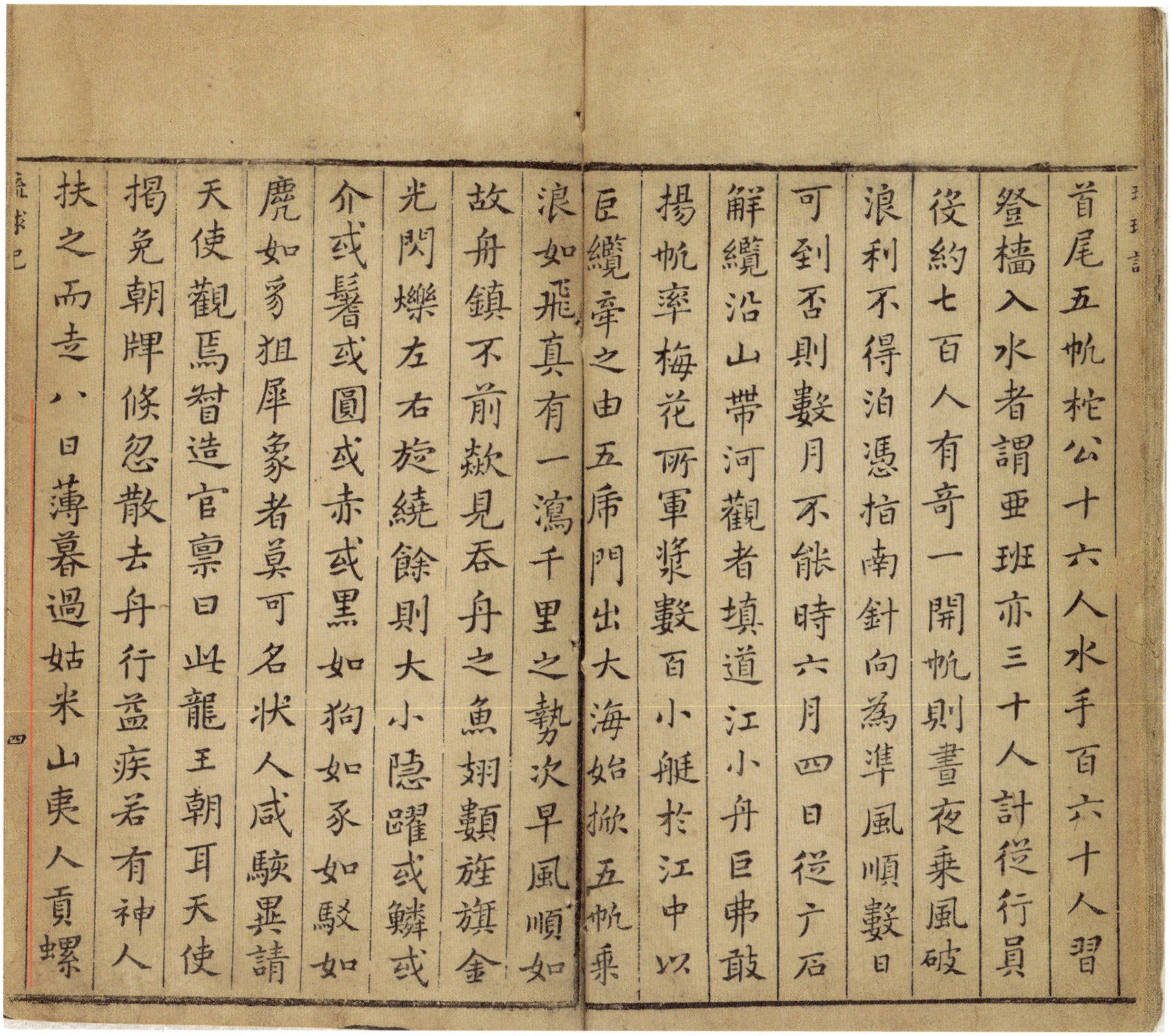

琉球記

首尾五帆桅公十六人水手百六十人習登檣入水者謂亞班亦三十人計從行員役約七百人有奇一開帆則晝夜乘風破浪利不得泊憑指南針向爲準風順數日可到否則數月不能時六月四日從广石解纜沿山帶河觀者塡道江小舟巨弗敢揚帆率梅花所軍槳數百小艇於江中以巨纜牽之由五虎門出大海始掀五帆乘浪如飛眞有一瀉千里之勢次早風順如故舟鎮不前欵見吞舟之魚翊顭旌旗金光閃爍左右旋繞餘則大小隱躍或鱗或介或鬐或圓或赤或黑如狗如豕如駁如麂如豸狙犀象者莫可名狀人咸駭異請天使觀焉智造官禀曰此龍王朝耳天使揭免朝牌倏忽散去舟行益疾若有神人扶之而走八日薄暮過姑米山夷人貢螺

琉球記 四

《琉球记》-3

獻新乘數小艇滅沒巨浪中比至繫纜船
旁左右譁駕夜深各舉燈如江干漁火上
下零亂鎮守姑米夷官遠望封船即舉烽
聞之馬齒山馬齒山即舉烽聞之中山世
子爰命紫金大夫洎三法司統通國夷人
詣那灞候接次日舟到海涯即那灞港口
遂卸風帆夷官群擁出迎各投稟謁率夷
人千餘曳船入港、不甚廣深窅叵測港
口有巉石兩當若門夾岸築長堤一帶風
景迥殊非人間世矣初見夷婦且駭甚累
頭跣足長衫細裙與吴文中所畫大士像
無別男子畫歛髻左袵官長則戴頭箍名
曰首巾有紅紫黃不等紫色為上黃色次
之紅色又次之至於王府奔走差使者盡
頂紅首巾中有數方巾長袖雜處其間詢
之乃彼國薦紳曾遣入貢者由長堤百餘

《琉球记》-4

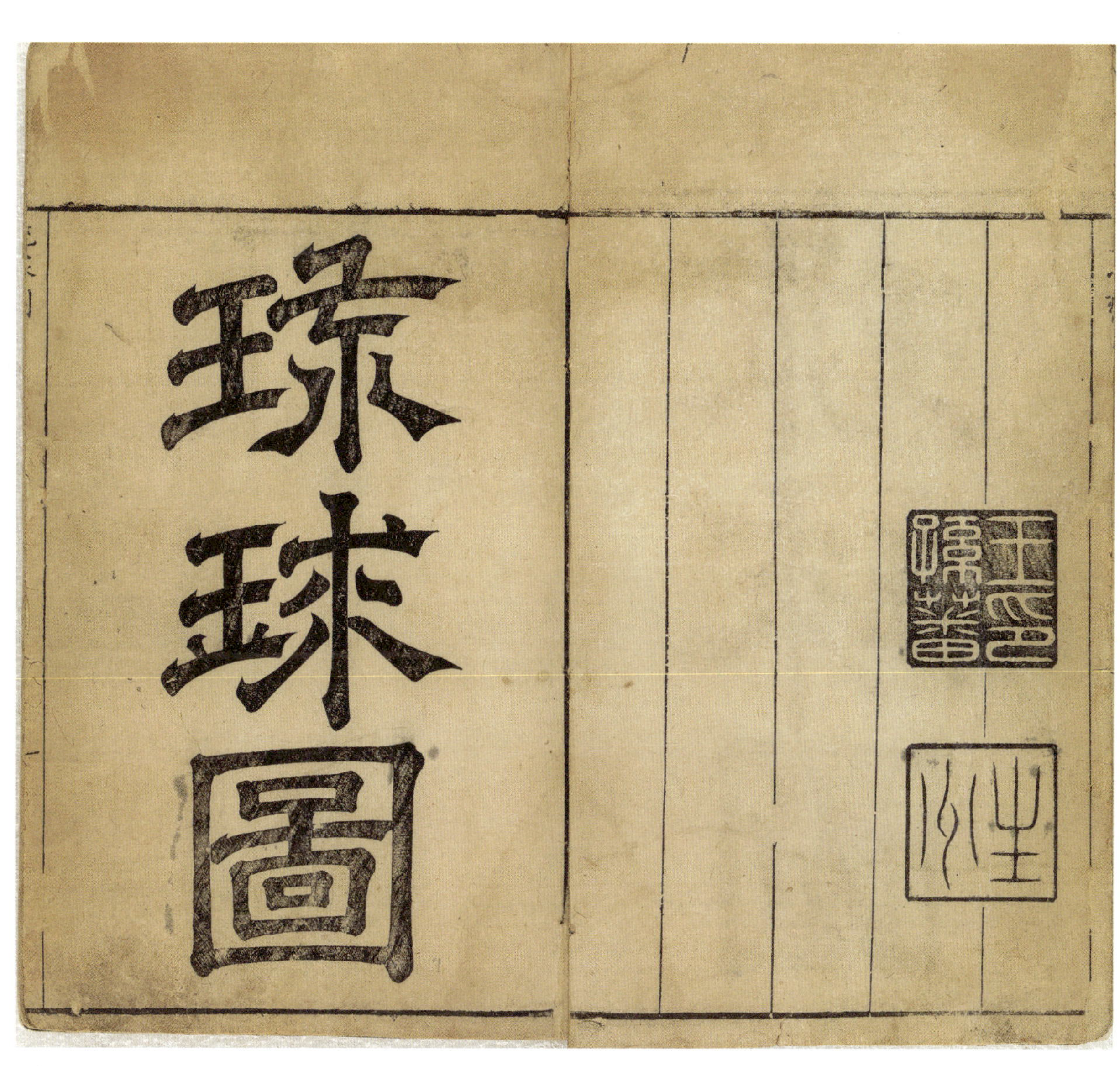

《琉球图》-1

《琉球图》-2

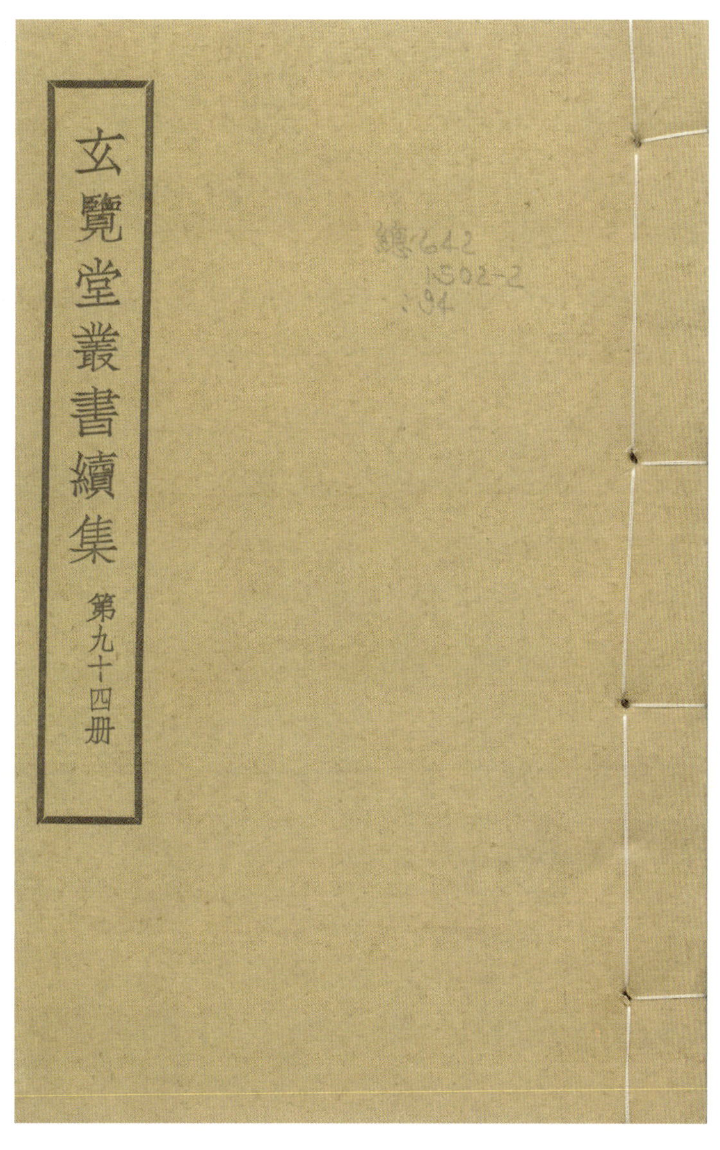

《玄览堂丛书续集》第九十四册

四夷广记

（明）慎懋赏撰　《玄览堂丛书续集》　民国三十六年（1947）国立中央图书馆影印本

《四夷广记》是明代一部专门记载周边邻国及国内各民族与明朝政府交往关系的书籍。慎懋赏，号台子，浙江吴兴（今浙江湖州市）人。书中第六册所载《福建往日本针路更数》《漳州往琉球并日本针位》以及《兵库港回琉球并漳州针位》，第八册所载《福建往琉球针路更数》《大明往琉球针位》，均有经过钓鱼岛及其附属岛屿的记录。此外，书中还详细记载了琉球国疆域、山川物产、风俗制度等琉球史事，以及明朝册封琉球国中山王的诏敕文，这些都主要取材于册封使的使录记载，以及明朝史馆档案和当时已公开的官方文献，具有较高的参考价值。

来源：国家图书馆

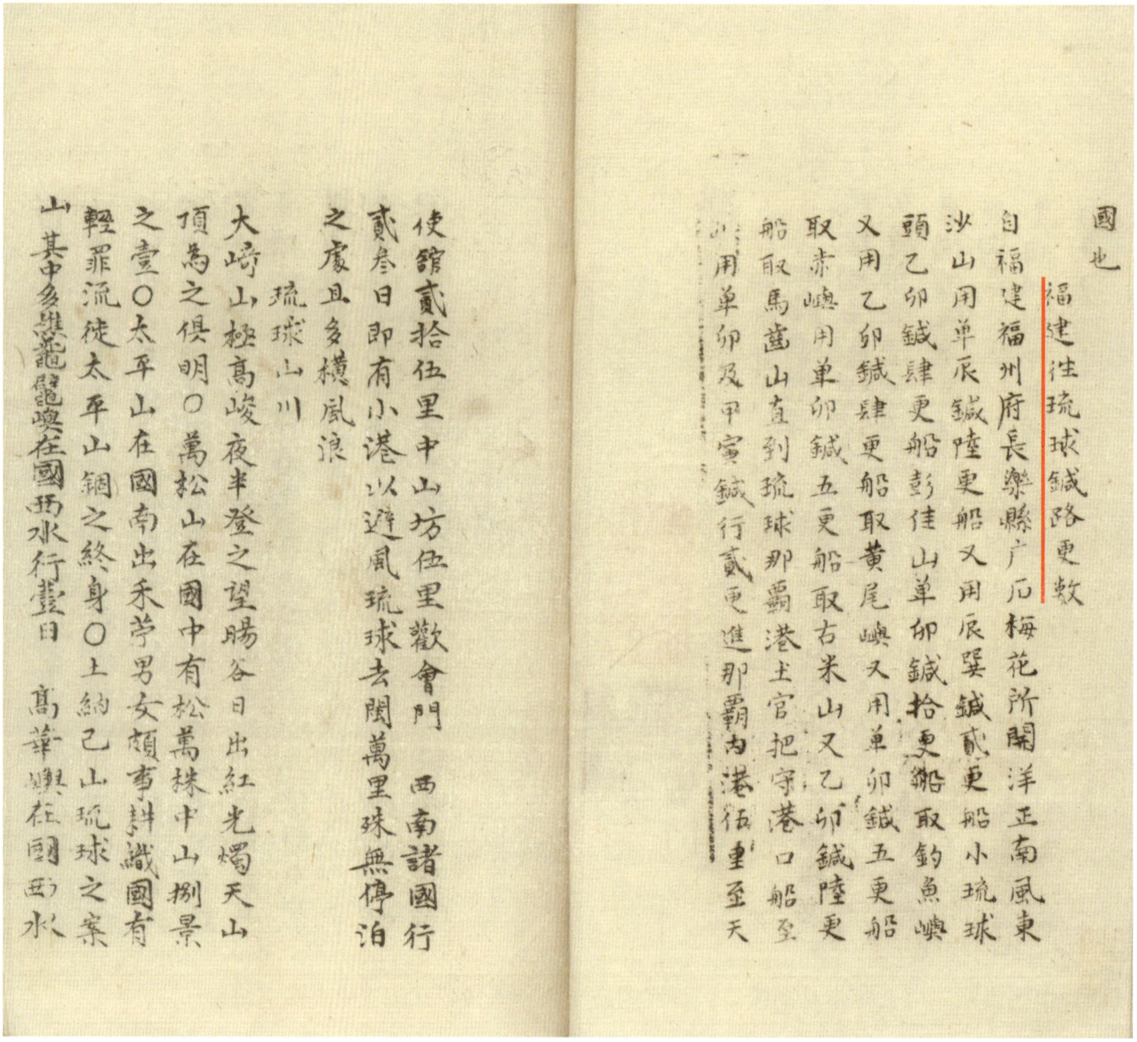

國也

福建往琉球鍼路更數

自福建福州府長樂縣广石梅花所開洋正南風東沙山用单辰鍼陸更船又用辰巽鍼貳更船小琉球頭乙卯鍼肆更船彭佳山单卯鍼拾更船取釣魚嶼又用乙卯鍼肆更船取黄尾嶼又用单卯鍼五更船取赤嶼用单卯鍼五更船取古米山又乙卯鍼陸更船取馬齒山直到琉球那霸港土官把守港口船至山用单卯及甲寅鍼行貳更進那霸内港伍里至天使館貳拾伍里中山坊伍里歡會門　西南諸國行貳叁日即有小港以避風琉球去閩萬里殊無停泊之處且多横風浪

琉球山川

大崎山極高峻夜半登之望暘谷日出紅光燭天山頂爲之俱明〇萬松山在國中有松萬株中山捌景之壹〇太平山在國南出禾芋男女頗事耕織國有輕罪流徙太平山錮之終身〇土納己山琉球之案山其中多鼉龜巖在國西水行叁日　高華嶼在國西水

《四夷广记》-2

事從人賞同日正貢外附来貨物官抽五分買五分

大明往琉球針位

正南風用単卯針西南風用単卯針東南風用乙卯針拾更船取釣魚嶼北邊過船南風用単卯針東南風用単卯針及乙卯針肆更船取黄尾嶼南風用申卯針東南風用単卯針西南風用単申針拾更船取赤嶼北邊過船南風用単卯及甲寅針西南風用艮寅針東南風用甲卯針拾伍更船取粘米山北邊過十分子細妙也南風用単卯及甲卯肆更船取馬齒山南風用甲卯及甲寅針貳更船取琉球進港妙也

《四夷广记》-3

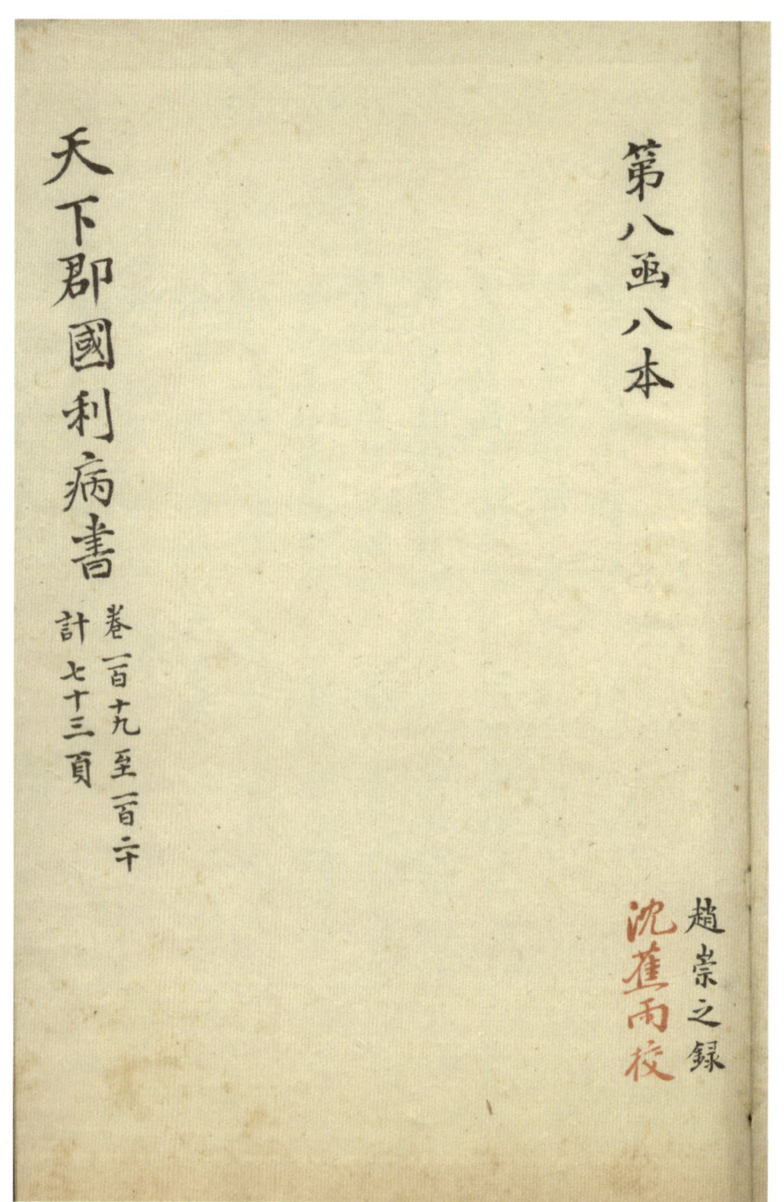

《天下郡国利病书》

天下郡国利病书 一百二十卷

（清）顾炎武撰　清抄本

《天下郡国利病书》是顾炎武所著的有关中国明代各地区社会政治经济状况的著作，共一百二十卷。顾炎武（1613—1682），原名继绅，更名绛，字忠清；弘光时，又改名炎武，字宁人，江南省昆山（今江苏昆山市）人，著名思想家、史学家、语言学家，与黄宗羲、王夫之并称为明末清初三大儒。《天下郡国利病书》涉及舆地山川、南北直隶、十三布政使司，记载了赋役、屯垦、水利、漕运等相关资料，重点辑录了兵防、赋税、水利三部分内容。书中卷一百十九《福建驶往日本针路》记有：钓鱼屿、黄麻屿、赤屿、马齿山、赤坎屿、大琉球。

来源：国家图书馆

流 升羅嶼用丁未針經崎頭山出雙嶼港升羅崎頭俱可泊船崎頭
水深九折 雙嶼港用丙午針三更船至孝順洋及亂礁
洋雙嶼港口水流急孝順洋水深十三托泥地 亂礁洋水深八九托取九
山以行九山西邊有礁打水行船宜仔細一云亂礁洋水深六托泥地 九山用单卯
針二十七更過洋至日本港口打水七八托泥地南邊泊船 又有
從烏沙門開洋七日即到日本 若陳錢山至日本用
艮針

福建使往日本針路

梅花東外山開船用单辰針乙辰針或用辰巽針十更
船取小琉球 小琉球套北過船見雞籠嶼及梅花瓶

《天下郡国利病书》 -2

彭嘉山 彭嘉山北邊過船遇正南風用乙卯針或用
单卯針或用单乙針西南風用单卯針東南風用乙卯
針十更船取釣魚嶼 釣魚嶼北邊過船南風用单卯
針東南風用单卯針或用乙卯針四更船至黄麻嶼
黄麻嶼北邊過船便是赤嶼五更船南風用甲卯針東
南風用单卯針西南風用单甲針或用单乙針十更船
至赤坎嶼 赤坎嶼北邊過船南風用单卯及甲寅針
西南風用艮寅針東南風用甲卯針十五更船至古米
山 古米山北邊過船有礁宜知畏避南風用单卯針
及用甲寅針五更船至馬齒山 馬齒山南風用甲卯

《天下郡国利病书》 -3

或甲寅針五更船至大琉球 大琉球那霸港泊船土官
把守港口船至此用单卯及甲寅針行二更進那霸内港以入琉球國中 那霸港外開船
用单子針四更船取離倚嶼外過船南風用单癸針三
更船取熱壁山以行 熱壁山南風用单癸針四更船
取硫黄山 硫黄山南風用丑癸針五更船取田嘉山
又南風用丑癸針三更半船取梦加剌山南風用单癸
針及丑癸針三更船取大羅山 大羅山用单癸針二
更半船取萬者通七島山西邊過船 萬者通七島山
用单寅針五更船取顧野七山島内各畔兵之妙是麻
山嶼野顧山用巽寅針二三更半船取但爾山用艮寅針

《天下郡国利病书》 -4

四更船至亞甫山一云野顧山對面行六十里有小礁四五箇最宜畏避在北邊過船用艮
寅方行一百五十里至旦午山用艮寅方行一百四十里至亞甫山 亞甫山在平港口
其水望東流甚急離此用艮寅針十更船取亞慈理美
妙若不見此山用单艮針二更船又艮寅針五更船取
沿濘奴一云沿渡奴 烏佳眉山沿渡奴烏佳眉山用单癸針
三更船若開時用单子針一更船至而是麻山 而是
麻山南邊有沉礁名套礁一云名佐沉長礁 東北邊過船用
单丑針一更船是正路却用单子針四更船取大門山
中 大門山傍西邊門過船用单丑針三更船取兵褲
港 兵褲港循本港直入日本國郡

《天下郡国利病书》 -5

琉球入學見聞錄卷之一

琉球官學教習臣潘相恭輯

封爵

西旅貢獒越裳獻雉皆令各守爾宇永作屏藩琉球僻處海南僅如彈丸黑子自宋元以後始有統系可譜禪革互乘姓氏迭更獨思德金王（即尚圓王又神主稱龍慶雲君）有國傳世十餘歷年二百至於尚貞王以

琉球入學見聞錄　卷之一　一

《琉球入学见闻录》卷之一

琉球入学见闻录 四卷

（清）潘相辑　清乾隆间刻本

《琉球入学见闻录》成书于清乾隆二十九年（1764）。潘相（1713—1790），字润章，号经峰，湖南安乡人，清乾隆二十八年（1763）进士，官至昆阳知州。在任京师国子监教习期间，潘相与琉球国王派遣的“入学陪臣”郑孝德、蔡世昌同居四年，他有心穷究琉球史地、政教、习俗，博览前人有关著述，在陈侃、汪楫、徐葆光、周煌等人实地考察记录的基础上，又参阅琉球大学者程顺则所编诸书并加以考订，最终经过与郑孝德、蔡世昌共同研究，辑成《琉球入学见闻录》四卷。

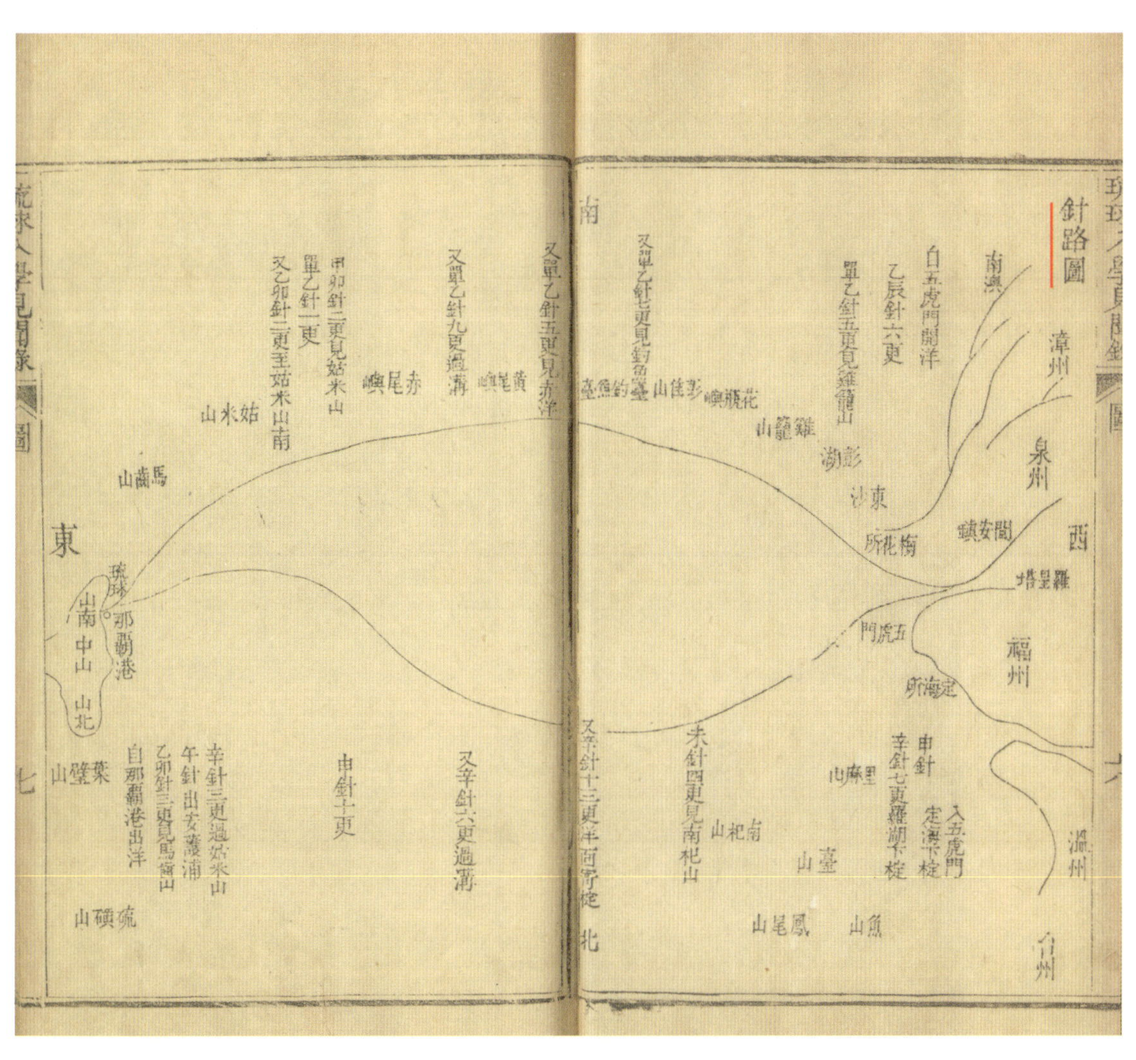

《针路图》

书中有关钓鱼岛的记载，见于卷首《针路图》及卷之一《星土》《星槎》条，其中清楚指出中琉之间的海域以黑水沟为界。《琉球入学见闻录》综合了前人有关中琉海域分界的说法，由于其内容经过了中国官方册封使的多次实地考察和验证，同时又为琉球官方、学者所认同，所以具有很高的可信度。

来源：国家图书馆

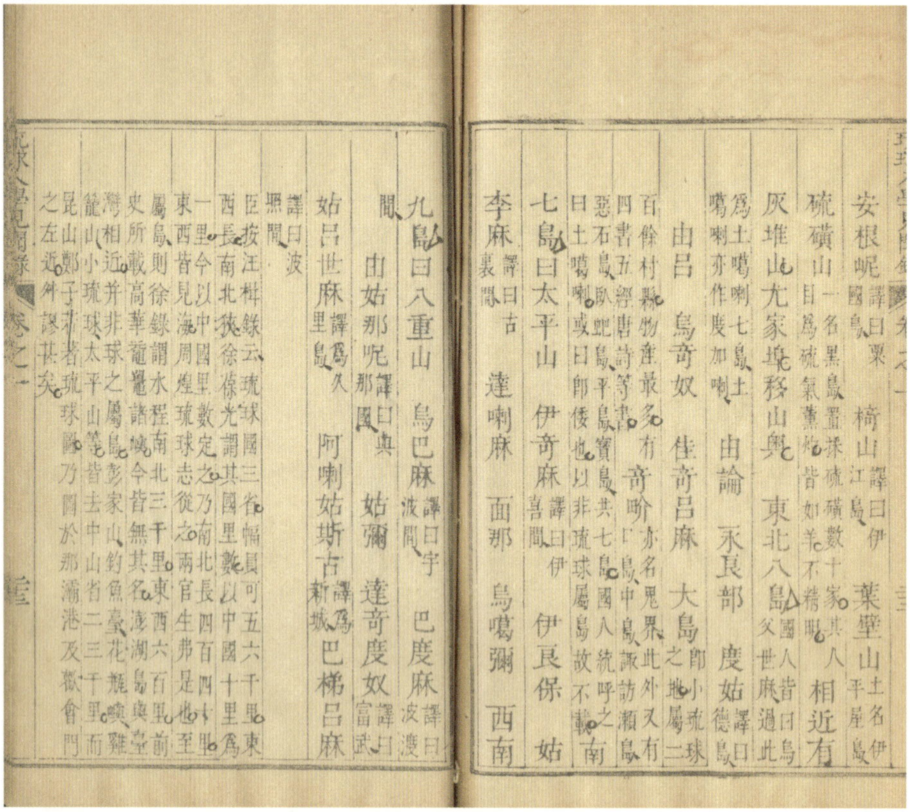

安根岻（譯曰粟國島） 椅山（譯曰伊江島） 葉壁山（土名伊平屋島）
硫磺山（一名黑島，置採硫磺數十家，其人皆如羊，不精明） 相近有
灰堆山、尤家埠、移山奥。東北八島（國人皆曰烏父世麻，過此
爲土噶喇七島，土噶喇亦作度加喇） 由論 永良部 度姑（譯曰德島）
由呂 烏奇奴 佳奇呂麻 大島（即小琉球之地，屬二百餘村，縣物產最多，有四書五經唐詩等書） 奇吶（亦名鬼界。此外又有口島、中島、諏訪瀨島、惡石島、臥蛇島、平島、寶島，共七島，國人統呼之曰土噶喇，或曰即倭也，以非琉球屬島，故不載） 南
七島，曰太平山 伊奇麻（譯曰伊喜間） 伊良保 姑
李麻（譯曰古裏間） 達喇麻 面那 烏噶彌 西南
九島，曰八重山 烏巴麻（譯曰宇波間） 巴度麻（譯曰波渡間）
由姑那呢（譯曰與那國） 姑彌 達奇度奴（譯曰富武）
姑呂世麻（譯爲久里島） 阿喇姑斯古（譯爲新城） 巴梯呂麻（譯曰波照間）
臣按汪楫録云，琉球國三省，幅員可五六千里，東
西長，南北狹。徐葆光謂其國里數，以中國十里爲
一里，今以中國里數定之，乃南北長四百四十里，
東西皆見海。周煌琉球志從之，兩官生弗是也。至
屬島，則徐録謂水程南北三千里，東西六百里，前
史所載高華、鼊鼊諸嶼，今皆無其名。澎湖島與臺
灣相近，并非琉球之屬島。彭家山、釣魚臺、花瓶嶼、雞
籠山、小琉球、太平山等，皆去中山省二三千里，而
毘山鄭子若著琉球圖，乃圖於那灞港及歡會門
之左近，謬甚矣。

《星土》

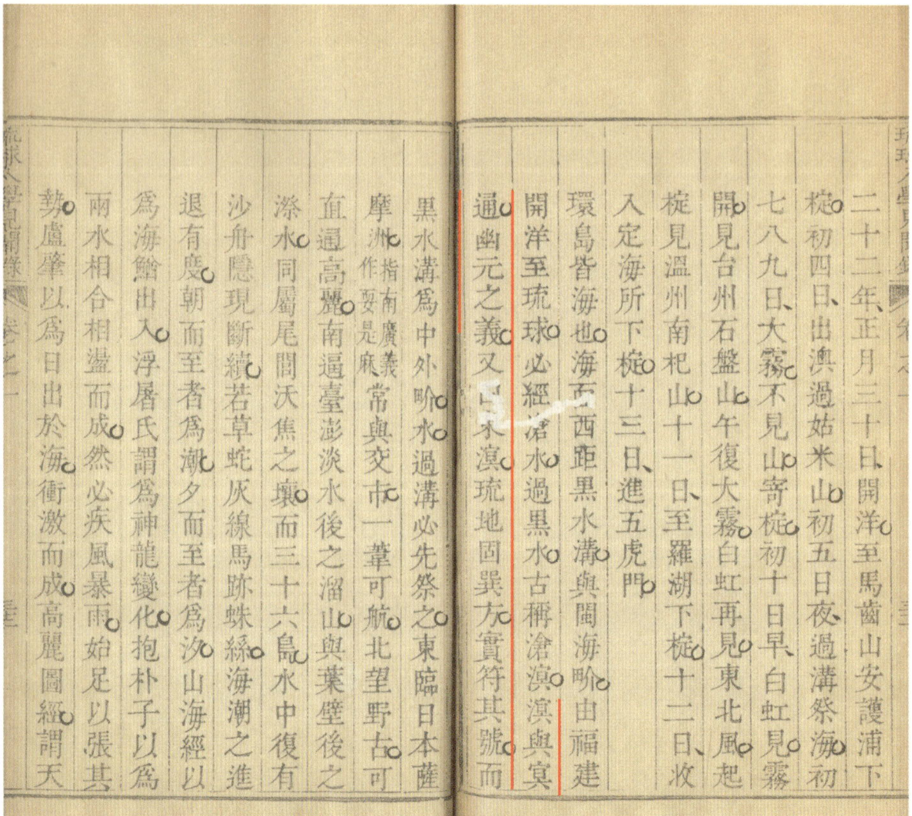

二十二年正月三十日，開洋，至馬齒山安護浦下
椗。初四日，出澳，過姑米山。初五日夜，過溝祭海。初
七八九日，大霧，不見山，寄椗。初十日早，白虹見，霧
開，見台州石盤山。午復大霧，白虹再見，東北風起，
椗，見溫州南杞山。十一日，至羅湖下椗。十二日，收
入定海所下椗。十三日，進五虎門。
環島皆海也。海面西距黑水溝，與閩海界。由福建
開洋至琉球，必經滄水，過黑水，古稱滄溟。溟與冥
通，幽元之義。又曰東溟。琉地固巽方，實符其號。而
黑水溝爲中外界水，過溝必先祭之。東臨日本薩
摩洲（指南廣義作娶是麻），常與交市，一葦可航。北望野古，可
直通高麗。南逼臺澎，淡水後之溜山，與葉壁後之
滐水，同屬尾閭沃焦之壤。而三十六島，水中復有
沙舟隱現斷續，若草蛇灰線、馬跡蛛絲。海潮之進
退有度，朝而至者爲潮，夕而至者爲汐。山海經以
爲海鰌出入，浮屠氏謂爲神龍變化，抱朴子以爲
兩水相合相盪而成，然必疾風暴雨，始足以張其
勢。盧肇以爲日出於海，衝激而成。高麗圖經謂天

《星槎》

皇朝文獻通考卷一

田賦考一

臣等謹按周禮六官皆以體國經野著於卷端而九賦之制首載於天官冢宰誠以民惟邦本食爲民天度地以居民徹田而定賦因民之所利而利之俾厚其生而安其業故上下通而公私有濟王者代天子民未有不以民生國計爲本務者馬端臨文獻通考二十四門以田賦爲首其所見者誠大也今考其所載歷代田賦之制上溯陶唐迄於

《皇朝文献通考》卷一

皇朝文献通考 三百卷

（清）嵇璜等纂　清乾隆年间武英殿修书处刻本

《皇朝文献通考》，又名《清朝文献通考》，成书于清乾隆五十二年（1787），由张廷玉、嵇璜、刘墉等先后奉敕纂修，纪昀等校订，为“十通”之一。嵇璜（1711—1794），字尚佐，号黼庭，晚号拙修，江南无锡县（今江苏省无锡市）人，雍正八年（1730）进士，授编修，后官至文渊阁大学士。

切譯言府也中山爲中頭省王城在中山之中地
名首里首里及附近之久米泊那霸直領於王不
稱間切屬村縣三十有三中頭省實隸間切十有
四在首里東者六西原浦添宜野灣中城讀谷山
具志川在西者一眞和志在南者二南風原東風
平在北者三北谷越來美里在東北者二勝連與
那城屬村縣百六十有九山南爲島尻省隸間切
十有二大里玉成豐見城小祿佐敷知念具志頭
麻文仁眞壁喜屋武背首里南兼城高嶺首里西

南屬村縣百一十有三山北爲國頭省隸間切九
金武首里東恩納名護羽地今歸仁本部皆首里
北久志大宜味國頭首里東北屬村縣六十有八
地形東西狹南北長四際皆海海中島遠近環列
屬琉球統轄凡三十有六東島四姑達佳津奇奴
巴麻伊計西島三東馬齒山間切一渡嘉敷西馬
齒山間切一座間味姑米山間切二安河具志川
仲里由福州至其國必望取姑米山以爲準西北
島五度那奇安根呢椅山葉壁山硫磺山山與姑

《皇朝文献通考》-2

《皇朝文献通考》第二百九十五卷《四裔考（三）• 琉球》中记载了清顺治至乾隆年间琉球国作为中国的藩属国，往来朝贡、学习以及中国派册封使出使琉球的相关情况。同时在该篇之初就介绍了琉球国所在方位，详细说明琉球三十六岛的岛名和四至，明确指出“由福州至其国必望取姑米山以为准”，可见到了姑米山才算进入琉球国境内。

来源：国家图书馆

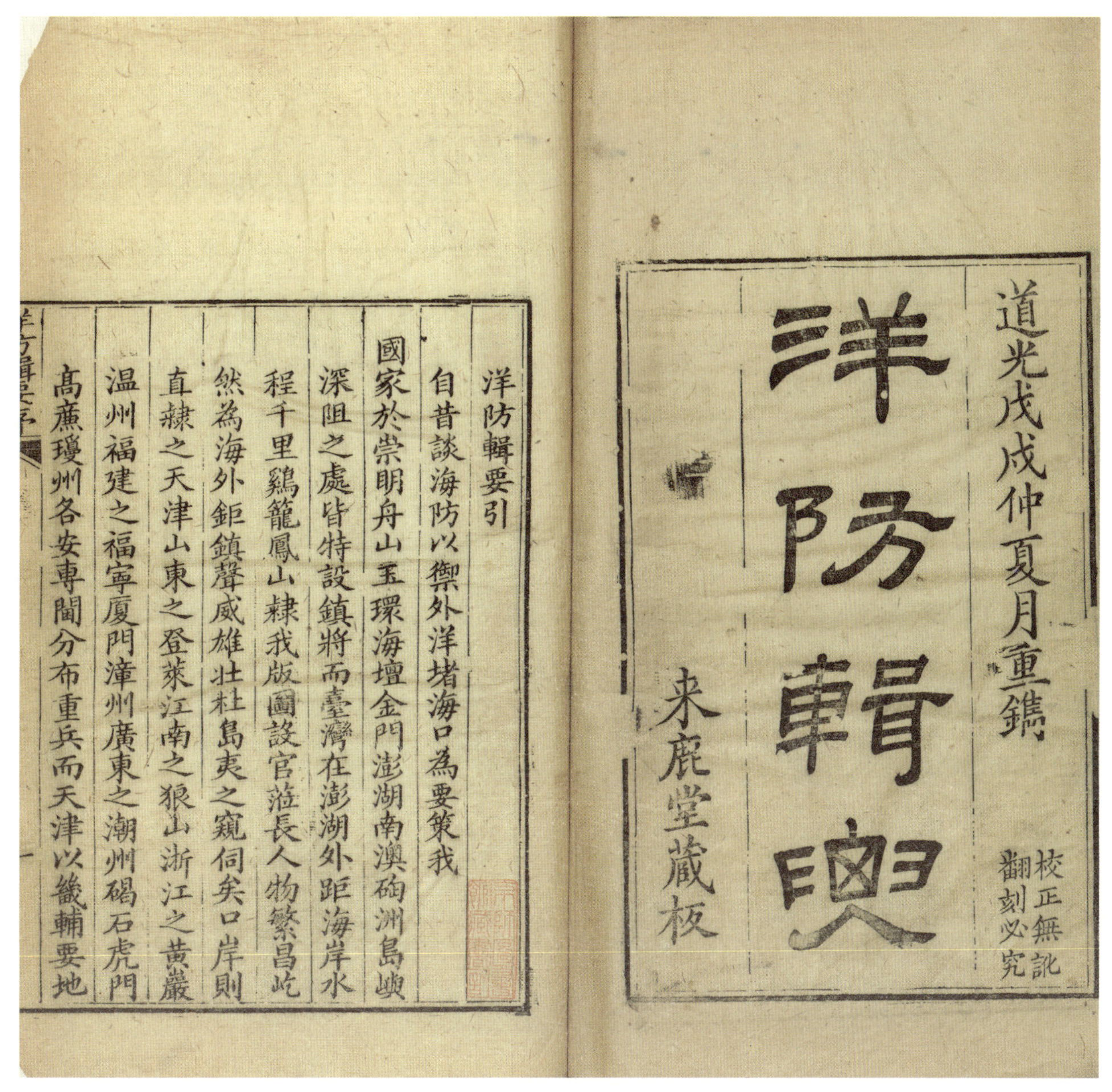

道光戊戌仲夏月重鐫

洋防輯要

來鹿堂藏板

校正無訛
翻刻必究

洋防輯要引

自昔談海防以禦外洋堵海口為要策我
國家於崇明舟山玉環海壇金門澎湖南澳硇洲島嶼
深阻之處皆特設鎮將而臺灣在澎湖外距海岸水
程千里鷄籠鳳山隸我版圖設官涖長人物繁昌屹
然為海外鉅鎮聲威雄壯杜島夷之窺伺矣口岸則
直隸之天津山東之登萊江南之狼山浙江之黃巖
溫州福建之福寧廈門漳州廣東之潮州碣石虎門
高廉瓊州各安專閫分布重兵而天津以畿輔要地

《洋防辑要》

洋防辑要 二十四卷

（清）严如熤辑　清道光十八年（1838）来鹿堂刻本

《洋防辑要》由严如熤辑，共二十四卷。严如熤（1759—1826），字炳文，一字苏亭，号乐园，湖南溆浦人，清嘉庆三年(1798)举孝廉方正，官至陕西按察使。《洋防辑要》以“倭寇”为假想敌，以“备倭”或“防寇”为基本着眼点，论述其海防思想。

洋防輯要　卷二十四　洋夷市舶　十五

小琉球套北邊過船見雞籠嶼及梅花瓶彭嘉山　彭嘉山北邊過船
遇正南風用乙卯針或用單卯針或用單乙針西南風用單卯針東
南風用乙卯針十更船取釣魚嶼　釣魚嶼北邊過十更船南風用
單卯針東南風用單卯針或用乙卯針四更船至黃麻嶼　黃麻嶼
北邊過船便是赤嶼五更船南風用甲卯針東南風用單卯針西南
風用單甲針或用單乙針十更船至赤坎嶼　赤坎嶼北邊過船南
風用單卯及甲寅針西南風用艮寅針東南風用甲卯針十五更船
至古米山　古米山北邊過船有礁宜知避南風用單卯針及用
甲寅針五更船至馬巽山　馬巽山南風用甲卯或甲寅針五更船
至大琉球　大琉球那霸港泊船（土官把守港口船至此用卯及甲寅針行二更進那霸內港以入琉球國中）　那霸港外開船用單子針四更船取離倚嶼外過船南風用單
癸針三更船取熱壁山以行　熱壁山南風用單癸針五更船取田

洋防輯要

北山又南風用丑癸三更半船取夢加剌山南風用單癸針及丑癸
針三更船取大羅山　大羅山用單癸針三更半船取萬者通七島
山西邊過船　萬者通七島山用單寅針五更船取野顧七山島內
野顧山用巽寅針二更半船取但爾山用艮寅針四更船取亞甫山
（一云野顧山對面行六十里有小礁四五箇最畏避由北邊過船用艮寅方行一百五十里至旦午山用艮寅方行四十里至亞甫山）
亞甫山在平港口其水望東流甚急離此山用艮寅針十更船取亞
慈理美妙若不見此山用單艮針二更船又艮寅針五更船取沿灣
奴（一云沿渡奴）　烏佳眉山沿渡奴烏佳眉山用單癸針二更船若開時用
單丁針一更船至西是麻山　西是麻山南邊有沉礁名套礁（一云名佳
沉礁）長東北邊過船用單壬針一更船是正路却用單子針四更船取
大門山中　大門山傍西邊門過船用單丑針三更船取兵衿港
兵衿港循本港直入日本國郡

《洋防辑要》包括12幅“总分直省海疆图说”，清代以来关于水师管理、出海民船管理方面的文件等，辑自顾祖禹《读史方舆纪要》的直隶、山东、江南、浙江、福建、广东“沿海舆地考”，及顾炎武《天下郡国利病书》的江南、浙江、福建、广东四省“防海略”等海防策略。书中卷二十四《太仓使往日本针路》记有：钓鱼屿、黄麻屿、赤屿、赤坎屿、古米山等。

来源：国家图书馆

車尼伊足尼翼諸名後各道先置刺史王以天爲兄日爲弟黎明聽政日出而罷云日我弟也其誕妄若此用法率尚嚴急果於殺戮或截剃肢體其初刻木結繩以紀事魏晉以後得五經佛教於中國於是緇衣沙門之屬傳習文字其俗男子髡額文身短衣無袖褶袴裹束衣肩背處繪染草花木蟲之狀以別尊卑履無納組以底之長短別貴賤女子披髮跣足衣如緯幔從頭頸貫之居無城郭惟國王處以樓觀其餘富者屋版貧者覆茅不識拜起之節以蹲踞爲恭搓手爲悅分器而食或用籩豆性極貪鄙詭譎好兵行以刀劍自隨不知嫁娶男女相悅卽爲夫婦渡海則令一人齋戒不櫛沐謂之持衰不利輒殺之

太倉使往日本針路見渡海方程及海道針經

太倉港口開船用單乙針一更船平更者每一晝夜分爲十更以焚香枝數爲度以木片投海中人

從船面行驗風之迅緩定更數多寡可知船至某山洋界吳淞江用單乙針或乙卯針一更平寶山到南匯嘴用乙辰針出港口打水六七丈沙泥地是正路三更見茶山茶山水深十八托一云行一百六十里正與此合自此用坤申及丁未針行三更船直至大小七山灘山在東北邊　灘山下水深七八托用單丁針及丁午針三更船至霍山　霍山用單午針至西後門　西後門用單巳針三更船至茅山　茅山用辰巳針取廟州門船從門下行過取升羅嶼廟州門水深流急　升羅嶼用丁未針經崎頭山出雙嶼港升羅崎頭俱可泊船崎頭水深九托雙嶼港用丙丁針三更船至孝順洋及亂樵洋雙嶼港口水流及孝順洋水深十三托亂樵洋水深八九托取九山以行九山四邊有樵打水行船宜仔細一云亂樵洋水深六托泥地九山用單卯針二十七更過洋至日本港口打水七八托泥地南邊泊船又

《洋防辑要》-2

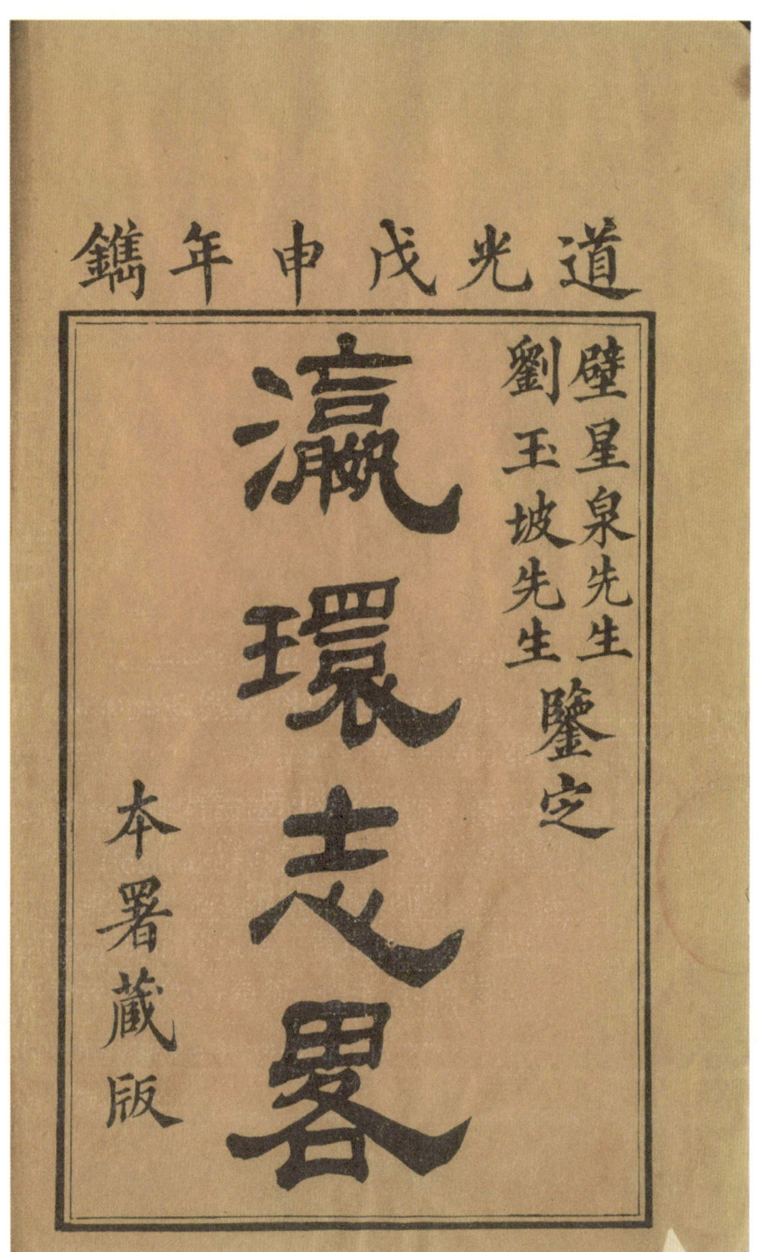

道光戊申年鐫

壁星泉先生
劉玉坡先生
鑒定

瀛環志畧

本署藏版

《瀛环志略》

瀛环志略 十卷

（清）徐继畬撰　清道光二十八年（1848）刻本

《瀛环志略》是晚清徐继畬所编纂的地理学著作，于清道光二十八年（1848）成书，同年在福建刊印。徐继畬（1795—1873），字健男，号松龛，山西代州（今山西代县）五台县人，道光十六年（1836）进士，官至福建巡抚，总理衙门大臣，是晚清开眼看世界的杰出代表。徐继畬广泛搜集资料，并参考魏源所修《海国图志》，编撰成《瀛环志略》。全书图文并茂，被誉为与《海国图志》同等的“破荒之作”，深刻影响了当时的思想界。

《瀛环志略》共十卷，以论述地球为引文，后依次叙述了亚洲、欧洲、非洲、美

瀛環志畧 卷一 東洋二國 三

遠夷輶車罕至往來者皆商賈之流無由探悉其原委耳
琉球在薩峒馬之南東洋小國也周環三十六島皆海中拳石其
國都之島較大南北四百餘里東西不足百里舊分山南山北中
山三國後幷入中山爲一故稱中山王王尙姓自紀載以來一姓
相傳無改步國小而貧逼近日本屬役扆苦自前明世修貢職我
國家煦育寰瀛體卹尤至其貢舟三年一至許其販鬻中土之貨免
其關稅舉國賴此爲生王薨則世子遣使請
命例遣文臣二人爲正副使
賜一品服持節航海册其世子爲中山王故其國之風土多有能言之
者由福州之五虎門放洋用卯針約四十餘更至孤米山其國之
大島也再東卽至其國國分三路曰首里曰久米曰那霸由內地
往收泊必於那霸其地商賈萃集爲大都會王居首里山之脊也
國與中國同文官之最尊者爲金紫大夫歲得俸米百石以次遞
殺守土之官曰按司一按司所轄約六七里土磽瘠產米絕少以
地瓜爲食（卽番薯）非官與耆老不食米地無麻絮以蕉爲布類織蒲
負戴者團下體餘皆裸露海風最烈屋瓦常飛故搆屋甚卑簷與
肩齊王居與使館較軒昂以大繩繫柱而釘於地防海風也其士
大夫以黃帛爲冠似浮屠氏之冠大領博袖繫帶
周海山尙書嘗使琉球著中山志云琉球自古未通中國隋時
有海船望見之始知有其地因其島與紆蟠如虬龍流動之形

《瀛环志略》-2

洲各国的风土人情。其中卷一《亚细亚东洋二国》在记述中国大陆至琉球国航路时写道："由福州之五虎门放洋，用卯针。约四十余更，至孤米山，其国之大岛也，再东即至其国。"说明至"孤米山"（姑米山）才为琉球国境。

来源：国家图书馆

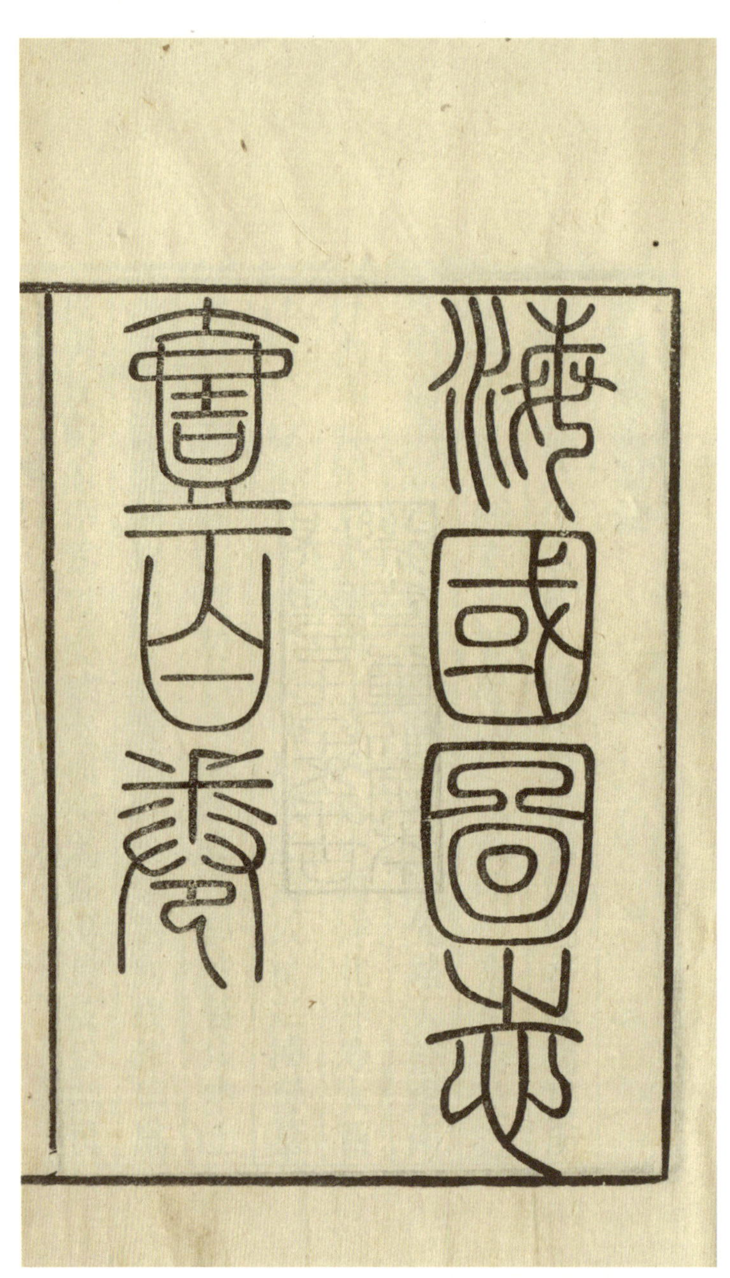

《海国图志》

海国图志 一百卷

（清）魏源辑　清咸丰二年（1852）古微堂刻本

《海国图志》初刻于清道光二十二年（1842），为五十卷。道光二十七年（1847）增补为六十卷。随后，又辑录徐继畬的《瀛环志略》及其他资料，增补为一百卷，于清咸丰二年（1852）刊行于世，是一部有关世界地理历史知识的综合性图书。魏源（1794—1857），字默深，湖南邵阳人，清道光二十五年（1845）进士，为清代启蒙思想家、政治家、文学家，近代中国“放眼看世界”的先行者之一。

海國圖志卷十八

邵陽魏源輯

東南洋諸島形勢下

琉球一作流虬古未通中國隨時有海船望見之唐宋後漸通中土明初入貢太祖賜以閩人善操舟者三十六姓修職貢甚謹後爲日本所滅不通音問者數十年已而王被執不屈倭送還國國在日本薩峒馬島之南周環三十六島南北四百餘里東西不足百里舊分山南山北中山三國後并入中山爲一故稱中山王王尚

海國圖志 卷之十八 東南洋 海島國五 一

姓自記載以來一姓相傳無改步國小而貧屬役日本惟賴貢舟販鬻稍得餘資以自給由福州五虎門放洋用卯鍼四十餘更至姑米山其國大島也再東即至其國收泊於那霸港國分三路曰首里王居之曰久米曰那霸用中國文字入 本朝更恭順修職貢其官之最尊者爲金紫大夫守土之官曰按司一按司所轄約六七里土磽瘠産米絕少以地瓜爲食卽番薯非官與耆老不食米無麻絮以蕉爲布負戴者圍下體餘皆裸露

附南洋各島

地里備考曰巴勞島在南洋之北加羅梨那島之西緯

《海国图志》-2

《海国图志》详细叙述了世界舆地和各国历史政制、风土人情，主张学习西方的科学技术，提出“师夷之长技以制夷”的中心思想。书中卷十八《东南洋海岛之国》的《东南洋诸岛形势（下）》中有关于福建往琉球的记载：“由福州五虎门放洋，用卯针四十余更，至姑米山，其国大岛也。再东，即至其国。收泊于那霸港。”可见，到了姑米山才算进入琉球国境内，而位于姑米山以西的钓鱼岛并不属于琉球国。

来源：国家图书馆

琉球朝貢考

長洲王　韜著

琉球一國在東瀛海中幾若黑子彈丸其開國之始幷無甲子可稽○國朝定鼎燕京琉球率先歸附不敢自王敦請襲封嗣後貢職恪共世守藩屬憑藉寵靈鎮撫荒徼享祚綿遠長作東南屏蔽以迄於今尙稱貢獻之邦而預共球之列則謂琉球非我屬國者非也第考琉球之所由來其世次亦多茫昧其間禪革五乘匪特隋書歡斯之稱杳無可據卽如洪永初封亦非姓尙今詳爲覈審上自天孫遞至今日嗣位之王其統緒約略可言也琉球始祖其初有一男一女生於大荒自成夫婦曰阿摩美久生三男二女長男卽天孫氏開國始祖也次男爲諸侯始三男爲百姓始長女曰君君次女曰祝祝爲國守護神一爲天神一爲海神今寺院有三首六臂女神手執日月名曰天海大自在神蓋卽此也此亦荒誕不經之尤者也傳二十五代姓氏俱無考起洪荒乙丑至宋湻熙十三年丙午逆臣利勇鴆而弒之簒位自立浦添按司舜天討之利勇死諸按司羣奉爲王天孫氏遂亡舜天爲日本人皇後裔三傳而外禪於英祖自英祖至西咸凡五傳察度氏與賢德素著人心悅服遂代其國二傳而爲山南王思紹所併以後則世爲尙氏至今弗替明初太祖遣使慰諭始稱臣入貢世爲屬國景泰元年國王思達遣百佳尼入貢二年遣祭祈等入貢已又遣亞間美等入貢頻年以來輶車在道賮琛獻異包匭筐篚絡繹來庭史不絕書未嘗與明絕也惟考日本史明萬歷三十七年義久取琉球其後書琉球入貢者十日本寬文十一年當中國康熙七年天和二年當康熙五十三年享保三年當康熙五十七年寬延二年當乾隆十四年寬政二年明和元年當乾隆二十九年乾隆五十五年又八年當嘉慶元年文化三年當嘉慶十一年天保三年當道光十二年天保十三年當道光二十二年然其時琉球雖入貢於日本而亦內屬我○朝其貢舶之來使臣之至固彰彰可考也況其朝貢日本之時久已臣服○中朝永備屏翰事在盟府薄海咸知如是日本安

小方壺齋輿地叢鈔　第十帙　琉球朝貢考一　二百二十二　南清河王氏鑄版

《琉球朝贡考》

琉球朝贡考 琉球向归日本辨

（清）王韬著　小方壶舆地丛钞（第 51 册）　清光绪十七年（1891）上海著易堂铅印本

《琉球朝贡考》和《琉球向归日本辨》均为中国近代改良派思想家、政论家和新闻记者王韬所著。王韬（1828—1897），初名利宾，字仲弢、紫诠，号弢园，江苏新阳县（今江苏昆山）人。

琉球向歸日本辨　長洲王　韜著

琉球東瀛小國也在日本薩峒馬島之南島嶼紆蟠皆海中拳石周環三十六島如虬龍流動之形故稱爲流虬後乃改爲琉球貧弱特甚世受役於日本自古未通中國隋時有海船望見之始知有其地唐宋以後漸通中土明初入貢太祖賜以閩人善操舟者三十六姓修職貢甚謹我○朝煦育寰瀛體恤尤至其貢舟三年一至許其販鬻中土之貨免其關稅舉國賴此爲生資本皆貸於日本販回各貨運日本者十之八九其國人貧甚不能買也國分三路曰首里曰久米曰那霸王居首里而商賈萃集爲大都會者則推那霸土磽瘠產米絕少非官與者老不能得食民間惟以地瓜爲糧地無麻絮以蕉爲布有類織蒲其民性惰耕作貿易皆以婦女爲之男子則攜茶具挈孺子相聚於樹林之下綠陰掩映細語喁喁不啻羲皇以上人也日本雖雄視東瀛要不能使之隸入版圖則以累世效職貢受正朔籍中朝之威靈作東海之藩服以迄於今自日本用兵臺灣意爲琉球問罪生番明目張膽遂以琉球爲內屬通國之人皆謂琉球向已臣服日本列於屏藩而其入貢於中國也則不過二百餘年間耳此言也未知其所自來如謂出自日本史冊則實有大謬不然者彼謂唐開元二十三年日本聖武天皇天平七年琉球已納稅貢於日本日人測量琉球海面淺深建立石牌令按此言實由杜撰考日本史文德天皇仁壽三年秋僧圓珍附唐商欽良暉舶赴唐路遭颶風漂至琉球遙見數十人執戈矛立岸上良暉哀號曰我等將爲琉球所噬若何圓珍祈佛忽得東南風獲免按其時爲唐宣宗大中七年相距彼言納貢之時一百十八年日本人應與之久相稔熟何以祈佛求免一若從未相通者邪此其可疑者一也測量海道誌其淺深此泰西諸國立約通商之後航船舟師方傳此法在唐千餘年前何得有此蓋僞造之言一時流露於不自覺此其可疑者二也彼謂明正統六年日本後花園天皇嘉吉元年薩峒摩將軍統兵征討高麗借糧於琉球

小方壺齋輿地叢鈔　第十帙　琉球向歸日本辨六　二百二十三　南清河王氏鑄版

《琉球向归日本辨》

在这两篇文章中，王韬反驳了日本吞并琉球并且制造琉球向归日本的种种谬论，历数了琉球朝贡史实，指出琉球自唐宋以来便与中国递相往还，明朝初年始称臣入贡，成为中国属国。

来源：国家图书馆

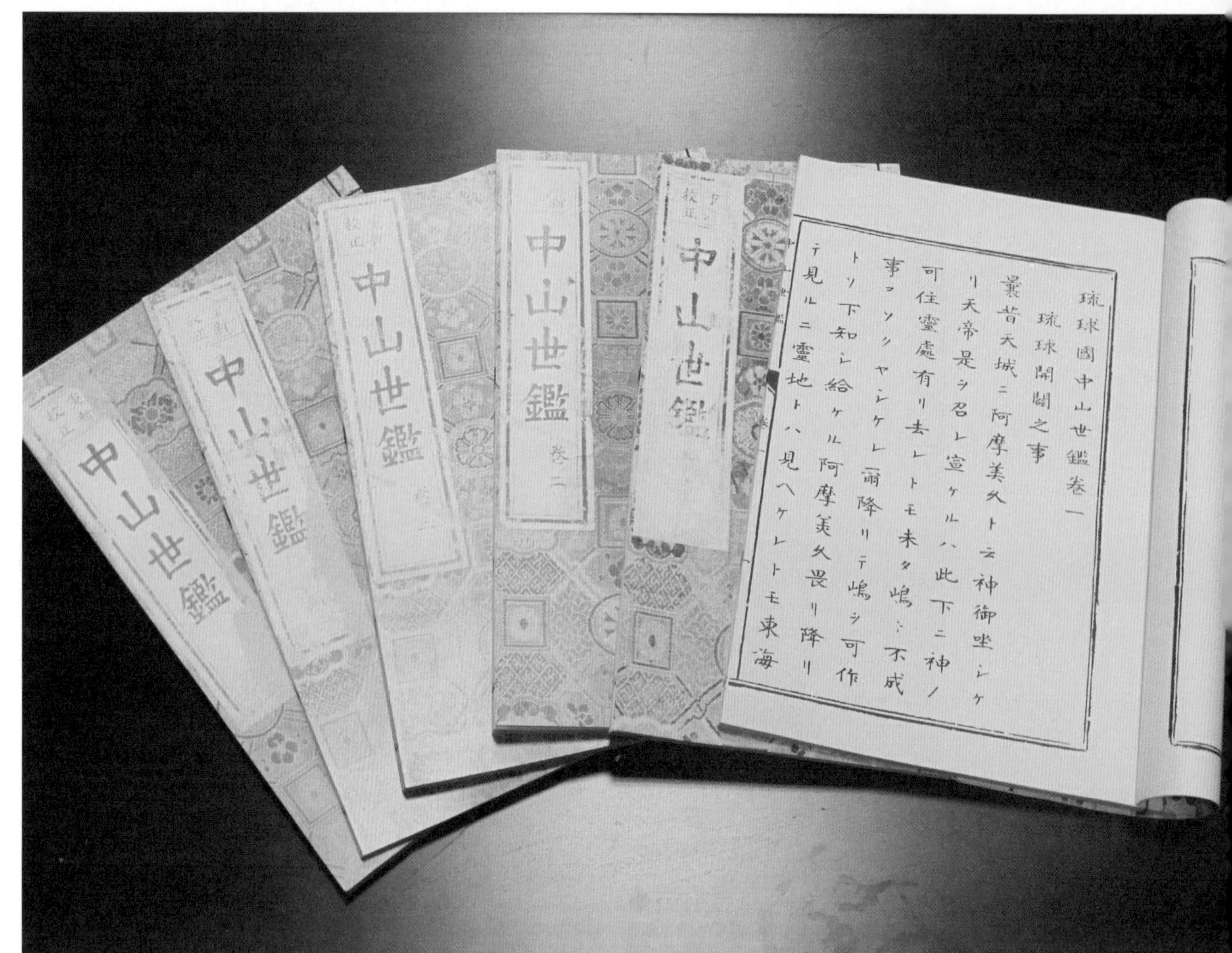

《中山世鉴》

中山世鉴 六卷

（琉球）向象贤著　1982 年冲绳县教育委员会影印本

《中山世鉴》全称《琉球国中山世鉴》，是琉球国第一部正史，成书于清顺治七年（1650）。向象贤（1617—1675），即羽地王子朝秀，字文英，号通外，琉球国政治家，1666 年至 1673 年任琉球国摄政。该书全文转载了陈侃《使琉球录》所记钓鱼岛内容，对“见古米山，乃属琉球者”这一中琉地方分界之语并未提出异议，可见接受琉球国西界为古米山的观点。

来源：福建师范大学闽台区域研究中心

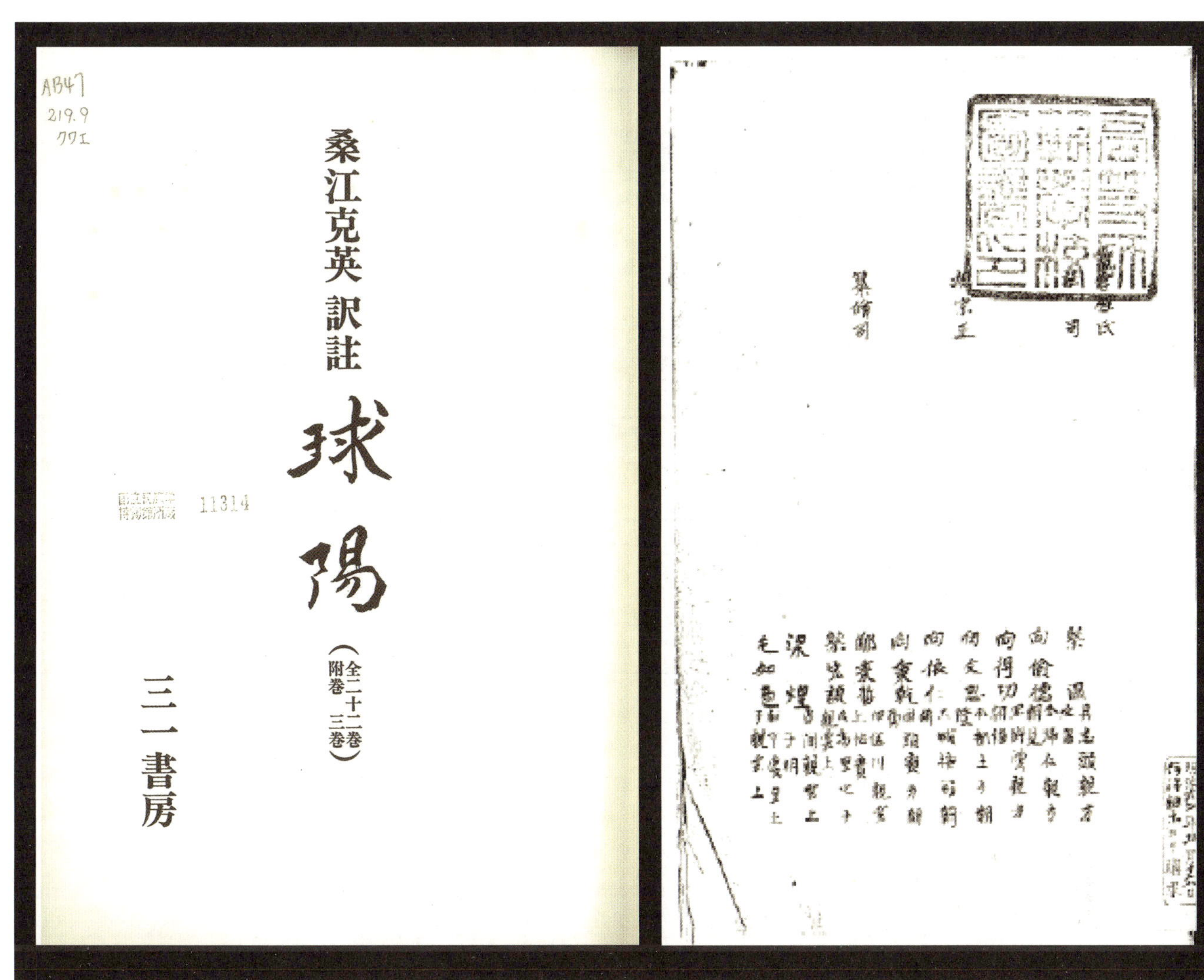

《球阳》

球阳 本卷二十二卷 附卷三卷

（琉球）蔡温著　1971 年三一书房铅印本

《球阳》全称《球阳记事》，是琉球国中山王府第一部编年史，由蔡温等奉琉球王尚敬之命编纂，于清雍正七年至乾隆十年（1729—1745）间完成，后由历代史官继续编写。蔡温（1682—1761），字文若，琉球三司官，闽人三十六姓蔡崇的后人，是近代琉球国历史上具有代表性的政治家和学者。书中内容有年代可考者，起自舜马顺熙王即位元年，即宋嘉熙二年（1238），止于清光绪二年（1876），即琉球王尚泰二十九年。《球阳》一书多处记载了久米岛、宫古、八重山等，却无一处提及钓鱼岛等岛屿的名称。

来源：日本国立民族学博物馆

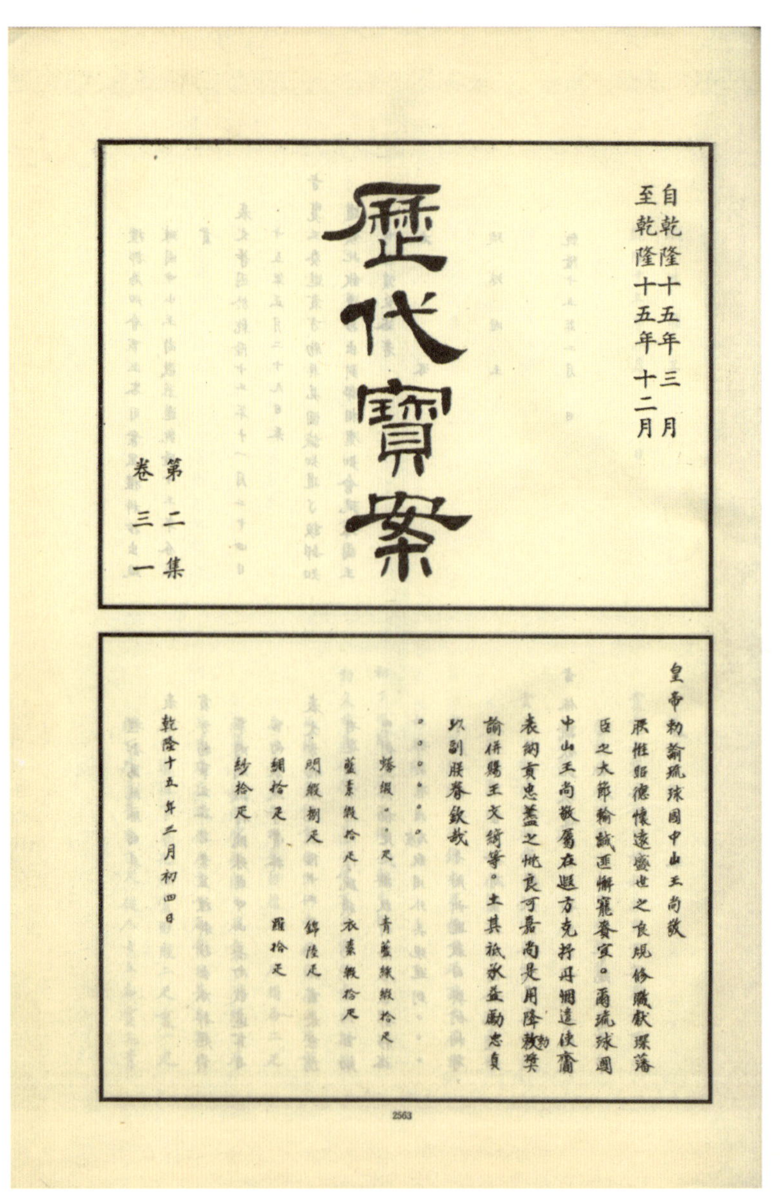

自乾隆十五年三月
至乾隆十五年十二月

歷代寶案

第二集
卷三一

皇帝敕諭琉球國中山王尚敬
朕惟昭德懷遠盛世之良規修職獻琛藩
臣之大節輸誠匪懈寵賚宜。爾琉球國
中山王尚敬屬在遐方克抒丹悃遣使齎
表納貢忠藎之忱良可嘉尚是用降敕獎
諭併賜王文綺等。王其祇承益勵忠貞
以副朕眷欽哉
。。。。。。。
蟒緞。。疋　青藍綵緞拾疋
藍素緞拾疋　衣素緞拾疋
閃緞捌疋　錦陸疋
紬拾疋　羅拾疋
紗拾疋
乾隆十五年二月初四日

2563

《历代宝案》

历代宝案 十五册

（琉球）蔡铎等著　1972 年台湾大学影印本

《历代宝案》是以汉文书写的琉球国古籍，记载了琉球国自明永乐二十二年（1424）至清同治六年（1867）间与周边国家的往来文书，后经琉球王室委任当地学者加以整理编纂而成。《历代宝案》除所收明清册封使录中提及的钓鱼岛之外，并未见其他有关钓鱼岛等岛屿名称的内容，其关于钓鱼岛的知识，完全得自明清册封使录，可见古代琉球王国与中国的钓鱼岛无丝毫领土关系。此外，该书也辑录了《使琉球录》有关中琉地方分界的记述，事实上也就等于接受了明清使录中有关中琉两国地方分界和海域分界的观点。

来源：国家图书馆

第三章 中外舆图中的钓鱼岛

明清以来，中国人所绘海防图、针路图、区域图、全国地图以及琉球程顺则《指南广义》（1708）、日本林子平《三国通览图说》（1785）、日本高桥景保《日本边界略图》（1809）、英国约翰•卡里《最新中国地图》（1801）、法国皮耶•拉比《东中国海沿岸各国图》（1809）、美国《柯顿的中国》（1856）等各国所绘大量舆图，均充分证明了钓鱼岛属中国所领有的事实。

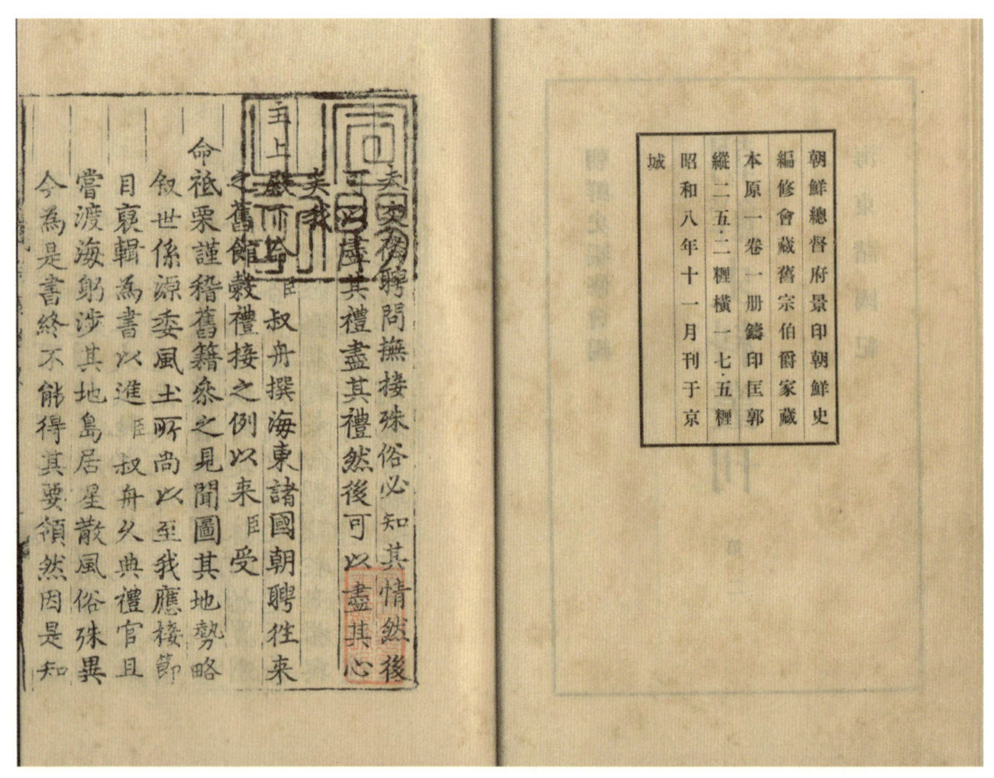

夫交隣聘問撫接殊俗必知其情然後
可以盡其禮盡其禮然後可以盡其心
矣我
主上殿下命臣叔舟撰海東諸國朝聘往來
之舊館穀禮接之例以來臣受
命祗栗謹稽舊籍參之見聞圖其地勢略
敘世係源委風土所尚以至我應接節
目裒輯為書以進臣叔舟久典禮官且
嘗渡海躬涉其地島居星散風俗殊異
今為是書終不能得其要領然因是知

朝鮮總督府景印朝鮮史
編修會藏舊宗伯爵家藏
本原一卷一冊鑄印匡郭
縱二五.二糎橫一七.五糎
昭和八年十一月刊于京
城

《海东诸国纪》

琉球国之图

（朝鲜）申叔舟绘　1471 年

《琉球国之图》出自朝鲜申叔舟所著《海东诸国纪》，该书成书于 1471 年，是一部汉文书籍。书中详细介绍了日本和琉球的历史、地理、政治、语言等。申叔舟（1417—1475），字泛翁，号保闲斋、希闲堂，庆尚北道高灵人，朝鲜王朝初期的政治家。

书中所附《琉球国之图》是目前所见的留存最古的一幅琉球国全图。此图所绘琉球国的西北边境岛屿为鸟岛（即硫磺鸟岛），西南边境为九米岛（即古米山），极西南边境岛屿为花岛（即八重山群岛）。此图所绘琉球国界与《中山传信录》（1719）中《琉球三十六岛图》所划定的琉球国疆界大致相同。

来源：国家图书馆

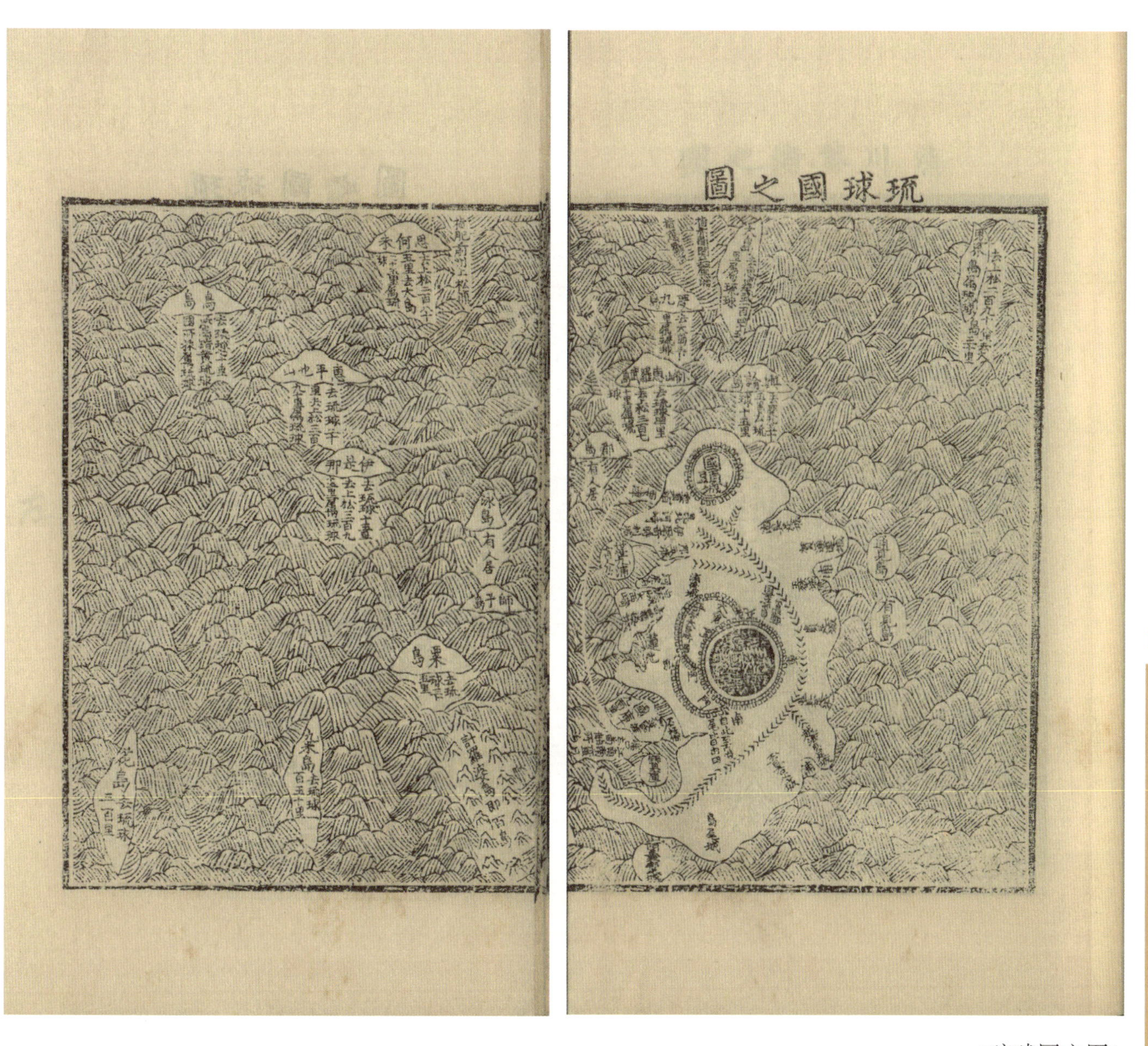

《琉球国之图》

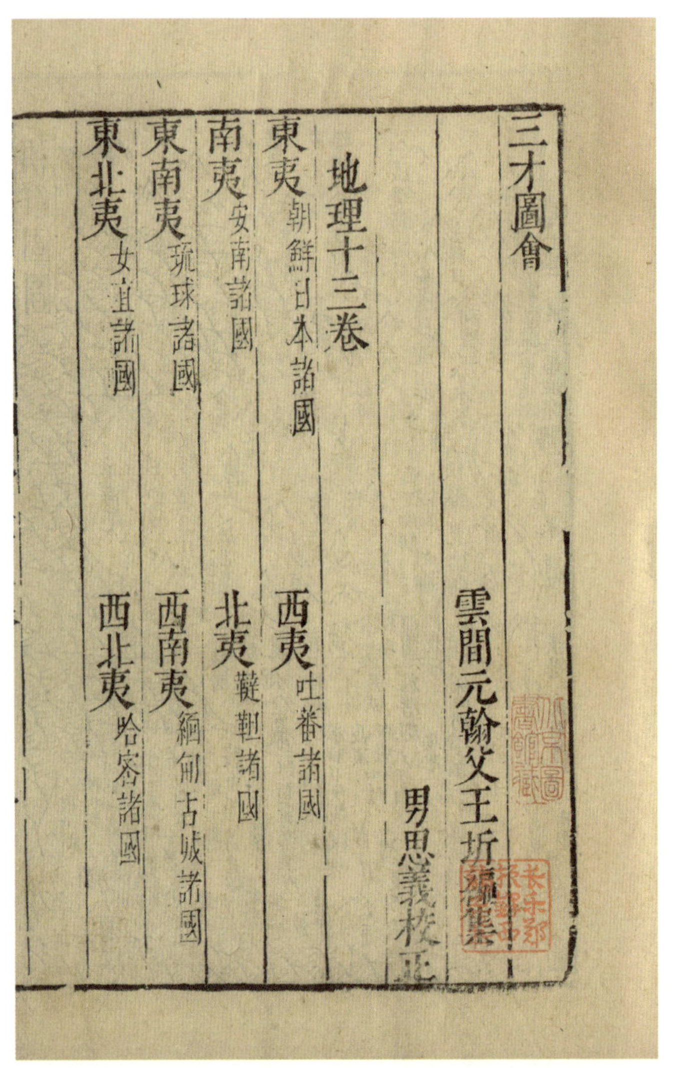

三才圖會　雲間元翰父王圻纂集

男思義校正

地理十三卷

東夷朝鮮日本諸國　西夷吐蕃諸國

南夷安南諸國　北夷韃靼諸國

東南夷琉球諸國　西南夷緬甸古城諸國

東北夷女直諸國　西北夷哈密諸國

《三才图会》地理十三卷

琉球国图

（明）王圻绘　明万历年间

《琉球国图》出自《三才图会》地理十三卷，是仿郑若曾《琉球国图》所绘。《三才图会》又名《三才图说》，成书于明万历三十五年（1607），共一百零八卷，是明代王圻及其儿子王思义撰写的百科式图录类书。王圻，字元翰，南京上海县（今上海市）人，嘉靖四十四年（1565）进士，历任清江知县、御史、开州知州、陕西布政参议等，是明代文献学家、藏书家。

所谓“三才”，即“天”“地”“人”。该书内容上自天文，下至地理，中及人物，共分十四门，每门之下分卷、条记事物。《琉球国图》将琉球国都城中的名胜景观及“福建往琉球”所经过的岛屿绘制在同一幅图中。图中所绘福建往琉球经彭家山，过钓鱼屿，至古米山，入马齿山，然后到琉球都城。

来源：国家图书馆

琉球國圖
彭胡島
高英嶼
黿鼊嶼
馬齒山
古米山
彭家山
釣魚嶼
雞籠嶼
花瓶嶼
小琉球
奉神殿
漏刻門
中山坊
天界等寺
硫黄山

《琉球国图》

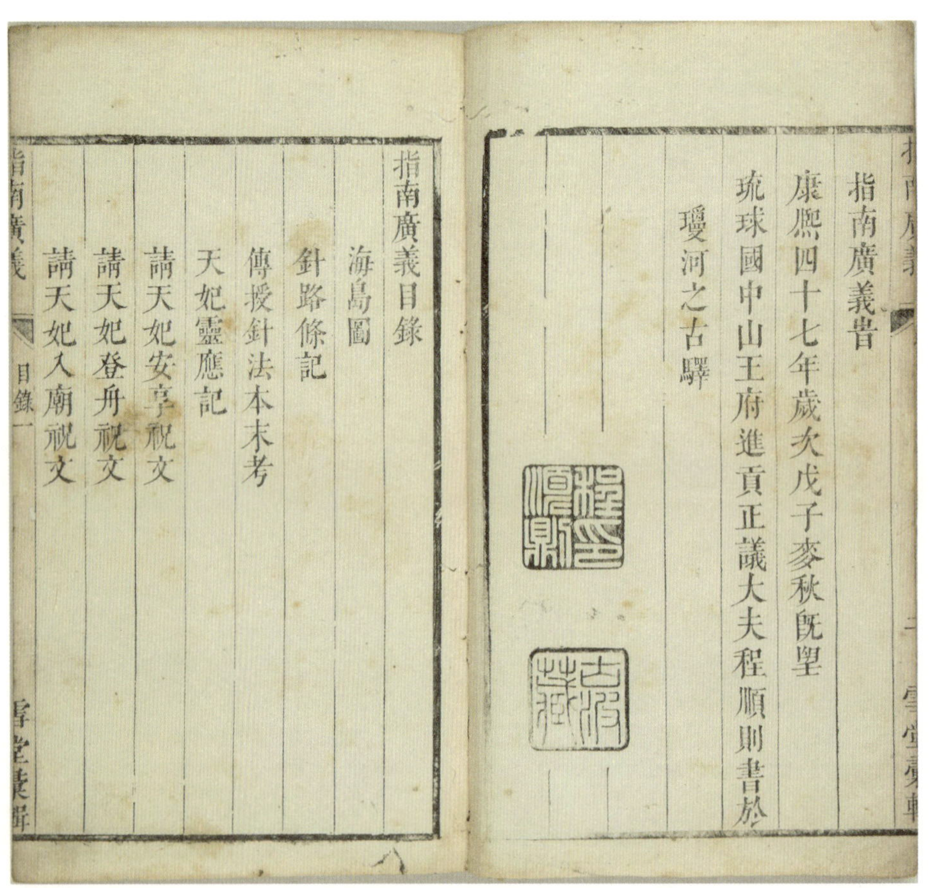
指南廣義書
康熙四十七年歲次戊子麥秋既望
琉球國中山王府進貢正議大夫程順則書於
璦河之古驛

指南廣義目錄
海島圖
針路條記
傳授針法本末考
天妃靈應記
請天妃安享祝文
請天妃登舟祝文
請天妃入廟祝文

指南廣義　目錄一

《指南广义》

海岛图

（琉球）程顺则编绘　1708 年

《海岛图》出自琉球著名学者程顺则于 1708 年编纂的《指南广义》。该书是依据闽人三十六姓后裔所留传的航海针路，结合历届册封使船舵手的实际经验，广泛参考各种天文气象、地理典籍等文献编纂而成。程顺则（1663—1735），字宠文，号念庵，琉球中山国人，精通汉文，是琉球著名的政治家、文学家、诗人和儒学大师。

书中的《海岛图》绘有钓鱼台、黄尾屿、赤尾屿，均为参照中国文献资料编成。更为重要的是，《海岛图》将钓鱼台、黄尾屿、赤尾屿连为一体，与古米山之间有一明显的分界线，而此条分界线与明清册封使录所载“黑水沟”位置相符。

来源：日本国立公文书馆

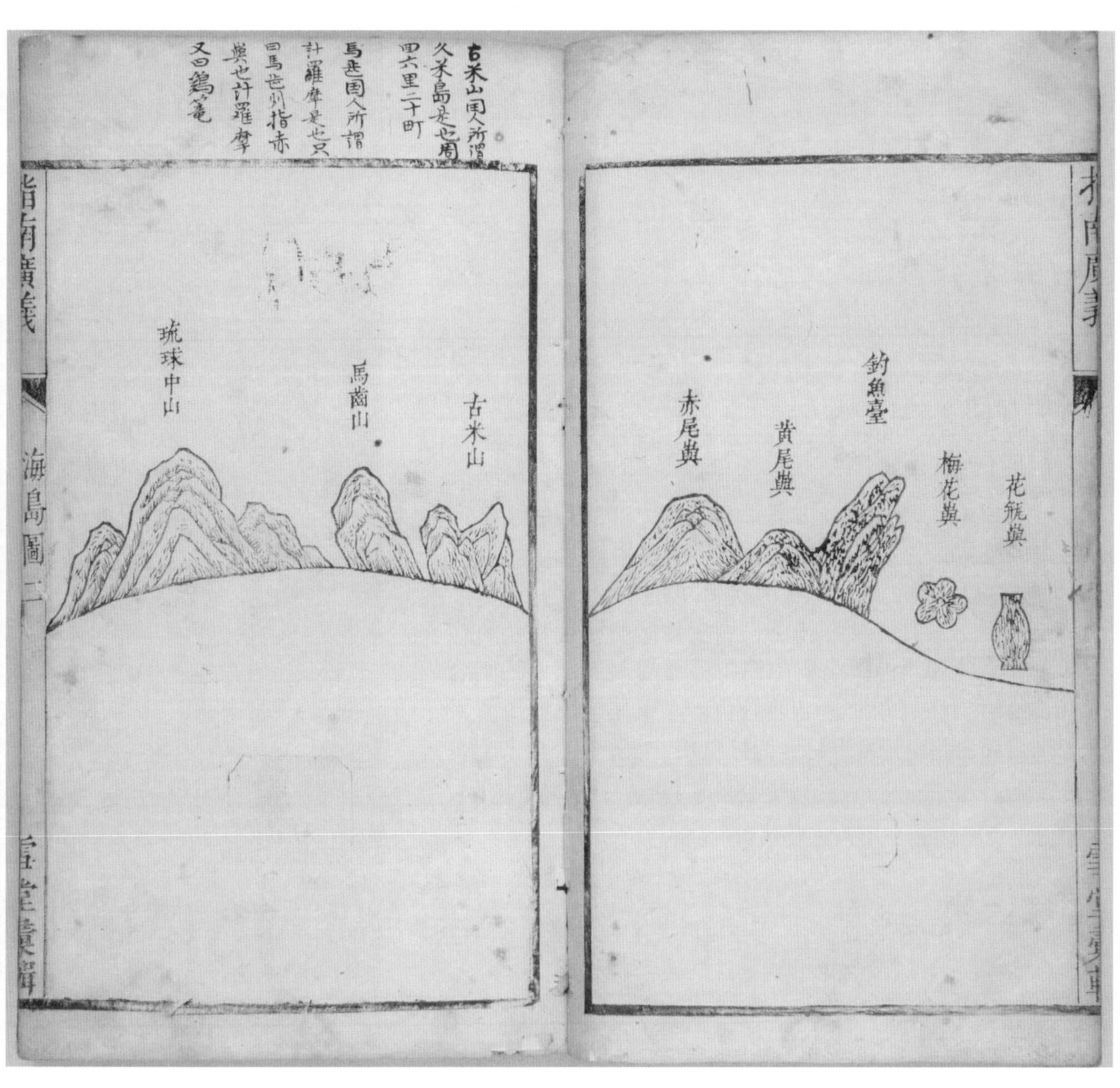
古米山閩人所謂
久米島是也周
四六里二十町
馬齒山閩人所謂
計羅摩是也只
曰馬齒則指赤
嶼也計羅摩
又曰鷄籠
指南廣義
海島圖
琉球中山
馬齒山
古米山
赤尾嶼
黄尾嶼
釣魚臺
梅花嶼
花瓶嶼

《海岛图》

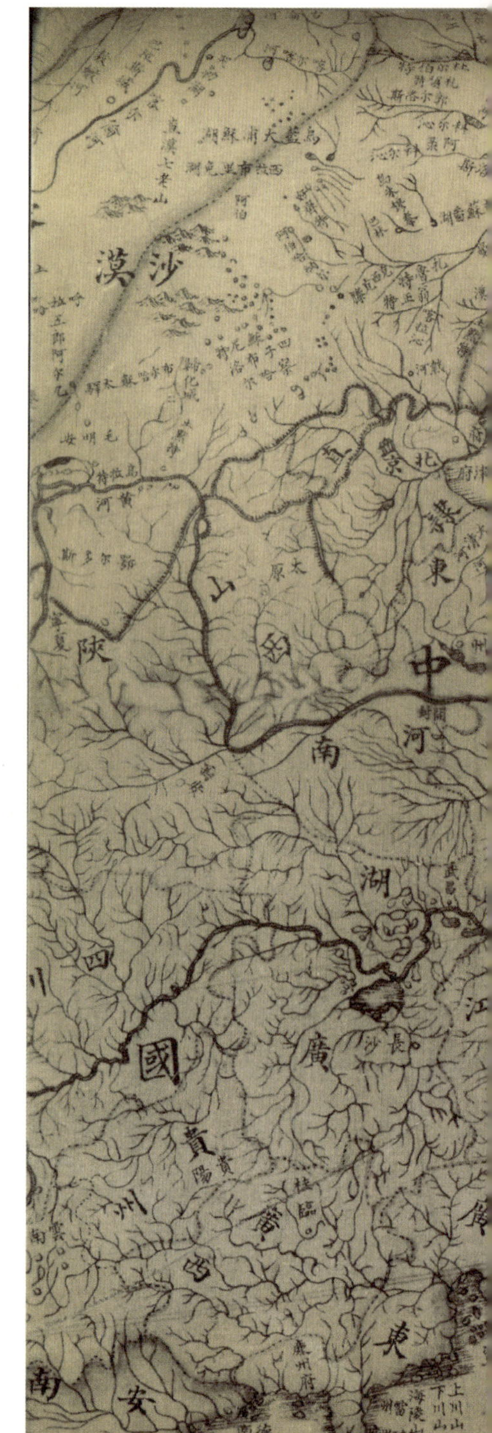

坤舆全图

（法）蒋友仁绘　清乾隆年间

《坤舆全图》初绘于清乾隆二十五年（1760），再绘于清乾隆三十二年（1767），是清政府委托法国耶稣会士蒋友仁绘制，现藏于中国第一历史档案馆。蒋友仁，法国耶稣会士，1744 年来华，曾参与圆明园若干建筑物的设计。此图为坤舆全图中的中国沿海局部图，其所绘台湾及附属岛屿东北诸岛的钓鱼屿、黄尾屿、赤尾屿，分别用福建闽南语发音标注为好鱼须、懽未须、车未须。

来源：国家图书馆藏鞠德源所著《日本窃土源流 钓鱼岛列屿主权辨》（下册）（首都师范大学出版社，2001）

《坤舆全图》（局部）

琉球三省并三十六岛之图

（日）林子平绘　日本天明四年（1785）

《琉球三省并三十六岛之图》出自日本人林子平绘制于天明四年（1785）的《三国通览图说》。林子平（はやし しへい），名友直，字子平，号六无斋主人，是江户时代后期擅长兵学、地理学的爱国主义思想家，也是著名的海防论者，著有《三国通览图说》、《海国兵谈》等。其《图说》共有五幅地图，《琉球三省并三十六岛之图》为纸本彩色绘制，地理方位与今日相同。图中所示西部为中国东南沿海各省，东部为琉球三十六岛屿图，东北部则为日本部分。在图的中部标绘了一条由琉球至福建南侧的针路，注有“花瓶山、彭佳山、钓鱼台、黄尾山、赤尾山”，“此海路四十更船，日本道二百四十里”字样。

来源：郑海麟先生提供

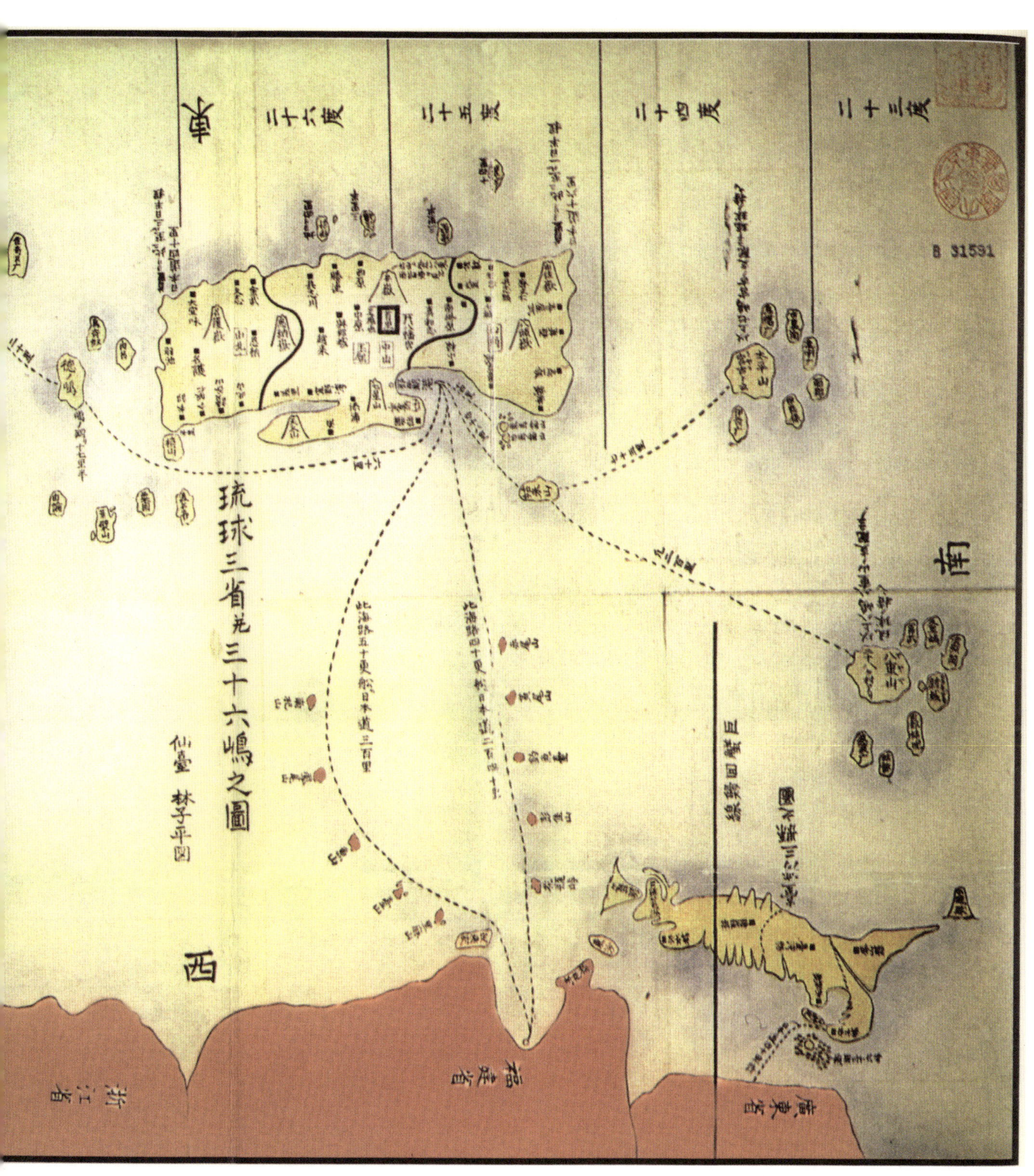

《琉球三省并三十六岛之图》

Map of the world on a globular projection: exhibiting particularly the nautical researches of Capn. James Cook, F.R.S. with all the recent discoveries to the present time

A. Arrowsmith London 1808

《世界地图》由 A. Arrowsmith 绘制，于 1808 年在伦敦出版，现藏于美国哈佛大学图书馆。该图参见了英国海军舰长詹姆斯·库克（James Cook）航海探险之航路以及 Alexander Dalrymple esqr. F.R.S 等很多前人的航海发现。原图尺寸为 97×185cm，比例为 1：15,000，000。

该图所绘东半球中国东南沿海及台湾附属岛屿东北诸岛包括有 Hao-yu-su（好鱼须，即钓鱼岛）、Hoan-oey-yu（懽未须，即黄尾屿）、Tche-oey-su（车未须，即赤尾屿）。其对这些岛屿的标注同于蒋友仁的《坤舆全图》，为福建闽南语发音。

来源：国家图书馆藏鞠德源所著《日本窃土源流 钓鱼岛列屿主权辨》（下册）（首都师范大学出版社，2001）

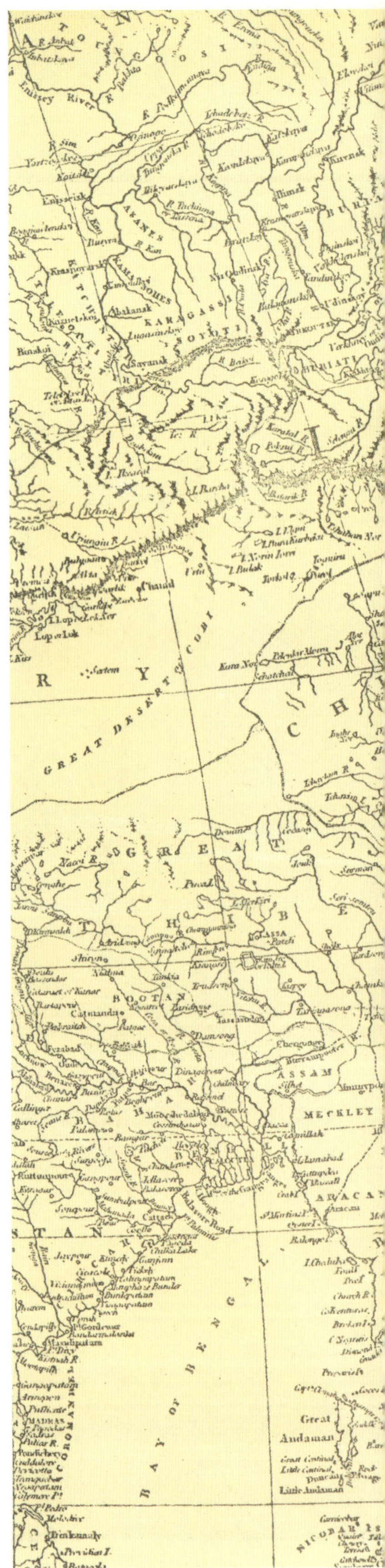

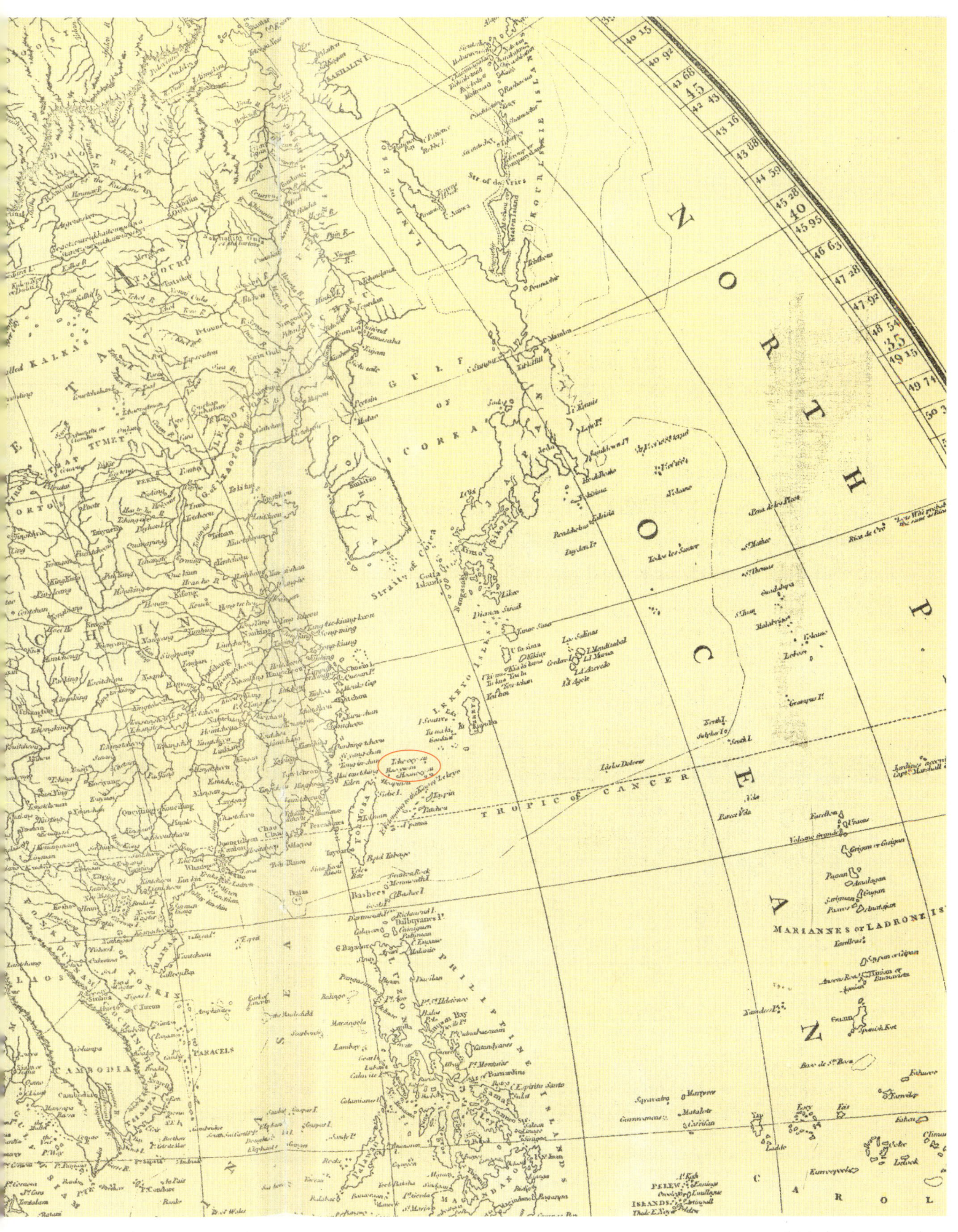
N O R T H P A C I F I C O C E A N
GULF OF COREA
COREA
Straits of Corea
TROPIC OF CANCER
FORMOSA
PHILIPPINE ISLANDS
MARIANNES OR LADRONE IS
PARACELS
CAMBODIA
LAOS
SIAM
PELEW ISLANDS

《世界地图》（局部）

China, divided into provinces

J. Russell 1801

《中国分省地图》（*China, divided into provinces*）由英国人J. Russell绘成于1801年，该图使用清晰的线条描绘了当时中国各省的地理区划，原图尺寸为40×46cm。

图中标注有Ponkio（即“彭佳屿”）、Hoa-pin-su（即“和平屿”）、Hoay-yu-su（即“钓鱼屿”）、Hoay-oey-su（即“黄尾屿”）、Tche-oey-su（即“赤尾屿”）。英国学者将上述岛屿绘入《中国分省地图》，证明了钓鱼岛属中国领有。

来源：国家图书馆

《中国分省地图》

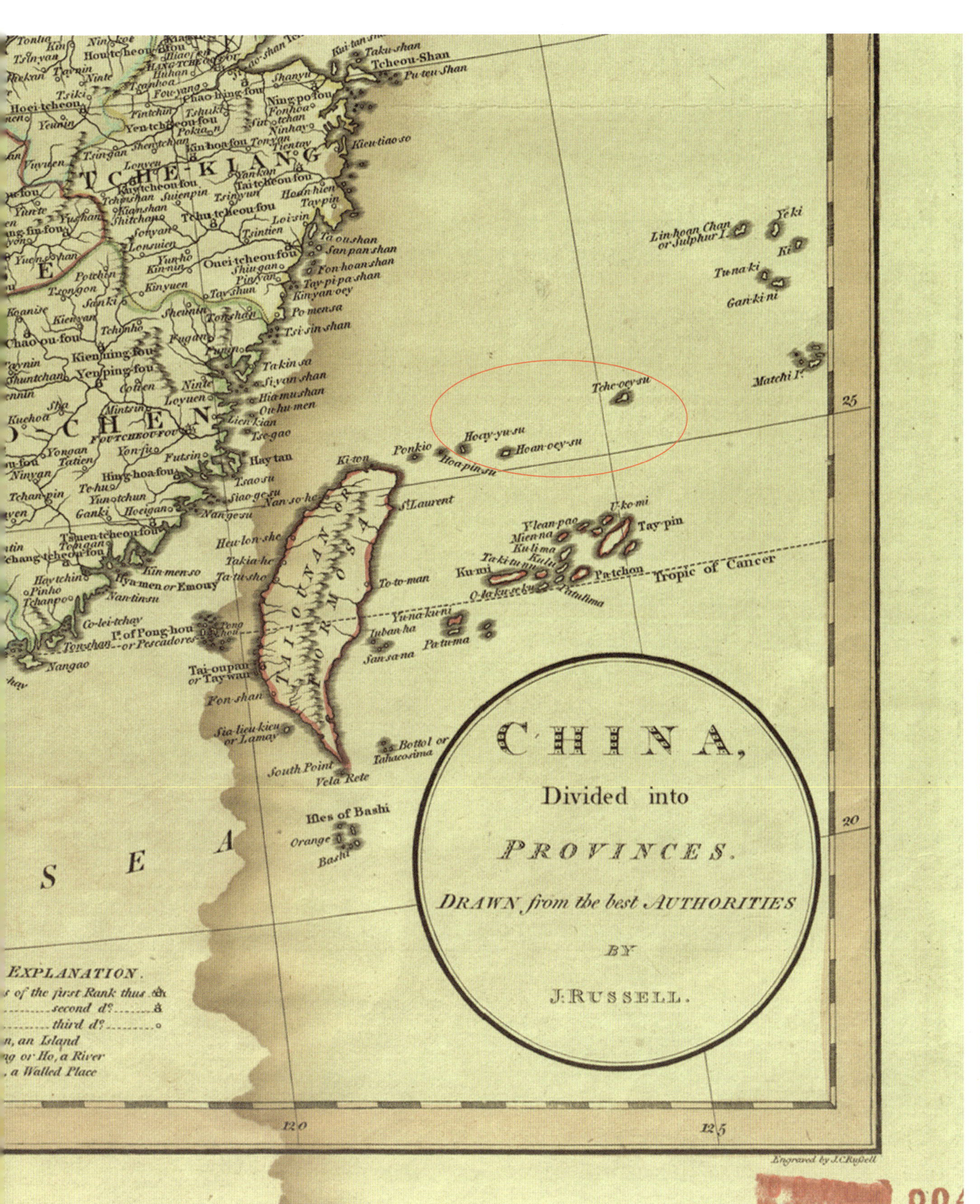

CHINA,
Divided into
PROVINCES.
DRAWN from the best AUTHORITIES
BY
J. RUSSELL.
Engraved by J.C.Russell
EXPLANATION.
Tcheou-Shan
Pu-teu-Shan
Kieu-tiao-so
TCHE-KIANG
Lin-hoan Chan or Sulphur I.
Yeki
Ki
Tu-na-ki
Gan-ki-ni
Matchi I.
Tche-oey-su
Hoay-yu-su
Hoan-oey-su
Ponkio
Hoa-pin-su
Ki-tou
St. Laurent
Tay-pin
Tropic of Cancer
Pa-tchon
Patulima
To-to-man
I. of Pong-hou or Pescadores
Tai-oupan or Tay-wan
Fon-shan
Sia-lieu-kieu or Lamay
South Point
Vela Rete
Bottol or Tabacosima
Isles of Bashi
Orange
Bashi
S E A
120
125
25
20

《中国分省地图》（局部）

A new map of China from the latest authorities

John Cary 1801

《最新中国地图》（*A new map of China*）由约翰·卡里（John Cary）绘制于1801年，为英国官定地图。约翰·卡里（1754-1835），英国制图家，他绘制的地图以清晰、朴实、准确度高而被后人所推崇。原图尺寸为47×52cm，比例为1:6,150,000。

图中沿台湾岛（Tai-ouan）东北方向由近及远依次可以看到标注清晰的Pon-kia（即"彭佳屿"）、Hoan-pin-su（即"和平屿"）、Hao-yu-su（即"钓鱼屿"）、Hoan-oey-su（即"黄尾屿"）以及Tshe-oey-su（即"赤尾屿"）等诸岛屿，且均以中国闽南方言命名。

来源：国家图书馆

《最新中国地图》

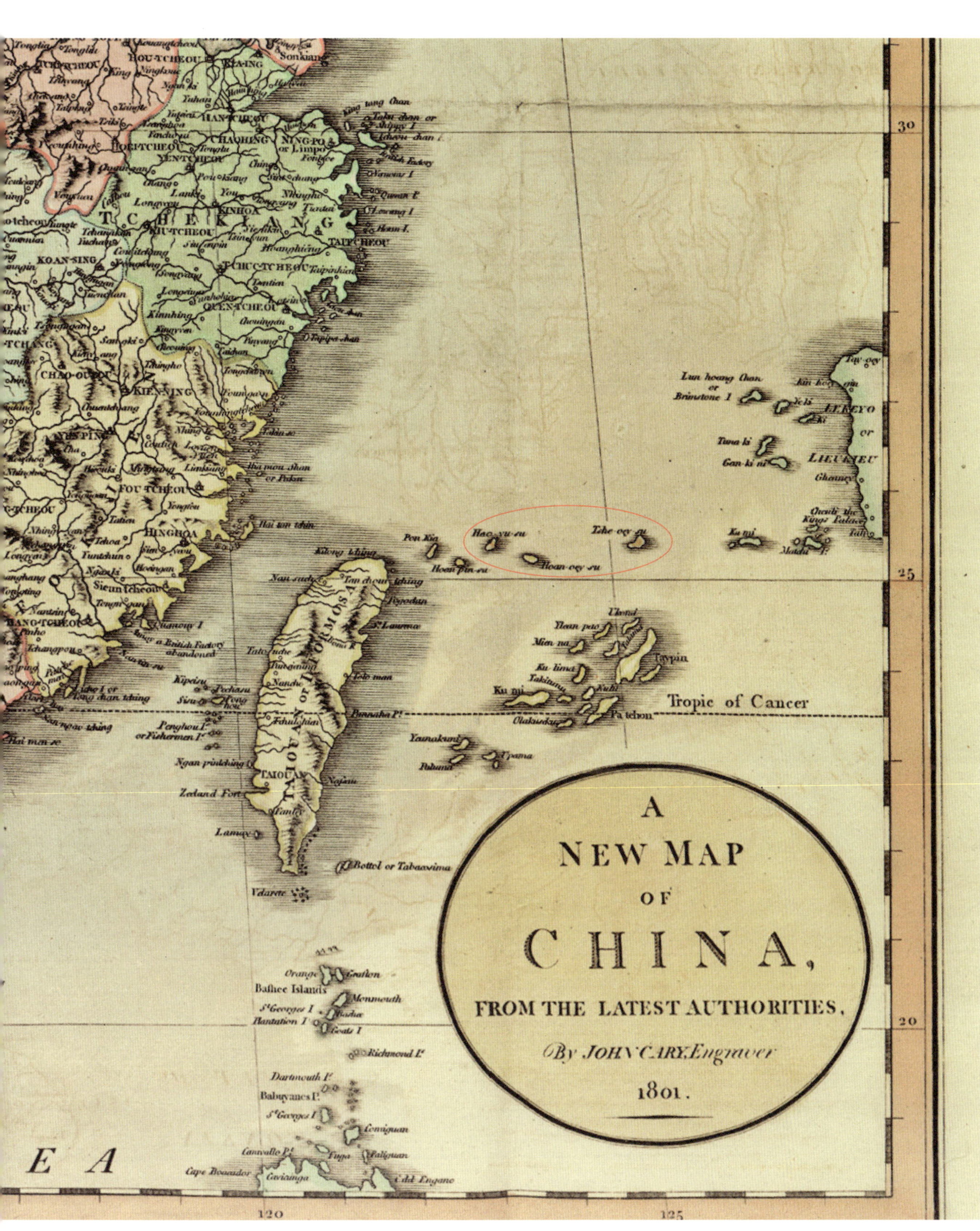
A
NEW MAP
OF
CHINA,
FROM THE LATEST AUTHORITIES,
By JOHN CARY, Engraver
1801.
Tropic of Cancer
Hoa-yu-su
Tche-oey-su
Hoan-oey-su
Pon Kia
FORMOSA
Bashee Islands

《最新中国地图》（局部）

Carte des iles Formose, madjicosemah et Lieu-kieu, avec une partie de la Chine, des Philippines et du Japon

Pieter Lapié France 1809

《东中国海沿岸各国图》（*Carte des iles Formose, madjicosemah et Lieu-kieu, avec une partie de la Chine, des Philippines et du Japon*）由皮耶•拉比（Pieter Lapil）绘于1809年。皮耶•拉比，法国地理学家，曾被任命为国王的首席地理顾问、地理资料室主任，后晋升至上校。此图以台湾为中心，所绘范围包括华南、吕宋北部，台湾、琉球列岛，以及日本九州岛，详细地标示了台湾岛内的地名、河川。该图台湾东北方绘有钓鱼屿等岛屿。

来源：国家图书馆藏许雪姬等所著《先民的足迹：古地图话台湾沧桑史》（台北：南天书局，1991）

Longitude du Méridien de Paris.
MER ORIENTALE
ou
TONG HAI
JAPON
ILES LIEU-KIEU
Grande Likeujo
ou
Lieu-kieu
ILES MADJICOSEMAH
TAIOUAN
ou
ILE FORMOSE
Canal de Formose
Tropique du Cancer
OCÉAN PACIFIQUE
ILES BASHÉES
ILES PHILIPPINES
LUZON
KIANGNAN
TCHEKIANG
FOKIEN
CHINE
CARTE
DES ÎLES FORMOSE,
MADJICOSEMAH et LIEU-KIEU,
avec une partie
DE LA CHINE, DES PHILIPPINES ET DU JAPON,
Par P. LAPIE, Géographe.
1809.
ECHELLES

《东中国海沿岸各国图》

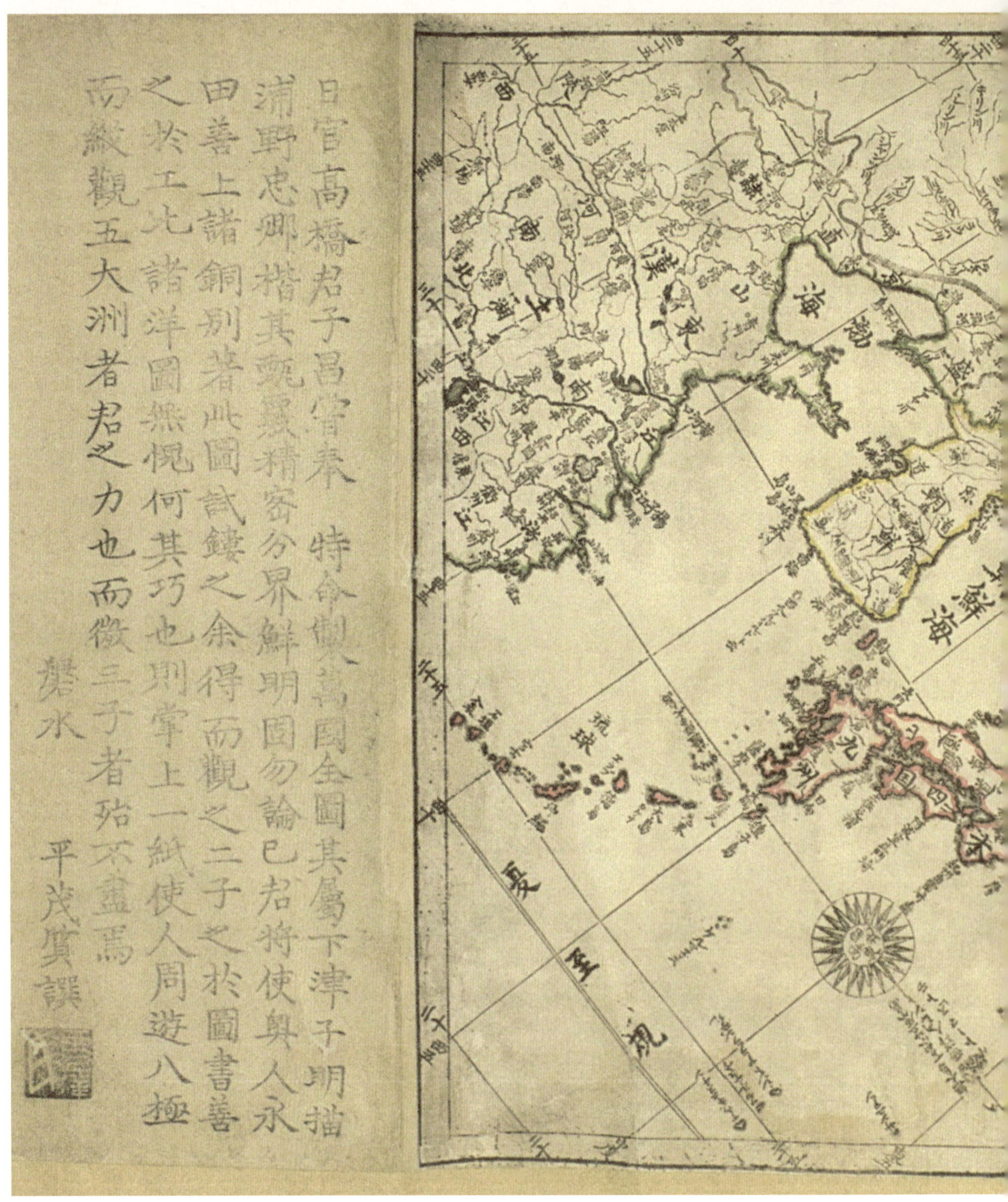

日本邊界略圖

（日）高桥景保绘　日本文化六年（1809）

《日本边界略图》（《日本邊界略圖》）由高桥景保于日本文化六年（1809）绘制。高桥景保（1785—1829），日本江户时代后期的天文学者，文化七年（1810）制作完成《新订万国全图》。他曾监督并全方位援助地理学家伊能忠敬的全国测量事业。伊能忠敬

《日本边界略图》

去世后，高桥景保在其实际测量的基础上，完成了《大日本沿海舆地全图》。

《日本边界略图》将琉球国绘入其中，在琉球国属岛内只绘出了宫古、石垣、入表，不包括钓鱼岛等岛屿。

来源：日本明治大学附属图书馆

China

Thomson John & Co. 1817

《中国地图》（*China*）收录于《新通用地图集》（*A New General Atlas*），由苏格兰制图大师约翰•汤姆逊（Thomson John）手绘而成，初由 R. Scott 刻绘于 1815 年。该图镌刻精美，色彩鲜艳，精细的刻线准确呈现了当时中国的城镇、城市和主要的地形特征，是 19 世纪英式制图艺术的优秀作品。

该图在台湾东北部，清晰明确地标注有 Ponkio（即“彭佳屿”）、Hoa-pin-su（即“和平屿”）、Tiao-yu-su（即“钓鱼屿”）等，可见，钓鱼岛作为台湾附属岛屿的事实得到了外国制图家的认可。

来源：国家图书馆

CHINA
CHINESE TARTARY
TIBET
BAY OF NANKIN
CHINESE SEA
PHILIPPINE ISLANDS
LUZON
REFERENCES
Longitude East 110 from Greenwich

《中国地图》

Carte de la Chine et du Japon

Tardieu Ambroise 1821

《中国和日本地图》（*Carte de la Chine et du Japon*）由法国人 Tardieu Ambroise 绘制于 1821 年，原图尺寸为 41×57cm。

该图明确记载了当时中日两国的领土界限。图中台湾东北方向标注有 I. Hoapinesou（即“和平屿”）和 I. Tiaoysou（即“钓鱼屿”），且着色与中国大陆一致，清楚地表明其属于中国领土。

来源：国家图书馆

CARTE
DE LA
CHINE ET DU JAPON
Dressée pour l'intelligence de l'Histoire
générale des Voyages de Labarpe,
PAR AMBROISE TARDIEU
1821
Lieues communes de France de 25 au Degré
Milles Marins de 60 au Degré
MER DU JAPON
GRAND OCÉAN
ILES DU JAPON
MER DU SUD
MER JAUNE
HOAN-HAI
OU
MER DE CHINE
ILES LIEOU-TCHEOU
Grande Lieou-tcheou
ILES MADJICOSIMA
I. FORMOSE
Promontoire de Chanetou
CANAL DE CORÉE
Détroit de Van Diemen
Détroit de Hainane
I. Luçon
Iles Bachi
Iles Babouyanes
CANTON
00582

《中国和日本地图》

A new map of China, from the latest authorities

London John Cary 1825

《新中国地图》（*A new map of China*, *from the latest authorities*）由约翰·卡里（John Cary）绘制于 1825 年，是英国官定的地图，原图尺寸为 46×51cm。

与其 1801 年所绘制的《最新中国地图》一致，台湾东北方向绘有 Pon-kia(即“彭佳屿”)、Hoan-pin-su(即“和平屿”)、Hao-yu-su(即“钓鱼屿”)、Hoan-oey-su(即“黄尾屿”)四岛名称，稍远处还绘有 Tshe-oey-su(即“赤尾屿”)。上述各岛屿命名完全为闽南语发音，表明其隶属于中国。

来源：国家图书馆

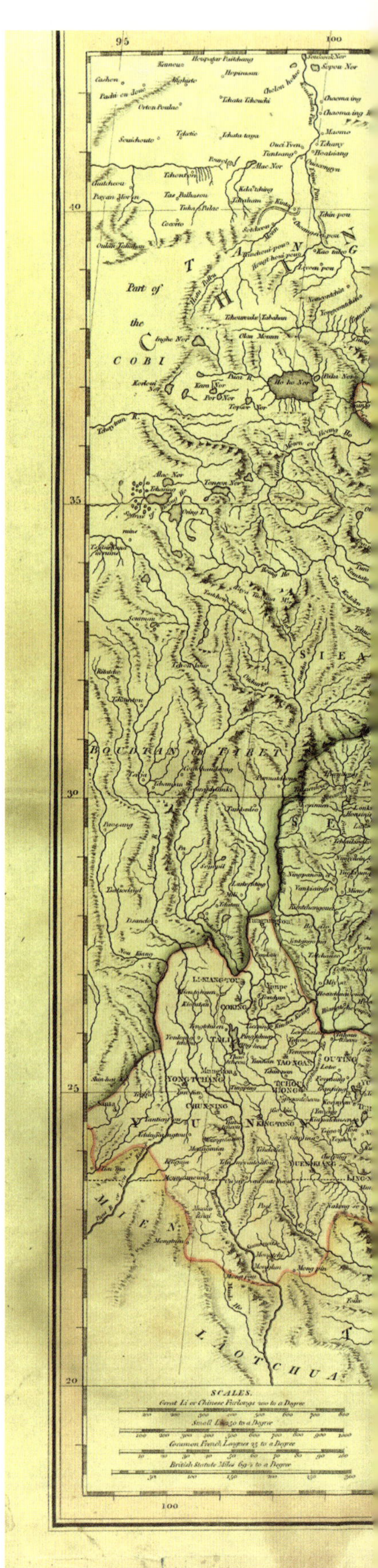

A
NEW MAP
OF
CHINA,
FROM THE LATEST AUTHORITIES.
By JOHN CARY, Engraver
1825.
GULF OF LEAOTONG
HOANG HAY
or Yellow Sea
BAY OF NANKING
CHINA SEA
Tropic of Cancer
NATIONAL LIBRARY OF PEPING
PEPING, CHINA.

《新中国地图》

China

Alexander Findlay, Published by Thomas Kelly About 1833

《中国地图》（*China*）出自1833年左右出版的《全套通用英语词典》（*A complete and universal English dictionary on a new plan*）。该词典由18世纪苏格兰人詹姆斯·巴莱克（James Barclay）编制，初版于1774年，此后至1851年间至少再版24次。书中所附《中国地图》由Alexander Findlay绘制，Thomas Kelly在伦敦出版，原图尺寸为19×24cm，比例为1:15,000,000。图中在中国东海海域、台湾东北部有岛屿标有“Tiaoyu-su”，采用了中国闽南语的发音。

来源：国家图书馆

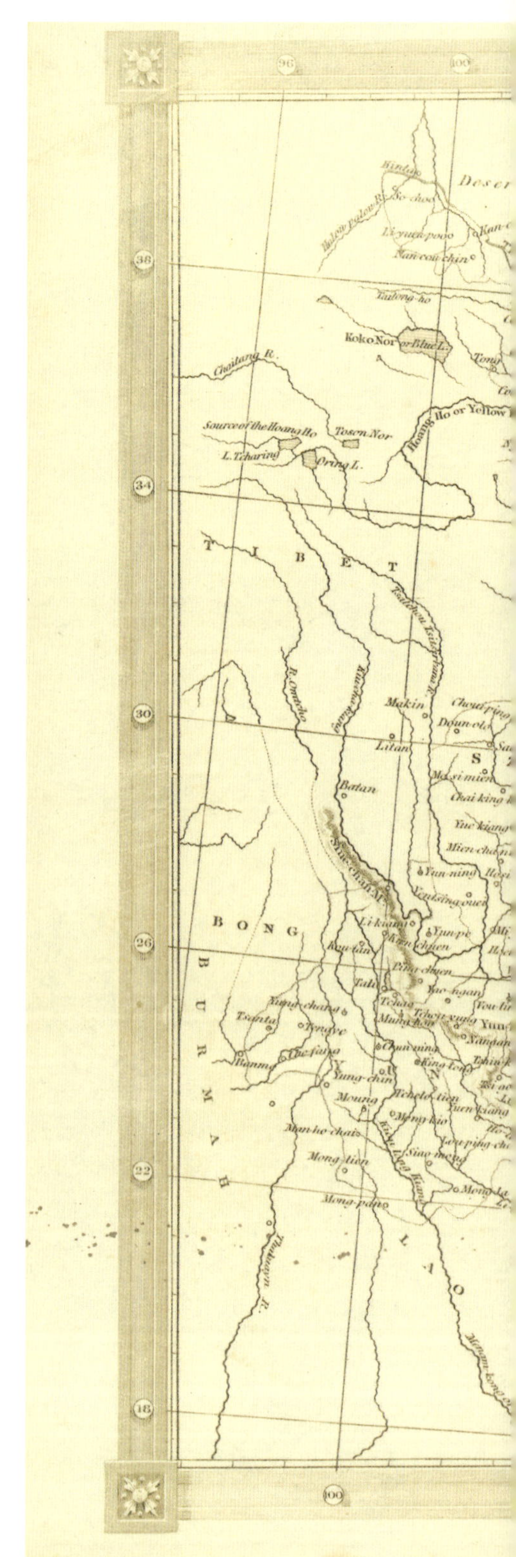

《中国地图》

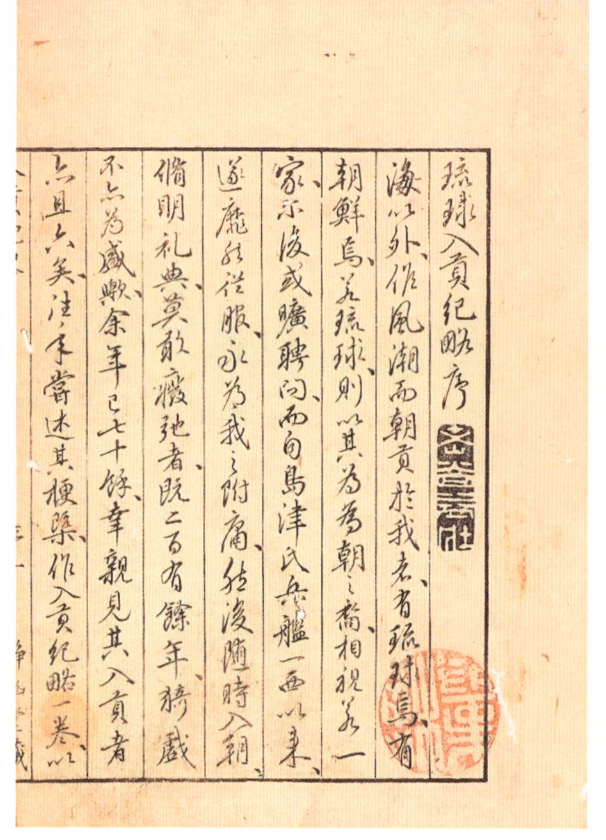
琉球入貢紀略序
海以外作風潮而朝貢於我者琉球島有
朝鮮焉若琉球則以其為為朝之裔相視若一
家示後或職聘問而自島津氏無艦一西以来
遂庶然従服永為我之附庸然後随時入朝
備明礼典莫敢擅弛者既二百有餘年於戯
不亦為盛歟余年已七十餘幸親見其入貢者
六且六矣注手嘗述其梗槩作入貢紀略一巻以

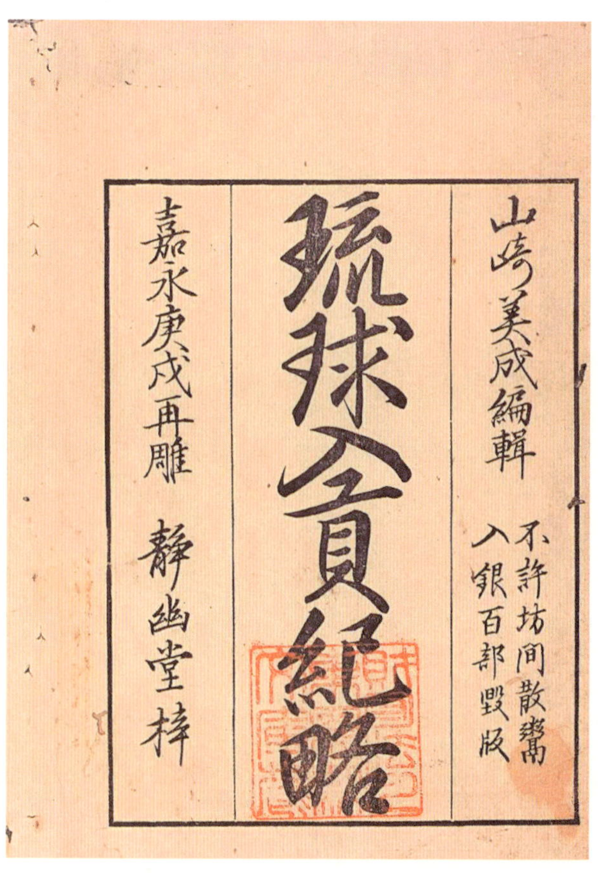
山崎美成編輯
不許坊間散鬻 入銀百部毀版
琉球入貢紀略
嘉永庚戌再雕
静幽堂梓

《琉球入贡纪略》

三十六島の圖

（日）山崎美成绘　日本嘉永三年（1850）

《三十六岛之图》（《三十六島の圖》）出自山崎美成所著《琉球入贡纪略》。该书初刻于天保三年（1832），再刻于嘉永三年（1850）。山崎美成（1796—1856），号好问堂、北峰，师从于国学家小山田与清，江户时期散文家。《三十六岛之图》沿用了林子平《琉球三省并三十六岛之图》的画法，除了标明琉球所辖三十六岛外，在图的中部也标示了一条由琉球至福建的针路，可见“花瓶山”“彭佳山”“钓鱼台”“黄尾山”“赤尾山”等。

来源：冲绳县立图书馆

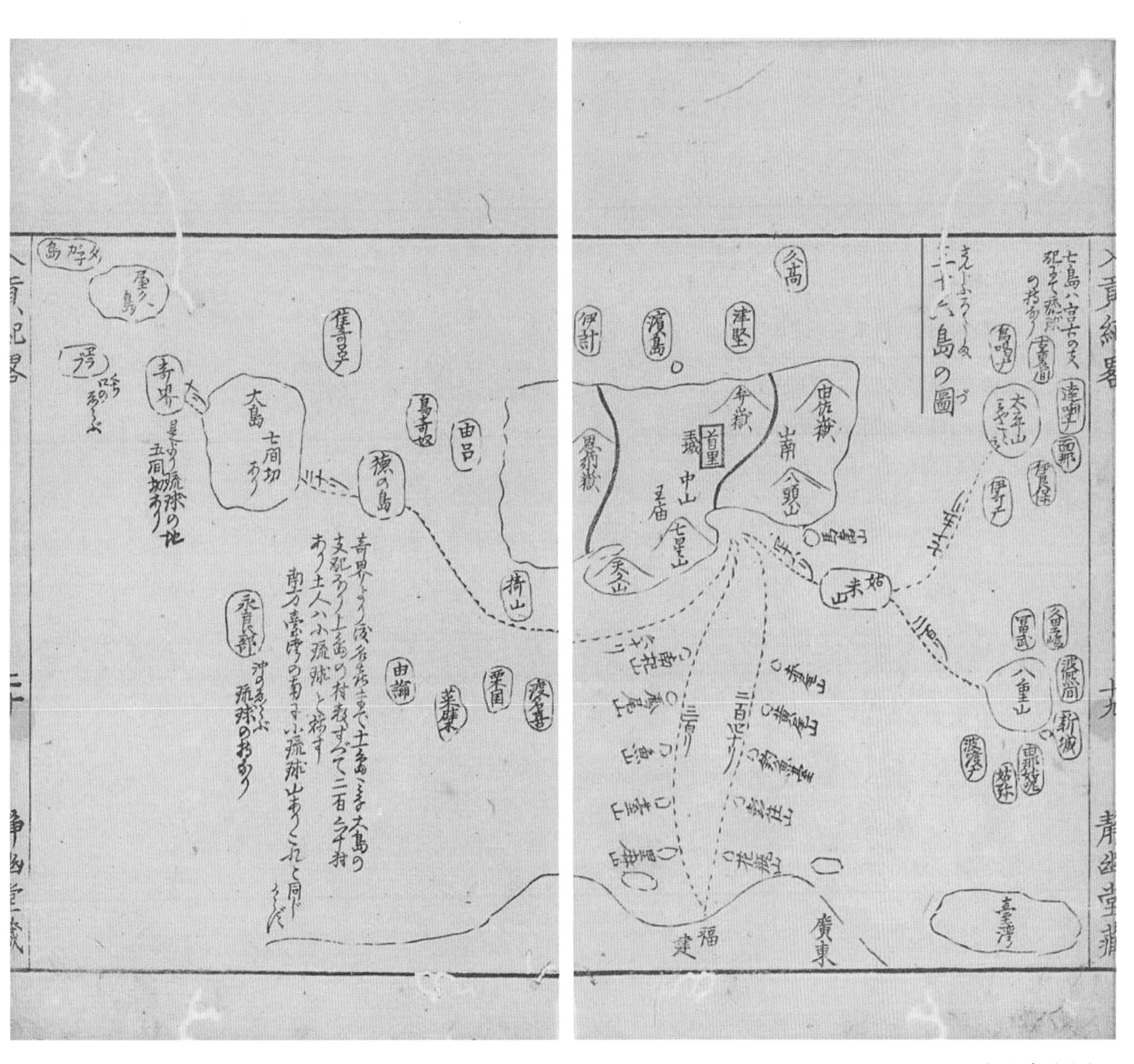

《三十六岛之图》

琉球國圖

（日）山崎美成绘　日本嘉永三年（1850）

《琉球国图》（《琉球國圖》）同样出自山崎美成的《琉球入贡纪略》，图中西南标注了久米、那霸等，未见钓鱼岛等岛屿。

来源：冲绳县立图书馆

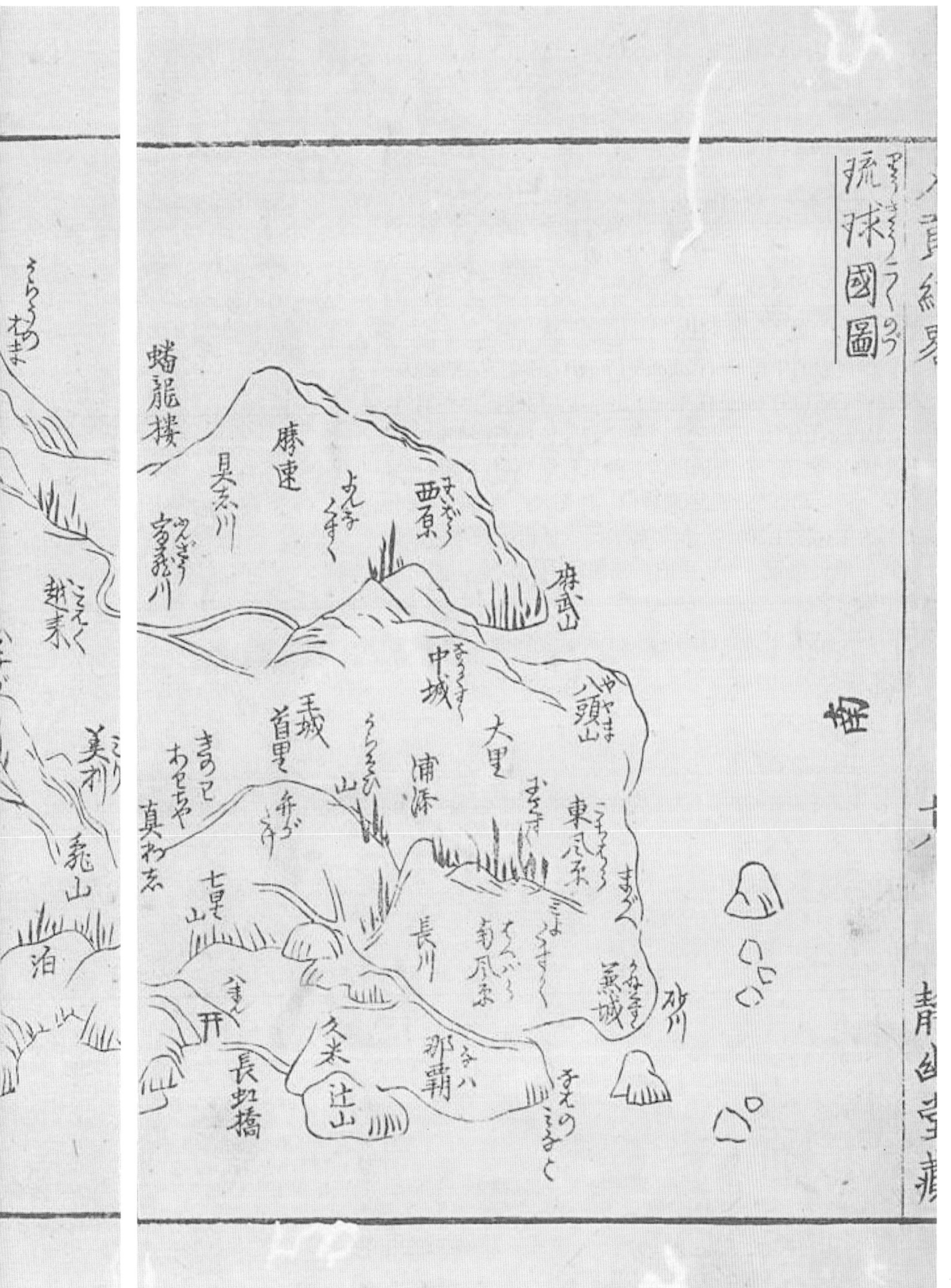
琉球國圖
蟠龍樓
勝連
西原
中城
八頭山
大里
浦添
王城
首里
真和志
東風平
長川
兼城
七星山
那覇
久米
辻山
長虹橋
越來
美利
龜山
泊
南

《琉球国图》

Colton's China

J.H Colton New York 1859

《柯顿的中国》（*Colton's China*）由美国人约瑟夫·哈金·柯顿（J.H Colton）绘制，出自于《柯顿的世界地图》（*Colton's Atlas of the World*）第二卷。该地图详细标识了各个城市、城镇、河流、沙漠等各种地形细节；并且用粉色、绿色、黄色和红色区分不同省份。原图尺寸为 34×41cm，比例为 1:10,771,200。《柯顿的中国》标出了钓鱼屿、黄尾屿的地理位置，并且用的是福建闽南语发音，即用的是中国命名。

来源：国家图书馆藏许雪姬等所著《先民的足迹：古地图话台湾沧桑史》（台北：南天书局，1991）

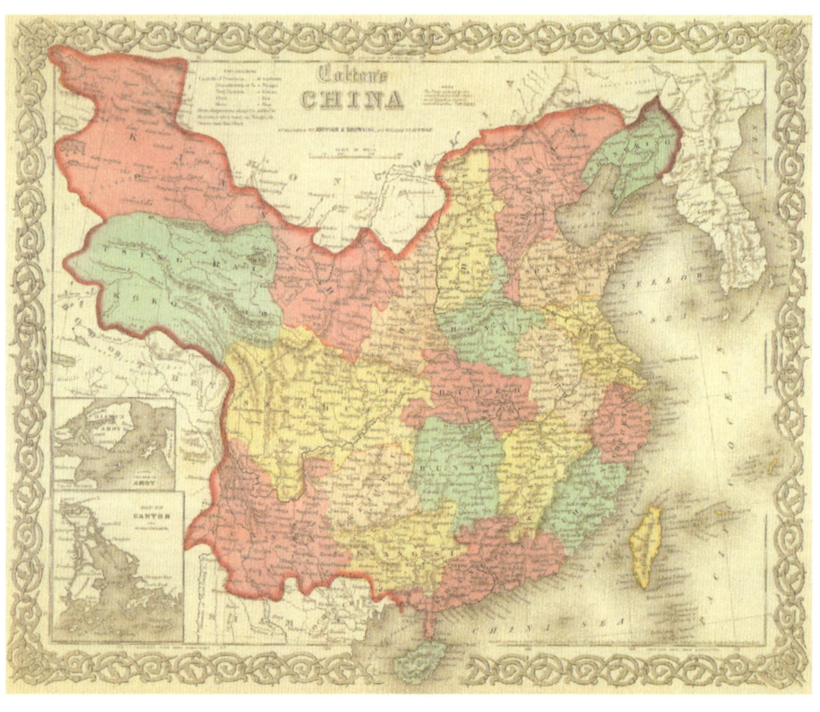

《柯顿的中国》

Chusan
Archipelago
NING PO
Ninghai
Kinhwa
Montague
Kuchau
Chuchau
Sampan I.
Wanchau
FUHCHAU
North Cape
Taiyu su
Hwapin san
North E. Cape
Tanshwui
MADJICOSIMAH
ISLANDS
Typing san
Pa chung san
FORMOSA
Panghu Is.
TAEWAN
Fungshan
South Pt
Bashee Channel
Dampier I.
Batanes or Bashee Is.
Balintang Channel
Babuyan Is.
LEW CHEW
S E A
P A C I F I C O C E A N
J. H. Colton & Co. in the Clerks Office of the District Court of the United States for the Southern District of New York
163
LONGITUDE WEST FROM WASHINGTON.
158
30
20

《柯顿的中国》（局部）

皇朝中外一统舆图 三十一卷

（清）胡林翼、严树森主持　邹世诒、晏启镇编绘　清同治二年（1863）

《皇朝中外一统舆图》，又名《大清一统舆图》，共三十一卷，是一部全国地图册。主要依据康熙年间的《皇舆全览图》与《乾隆内府舆图》改绘。

邹世诒（1838—1908），字子翼，湖南新化人，出身舆图世家，有丰富的制图经验。本地图册采用《皇朝一统舆地全图》的绘法，将经纬网格与传统的计里画方技术融于一体。图册采用书本形式，冠以总图，以南北400里（纬度差2）为一卷。在地图册中，清楚地标示出姑米山为琉球国界，而钓鱼屿、黄尾屿、赤尾屿则归中国版图一侧。

来源：国家图书馆

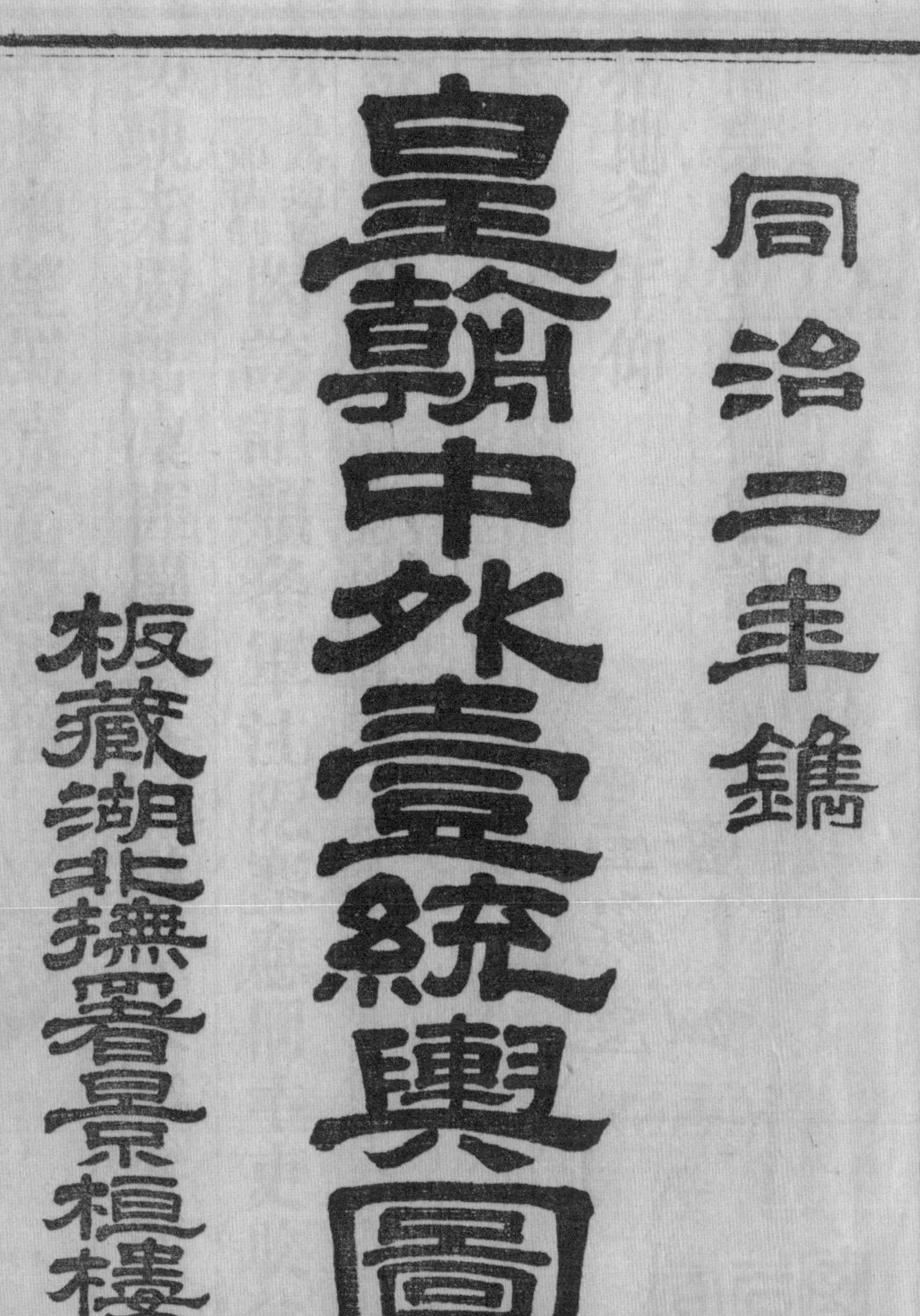
同治二年鐫

皇朝中外壹統輿圖

板藏湖北撫署景桓樓

《皇朝中外一统舆图》

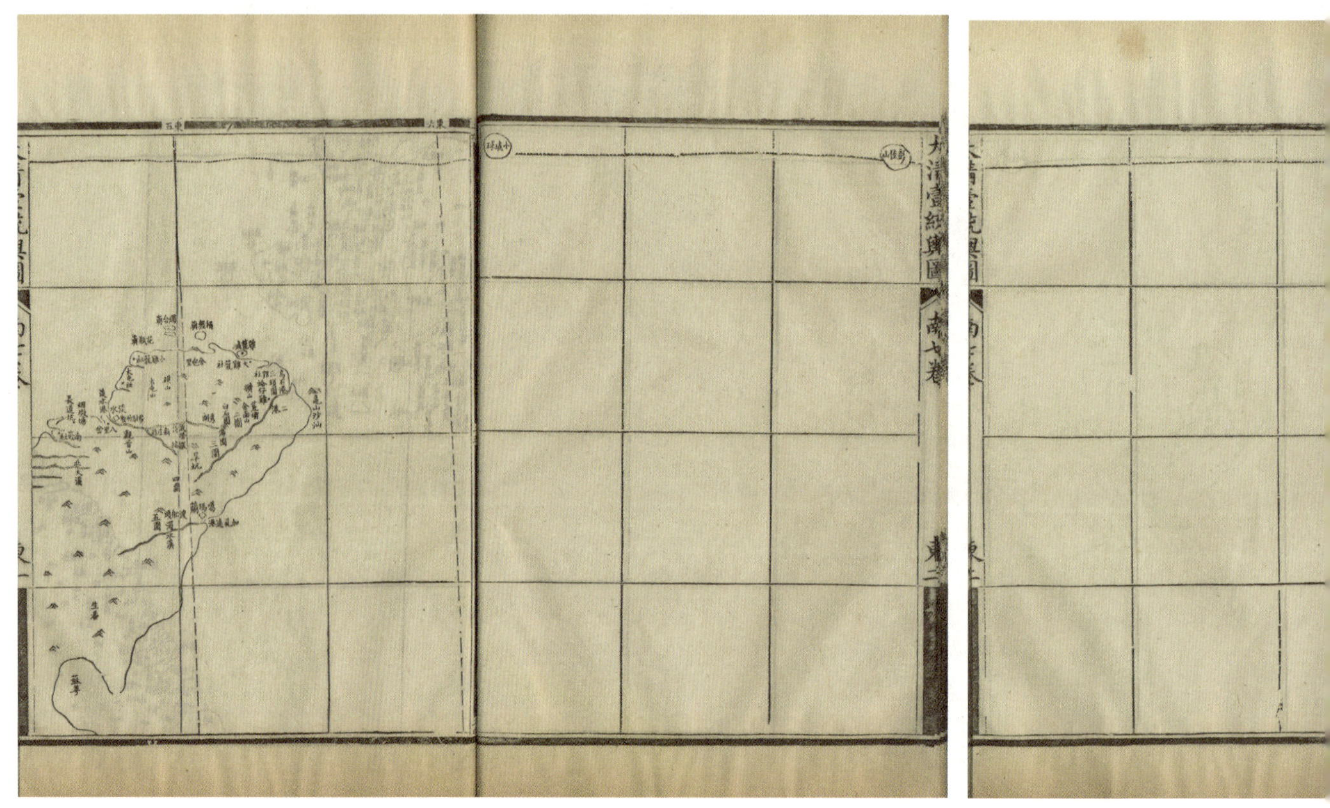
大清壹統輿圖
南七卷
東二

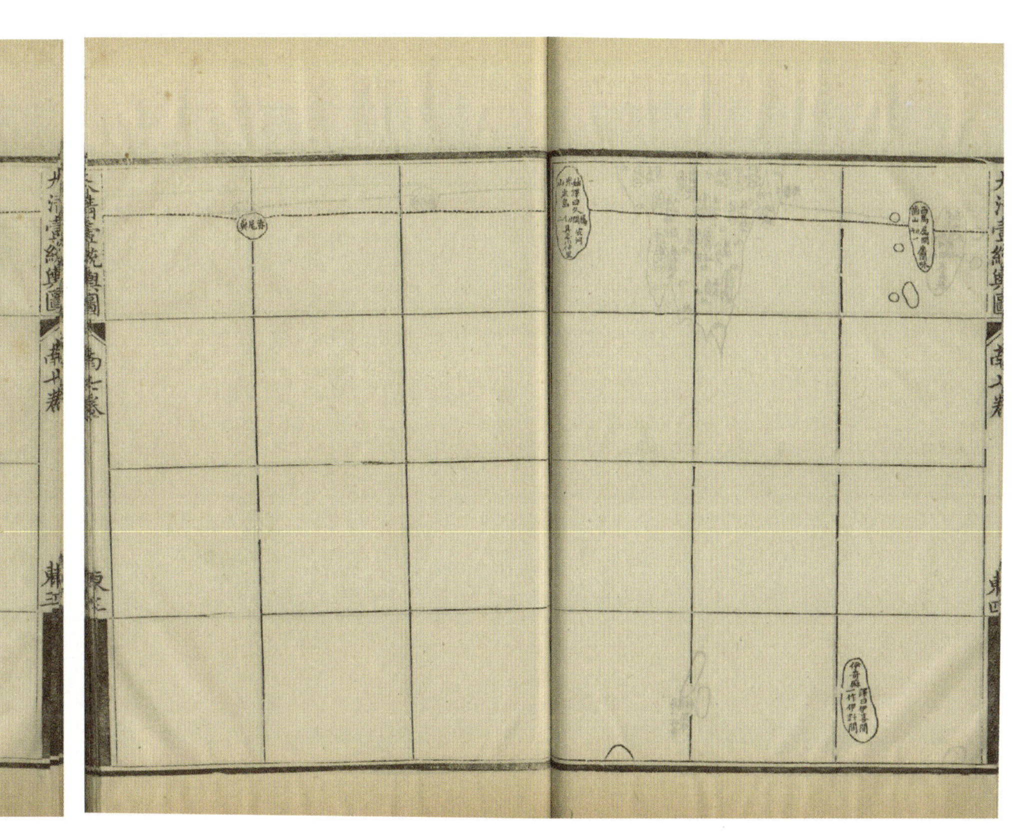

《皇朝中外一统舆图》南七卷（局部）

琉球群島之圖

（日）大日本海军水路寮（局）绘 日本明治六年（1873）

《琉球群岛之图》（《琉球群島之圖》）出自《大日本海岸实测图》（《大日本海岸実測図》）。该书收录了截止明治十二年(1879)所测量的海图。明治四年(1871)兵部省海军部水路局在东京筑地成立。同年，柳楢悦对北海道、东北沿岸各港口实施了测量。海图的一角标注有经度、纬度、潮水涨落之差、测量者姓名等。柳楢悦(1832—1891)，数学家、测量学家、政治家、海军少将，曾任元老院议官、贵族院议员。

《琉球群岛之图》是该书第三十四号图，由美国人1855年绘制，1867年由英国人订正，1873年由日本调查再次修正后出版。该图是美、英、日三国共同测绘的日本官方军用地图，具有相当的权威性。原图尺寸106×69cm。图中左上印有庆良间海峡图、运天港之图、濑底港图，右下印有那霸港图。该图所绘琉球群岛并不包括钓鱼岛及其附属岛屿。

来源：日本国立公文书馆

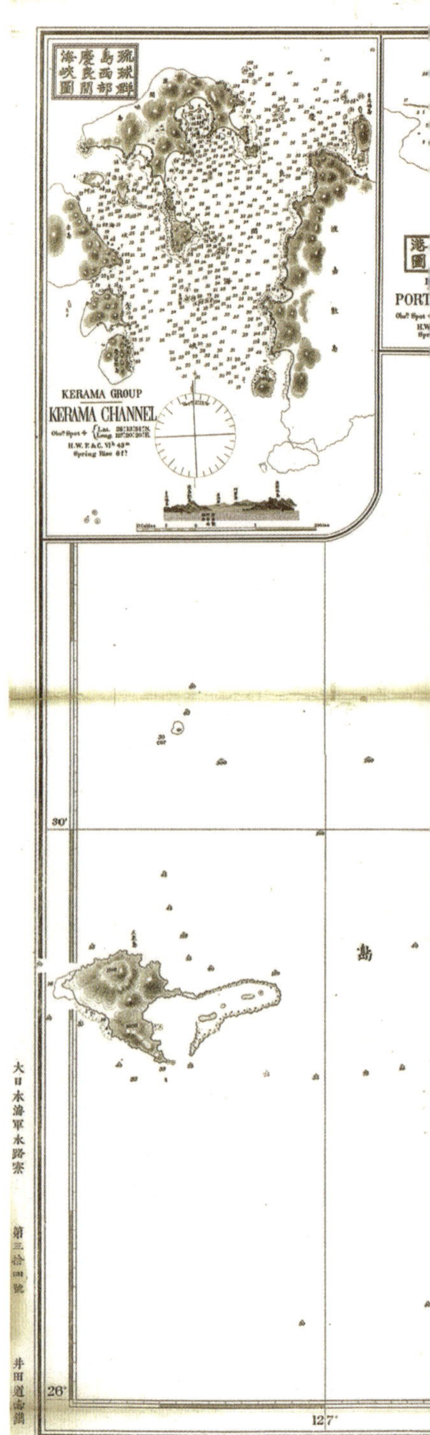

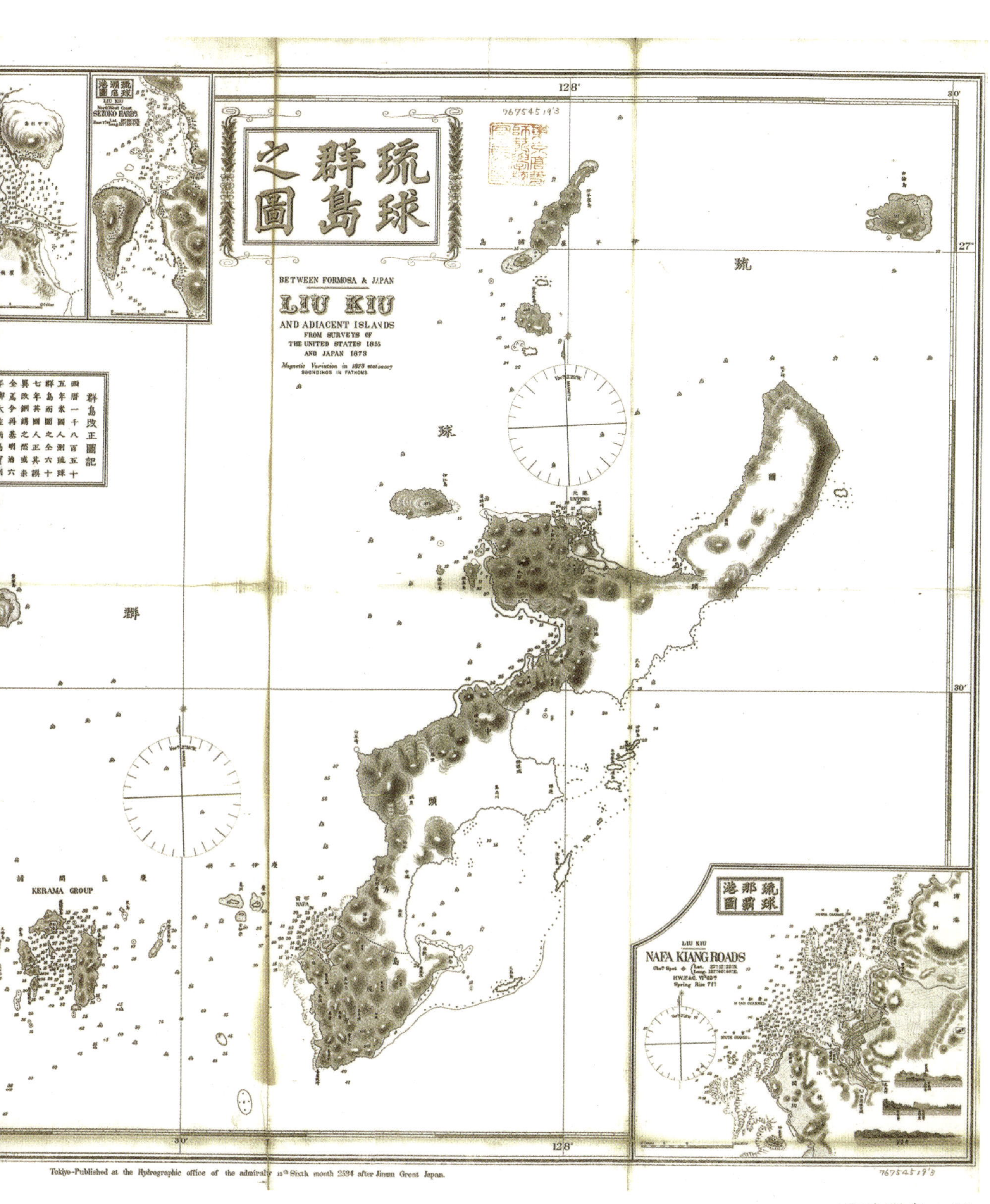
琉球群島之圖
BETWEEN FORMOSA & JAPAN
LIU KIU
AND ADJACENT ISLANDS
FROM SURVEYS OF
THE UNITED STATES 1855
AND JAPAN 1873
SOUNDINGS IN FATHOMS
LIU KIU
SEZOKO HARBR
KERAMA GROUP
琉球那覇港圖
LIU KIU
NAFA KIANG ROADS
128°
27°
30′
Tokiyo-Published at the Hydrographic office of the admiralty 11th Sixth month 2534 after Jinmu Great Japan.

《琉球群岛之图》

铜刻琉球诸島全圖

（日）大槻文彦绘 日本明治六年（1873）

《铜刻琉球诸岛全图》（《銅刻琉球諸島全圖》）为大槻文彦于明治六年（1873）所著的《琉球新志》（《琉球新誌》）附图，原图尺寸为40×47cm。

大槻文彦（1847—1928），日本国语学者、明六社会员、帝国学士院会员。本名清复，通称复三郎，号复轩，出生于江户，因编写了日本首部近代国语辞典《言海》而知名，曾任宫城师范学校校长、国语调查委员会主任委员等。

《琉球诸岛全图》以北部诸岛、中部诸岛、南部诸岛、冲绳岛全图、大岛及近旁诸岛、八重山、宫古岛等分图绘制。在中部诸岛绘有姑米山以及计罗摩岛左上方的赤岛，未见钓鱼岛等岛屿。图中所绘赤岛，从《琉球新志》对各岛屿所处地理环境以及其所处位置的说明来看，此赤岛应为计罗摩岛（即庆良间诸岛）属岛，与中国台湾附属岛屿无关。

来源：冲绳县立图书馆

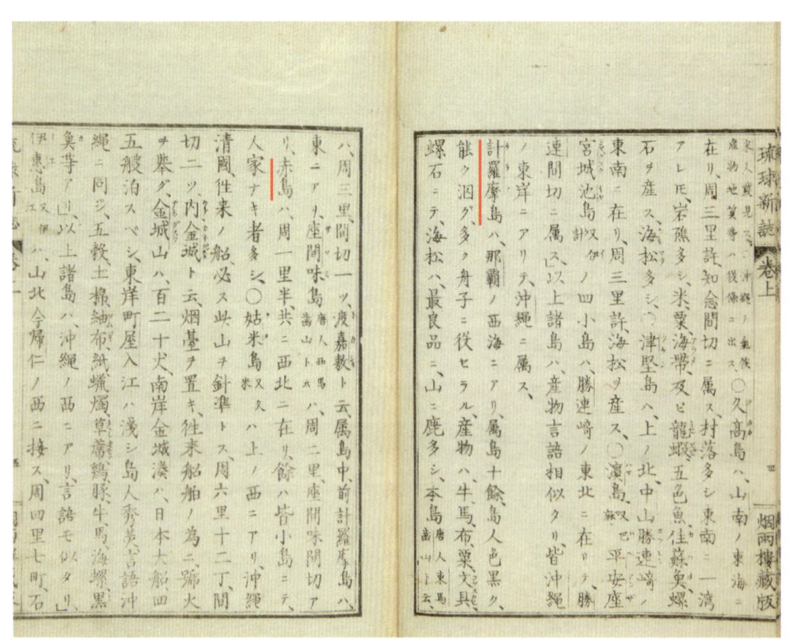
琉球新誌 卷上　烟雨樓藏版

○久高島ハ、山南ノ東海ニ在リ、周三里許、知念間切ニ属ス、村落多シ、東南ニ一湾アレ圧、岩礁多シ、米粟、海帶、及ヒ龍蝦、五色魚、佳蘇魚、螺石ヲ産ス、海松多シ、○津堅島ハ、上ノ北、中山勝連崎ノ東南ニ在リ、周三里許、海松ヲ産ス、○濱島、平安座、宮城、池島、伊計ノ四小島ハ、勝連崎ノ東北ニ在リテ、勝連間切ニ属ス、以上諸島ハ、産物言語相似タリ、皆沖縄ノ東岸ニアリテ、沖縄ニ属ス、

計羅摩島ハ、那覇ノ西海ニアリ、属島十餘、島人色黒ク、能ク泅グ、多ク舟子ニ役セラル、産物ハ、牛、馬、布、粟、文具、螺石ニテ、海松ハ、最良品ニ、山ニ鹿多シ、本島唐人東馬齒山ト云、ハ、周三里、間切一ツ、渡嘉敷ト云、属島中、前計羅摩島ハ、東ニアリ、座間味島唐人西馬齒山ト云ハ、周二里、座間味間切アリ、赤島ハ、周一里半、共ニ西北ニ在リ、餘ハ皆小島ニテ、人家ナキ者多シ、○姑米島又久米ハ上ノ西ニアリ、沖縄清國往来ノ船、必ス此山ヲ針準トス、周六里十二丁、間切二ツ、内金城ト云、烟臺ヲ置キ、往来船舶ノ為ニ、烽火ヲ挙グ、金城山ハ、百二十尺、南岸金城湊ハ、日本大船四五艘泊スベシ、東岸町屋入江ハ浅シ、島人秀美、言語沖縄ニ同ジ、五穀、土綿、紬、布、紙、蠟燭、草蓆、鶏、豚、牛、馬、海螺、黒奥等アリ、以上諸島ハ、沖縄ノ西ニアリ、言語モ似タリ、伊恵島又伊江ハ、山北今帰仁ノ西ニ接ス、周四里七町、石

《琉球新志》卷上有关赤岛所处位置的说明

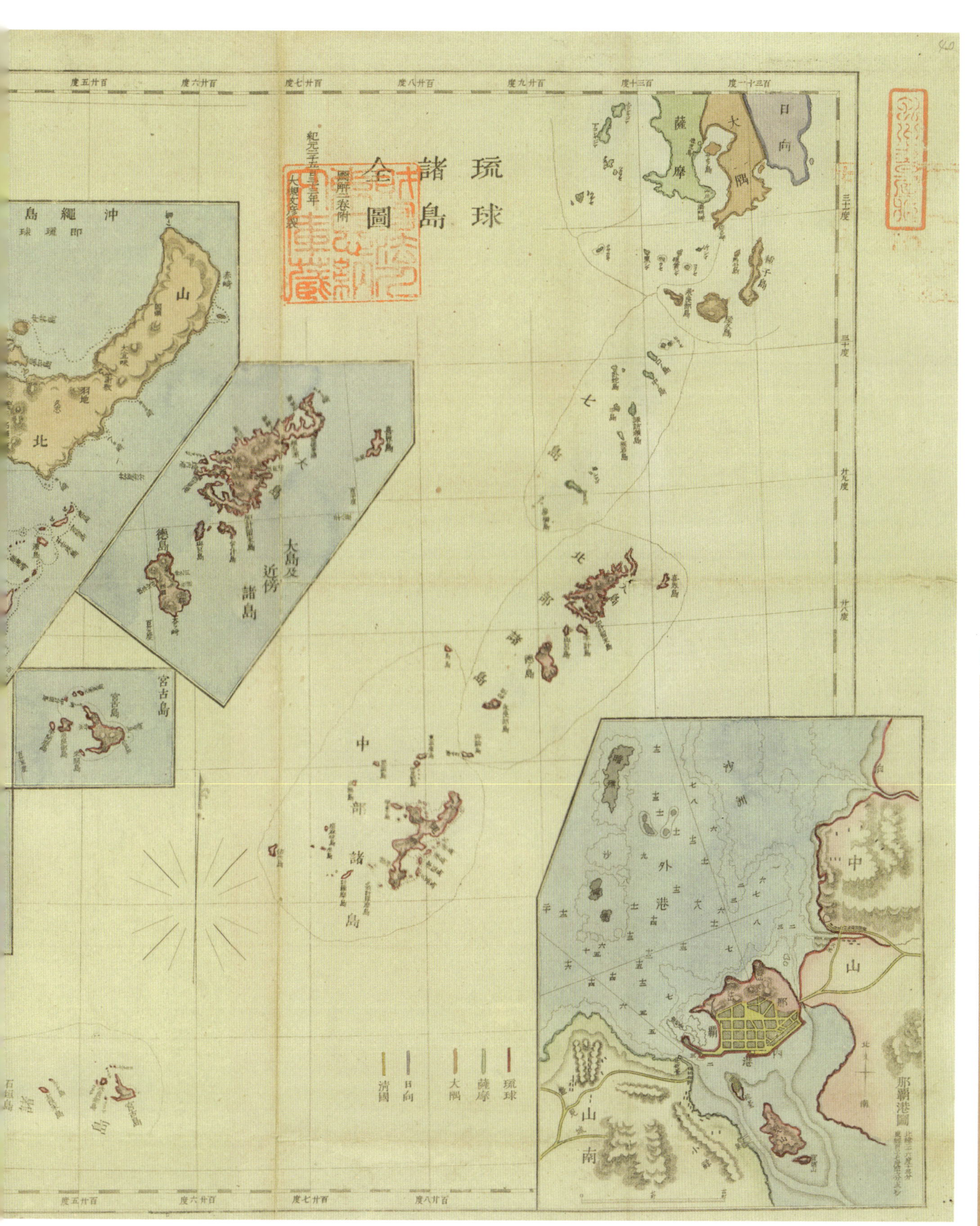
琉球諸島全圖
沖縄島 即琉球
大島及近傍諸島
宮古島
七島
北部諸島
中部諸島
那覇港圖
薩摩
大隅
日向
琉球
薩摩
大隅
日向
清國

《琉球诸岛全图》

大日本全圖

（日）陆军参谋局绘　日本明治九年（1876）

《大日本全图》（《大日本全圖》）是由日本陆军参谋局绘制，于明治九年（1876）出版。

明治维新以来日本大肆扩张疆土，在明治五年（1872）单方面宣布琉球国属于日本的“内藩”，明治八年（1875）强迫琉球停止向清朝进贡。这幅军事地图就秉承当时“开疆拓土”的国策，将琉球绘入其版图之内。

然而，此图并没有将钓鱼岛绘入琉球版图之内，由此说明钓鱼岛及其附属岛屿在当时不属琉球群岛，更不属于日本。

来源：郑海麟先生提供

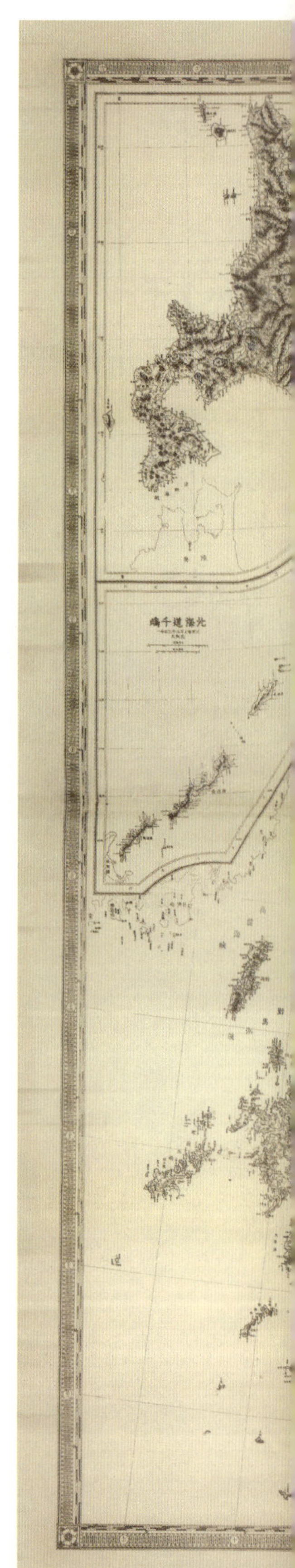

《大日本全图》

大日本全圖

（日）关口备正编绘　日本明治九年（1876）

《大日本全图》（《大日本全圖》）由关口备正编绘，明治九年（1876）出版，原图尺寸99×94cm。该图左上方标有“版权免许 明治八年十一月廿四日”字样，表明该图为官方许可认定之大日本全图。该图凡例中说明此图参照了文政年间沿海实测图和英国出版的海图，并对经纬线进行了校订，标明了岛屿的位置。此外，还参照了各种地志，从而更为清晰地标出了内地的山川等。该图左下方“琉球诸岛”图标绘了琉球西南岛屿为久米岛，极西南为与那国岛，图中未见钓鱼岛、黄尾屿、赤尾屿。

来源：日本国立公文书馆

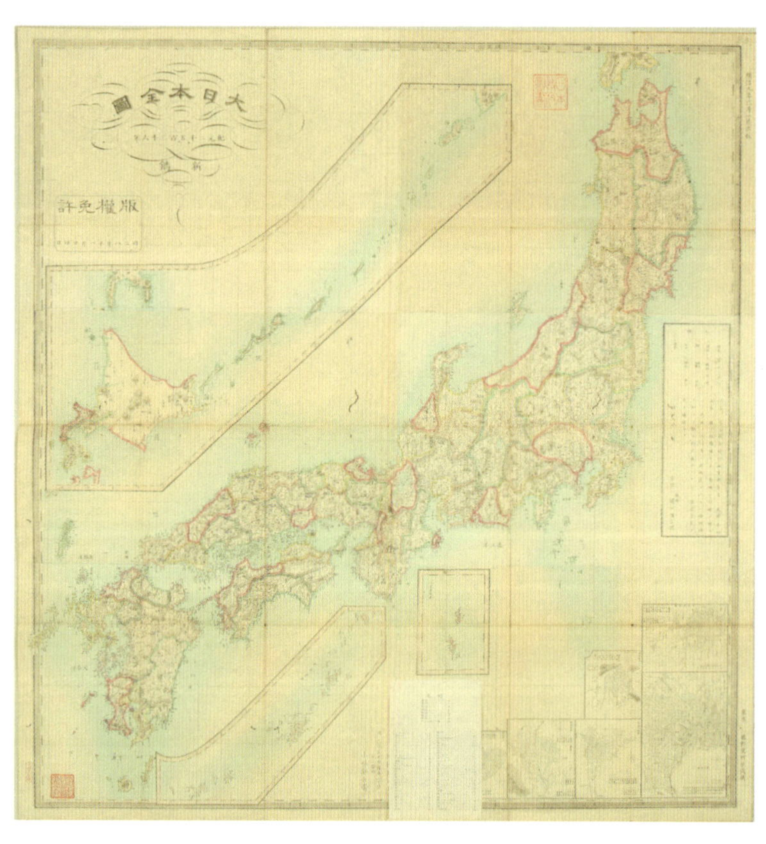

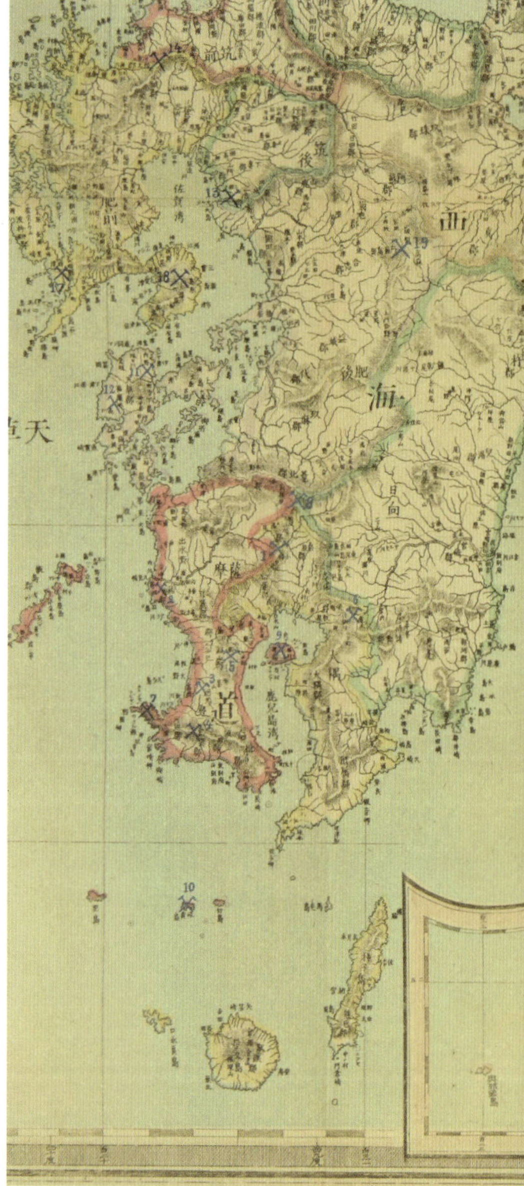

《大日本全图》

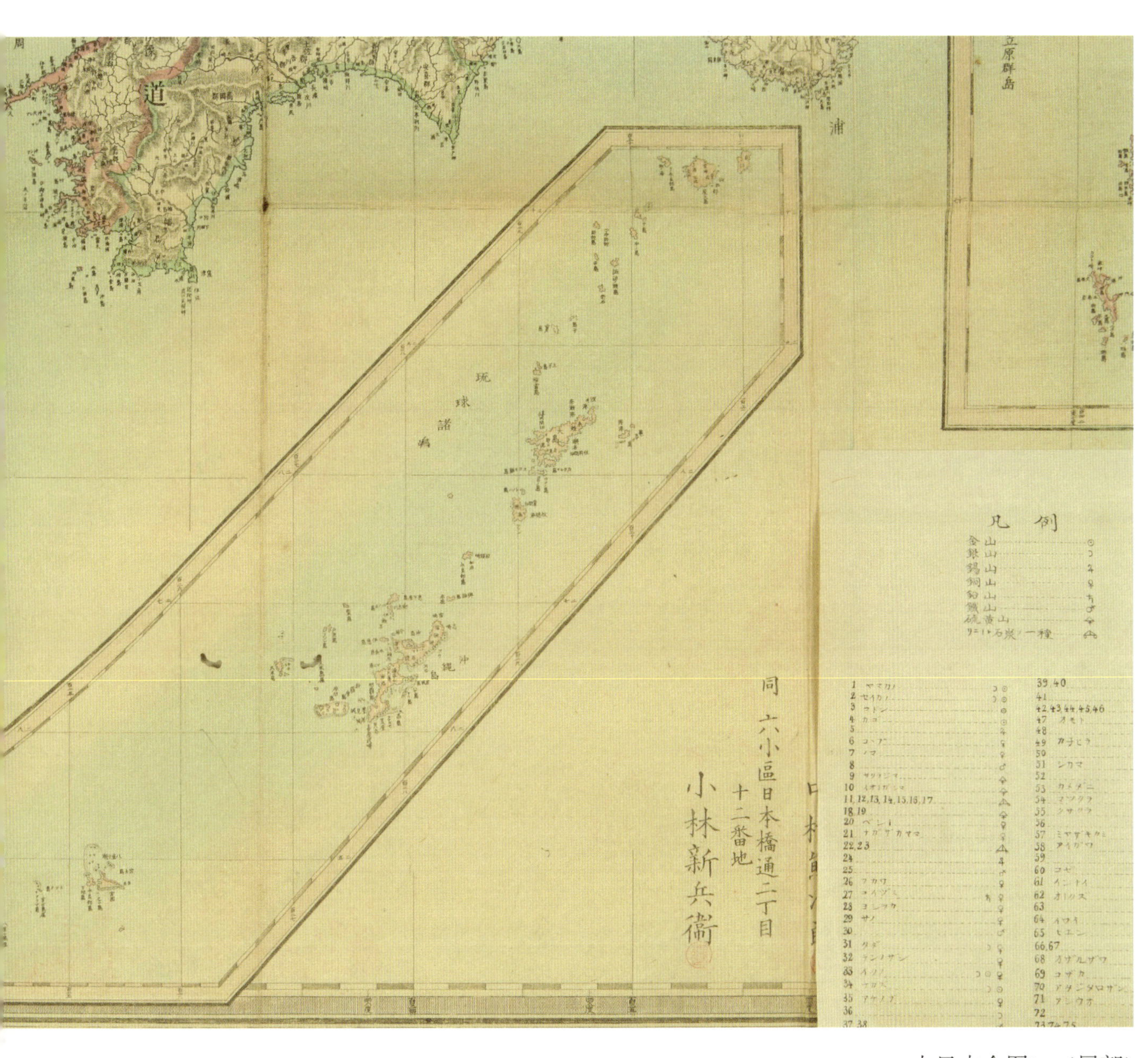

《大日本全图》（局部）

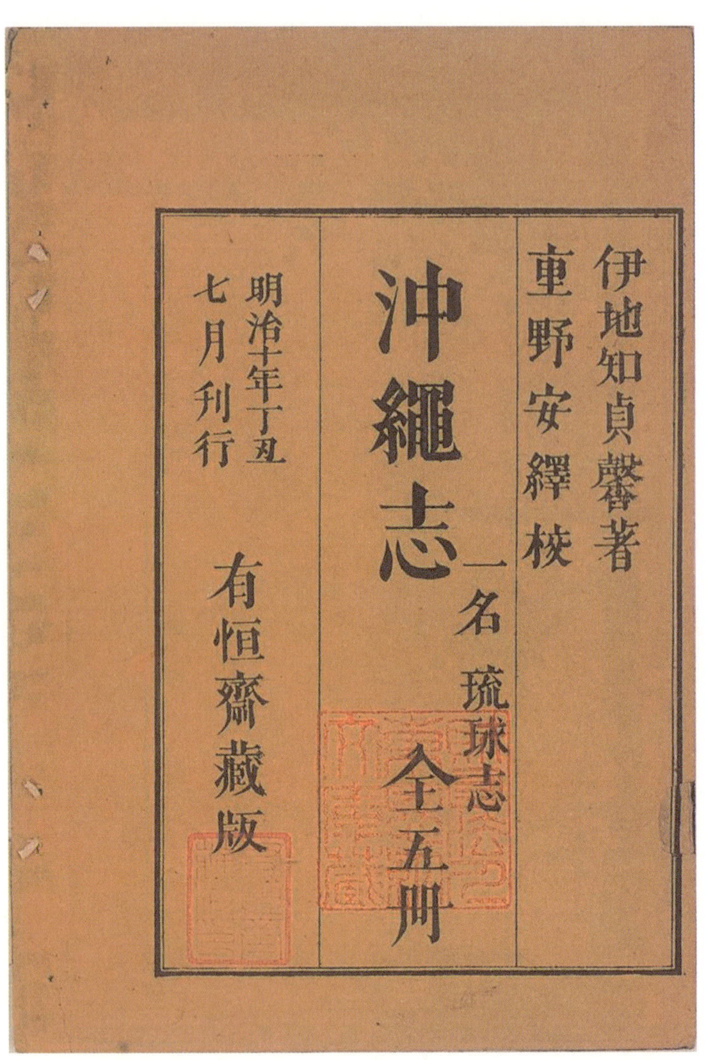
伊地知貞馨著
重野安繹校
沖繩志
一名琉球志
全五冊
明治十年丁丑
七月刊行
有恒齋藏版

《冲绳志》

沖繩志

（日）伊地知贞馨著　日本明治十年（1877）

《冲绳志》（《沖繩志》），又名《琉球志》，全五册，由伊地知贞馨著，重野安绎校，于明治十年（1877）出版。伊地知贞馨（1826—1887），明治时期官僚，萨摩藩出身，最初名为贞通，小名德之助，别名堀又十郎、堀仲左卫门、堀次郎、堀小太郎、伊地知壮之丞，明治维新后曾供职于内务省。其整理的史书主要有《冲绳志略》、《冲绳志》等。

该书绘有《冲绳岛全图》《久米岛图》《八重山岛全图》等，在所绘各图中未见钓鱼岛、黄尾屿、赤尾屿等岛屿。这说明，至1877年为止，日本未将钓鱼岛及其附属岛屿视为琉球所属。

来源：日本国立公文书馆

《冲绳志全图》

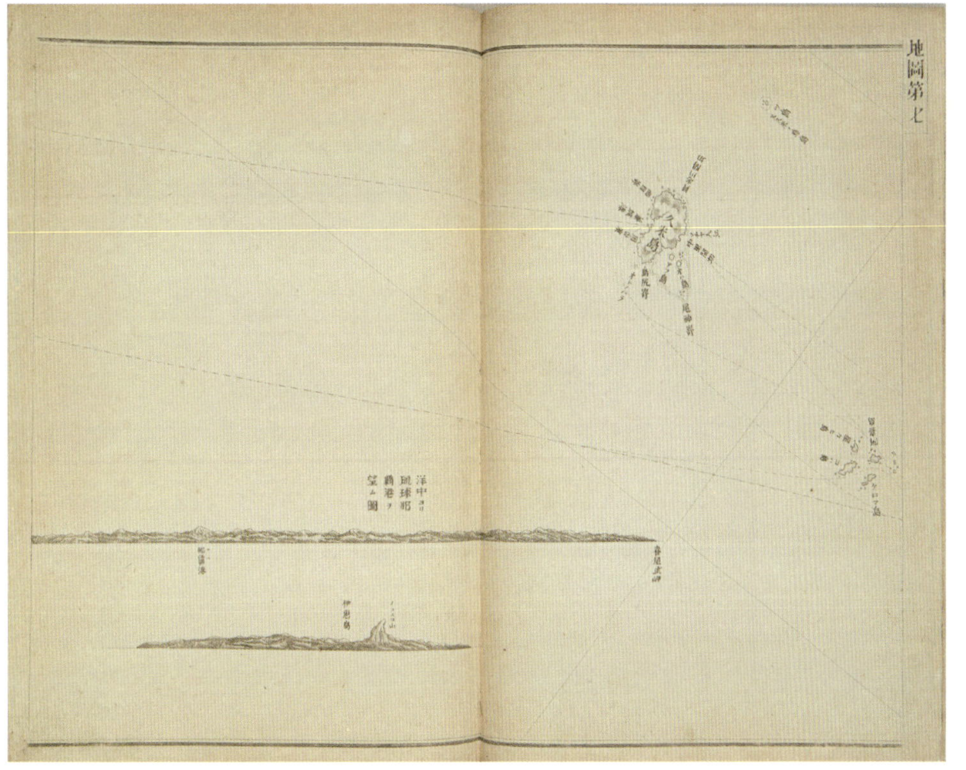

《久米岛图》

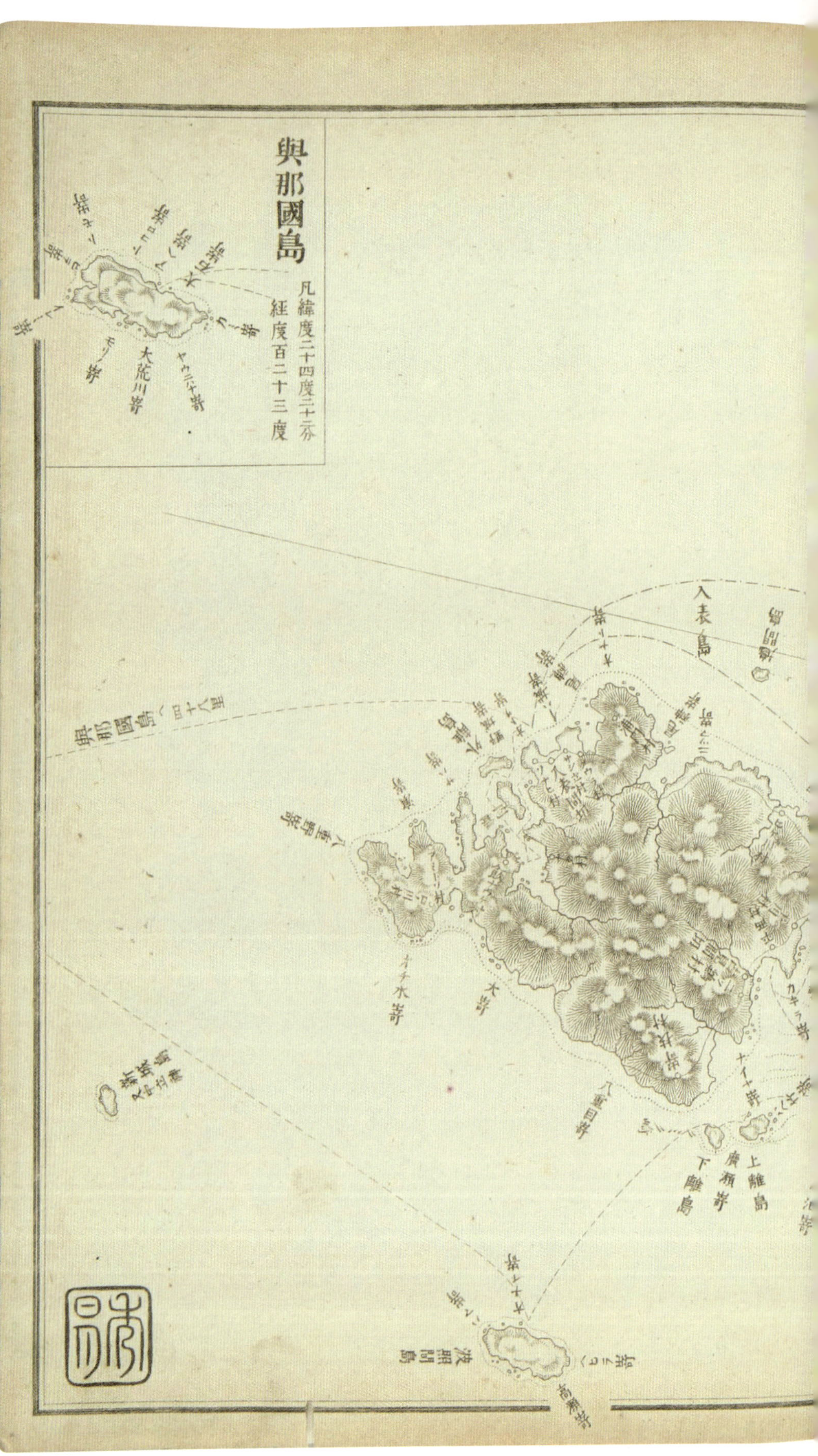

與那國島
凡緯度二十四度二十分
經度百二十三度
大荒川崎
入表島
上離島
下離島
渡照間島

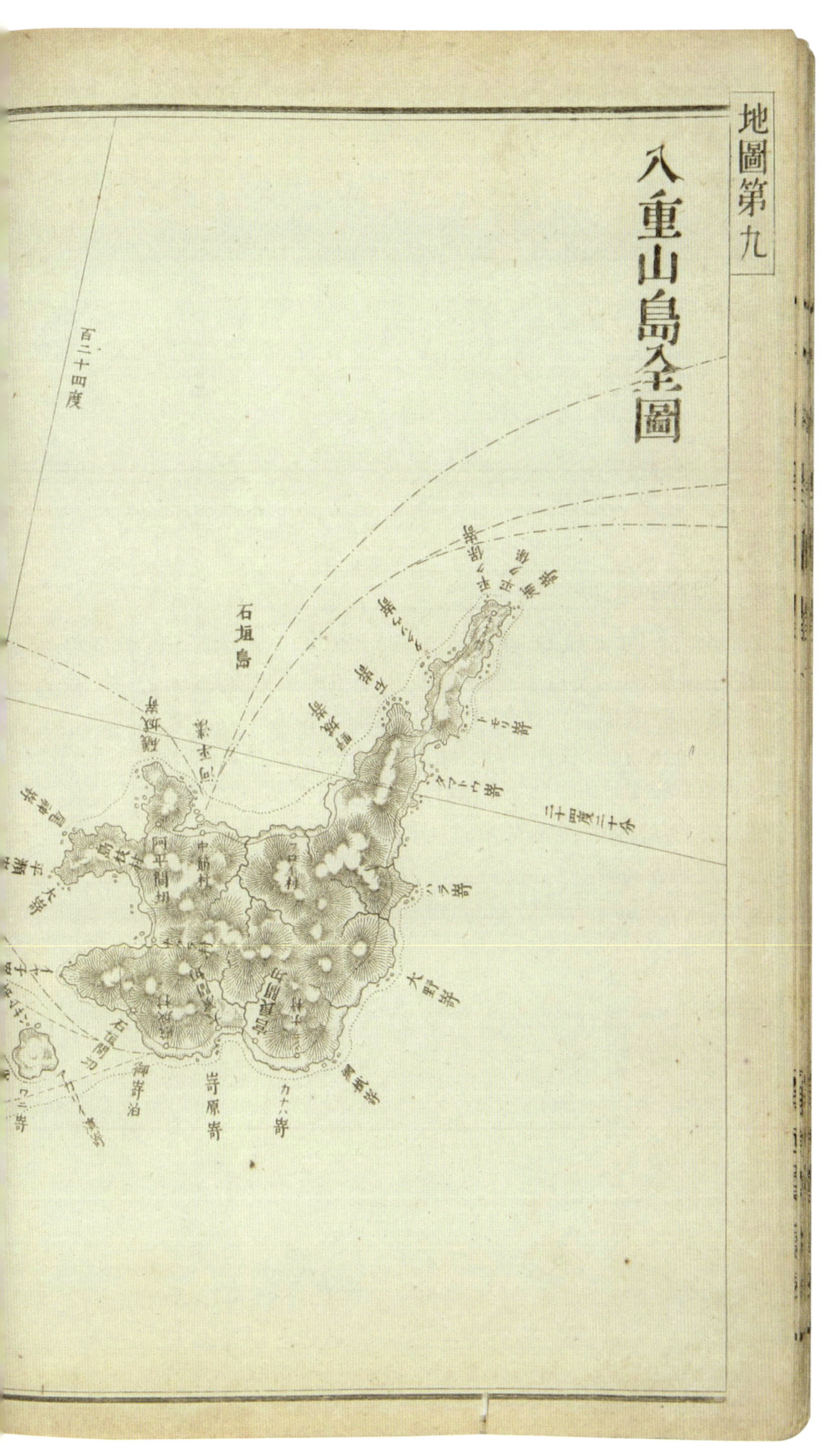

《八重山岛全图》

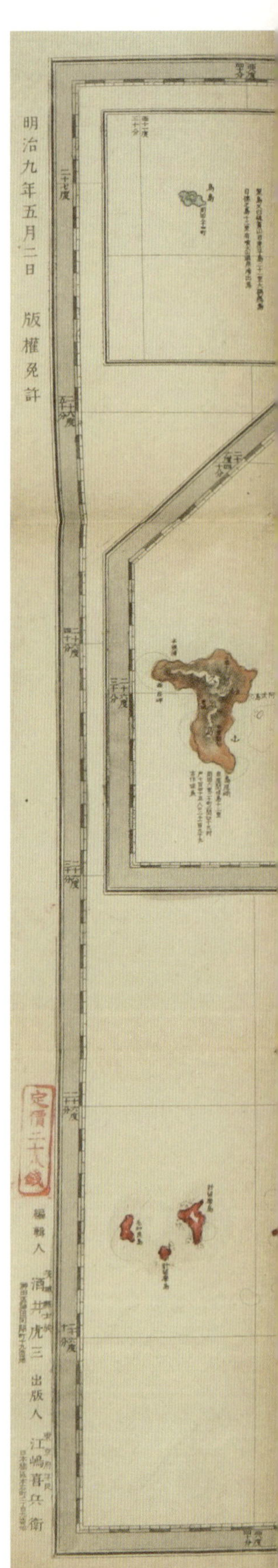

琉球諸島全圖

（日）酒井虎三编绘　日本明治十四年（1881）

《琉球诸岛全图》（《琉球諸島全圖》）为茨城县士人酒井虎三编辑的《大日本一统舆地分国图》（《大日本一統輿地分国圖》）中的一幅。原图尺寸43×55cm，比例为1:230,000。该图于明治九年（1876）五月二日获得版权准许，于明治十四年（1881）八月出版。《琉球诸岛全图》左上方分图中绘有久米岛及附近岛屿，但未见钓鱼岛、赤尾屿等岛屿。

来源：日本国立公文书馆

《琉球诸岛全图》

大日本全圖

（日）星唯清编绘　日本明治十六年（1883）

《大日本全图》（《大日本全圖》）由星唯清编绘、高木和助出版，于明治九年（1876）六月十日初版，明治十六年（1883）二月十五日再版，原图尺寸71×50cm。其所含《琉球全岛之图》(《琉球全島之圖》)绘出了西南岛屿久米岛，极西南与那国岛，未见钓鱼岛、黄尾屿、赤尾屿。

来源：日本国立公文书馆

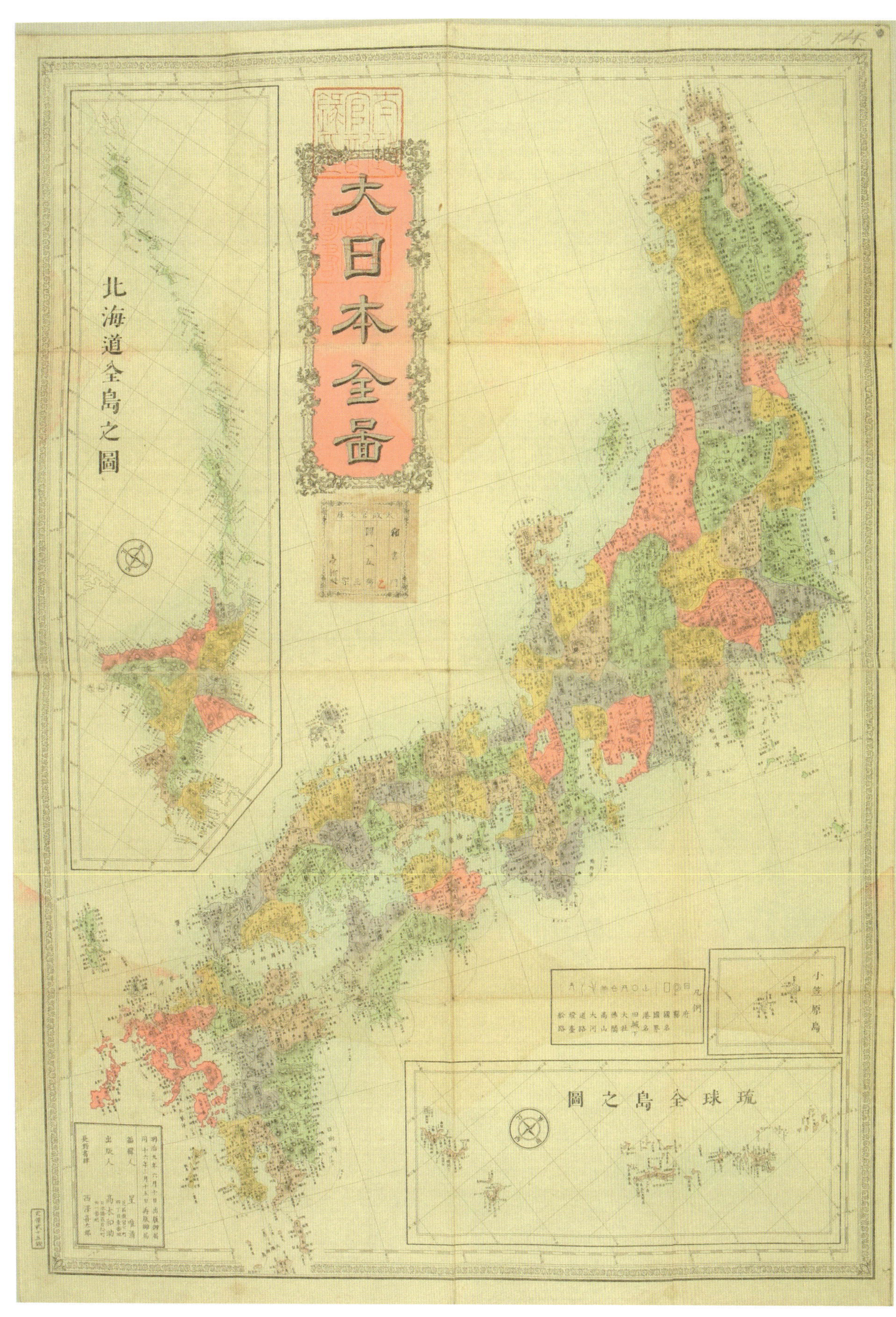

《大日本全图》

沖縄県管内全圖

（日）久米长顺编绘　日本明治十八年（1885）

《冲绳县管内全图》（《沖縄県管内全圖》）由茨城县士族久米长顺等于明治十八年（1885）编辑并出版。该图左下方标有“明治十八年十二月版权免许”字样，标明此为官准之冲绳县图。图中绘出了久米岛及其附近的岛屿，未见钓鱼岛等岛屿。

来源：日本国立公文书馆

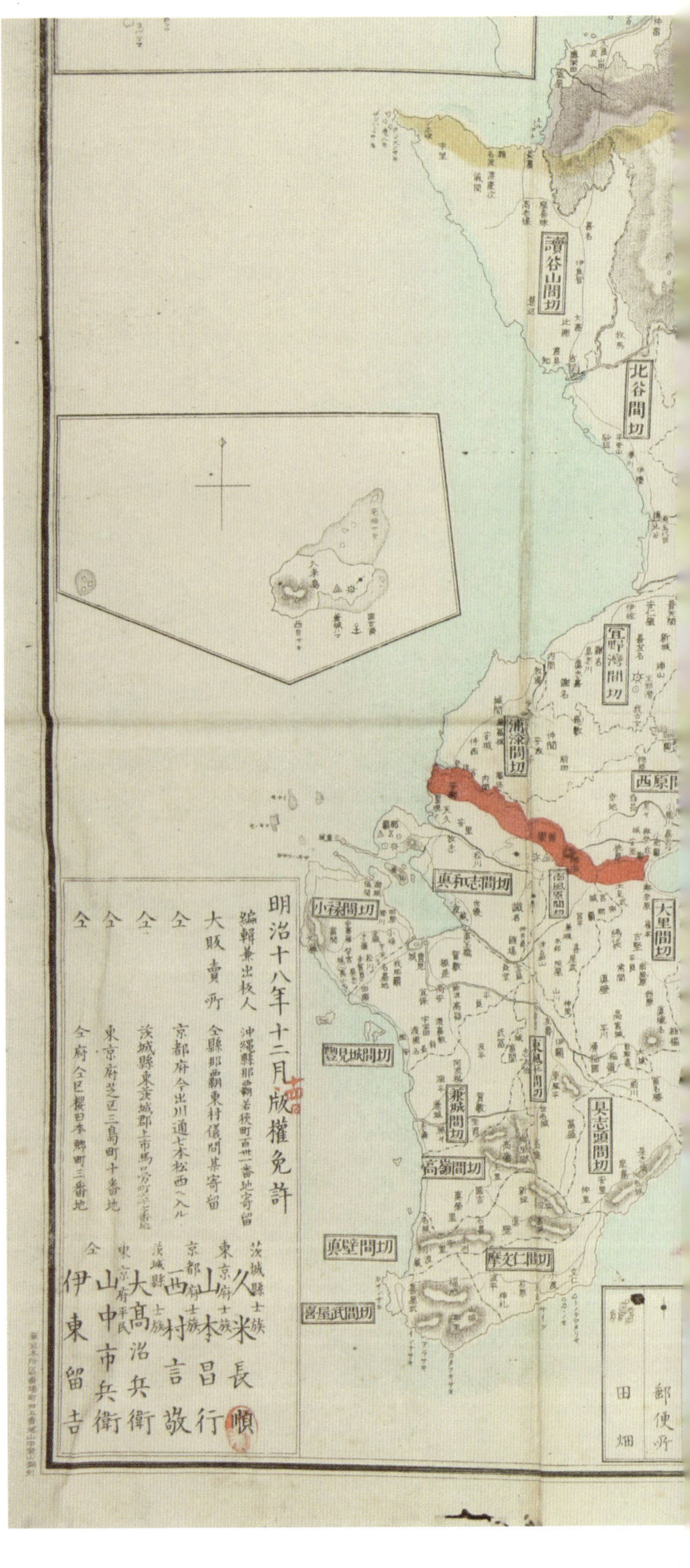

《冲绳县管内全图》

那覇市街之圖
首里市街之圖
縣廳ヨリ各役所ニ至ル里數
那覇役所 三丁ヨ
首里役所 壹リ十一丁ヨ
島尻役所 四リ六丁ヨ
中頭役所 三リ七丁ヨ
國頭役所 十七リ廿六丁ヨ
久米島役所 四十八リ
宮古島役所 九十三リ
八重山島役所 百五十七リ
地方境
間切境
道路
大川 小川
山嶽
間切名
著名地
港湾
本廳
裁判所
警察本署
定價金六十錢

《冲绳县管内全图》（局部）

中韩日形势图

金擘宇、张范成、金立煌编绘　民国三十四年（1945）

《中韩日形势图》由中国史地图表编纂社于民国三十四年（1945）三月出版，主要反映了中国中东部、朝鲜半岛及日本列岛的情况。原图尺寸52.8×78cm，比例为1:4,000,000，是彩色实测地图，左侧有“内政部地图发行许可证渝地字〇一〇〇号”字样。在图的左上角与右侧，还附有日本中部、日本北方四岛、东京附近及台湾岛的四幅分图。图中明确标出钓鱼岛、赤尾屿、黄尾屿的地理位置，表明这些岛屿为中国领土。

来源：国家图书馆

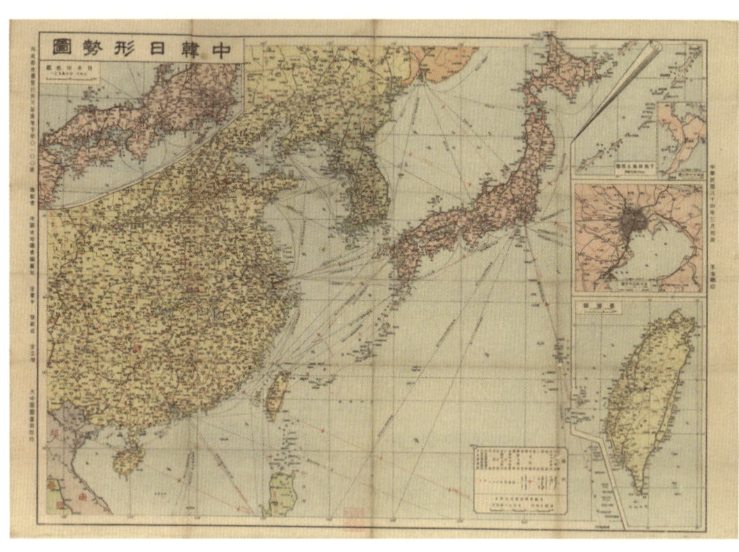

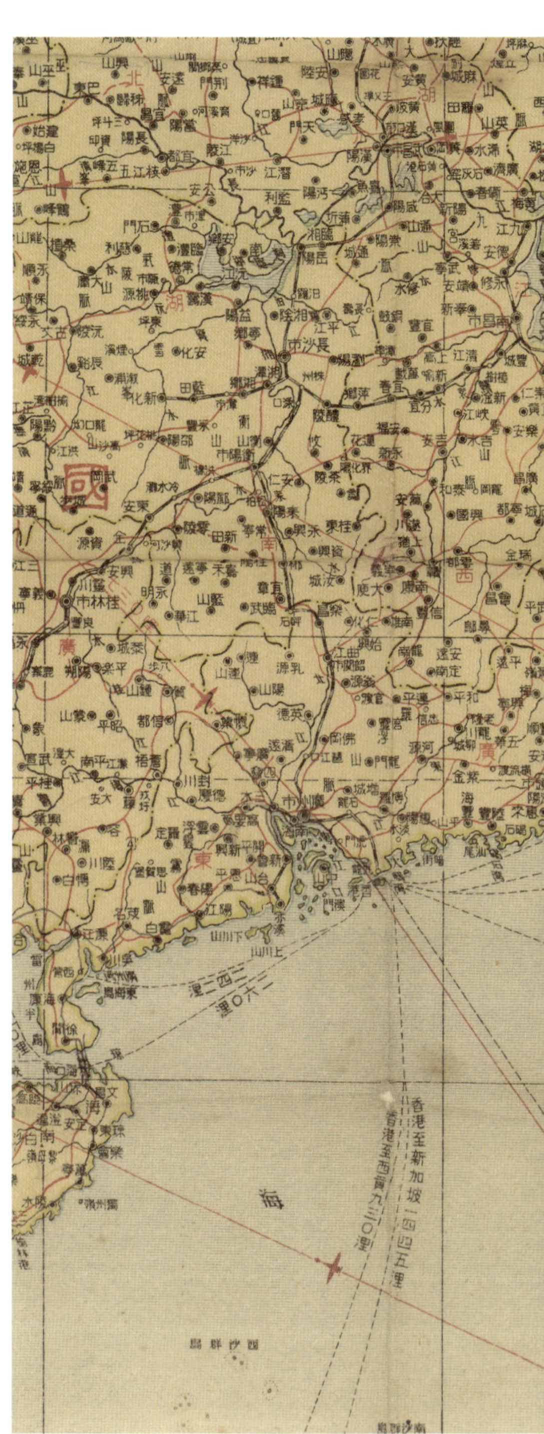

《中韩日形势图》

《中韩日形势图》（局部）

Japan, Korea and Ryukyu Islands

C. S. Hammond & Co. New York 1958

《日韩与琉球列岛图》（*Japan, Korea and Ryukyu Islands*）出自《哈蒙德新世界地图》（*Hammond's new international world atlas*）。该书由美国最早、最富盛名的地图出版商——哈蒙德世界地图集公司出版，收录了时间跨度为2500年的现代战后地图、历史地图等事实数据，并附有详尽的文字说明，图册尺寸为31×24cm。

在琉球列岛分图中，绘出了西南岛屿久米岛（Kame Shima）、庆良间诸岛（Kerama Retto），极西南岛屿与那国岛（Yonaguni Shima）、石垣岛（Ishigaki Shima）、先岛诸岛（SAKISHIMA）等，未见钓鱼岛或者尖阁列岛（Senkaku Island、Pinnacle Island）。

来源：福建师范大学图书馆

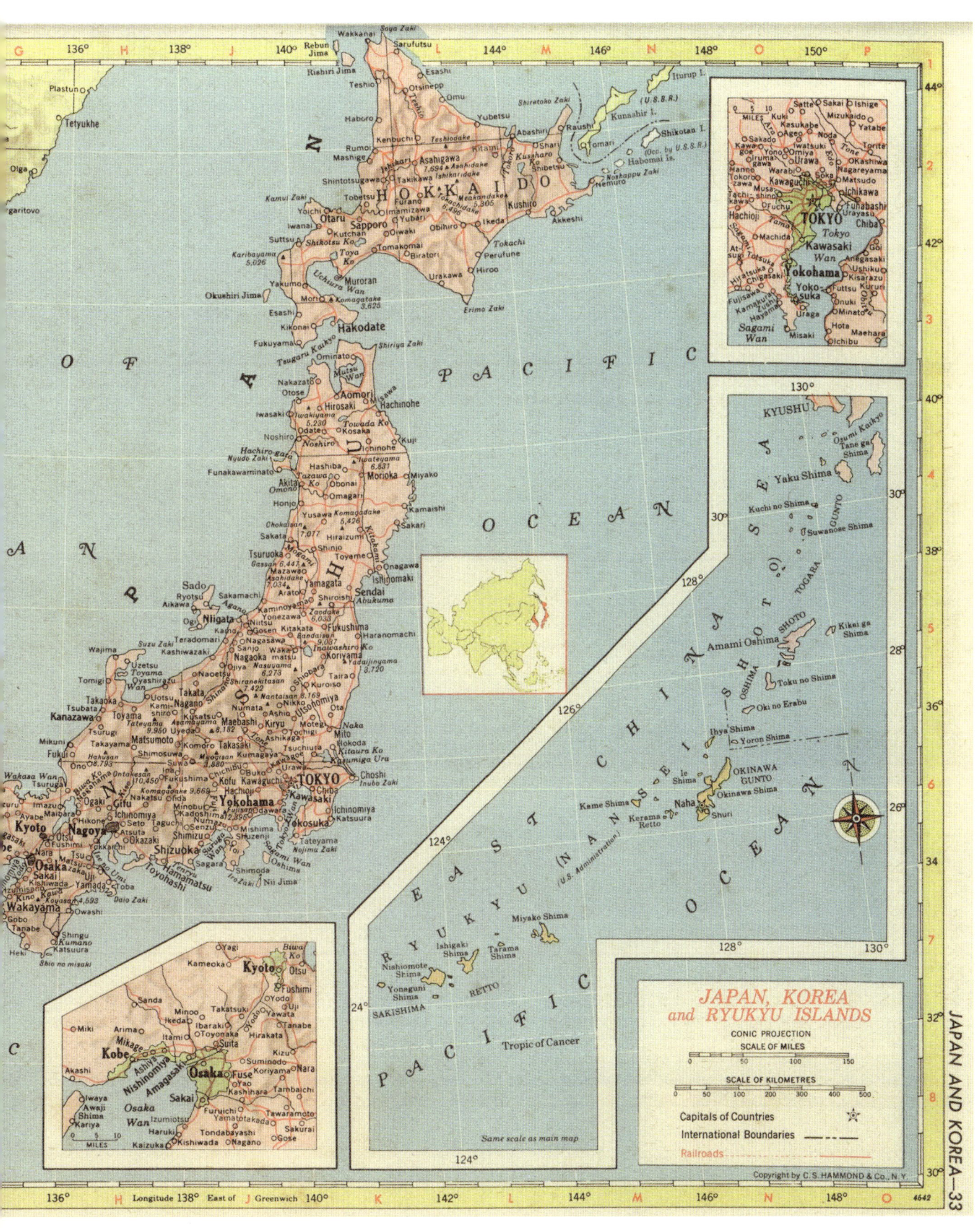
JAPAN, KOREA
and RYUKYU ISLANDS
CONIC PROJECTION
SCALE OF MILES
SCALE OF KILOMETRES
Capitals of Countries
International Boundaries
Railroads
Copyright by C. S. HAMMOND & Co., N.Y.
JAPAN AND KOREA—33
HOKKAIDO
TOKYO
PACIFIC OCEAN
EAST CHINA SEA
RYUKYU (NANSEI SHOTO)
(U.S. Administration)
SAKISHIMA RETTO
Miyako Shima
Ishigaki Shima
Okinawa Shima
OKINAWA GUNTO
Amami Oshima
Yaku Shima
KYUSHU
Tropic of Cancer
Same scale as main map
Longitude 138° East of Greenwich 140°

《日韩与琉球列岛图》

第四章 近代以来文献中的钓鱼岛

日本在明治维新后加快对外侵略扩张。1872年，日本单方面将琉球国改称为琉球藩，1879年又以武力强行废除琉球藩，并入鹿儿岛县，随即建立冲绳县。此后不久，日本密谋侵占钓鱼岛，并于甲午战争末期将钓鱼岛秘密“编入”版图。随后，日本迫使中国签订《马关条约》，割让台湾全岛及包括钓鱼岛在内的所有附属各岛屿。第二次世界大战后，钓鱼岛回归中国。但20世纪50年代，美国擅自将钓鱼岛纳入其托管范围，70年代美国将钓鱼岛“施政权”“归还”日本。针对日本侵犯中国钓鱼岛主权的非法行径，中国政府采取积极有力措施，通过发表外交声明、对日严正交涉和向联合国提交反对照会等举措表示抗议，坚决捍卫中国的领土主权和海洋权益。

一、日本秘密窃取钓鱼岛

1885 年左右，日本声称发现钓鱼岛为“无人岛”，日本政府随即对钓鱼岛开展秘密调查，并试图侵占，这一图谋引起中国的警觉。由于顾忌中国的反应，日本政府始终未敢轻举妄动。直到 1895 年 1 月 14 日，日本政府通过内阁决议，将觊觎十年之久的钓鱼岛“划归”冲绳县所辖。

台岛警信

申报　1885 年 9 月 6 日

日本政府声称，1885 年左右“发现”钓鱼岛为“无人岛”，随即对钓鱼岛开展秘密调查，并试图侵占。日本的举动，引起了中方的注意。1885 年 9 月 6 日（清光绪十一年七月二十八日）发行的上海《申报》第二版上刊载了一则“台岛警信”，称从高丽传来信息，“谓台湾东北边之海岛，近有日本人悬日旗于其上，大有占踞之势”，提醒国人关注事态发展。

“台岛警信”全文内容如下：“《文汇报》登有高丽传来信息，谓台湾东北边之海岛，近有日本人悬日旗于其上，大有占踞之势。未悉是何意见，姑录之，以俟后闻。”

来源：国家图书馆

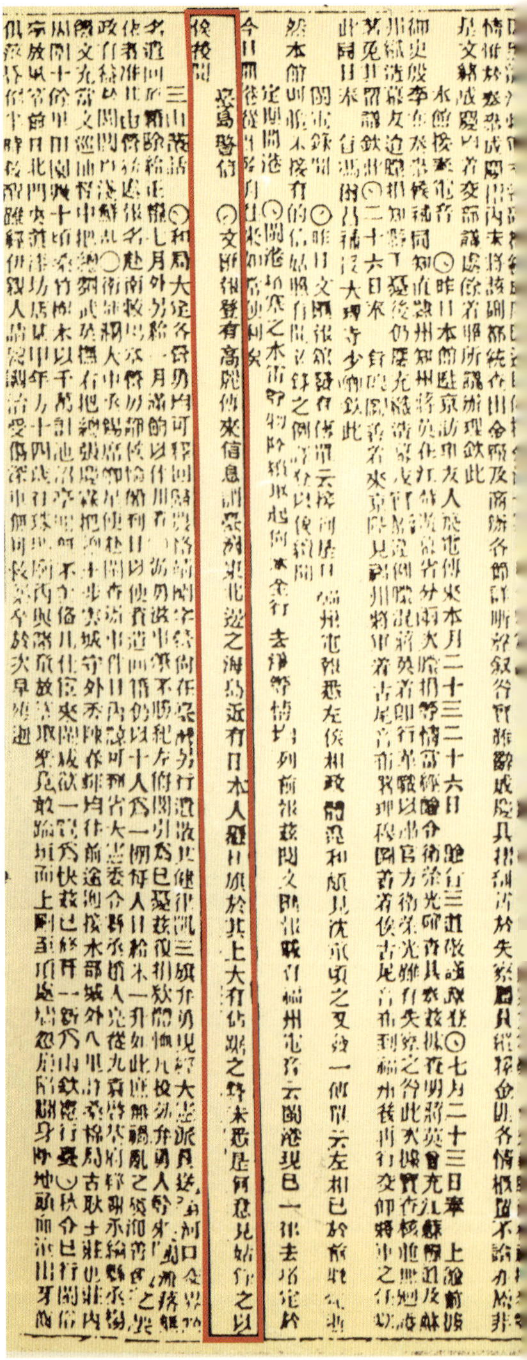

臺島警信 ○文匯報登有高麗傳來信息謂臺灣東北邊之海島近有日本人懸日旗於其上大有佔踞之勢未悉是何意見姑錄之以俟後聞

大清光緒十一年

申報

七月二十八日

五十號賣報出售

中報館主人啓

點石齋主人啓

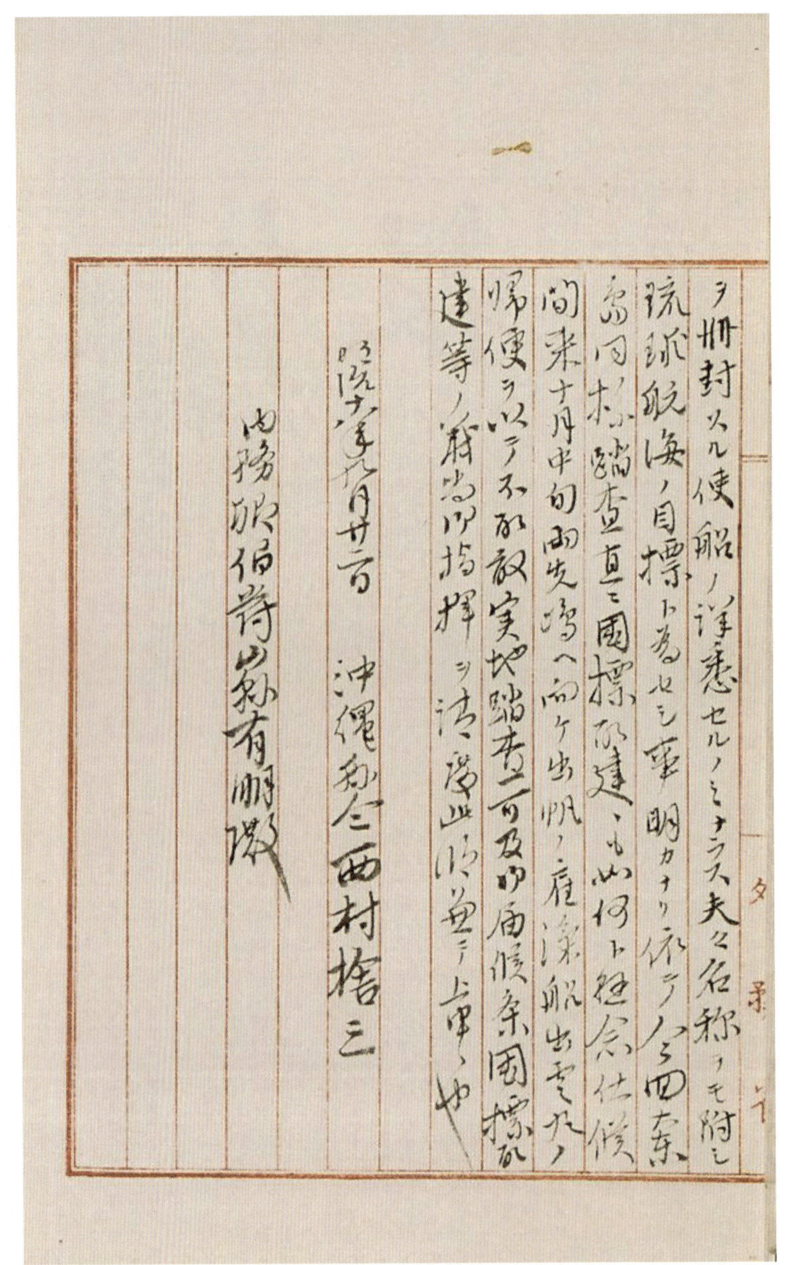
ヲ冊封スル使船ノ詳悉セルノミナラス夫々名称ヲモ附シ
琉球航海ノ目標ト為セシ事明カナリ依テ今回大東
島同様踏査直ニ国標取建候テモ如何ト懸念仕候
間来ル十月中旬両先島ヘ向ケ出帆ノ雇汽船出雲丸ノ
帰便ヲ以テ不取敢実地踏査ニ可及候条国標取
建等ノ儀尚御指揮ヲ請度此段兼テ上申候也

明治十八年九月廿二日　沖縄県令西村捨三

内務卿伯爵山縣有朋殿

第三百十五号 久米赤島外二嶌取調ノ儀ニ付上申

明治十八年九月二十二日（1885 年 9 月 22 日）

明治十八年（1885）九月二十二日，日本冲绳县令西村捨三向内务卿山县有朋呈递了《关于对久米赤岛及另外两岛调查情况》（久米赤島外二嶌取調ノ儀ニ付上申）。

第三百十五号
久米赤島外二島取調ノ儀ニ付
上申
本縣ト清國福州間ニ散在セル無人島取調之儀ニ
付先般在京森本縣大書記官ヘ御内命相成候趣
ニ依リ取調致候処概略別紙ノ通ニ有之候抑モ
久米赤島久場島及魚釣島ハ古来本縣ニ於テ称
スル所ノ名ニシテ而モ本縣所轄ノ久米宮古八重山等ノ群
島ニ接近シタル無人ノ島嶼ニ付沖縄縣下ニ属セシムル
モ敢テ故障有之間敷ト被存候得共過日御届及
候大東島（本縣ト小笠原島トノ間ニアリ）トハ地勢相違中山傳信録ニ
記載セル釣魚臺黄尾嶼赤尾嶼ト同一ナルモノニ無之哉
ノ疑ナキ能ハス果シテ同一ナルトキハ既ニ清國モ旧中山王

其中报告了调查“久米赤岛外二岛”的初步结论：这些“无人岛”与大东岛地势不同，而与《中山传信录》记载的钓鱼台、黄尾屿和赤尾屿等应属同一岛屿，已为清国册封使船所详悉，并赋以名称作为赴琉球的航海标识，因此对是否立即建立国标心存疑虑，请求给予指示。

来源：日本国立公文书馆

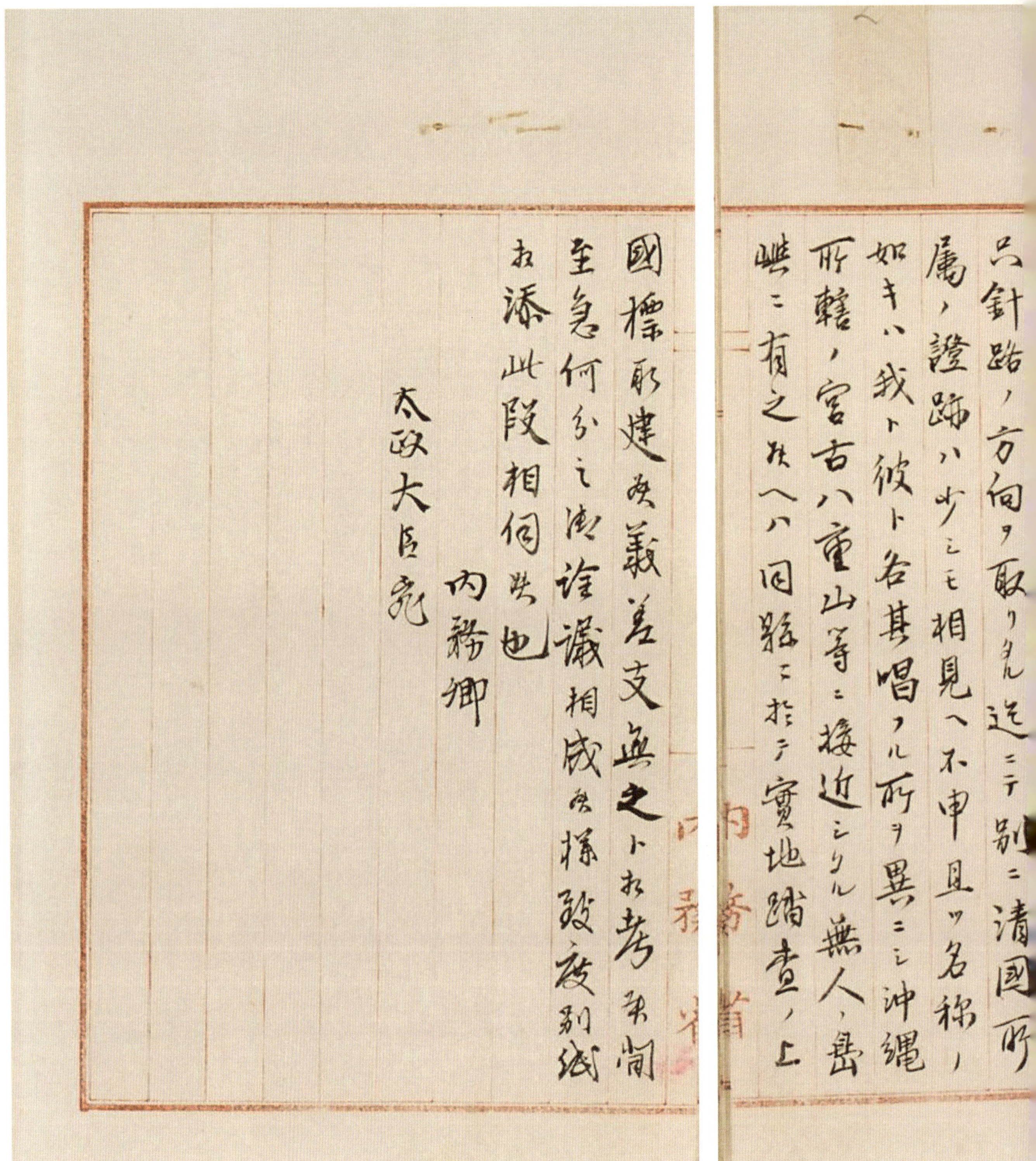

只針路ノ方向ヲ取リタル迄ニテ別ニ清國所屬ノ證跡ハ少シモ相見ヘ不申且ツ名称ノ如キハ我ト彼ト各其唱フル所ヲ異ニシ沖縄所轄ノ宮古八重山等ニ接近シタル無人ノ島嶼ニ有之候ヘハ同縣ニ於テ實地踏査ノ上國標取建候義差支無之ト相考候間至急何分ノ御詮議相成候様致度別紙相添此段相伺候也

内務卿

太政大臣宛

官房甲第三十八号 別紙乙号 太政官上申案

明治十八年十月九日（1885年10月9日）

《官房甲第三十八号 另纸乙号 太政官呈报案》（官房甲第三十八号 別紙乙号 太政官上申案）为明治十八年（1885）十月九日日本内务卿山县有朋写给外务卿井上馨的公文，旨在就“冲绳县与清国间散在之无人岛调查之提议”征求意见。

舘甲第三十八号

明治十八年十月九日

内務卿伯爵山縣有朋

外務卿伯爵井上馨殿

太政官上申案

沖繩縣ト清國福州トノ間ニ散在セル無人島久米赤島外二島取調之義ニ付別紙之

公文内容节录如下：“冲绳县与清国福州之间散在的无人岛、久米赤岛以及外两岛的调查之提议”，“右记诸岛与《中山传信录》中所记载的岛屿实属相同，历来在航海上作为航路的针路，目前虽特别属于清国的证迹很少，且岛名我与彼所称各异。冲绳县所辖宫古八重山等地与之接近，属无人岛屿，已指示冲绳县令在进行实地踏查的基础上，提出建立国标之提议。情况至急，请给予指示。”

来源：日本国立公文书馆

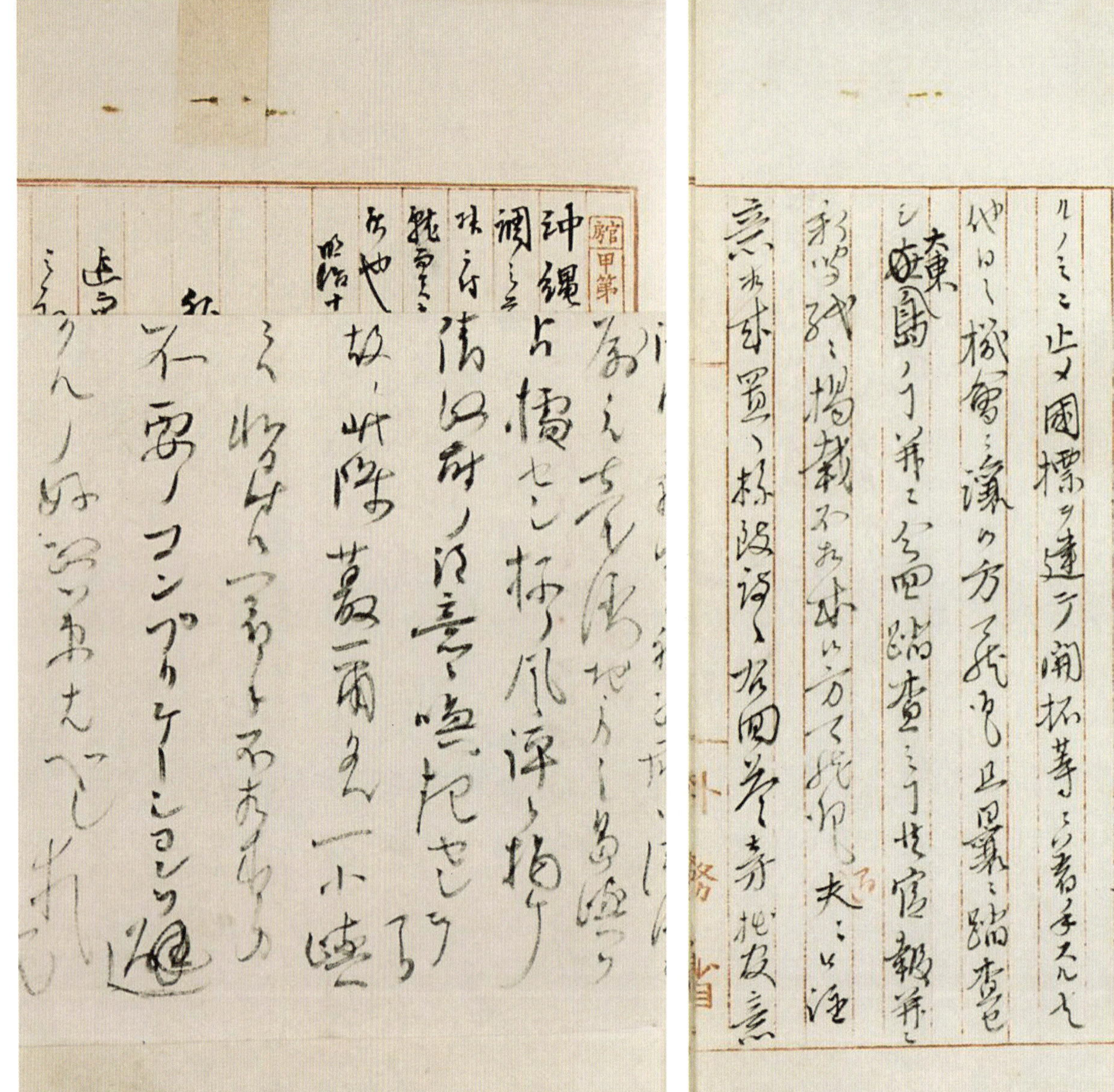

親展第三十八號 外務卿回答書簡 外務省の走り書きメモ

明治十八年十月二十一日（1885 年 10 月 21 日）

《亲展第三十八号 外务卿答复书简 外务省草书便条》（親展第三十八號 外務卿回答書簡 外務省の走り書きメモ）是明治十八年（1885）十月二十一日，外务卿井上馨致函内务卿山县有朋，旨在就 10 月 9 日《官房甲第三十八号》建立国标事宜进行商议。

井上馨“几经熟虑后”认为，“右开各岛屿靠近清国国境，非以前调查过的大东岛可拟，其周围看似很小，清国竟附有岛名”，“近来清国报纸等盛载我政府占据台湾附近的清国属岛之传言”，“此刻若有公然建立国标等举措，必遭清国疑忌”，“而建国标及着手开发等，可待他日见机而作。”此外，井上馨还特意强调，“此次调查之事恐均不刊载官报及报纸为宜。”

来源：日本国立公文书馆

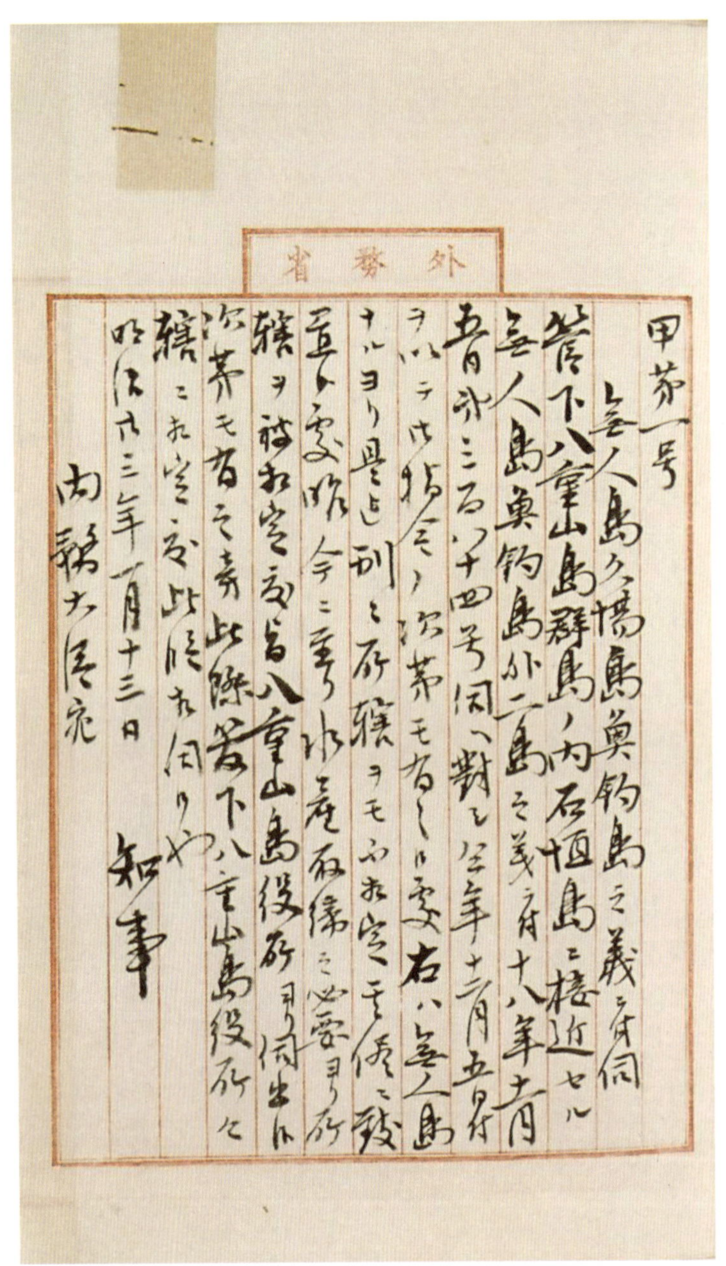

外務省

甲第一号

無人島久場島魚釣島之義ニ付伺

管下八重山群島ノ内石垣島ニ接近セル無人島魚釣島外二島之義ニ付十八年十一月五日付第三百十五号伺ニ對シ同年十二月五日付ヲ以テ御指令ノ次第モ有之候處右ハ無人島ナルヨリ是迄別ニ所轄ヲモ不相定其儘ニ致置キ候處昨今ニ至リ水産取締之必要ヨリ所轄ヲ被相定度旨八重山島役所ヨリ伺出候次第モ有之旁此際管下八重山島役所々轄ニ相定度此段相伺候也

明治二十三年一月十三日　知事

内務大臣宛

甲第一号　無人島久場島魚釣島之義ニ付伺

明治二十三年一月十三日（1890年1月13日）

继上书请求将钓鱼岛划归冲绳县管辖被拒之后，冲绳知事于明治二十三年（1890）以《关于询问无人岛久场岛鱼钓岛之件》（無人島久場島魚釣島之義ニ付伺）上书内务大臣，就将钓鱼岛划归冲绳县管辖之事再次请示。其中称钓鱼岛等岛屿“为无人岛，迄今尚未确定其管辖”，“请求将其划归本县管辖之八重山官署所辖”。但内务大臣并未予回复。

来源：日本国立公文书馆

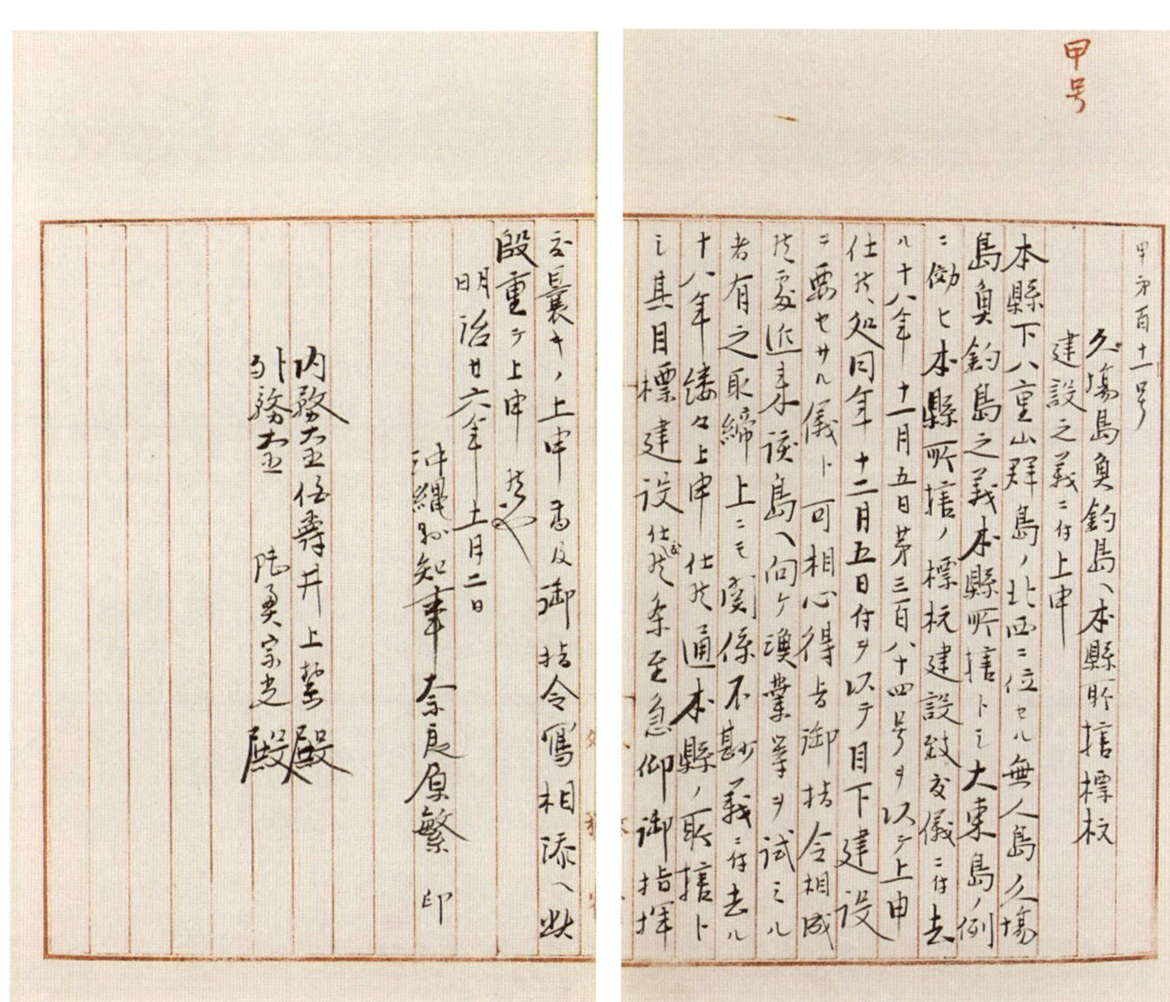
甲号

甲第百十一号

久場島魚釣島ヘ本縣所轄標杭

建設之義ニ付上申

本縣下八重山群島ノ北西ニ位セル無人島久場島魚釣島之義本縣所轄ト為シ大東島ノ例ニ倣ヒ本縣所轄ノ標杭建設致度儀ニ付去ル十八年十一月五日第三百八十四号ヲ以テ上申仕候処同年十二月五日付ヲ以テ目下建設ヲ要セサル儀ト可相心得旨御指令相成候処近来該島ヘ向ケ漁業等ヲ試ミル者有之取締上ニモ関係不尠義ニ付去ル十八年来々上申仕候通本縣ノ所轄ト為シ其目標建設仕度候条至急仰御指揮去ル十八年上申書及御指令写相添ヘ此段重テ上申候也

明治廿六年十一月二日

沖縄縣知事 奈良原繁 印

内務大臣 井上馨殿

外務大臣 陸奥宗光殿

甲第百十一号 久場島魚釣島ヘ本縣所轄標杭建設之義ニ付上申

明治二十六年十一月二日（1893 年 11 月 2 日）

明治二十六年（1893）十一月二日，冲绳县知事奈良原繁再次向内务大臣井上馨、外务大臣陆奥宗光递交了《关于在久场岛鱼钓岛建设本县所辖标桩之申请》（久場島魚釣島ヘ本縣所轄標杭建設之義ニ付上申）。其中提到“近年来尝试在该岛进行渔业等，由于管理上的需要，从明治十八年开始，就不断提出请求。”因此，申请建立国标以划入冲绳版图，“建立标权至急，仰望给予具体指示。”对此请求，日本政府仍未予答复。

来源：日本国立公文书馆

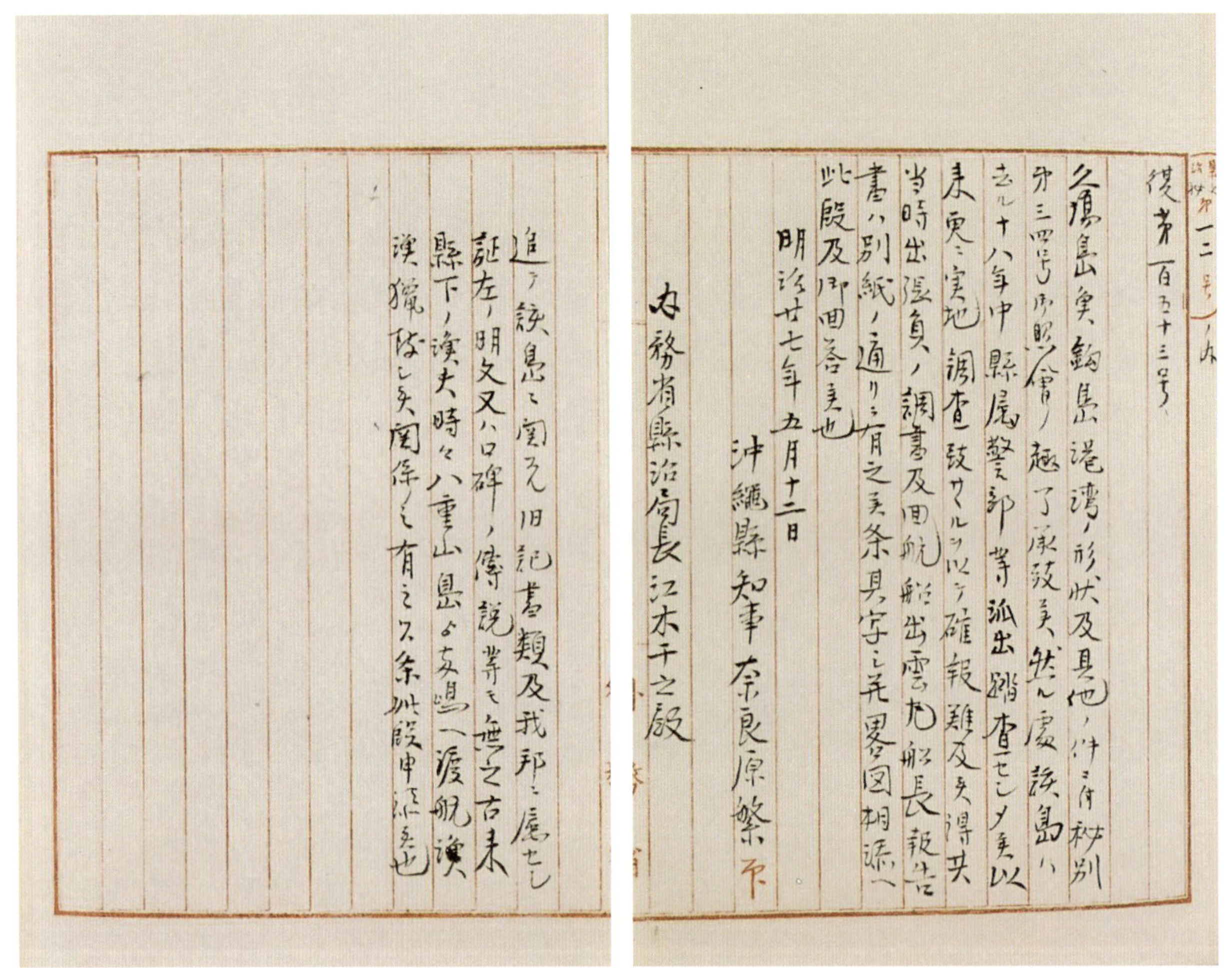
復第百五十三号ノ内

久場島魚釣島港湾ノ形状及其他ノ件ニ付秘別第三四号御照会ノ趣了承致候然ルニ該島ハ去ル十八年中縣屬警部等派出踏查セシメ候以来更ニ實地調査致サヽルヲ以テ確報難及候得共当時出張員ノ調書及回航船出雲丸船長ノ報告書ハ別紙ノ通リニ有之候条其写ニ其略図相添ヘ此段及御回答候也

明治廿七年五月十二日

沖縄縣知事奈良原繁

内務省縣治局長江木千之殿

追テ該島ニ関スル旧記書類及我邦ニ屬セシ証左ノ明文又ハ口碑ノ傳説等モ無之古来縣下ノ漁夫時々八重山島ヨリ両島ヘ渡航漁猟致シ候関係ノミ有之候条此段申添候也

秘第一二号ノ内 復第百五十三号 縣治局長宛書簡

明治二十七年五月十二日（1894年5月12日）

明治二十七年（1894）五月十二日，冲绳县知事奈良原繁以《秘第十二号之复第一百五十三号》（秘第一二号ノ内 復第百五十三号）复函日本内务省县治局长江木干之，称其秘密调查钓鱼岛的最终结论为：“自明治十八年（1885）派县警察对该岛进行勘察以来，未再开展进一步调查，故难提供更确切报告”，“此外，没有关于该岛之旧时记录文书以及显示属我国领有的文字或口头传说的证据。”

来源：日本国立公文书馆

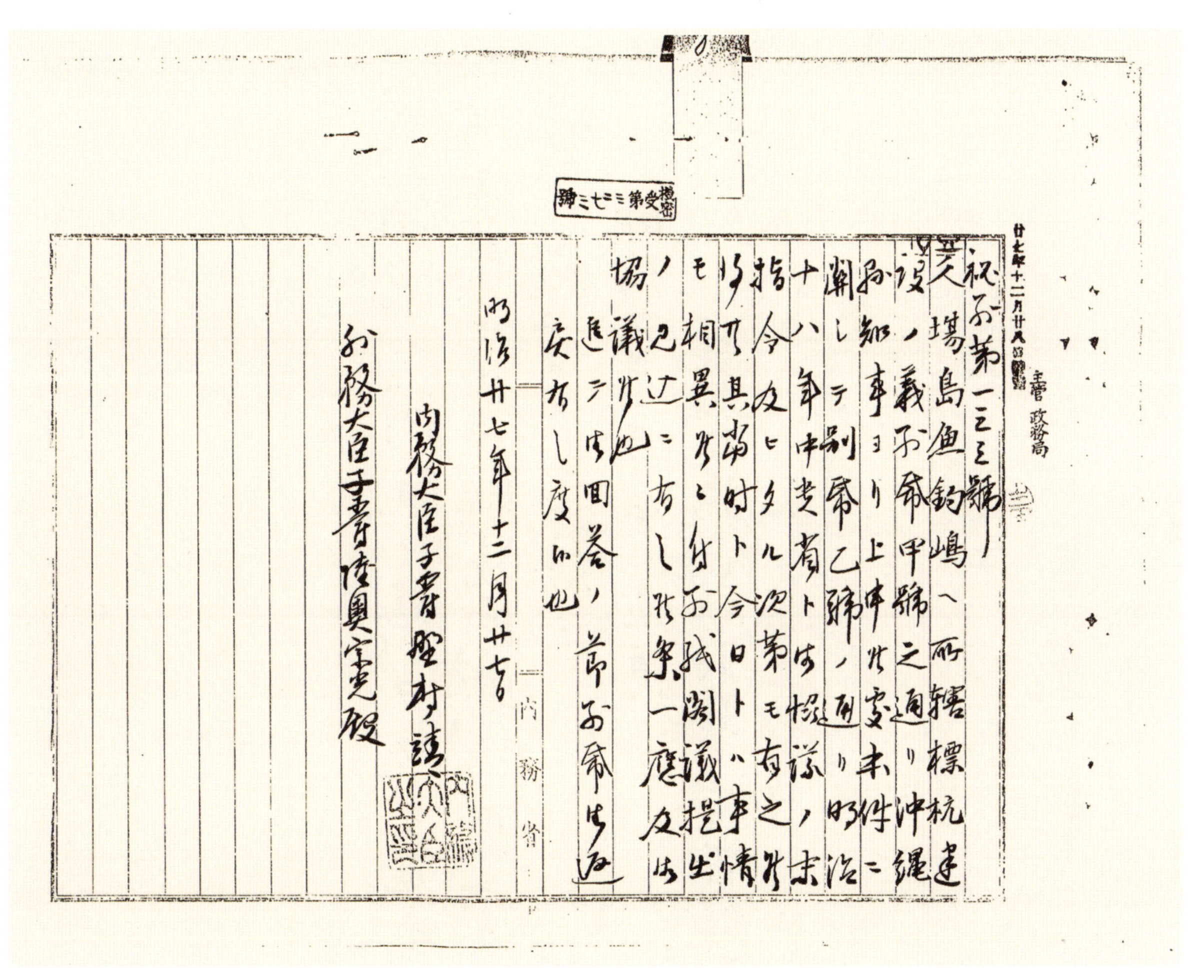

秘別第一三三號

久場島魚釣島ヘ所轄標杭建設ノ義別紙甲號之通リ沖縄縣知事ヨリ上申候處本件ニ關シテ別紙乙號ノ通明治十八年中貴省ト協議ノ末指令及ヒタル次第モ有之候ヘ共其當時ト今日トハ事情モ相異候ニ付別紙閣議提出ノ見込ニ有之候條一應及御協議候也

追テ本件御回答ノ節別紙御返戻有之度候也

明治廿七年十二月廿七日

内務大臣子爵野村靖

外務大臣子爵陸奥宗光殿

秘别第一三三號

明治二十七年十二月二十七日（1894 年 12 月 27 日）

1894 年 7 月，日本发动甲午战争。同年 11 月底，日本军队占领中国旅顺口，清朝败局已定。在此情景下，明治二十七年（1894）十二月二十七日，日本内务大臣野村靖致函外务大臣陆奥宗光《秘别第一三三号》，他认为“关于久场岛、鱼钓岛建立所辖标桩事宜”，“今昔形势已殊，有望递交内阁会议重议此事如附件，特先与您商议”，要求将在钓鱼岛建立国标、纳入版图事提交内阁会议决定。1895 年 1 月 11 日，陆奥宗光回函表示支持。

来源：日本国立公文书馆

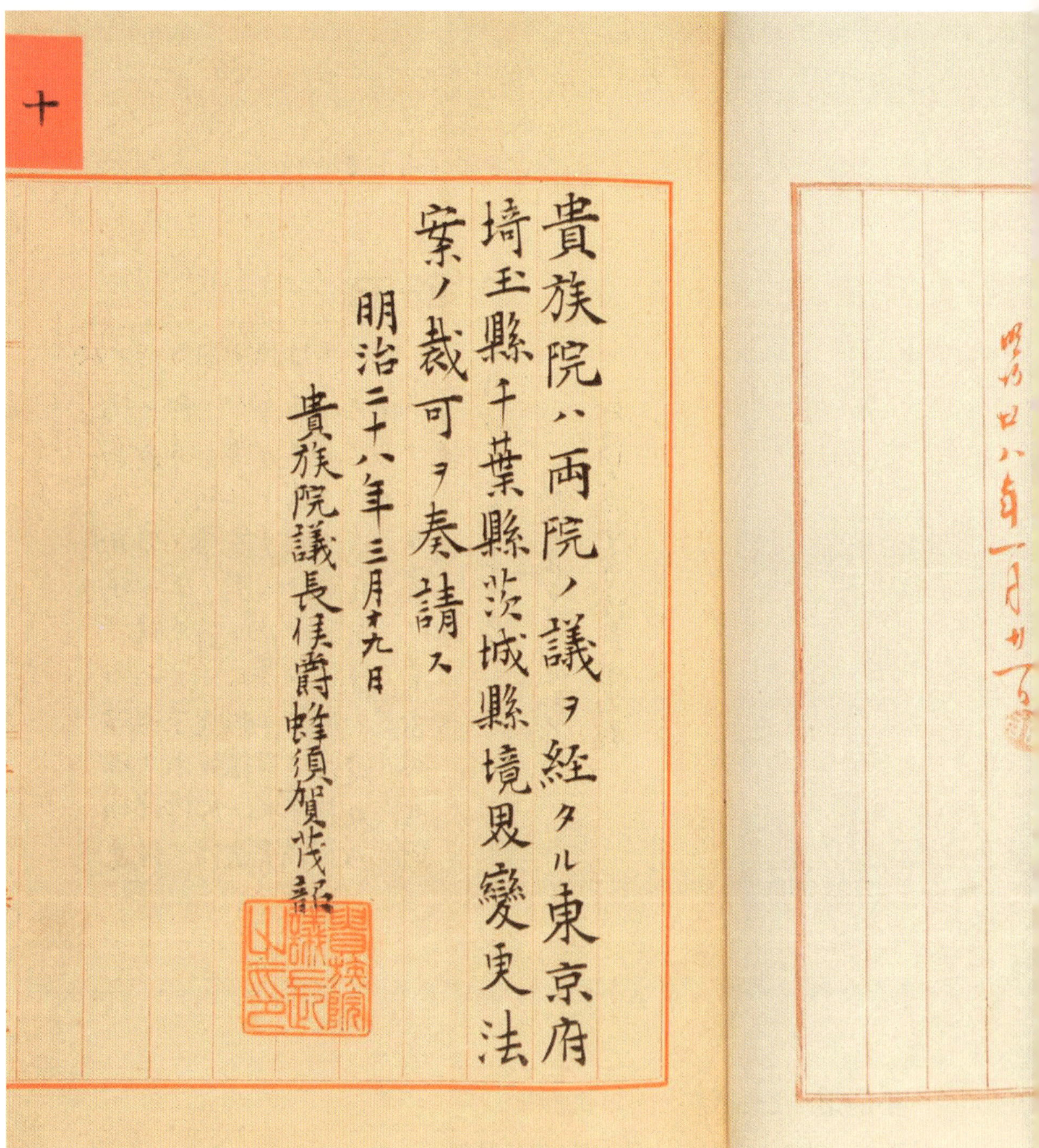
十

貴族院ハ両院ノ議ヲ経タル東京府埼玉縣千葉縣茨城縣境界變更法案ノ裁可ヲ奏請ス

明治二十八年三月廿九日

貴族院議長侯爵蜂須賀茂韶

標杭建設に関する閣議決定

明治二十八年一月十四日（1895 年 1 月 14 日）

明治二十八年（1895）一月十四日，日本政府不等甲午战争结束，便迫不及待地通过“内阁决议”，单方面决定将钓鱼岛“划归”冲绳县所辖，秘而不宣地窃取了钓鱼岛。

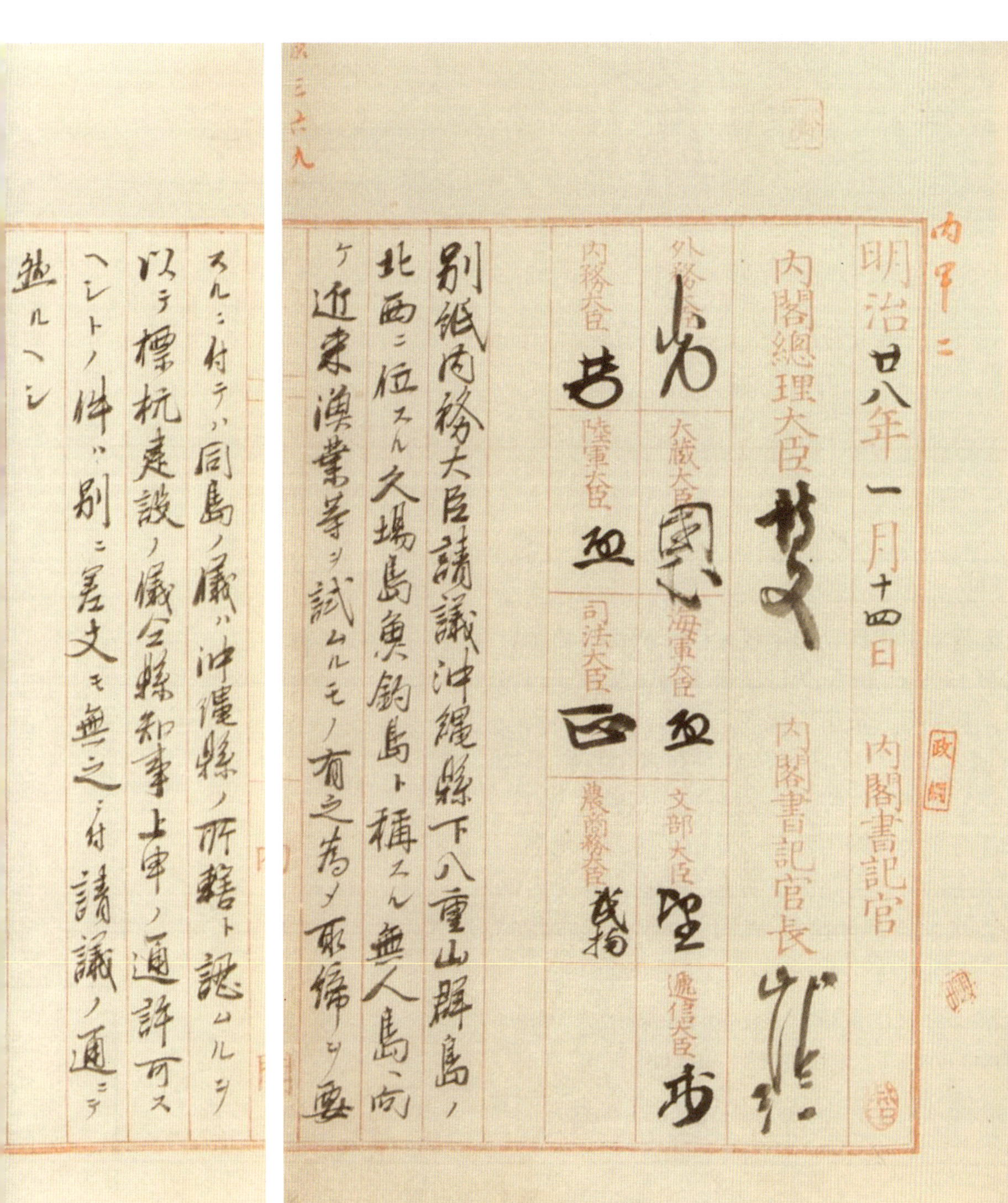

明治廿八年一月十四日

内閣総理大臣

内閣書記官長

内閣書記官

外務大臣　大蔵大臣　海軍大臣　文部大臣　逓信大臣

内務大臣　陸軍大臣　司法大臣　農商務大臣

別紙内務大臣請議沖縄県下八重山群島ノ北西ニ位スル久場島魚釣島ト称スル無人島ヘ向ケ近来漁業等ヲ試ムルモノ有之為メ取締ヲ要スルニ付テハ同島ノ儀ハ沖縄県ノ所轄ト認ムルヲ以テ標杭建設ノ儀同県知事上申ノ通許可スヘシトノ件ハ別ニ差支モ無之ニ付請議ノ通ニテ然ルヘシ

值得注意的是，日本从 1885 年开始调查钓鱼岛到 1895 年窃占，始终是秘密进行的，即既未在钓鱼岛等岛屿上建立国家标桩，也未以天皇敕令的形式对外公布。

来源：日本国立公文书馆

马关条约

1895 年 4 月 17 日

《马关条约》由清廷议和全权大臣李鸿章与日本首相伊藤博文于 1895 年 4 月 17 日在日本马关签订。该条约共十一条，其中第二条第二款规定中国割让“台湾全岛及所有附属各岛屿”。1895 年 6 月 2 日中日官员李经方和桦山资纪于基隆签署了《交接台湾文据》，同日，日本台湾总督海军大将桦山资纪，发布了接管台湾岛、澎湖列岛的《谕示》。由此，事实上，钓鱼岛作为台湾的附属岛屿，也一并割让给日本。1900 年，日本将钓鱼岛改名为“尖阁列岛”。

来源：《马关条约》出自国家图书馆藏中国历史博物馆编《中国近代史参考图录 : 1840-1919》（上海教育出版社，1986,1988 重印）

《交接台湾文据》出自国家图书馆藏王铁崖编《中外旧约章汇编》(三联书店，1957)

《谕示》出自国家图书馆藏张筱强编著《图片中国百年史》（山东画报出版社，2002)

第二兩次賠款交清通商行船約章亦經批准互換之
後中國政府與日本政府確定周全妥善辦法將通商
口岸關稅作爲剩款並息之抵押日本可允撤回軍隊
倘中國政府不卽確定抵押辦法則未經交清末次賠

中日馬關新約 六

款之前日本應不允撤回軍隊但通商行船約章未經
批准互換以前雖交清賠款日本仍不撤回軍隊

第九款

本約批准互換之後兩國應將是時所有俘虜盡數交
還中國約將由日本所還俘虜並不加以虐待若或置
於罪戾

中國約將認爲軍事間諜或被嫌逮繫之日本臣民卽
行釋放併約此次交仗之間所有關涉日本軍隊之中
國臣民概予寬貸併飭有司不得擅爲逮繫

約批准互換之日起每一周年屆滿貼交四分之一
庫平銀五十萬兩

第二款

在威海衛應將劉公島及威海衛口灣沿岸照日本國

《马关条约》全文(下)。

第一款
中國認明朝鮮國確爲完全無缺之獨立自主故凡有
虧損獨立自主體制卽如該國向中國所修貢獻典禮
等嗣後全行廢絕
第二款
中國將管理下開地方之權併將該地方所有堡壘軍
器工廠及一切屬公物件永遠讓與日本
一下開劃界以內之奉天省南邊地方從鴨綠江口
溯該江以抵安平河口又從該河口劃至鳳凰城

中日馬關新約 一

海城及營口而止畫成折線以南地方所有前開
各城市邑皆包括在劃界線內該線抵營口之遼
河後卽順流至海口止彼此以河中心爲分界
遼東灣東岸及黃海北岸在奉天省所屬諸島嶼
亦一併在所讓境內
二臺灣全島及所有附屬各島嶼
三澎湖列島卽英國格林尼次東經百十九度起至
百二十度止及北緯二十三度起至二十四度之
間諸島嶼

第三款
前款所載及粘附本約之地圖所劃疆界俟本約批准
互換之後兩國應各選派官員二名以上爲公同劃定
疆界委員就地踏勘確定劃界若遇本約所訂疆界於
地形或治理所關有礙難不便等情各該委員等當妥
爲參酌更定
各該委員等當從速辦理界務以期奉委之後限一年
竣事但遇各該委員等有所更定劃界兩國政府未經
認准以前應據本約所定劃界爲正

中日馬關新約 二

第四款
中國約將庫平銀貳萬萬兩交與日本作爲賠償軍費
該款分作八次交完第一次伍千萬兩應在本約批准
互換後六箇月內交清第二次伍千萬兩應在本約批
准互換後十二箇月內交清餘款平分六次遞年交納
其法列下第一次平分遞年之款於兩年內交清第二
次於三年內交清第三次於四年內交清第四次於五
年內交清第五次於六年內交清第六次於七年內交
清其年分均以本約批准互換之後起算又第一次賠
款交清後未經交完之款應按年加每百抽五之息但
無論何時將應賠之款或全數或幾分先期交清均聽
中國之便如從條約批准互換之日起三年之內能全
數清還除將已付利息或兩年半或不及兩年半於應
付本銀扣還外餘仍全數免息
第五款
本約批准互換之後限二年之內日本准中國讓與地
方人民願遷居讓與地方之外者任便變賣所有產業
退去界外但限滿之後尚未遷徙者酌宜視爲日本臣

中日馬關新約 三

民
又臺灣一省應於本約批准互換後兩國立卽各派大
員至臺灣限於本約批准互換後兩箇月內交接清楚
第六款
中日兩國所有約章因此次失和自屬廢絕中國約俟
本約批准互換之後速派全權大臣與日本所派全權
大臣會同訂立通商行船條約及陸路通商章程其兩
國新訂約章應以中國與泰西各國現行約章爲本又
本約批准互換之日起新訂約章未經實行之前所有

日本政府官吏臣民及商業工藝行船船隻陸路通商
等與中國最爲優待之國禮遇護視一律無異
中國約將下開讓與各款從兩國全權大臣畫押蓋印
日起六箇月後方可照辦
第一現今中國已開通商口岸之外應准添設下開
各處立爲通商口岸以便日本臣民往來僑寓從
事商業工藝製作所有添設口岸均照向開通商
海口或向開內地鎭市章程一體辦理應得優例
及利益等亦當一律享受

中日馬關新約 四

一湖北省荊州府沙市
二四川省重慶府
三江蘇省蘇州府
四浙江省杭州府
日本政府得派遣領事官於前開各口駐紮
第二日本輪船得駛入下開各口附搭行客裝運貨
物
一從湖北省宜昌溯長江以至四川省重慶府
二從上海駛進吳淞江及運河以至蘇州府杭州
府
中日兩國未經商定行船章程以前上開各口行
船務依外國船隻駛入中國內地水路現行章程
照行
第三日本臣民在中國內地購買經工貨件若自生
之物或將進口商貨運往內地之時欲暫行存棧
除勿庸輸納稅鈔派徵一切諸費外得暫租棧房
存貨
第四日本臣民得在中國通商口岸城邑任便從事

中日馬關新約 五

各項工藝製造又得將各項機器任便裝運進口
只交所定進口稅
日本臣民在中國製造一切貨物其於內地運送
稅內地稅鈔課雜派以及在中國內地沾及寄存
棧房之益卽照日本臣民運入中國之貨物一體
辦理至應享優例豁除亦莫不相同
嗣後如有因以上加讓之事應增章程規條卽載
入本款所稱之行船通商條約內
第七款

第十款
本約批准互換日起應按兵息戰
第十一款
本約奉
大清帝國
大皇帝陛下及
大日本帝國
大皇帝陛下批准之後定於光緒二十一年四月十四日卽
明治二十八年五月初八日在煙台互換爲此兩國全

中日馬關新約 七

里法五里以內地方約合中國四十里以內爲日本
國軍隊駐守之區
在距上開劃界照日本國里法五里以內地方無論其
爲何處中國軍隊不宜偪近或紮駐以杜生衅之端
第三款
日本國軍隊所駐地方治理之務仍歸中國官員管理
但遇有日本國軍隊司令官爲軍隊衛養安甯軍紀
及分佈管理等事必須施行之處一經出示頒行則
於中國官員亦當責守

中日馬關新約 八

《马关条约》全文(上)。

爲此，兩帝國全權大臣欲立文據，卽行署名蓋印，以昭確實。
明治二十八年四月十七日
光緒二十一年三月二十三日

訂於下之關，繕寫兩分

附　註

本專條見"光緒條約"，卷38，頁15。日文本見"日支條約"，頁5—6。

1895—7—日本

交接臺灣文據

一八九五年六月二日，光緒二十一年五月初十日，
明治二十八年六月二日，基隆。

大清國大皇帝陛下及大日本國大皇帝陛下爲照在馬關所定和約第五款第二條交接臺灣一省。
大清國大皇帝陛下簡派二品頂戴前出使大臣李經方；
大日本國大皇帝陛下簡派臺灣總督海軍大將從二位勳一等子爵樺山資紀；
各爲全權委員，因兩全權委員會同於基隆，所辦事項如左：
中、日兩帝國全權委員交接光緒二十一年三月二十三日，卽明治二十八年四月十七日，在馬關兩帝國欽差全權大臣所定和約第二款中國永遠讓與日本之臺灣全島及所有附屬各島嶼，並澎湖列島，在英國格林尼次東經百十九度起至百二十度止，及北緯二十三度起至二十四度之間諸島嶼之管理主權，並別册所示各該地方所有堡壘、軍器工廠及一切屬公物件，均皆清楚。爲此兩帝國全權委員願立文據，卽行署名蓋印，以照確實。
光緒二十一年五月初十日
明治二十八年六月二日

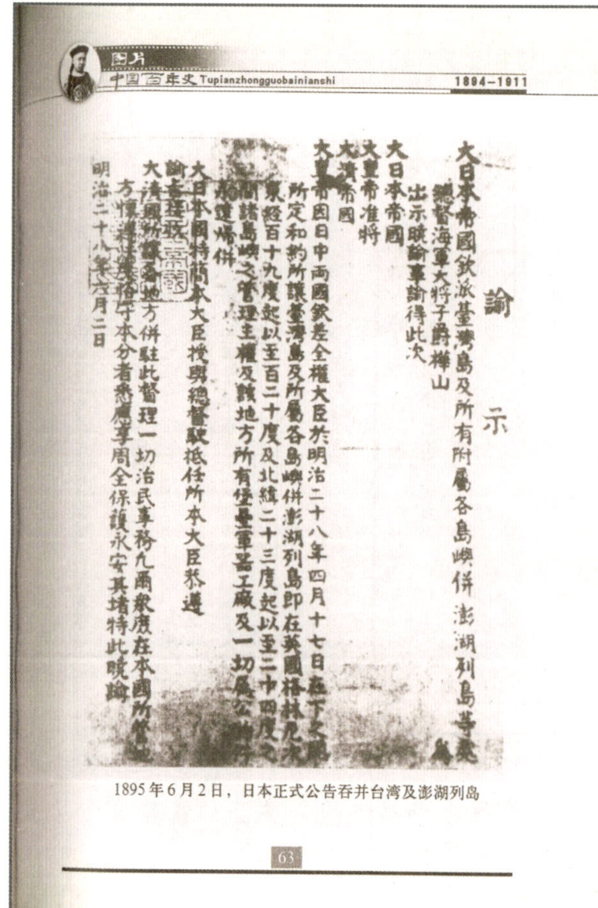

諭示

大日本帝國欽派臺灣島及所有附屬各島嶼併澎湖列島等處
總督海軍大將子爵樺山
出示曉諭事諭得此次
大日本帝國
大皇帝准將
大清帝國
大皇帝因日中兩國欽差全權大臣於明治二十八年四月十七日在下之關
所定和約所讓臺灣島及所屬各島嶼併澎湖列島即在英國格林尼次
東經百十九度起以至百二十度及北緯二十三度起以至二十四度之
間諸島嶼之管理主權及該地方所有堡壘軍器工廠及一切屬公物件
永遠讓併
大日本帝國特簡本大臣授與總督職抵任所本大臣恭遵
諭旨接收
大清國所讓各地方併駐此暫理一切治民事務凡爾衆庶在本國所管地
方[illegible]守本分者悉應享周全保護永安其堵特此曉諭
明治二十八年六月二日

1895年6月2日，日本正式公告吞并台湾及澎湖列岛

二、第二次世界大战后钓鱼岛回归中国

1941 年 12 月中国政府正式对日宣战，宣布废除中日之间的一切条约。1943 年 12 月《开罗宣言》规定，日本将所窃取的中国领土归还中国。1945 年 7 月《波茨坦公告》第八条规定，《开罗宣言》之条件必将实施。1945 年 9 月 2 日，日本政府在《日本投降书》中明确接受《波茨坦公告》，并承诺忠诚履行《波茨坦公告》各项规定。依据以上事实，钓鱼岛作为台湾的附属岛屿应与台湾一并归还中国。

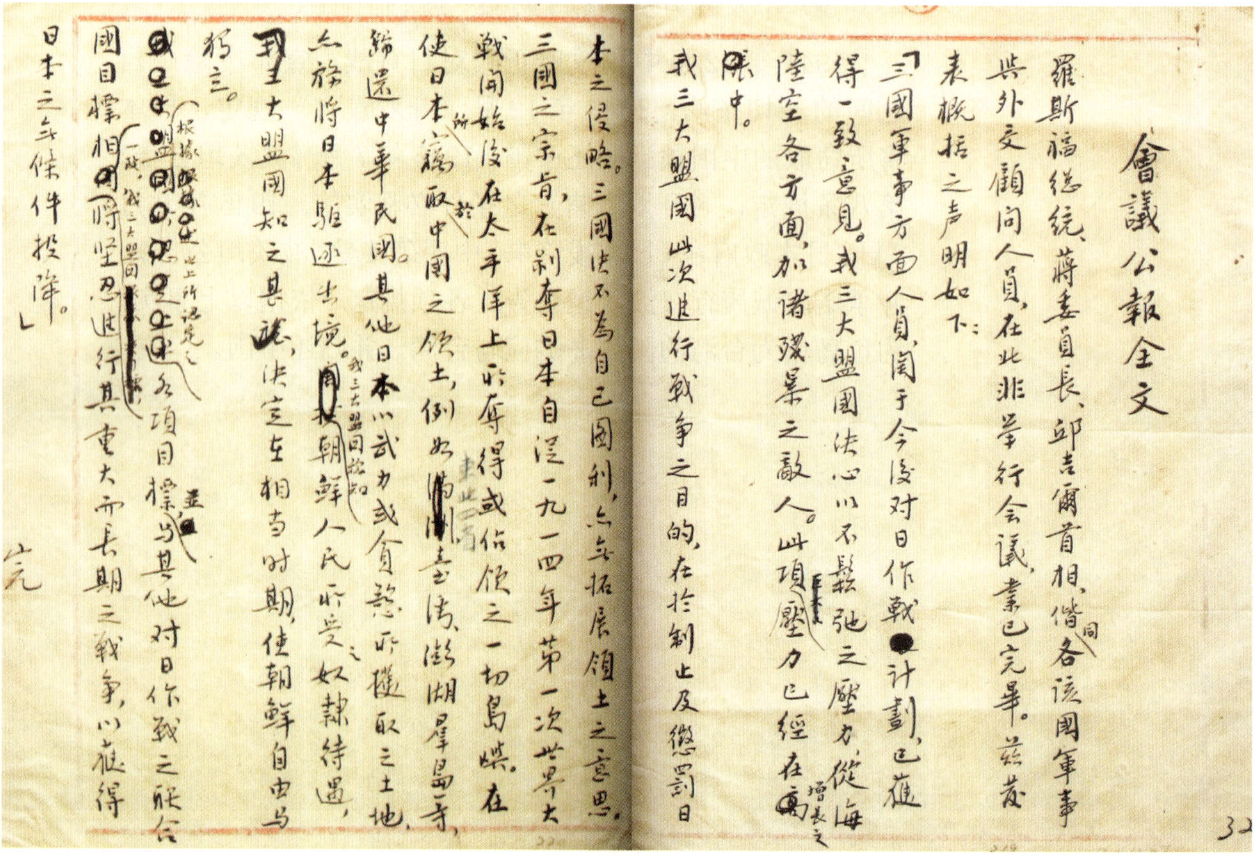

會議公報全文

羅斯福總統、蔣委員長、邱吉爾首相，偕同各該國軍事與外交顧問人員，在北非舉行會議，業已完畢。茲發表概括之声明如下：

「三國軍事方面人員，關于今後对日作戰計劃，已獲得一致意見。我三大盟國決心以不鬆弛之壓力，從海陸空各方面，加諸殘暴之敵人。此項壓力已經在增長之中。我三大盟國此次進行戰爭之目的，在於制止及懲罰日本之侵略。三國決不為自己圖利，亦無拓展領土之意思。三國之宗旨，在剝奪日本自從一九一四年第一次世界大戰開始後在太平洋上所奪得或佔領之一切島嶼，在使日本所竊取於中國之領土，例如滿洲、台灣、澎湖群島等，歸還中華民國。其他日本以武力或貪慾所攫取之土地，亦務將日本驅逐出境。我三大盟國稔知朝鮮人民所受之奴隸待遇，決定在相當時期，使朝鮮自由獨立。根據以上所認各項目標，並與其他對日作戰之聯合國目標相一致，我三大盟國將堅忍進行其重大而長期之戰爭，以獲得日本之無條件投降。」

完

开罗宣言

1943 年 12 月 1 日

第二次世界大战取得决定性胜利后，中、美、英三国首脑于 1943 年 11 月 22 日至 26 日在开罗举行会议，讨论如何协调对日作战的共同军事问题和战后如何处置日本等政治问题。根据中、美、英三国会谈和中美会晤精神，起草《开罗宣言》于 1943 年 12 月 1 日在重庆、华盛顿、伦敦三地同时发表，宣示了协同对日作战的宗旨，承诺了处置日本侵略者的安排。

informed that the subject of the inquiry would be discussed with the British Minister in Jidda; and the American Minister Resident did discuss it with the British Minister on a date which cannot be stated exactly without reference to records in Jidda, but which may have been November 16 or November 17, 1943.

A noteworthy feature of Mr. Jordan's telegram is that his concern over apparent lack of collaboration did not lead him to refer to his American colleague to verify the completeness or accuracy of his information before reporting to the Foreign Office, nor did he mention it when discussing arms with the American Minister Resident on or about November 16, 1943. It is also worthwhile to note that the British Foreign Office (or Ministry of State) attributed sufficient importance to this point of procedure to refer it to the highest authority.

CAIRO, November 30, 1943.

J[AMES] S. M[OOSE] JR.

B. THE COMMUNIQUÉ AND ITS RELEASE

Cairo Legation Records

Final Text of the Communiqué [1]

PRESS COMMUNIQUÉ

President Roosevelt, Generalissimo Chiang Kai-Shek and Prime Minister Churchill, together with their respective military and diplomatic advisers, have completed a conference in North Africa. The following general statement was issued:

"The several military missions have agreed upon future military operations against Japan. The three great Allies expressed their resolve to bring unrelenting pressure against their brutal enemies by sea, land and air. This pressure is already rising.

"The three great Allies are fighting this war to restrain and punish the aggression of Japan. They covet no gain for themselves and have no thought of territorial expansion. It is their purpose that Japan shall be stripped of all the islands in the Pacific which she has seized or occupied since the beginning of the first World War in 1914, and that all the territories Japan has stolen from the Chinese, such as Manchuria, Formosa, and the Pescadores, shall be restored to the Republic of China. Japan will also be expelled from all other territories which she has taken by violence and greed. The aforesaid three great powers, mindful of the enslavement of the people of Korea, are determined that in due course Korea shall become free and independent.

"With these objects in view the three Allies, in harmony with those of the United Nations at war with Japan, will continue to persevere in the serious and prolonged operations necessary to procure the unconditional surrender of Japan."

[1] This is the agreed text as it was given by Hopkins to Kirk on the afternoon of November 26, 1943; see the memorandum by Kirk, *infra*. For earlier drafts of the communiqué, see *ante*, pp. 399–404. The communiqué was released to the press by the White House on December 1, 1943, and was printed, with slight editorial variations, in the Department of State *Bulletin*, vol. IX, December 4, 1943, p. 393.

Cairo Legation Records

Memorandum by the Minister in Egypt (Kirk)

SECRET CAIRO, November 26, 1943.

MEMORANDUM

On this afternoon Mr. Harry Hopkins handed me a copy of the communiqué to be issued in regard to the Anglo American Chinese talks in Cairo and asked me to hold it pending the receipt of instructions from Tehran as to its release. Mr. Hopkins said that the matter of the release had not been decided upon and that I would be given 24 hours notice so that the release by the three interested countries might be simultaneous. Mr. Hopkins added that I should notify the Chinese [1] when I got instructions from Tehran. At the conclusion of the conversation I said that it seemed that all I was to do was to see that the U. S. correspondents in Cairo got the communiqué through O. W. I. and Mr. Hopkins replied in the affirmative.

A[LEXANDER] K[IRK]

[1] i. e., the Chinese Legation at Cairo.

Roosevelt Papers: Telegram

The Minister in Egypt (Kirk) to the President's Special Assistant (Hopkins), Temporarily at Tehran [1]

[CAIRO,] 28 November 1943.

Immediate and urgent for Harry Hopkins signed Kirk.

With reference to document which you gave me for safe keeping pending instructions from Tehran I learn from Ryan of Ministry of Information that British have communicated text in code through British Embassy here to Foreign Office in London preparatory to release upon notification flash from your party. Ryan states such

[1] Sent via Army channels.

《开罗宣言》中明确规定：“日本所窃取于中国之领土，例如东北四省、台湾、澎湖群岛等，归还中华民国。”

来源：国家图书馆藏杨克林、曹红编著《世界抗日战争图志》（上海画报出版社，2005）

美国威斯康星大学数字资源中心所藏 The Foreign Relation of the United States Diplomatic Papers 1943(Conferences at Cairo and Tehran). Washington Government Printing Office, 1961

中美英三国促令日本投降之波茨坦公告

(1945年7月26日于波茨坦)

一、余等：美国总統、中国国民政府主席及英国首相代表余等亿万国民，业經会商，并同意对日本应予以一机会，以結束此次战事。

二、美国、英帝国及中国之庞大陆海空部队，业已增强多倍。其由西方調来之軍队及空軍，即将予日本以最后之打击，彼此之武力受所有联合国之决心之支持及鼓励，对日作战，直至其停止抵抗为止。

三、德国无效果及无意識抵抗全世界激起之自由人之力量，所得之結果，彰彰在前，可为日本人民之殷鉴。

此种力量当其对付抵抗之納粹时，不得不将德国人民全体之土地工业及其生活方式摧残殆尽。但現在集中对付日本之力量則較之更为庞大，不可衡量。

吾等之軍力，加以吾人之坚决意志为后盾，若予以全部实施，必将使日本軍队完全毁灭，无可逃避，而日本之本土亦必終归全部摧毁。

四、現时业已到来，日本必須决定一途，其将繼續受其一意孤行計算錯誤，使日本帝国已陷于完全毁灭境地之軍人之統制，抑或走向理智之路？

五、以下为吾人之条件，吾人决不更改，亦无其他另一方式。犹豫迁延，更为吾人所不容許。

六、欺騙及錯誤領导日本人民使其妄欲征服世界之威权及势力，必須永久剔除。盖吾人坚持非将負責之穷兵黷武主义驅出世界，則和平安全及正义之新秩序势不可能。

七、直至如此之新秩序成立时，及直至日本制造战爭之力量业已

77

毁灭，有确实可信之証据时，日本領土上經盟国指定之地点，必須占領，俾吾人在此陈述之基本目的得以完成。

八、开罗宣言之条件必将实施，而日本之主权必将限于本州、北海道、九州、四国及吾人所决定其他小島之內。

九、日本軍队在完全解除武装以后，将被允許返其家乡，得有和平及生产生活之机会。

十、吾人无意奴役日本民族或消灭其国家，但对于战罪人犯，包括虐待吾人俘虏者在內，将处以法律之严厉制裁。

日本政府必須将阻止日本人民民主趋势之复兴及增强之所有障碍予以消除，言論宗教及思想自由以及对于基本人权之重視必須建立。

十一、日本将被許維持其經济所必需及可以償付实物賠償之工业，但可以使其重新武装作战之工业不在其內。为此目的，可准其获得原料，以别于統制原料。日本最后参加国际貿易关系当被准許。

十二、上述目的达到及依据日本人民自由表示之意志成立一傾向和平及負責之政府以后，同盟国占領軍队当即撤退。

十三、吾人通告日本政府立即宣布所有日本武装部队无条件投降，并对此种行动誠意实行予以适当及充分之保証。除此一途，日本即将迅速完全毁灭。

(根据美国对外关系文件8册104—107頁校訂)

苏英美三国柏林(波茨坦)会議議定書①

(1945年8月2日訂于柏林)

苏維埃社会主义共和国联盟、美利坚合众国和联合王国三国政

① 苏英美三国首脑出席的柏林会議（1945年7月17日至8月2日），开会地点在波茨坦附近的西席林霍夫，因此人們也称它为“波茨坦会議”。这个会議产生

78

波茨坦公告

1945 年 7 月 26 日

《波茨坦公告》全称《中美英三国促令日本投降之波茨坦公告》，由中、美、英三国首脑于 1945 年 7 月 26 日在波茨坦会议上联合发表，苏联于 8 月 8 日对日宣战后加入该公告。日本昭和天皇裕仁于 8 月 10 日通过瑞典及瑞士政府向中、美、英、苏四国照会接受《波茨坦公告》。

《波茨坦公告》第八条规定：“《开罗宣言》之条件必将实施，而日本之主权必将限于本州、北海道、九州、四国及吾人所决定之其他小岛。”

日本宣布接受《波茨坦公告》，就意味着必须归还其所侵占的所有中国领土，其中当然包括钓鱼岛及其附属岛屿。

来源：国家图书馆藏世界知识出版社编辑《国际条约集 1945-1947》（世界知识出版社，1959）

INSTRUMENT OF SURRENDER

We, acting by command of and in behalf of the Emperor of Japan, the Japanese Government and the Japanese Imperial General Headquarters, hereby accept the provisions set forth in the declaration issued by the heads of the Governments of the United States, China and Great Britain on 26 July 1945, at Potsdam, and subsequently adhered to by the Union of Soviet Socialist Republics, which four powers are hereafter referred to as the Allied Powers.

We hereby proclaim the unconditional surrender to the Allied Powers of the Japanese Imperial General Headquarters and of all Japanese armed forces and all armed forces under Japanese control wherever situated.

We hereby command all Japanese forces wherever situated and the Japanese people to cease hostilities forthwith, to preserve and save from damage all ships, aircraft, and military and civil property and to comply with all requirements which may be imposed by the Supreme Commander for the Allied Powers or by agencies of the Japanese Government at his direction.

We hereby command the Japanese Imperial General Headquarters to issue at once orders to the Commanders of all Japanese forces and all forces under Japanese control wherever situated to surrender unconditionally themselves and all forces under their control.

We hereby command all civil, military and naval officials to obey and enforce all proclamations, orders and directives deemed by the Supreme Commander for the Allied Powers to be proper to effectuate this surrender and issued by him or under his authority and we direct all such officials to remain at their posts and to continue to perform their non-combatant duties unless specifically relieved by him or under his authority.

We hereby undertake for the Emperor, the Japanese Government and their successors, to carry out the provisions of the Potsdam Declaration in good faith, and to issue whatever orders and take whatever action may be required by the Supreme Commander for the Allied Powers or by any other designated representative of the Allied Powers for the purpose of giving effect to that Declaration.

We hereby command the Japanese Imperial Government and the Japanese Imperial General Headquarters at once to liberate all allied prisoners of war and civilian internees now under Japanese control and to provide for their protection, care, maintenance and immediate transportation to places as directed.

The authority of the Emperor and the Japanese Government to rule the state shall be subject to the Supreme Commander for the Allied Powers who will take such steps as he deems proper to effectuate these terms of surrender.

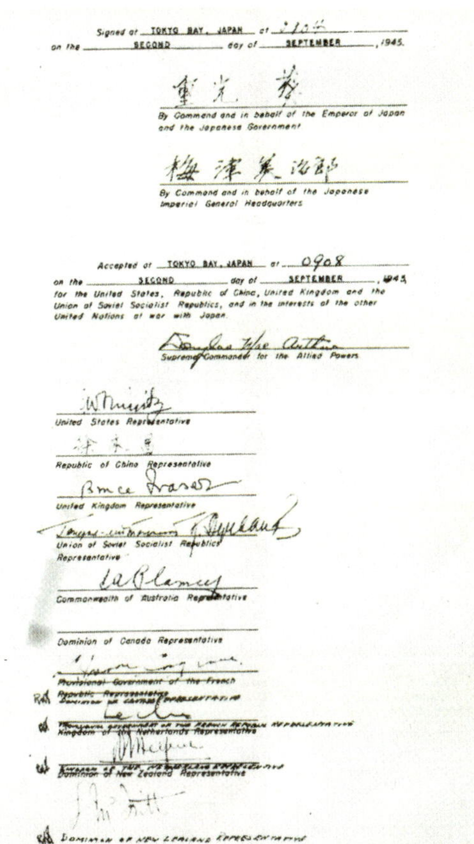
Signed at TOKYO BAY, JAPAN at 0904 on the SECOND day of SEPTEMBER, 1945.

By Command and in behalf of the Emperor of Japan and the Japanese Government

By Command and in behalf of the Japanese Imperial General Headquarters

Accepted at TOKYO BAY, JAPAN at 0908 on the SECOND day of SEPTEMBER, 1945, for the United States, Republic of China, United Kingdom and the Union of Soviet Socialist Republics, and in the interests of the other United Nations at war with Japan.

Supreme Commander for the Allied Powers

United States Representative

Republic of China Representative

United Kingdom Representative

Union of Soviet Socialist Republics Representative

Commonwealth of Australia Representative

Dominion of Canada Representative

Provisional Government of the French Republic Representative

Kingdom of the Netherlands Representative

Dominion of New Zealand Representative

日本投降书

1945年9月2日

1945年8月15日，日本政府宣布接受《波茨坦公告》，无条件投降。9月2日，日本外相重光葵在美国军舰密苏里号上正式签署投降书，自此第二次世界大战宣告结束。《日本投降书》第一条及第六条中均宣示“承担忠诚履行《波茨坦公告》各项规定之义务。”

因此，依据《开罗宣言》《波茨坦公告》和《日本投降书》，钓鱼岛作为台湾的附属岛屿应与台湾一并归还中国。

来源：国家图书馆藏日本外务省编《日本外交年表竝主要文書：1840-1945》（原書房，1965）

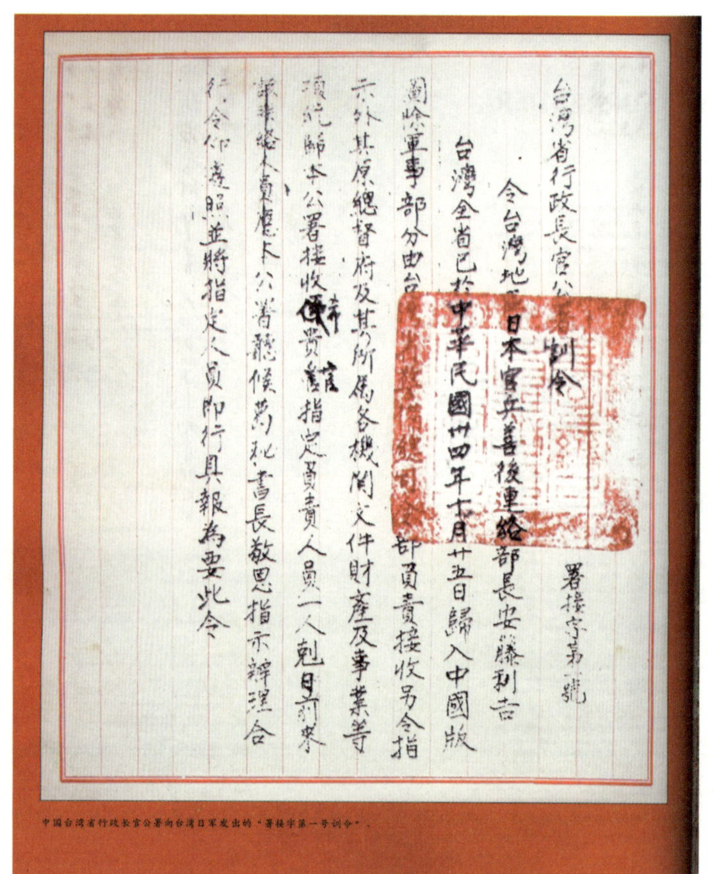

台灣省行政長官公署訓令　署接字第一號

令台灣地區日本官兵善後連絡部長安藤利吉

台灣全省已於中華民國卅四年十月廿五日歸入中國版圖除軍事部分由台灣警備總司令部負責接收另令指示外其原總督府及其所屬各機關文件財產及事業等須統歸本公署接收仰貴部長指定負責人員一人剋日前來[illegible]本公署聽候葛秘書長敬恩指示辦理合行令仰遵照並將指定人員即行具報為要此令

中国台湾省行政长官公署向台湾日军发出的"署接字第一号训令"。

中国政府收复台湾

1945 年 10 月 25 日

1945 年 8 月 27 日，国民政府下令设立“台湾省行政长官公署”。10 月 2 日，台湾省行政长官公署和警备总司令部前进指挥所在台北成立，负责处理日军集中及受降各项事宜。10 月 17 日和 22 日，中国陆军第 70 军和第 62 军陆续在基隆和高雄等地登陆，分别负责台湾北部地区和南部地区。10 月 25 日，中国政府正式收复台湾、澎湖列岛，恢复对台湾行使主权。中国台湾省行政长官兼警备总司令陈仪在台北市接受了日军第十方面军司令长官安藤利吉的投降。被迫割让给日本 50 余年的台湾省，重新归入中国版图。台湾不仅在法律上，而且在事实上已归还中国，成为中国领土不可分割的一部分。

来源：国家图书馆藏杨克林、曹红编著《世界抗日战争图志》（上海画报出版社，2005）

GENERAL HEADQUARTERS
SUPREME COMMANDER FOR THE ALLIED POWERS

AG 091 (29 Jan 46)GS
(SCAPIN - 677)

[illegible] 500
29 January 1946

MEMORANDUM FOR: IMPERIAL JAPANESE GOVERNMENT.

THROUGH : Central Liaison Office, Tokyo.

SUBJECT : Governmental and Administrative Separation of Certain Outlying Areas from Japan.

1. The Imperial Japanese Government is directed to cease exercising, or attempting to exercise, governmental or administrative authority over any area outside of Japan, or over any government officials and employees or any other persons within such areas.

2. Except as authorized by this Headquarters, the Imperial Japanese Government will not communicate with government officials and employees or with any other persons outside of Japan for any purpose other than the routine operation of authorized shipping, communications and weather services.

3. For the purpose of this directive, Japan is defined to include the four main islands of Japan (Hokkaido, Honshu, Kyushu and Shikoku) and the approximately 1,000 smaller adjacent islands, including the Tsushima Islands and the Ryukyu (Nansei) Islands north of 30° North Latitude (excluding Kuchinoshima Island); and excluding (a) Utsuryo (Ullung) Island, Liancourt Rocks (Take Island) and Quelpart (Saishu or Cheju) Island, (b) the Ryukyu (Nansei) Islands south of 30° North Latitude (including Kuchinoshima Island), the Izu, Nanpo, Bonin (Ogasawara) and Volcano (Kazan or Iwo) Island Groups, and all other outlying Pacific Islands [including the Daito (Ohigashi or Oagari) Island Group, and Parece Vela (Okino-tori), Marcus (Minami-tori) and Ganges (Nakano-tori) Islands], and (c) the Kurile (Chishima) Islands, the Habomai (Hapomaze) Island Group (including Suisho, Yuri, Akiyuri, Shibotsu and Taraku Islands) and Shikotan Island.

4. Further areas specifically excluded from the governmental and administrative jurisdiction of the Imperial Japanese Government are the following: (a) all Pacific Islands seized or occupied under mandate or otherwise by Japan since the beginning of the World War in 1914, (b) Manchuria, Formosa and the Pescadores, (c) Korea, and (d) Karafuto.

BASIC: Memo, GHQ SCAP, file AG 091 (29 Jan 46)GS (SCAPIN 667) dtd 29 Jan '46, subj: "Governmental and Administrative Separation of Certain Outlying Areas from Japan", to IJG

5. The definition of Japan contained in this directive shall also apply to all future directives, memoranda and orders from this Headquarters unless otherwise specified therein.

6. Nothing in this directive shall be construed as an indication of Allied policy relating to the ultimate determination of the minor islands referred to in Article 8 of the Potsdam Declaration.

7. The Imperial Japanese Government will prepare and submit to this Headquarters a report of all governmental agencies in Japan the functions of which pertain to areas outside of Japan as defined in this directive. Such report will include a statement of the functions, organization and personnel of each of the agencies concerned.

8. All records of the agencies referred to in paragraph 7 above will be preserved and kept available for inspection by this Headquarters.

FOR THE SUPREME COMMANDER:

H. W. Allen
H. W. ALLEN,
Colonel, AGD.
Asst Adjutant General.

盟军最高司令部训令第 677 号

1946 年 1 月 29 日

1946 年 1 月 29 日，《盟军最高司令部训令第 677 号》明确规定了日本施政权所包括的范围是“日本的四个主要岛屿（北海道、本州、九州、四国）及包括对马诸岛、北纬 30 度以北的琉球诸岛的约 1000 个邻近小岛”。

来源：日本外务省

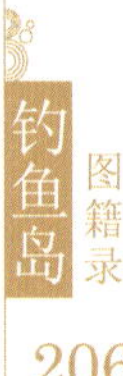

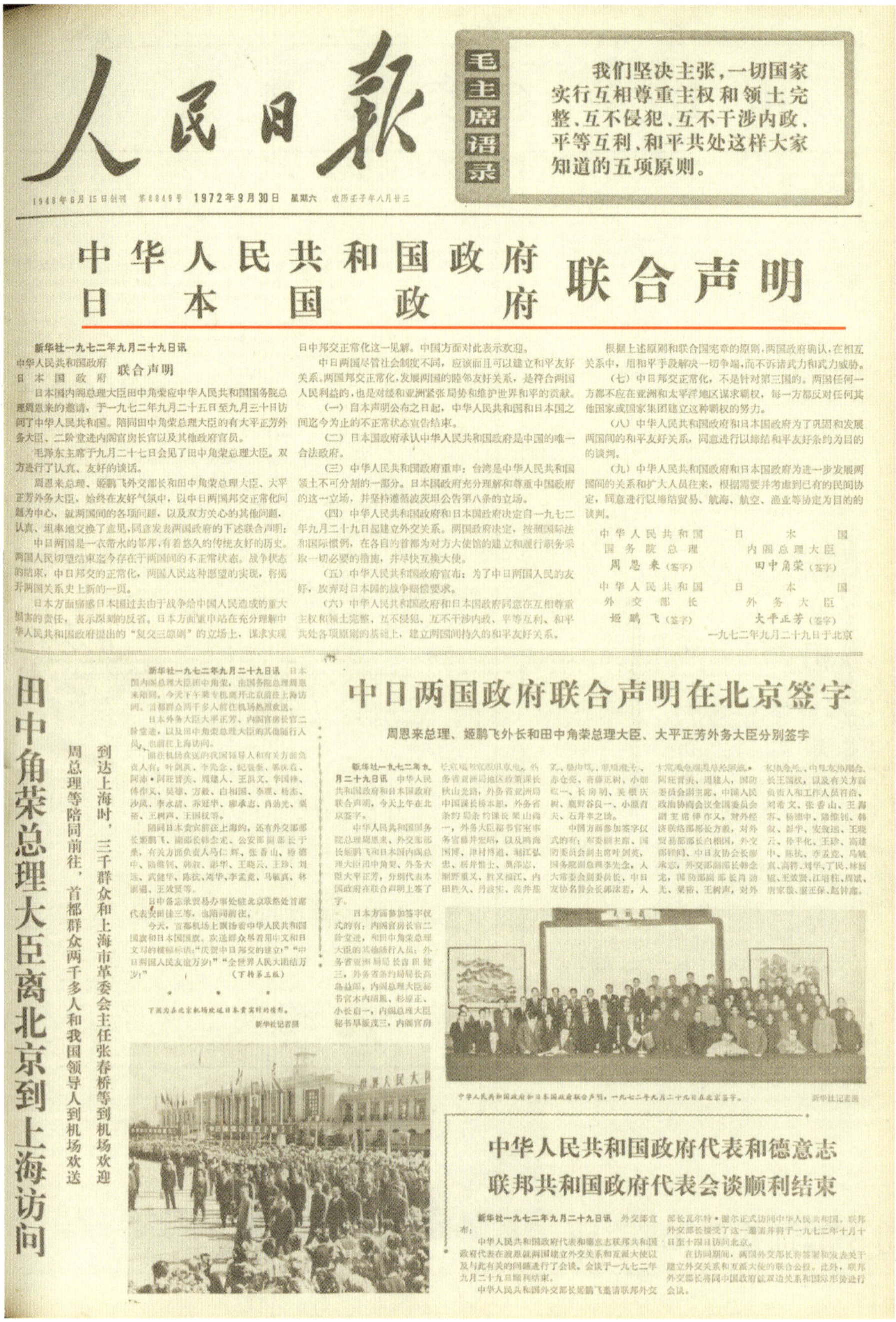

人民日报

毛主席语录

我们坚决主张，一切国家实行互相尊重主权和领土完整、互不侵犯、互不干涉内政、平等互利、和平共处这样大家知道的五项原则。

1948年6月15日创刊 第8849号 1972年9月30日 星期六 农历壬子年八月廿三

中华人民共和国政府
日本国政府
联合声明

新华社一九七二年九月二十九日讯

中华人民共和国政府
日本国政府
联合声明

日本国内阁总理大臣田中角荣应中华人民共和国国务院总理周恩来的邀请，于一九七二年九月二十五日至九月三十日访问了中华人民共和国。陪同田中角荣总理大臣的有大平正芳外务大臣、二阶堂进内阁官房长官以及其他政府官员。

毛泽东主席于九月二十七日会见了田中角荣总理大臣。双方进行了认真、友好的谈话。

周恩来总理、姬鹏飞外交部长和田中角荣总理大臣、大平正芳外务大臣，始终在友好气氛中，以中日两国邦交正常化问题为中心，就两国间的各项问题，以及双方关心的其他问题，认真、坦率地交换了意见，同意发表两国政府的下述联合声明：

中日两国是一衣带水的邻邦，有着悠久的传统友好的历史。两国人民切望结束迄今存在于两国间的不正常状态。战争状态的结束，中日邦交的正常化，两国人民这种愿望的实现，将揭开两国关系史上新的一页。

日本方面痛感日本国过去由于战争给中国人民造成的重大损害的责任，表示深刻的反省。日本方面重申站在充分理解中华人民共和国政府提出的“复交三原则”的立场上，谋求实现日中邦交正常化这一见解。中国方面对此表示欢迎。

中日两国尽管社会制度不同，应该而且可以建立和平友好关系。两国邦交正常化，发展两国的睦邻友好关系，是符合两国人民利益的，也是对缓和亚洲紧张局势和维护世界和平的贡献。

（一）自本声明公布之日起，中华人民共和国和日本国之间迄今为止的不正常状态宣告结束。

（二）日本国政府承认中华人民共和国政府是中国的唯一合法政府。

（三）中华人民共和国政府重申：台湾是中华人民共和国领土不可分割的一部分。日本国政府充分理解和尊重中国政府的这一立场，并坚持遵循波茨坦公告第八条的立场。

（四）中华人民共和国政府和日本国政府决定自一九七二年九月二十九日起建立外交关系。两国政府决定，按照国际法和国际惯例，在各自的首都为对方大使馆的建立和履行职务采取一切必要的措施，并尽快互换大使。

（五）中华人民共和国政府宣布：为了中日两国人民的友好，放弃对日本国的战争赔偿要求。

（六）中华人民共和国政府和日本国政府同意在互相尊重主权和领土完整、互不侵犯、互不干涉内政、平等互利、和平共处各项原则的基础上，建立两国间持久的和平友好关系。

根据上述原则和联合国宪章的原则，两国政府确认，在相互关系中，用和平手段解决一切争端，而不诉诸武力和武力威胁。

（七）中日邦交正常化，不是针对第三国的。两国任何一方都不应在亚洲和太平洋地区谋求霸权，每一方都反对任何其他国家或国家集团建立这种霸权的努力。

（八）中华人民共和国政府和日本国政府为了巩固和发展两国间的和平友好关系，同意进行以缔结和平友好条约为目的的谈判。

（九）中华人民共和国政府和日本国政府为进一步发展两国间的关系和扩大人员往来，根据需要并考虑到已有的民间协定，同意进行以缔结贸易、航海、航空、渔业等协定为目的的谈判。

中华人民共和国 国务院总理 周恩来（签字）　　日本国 内阁总理大臣 田中角荣（签字）

中华人民共和国 外交部长 姬鹏飞（签字）　　日本国 外务大臣 大平正芳（签字）

一九七二年九月二十九日于北京

田中角荣总理大臣离北京到上海访问

到达上海时，三千群众和上海市革委会主任张春桥等到机场欢迎

周总理等陪同前往，首都群众两千多人和我国领导人到机场欢送

新华社一九七二年九月二十九日讯 日本国内阁总理大臣田中角荣，由国务院总理周恩来陪同，今天下午乘专机离开北京前往上海访问。首都群众两千多人前往机场热烈欢送。

日本外务大臣大平正芳、内阁官房长官二阶堂进，以及田中角荣总理大臣的其他随行人员，也前往上海访问。

中日两国政府联合声明在北京签字

周恩来总理、姬鹏飞外长和田中角荣总理大臣、大平正芳外务大臣分别签字

中华人民共和国政府代表和德意志联邦共和国政府代表会谈顺利结束

中华人民共和国政府和日本国政府联合声明（一九七二年五月二十九日）

人民日报 1972 年 9 月 30 日 第 1 版

1972 年 9 月 25 日至 9 月 30 日，日本国内阁总理大臣田中角荣应中华人民共和国国务院总理周恩来的邀请访华，并于 9 月 29 日签订了两国政府的联合声明，实现了中日邦交正常化。声明中指出，日本坚持遵循《波茨坦公告》第八条的立场，这意味着，日本必须承担兑现《波茨坦公告》规定的责任，放弃其侵占的所有中国领土，其中包括钓鱼岛。

来源：国家图书馆

三、美日私相授受钓鱼岛

1951年9月8日，美国等一些国家在排除中国的情况下，与日本缔结了《旧金山对日和平条约》（简称《旧金山和约》），规定北纬29度以南的西南诸岛等交由联合国托管，而美国为唯一施政当局。1952年2月29日、1953年12月25日琉球列岛美国民政府分别发布了第68号令（即《琉球政府章典》）和第27号令（即《关于琉球列岛的地理界限布告》），擅自扩大托管范围，将中国领土钓鱼岛划入其中。1971年6月17日，美日签署《关于琉球诸岛及大东诸岛的协定》，将琉球群岛和钓鱼岛的“施政权”“归还”给日本。

旧金山对日和平条约

1951 年 9 月 8 日

根据反法西斯国家签署的《联合国家宣言》《开罗宣言》《波茨坦公告》等有关国际协议，同盟国家不得与敌国单独媾和。但美国违反盟国的合法利益，于 1951 年 9 月 4 日至 8 日在旧金山召开对日和会，并在排除中国的情况下，单独与日本缔结了《旧金山对日和平条约》。该条约是在没有中华人民共和国参加、拟制和签订的情况下而签署的，对中国没有任何约束力。

更需要指出的是，《旧金山对日和平条约》第二章第三条明确规定："日本同意将北纬 29 度以南之西南诸岛包括琉球群岛及大东群岛……置于美国托管制度之下。"条约签订第二年，日本政府对条约作了详细的"解说"，"解说"中明确指出"历史上的北纬 29 度以南的西南诸岛，大体是指旧琉球王朝的势力所及范围"。而根据明清以来的相关史籍，钓鱼岛并不属于旧琉球王朝所辖范围。

来源：国家图书馆藏西村熊雄著，鹿島平和研究所編《日本外交史．27，サンフランシスコ平和条約》（鹿島研究所出版会，1971）

FOR JAPAN:
POUR LE JAPON:
POR EL JAPON:
日本国のために

Shigeru Yoshida
Hayato Ikeda
Gizo Tomabechi
Niro Hoshijima
Muneyoshi Tokugawa
Hisato Ichimada

サンフランシスコ平和条約日本全権署名
（外務省蔵）

サンフランシスコ平和条約に署名する吉田全権
（共同P提供）

IN FAITH WHEREOF the undersigned Plenipotentiaries have signed the present Treaty.

DONE at the city of San Francisco this eighth day of September 1951, in the English, French, and Spanish languages, all being equally authentic, and in the Japanese language.

EN FOI DE QUOI, les Plénipotentiaires soussignés ont apposé leur signature au bas du présent Traité.

FAIT en la ville de San-Francisco, ce huitième jour du mois de septembre 1951, en langues anglaise, française et espagnole, toutes faisant également foi, ainsi qu'en langue japonaise.

EN FE DE LO CUAL los infrascritos Plenipotenciarios firman el presente Tratado.

HECHO en la ciudad de San Francisco, el ocho de Septiembre de 1951, en los idiomas inglés, francés y español, todos de igual autenticidad, y en el idioma japonés.

以上の証拠として、下名の全権委員は、この条約に署名した。

千九百五十一年九月八日にサン・フランシスコ市で、ひとしく正文である英語、フランス語及びスペイン語により、並びに日本語により作成した。

Whereas the Allied Powers and Japan are resolved that henceforth their relations shall be those of nations which, as sovereign equals, cooperate in friendly association to promote their common welfare and to maintain international peace and security, and are therefore desirous of concluding a Treaty of Peace which will settle questions still outstanding as a result of the existence of a state of war between them;

Whereas Japan for its part declares its intention to apply for membership in the United Nations and in all circumstances to conform to the principles of the Charter of the United Nations; to strive to realize the objectives of the Universal Declaration of Human Rights; to seek to create within Japan conditions of stability and well-being as defined in Articles 55 and 56 of the Charter of the United Nations and already initiated by post-surrender Japanese legislation; and in public and private trade and commerce to conform to internationally accepted fair practices;

Whereas the Allied Powers welcome the intentions of Japan set out in the foregoing paragraph;

The Allied Powers and Japan have therefore determined to conclude the present Treaty of Peace, and have accordingly appointed the undersigned Plenipotentiaries, who, after presentation of their full powers, found in good and due form, have agreed on the following provisions:

CHAPTER I

PEACE

Article 1

(a) The state of war between Japan and each of the Allied Powers is terminated as from the date on which the present Treaty comes into force between Japan and the Allied Power concerned as provided for in Article 23.

TREATY OF PEACE

WITH

JAPAN

サンフランシスコ平和条約テキストの一部
（外務省蔵）

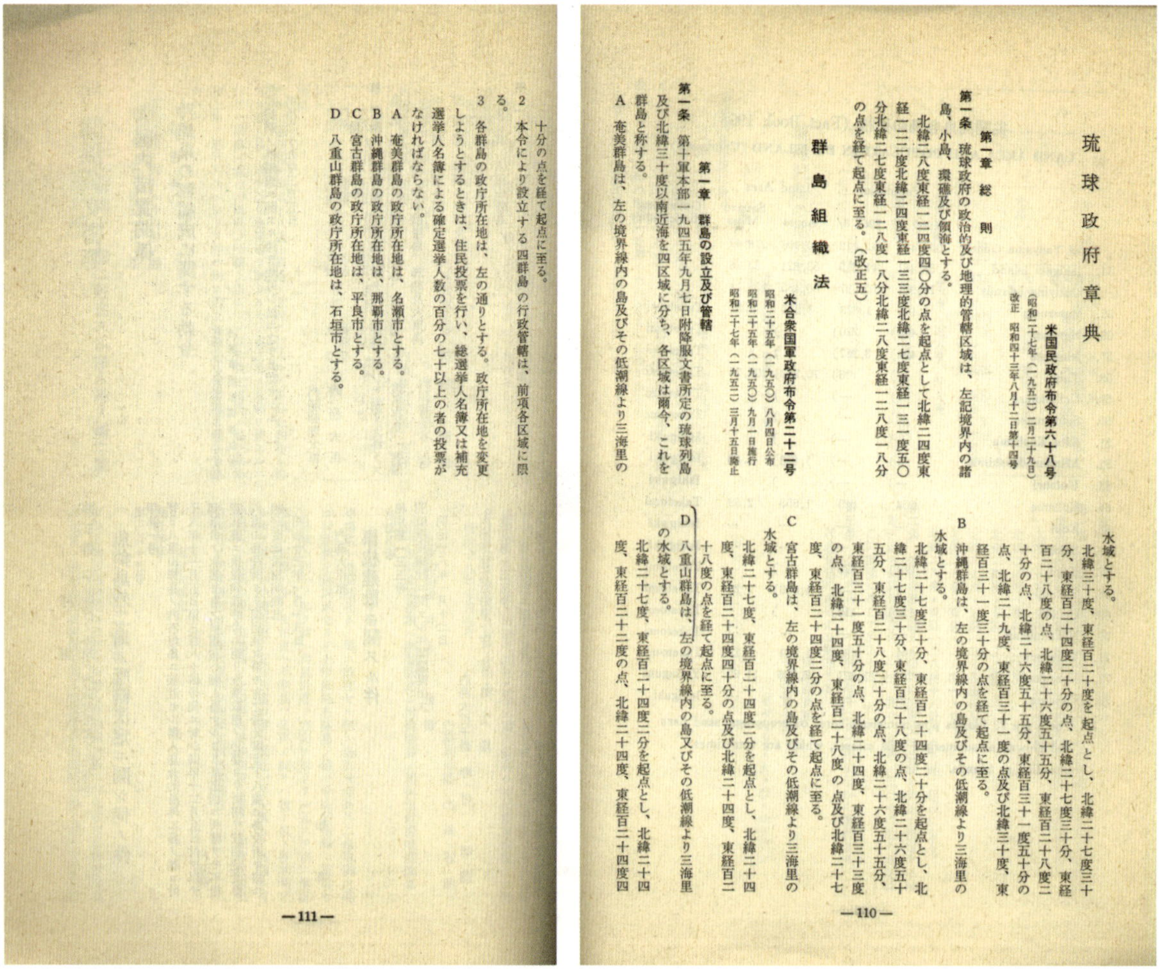

琉球政府章典

米国民政府布令第六十八号
（昭和二十七年（一九五二）二月二十九日）
改正　昭和四十三年八月十二日第十四号

第一章　総　則

第一条　琉球政府の政治的及び地理的管轄区域は、左記境界内の諸島、小島、環礁及び領海とする。

北緯二八度東経一二四度四〇分の点を起点として北緯二四度東経一二二度北緯二四度東経一三三度北緯二七度東経一三一度五〇分北緯二七度東経一二八度一八分北緯二八度東経一二八度一八分の点を経て起点に至る。（改正五）

群島組織法

米合衆国軍政府布令第二十二号
昭和二十五年（一九五〇）八月四日公布
昭和二十五年（一九五〇）九月一日施行
昭和二十七年（一九五二）三月十五日廃止

第一章　群島の設立及び管轄

第一条　第十軍本部一九四五年九月七日附降服文書所定の琉球列島及び北緯三十度以南近海を四区域に分ち、各区域は爾今、これを群島と称する。

A　奄美群島は、左の境界線内の島及びその低潮線より三海里の水域とする。

北緯三十度、東経百二十度を起点とし、北緯二十七度三十分、東経百二十四度二十分の点、北緯二十七度三十分、東経百二十八度二十分の点、北緯二十六度五十五分、東経百二十八度二十分の点、北緯二十九度、東経百三十一度五十分の点、北緯二十九度、東経百三十一度の点及び北緯三十度、東経百三十一度三十分の点を経て起点に至る。

B　沖縄群島は、左の境界線内の島及びその低潮線より三海里の水域とする。

北緯二十七度三十分、東経百二十四度二十分を起点とし、北緯二十七度三十分、東経百二十八度の点、北緯二十六度五十五分、東経百二十八度二十分の点、北緯二十六度五十五分、東経百三十一度五十分の点、北緯二十四度、東経百三十三度の点、北緯二十四度、東経百二十八度の点及び北緯二十七度、東経百二十四度二分の点を経て起点に至る。

C　宮古群島は、左の境界線内の島及びその低潮線より三海里の水域とする。

北緯二十七度、東経百二十四度二分を起点とし、北緯二十四度、東経百二十四度四十分の点及び北緯二十四度、東経百二十八度の点を経て起点に至る。

D　八重山群島は、左の境界線内の島又びその低潮線より三海里の水域とする。

北緯二十七度、東経百二十四度二分を起点とし、北緯二十四度、東経百二十二度の点、北緯二十四度、東経百二十四度四

十分の点を経て起点に至る。

2　本令により設立する四群島の行政管轄は、前項各区域に限る。

3　各群島の政庁所在地は、左の通りとする。政庁所在地を変更しようとするときは、住民投票を行い、総選挙人名簿又は補充選挙人名簿による確定選挙人数の百分の七十以上の者の投票がなければならない。

A　奄美群島の政庁所在地は、名瀬市とする。
B　沖縄群島の政庁所在地は、那覇市とする。
C　宮古群島の政庁所在地は、平良市とする。
D　八重山群島の政庁所在地は、石垣市とする。

琉球政府章典

琉球列岛美国民政府　1952 年 2 月 29 日

1952 年 2 月 29 日，琉球列岛美国民政府发布了第 68 号令，即《琉球政府章典》。该章典第一章第一条将美国托管的辖区范围指定为：“北纬 28 度、东经 124 度 40 分，北纬 24 度、东经 122 度，北纬 24 度、东经 133 度，北纬 27 度、东经 131 度 50 分，北纬 27 度、东经 128 度 18 分，北纬 28 度、东经 128 度 18 分六点连线的区域内各岛、小岛、环形礁、岩礁及领海”，而中国钓鱼岛及其附属岛屿的地理位置在北纬 25 度 40 分至北纬 26 度，东经 123 度 20 分至东经 124 度 40 分之间，恰位于该范围内。由此一来，美国将中国钓鱼岛及其附属岛屿非法列入其托管区域之内。

来源：国家图书馆藏《季刊・冲绳》（第 56 号 《尖阁列岛特集》 东京：南方同胞援护会，1971）

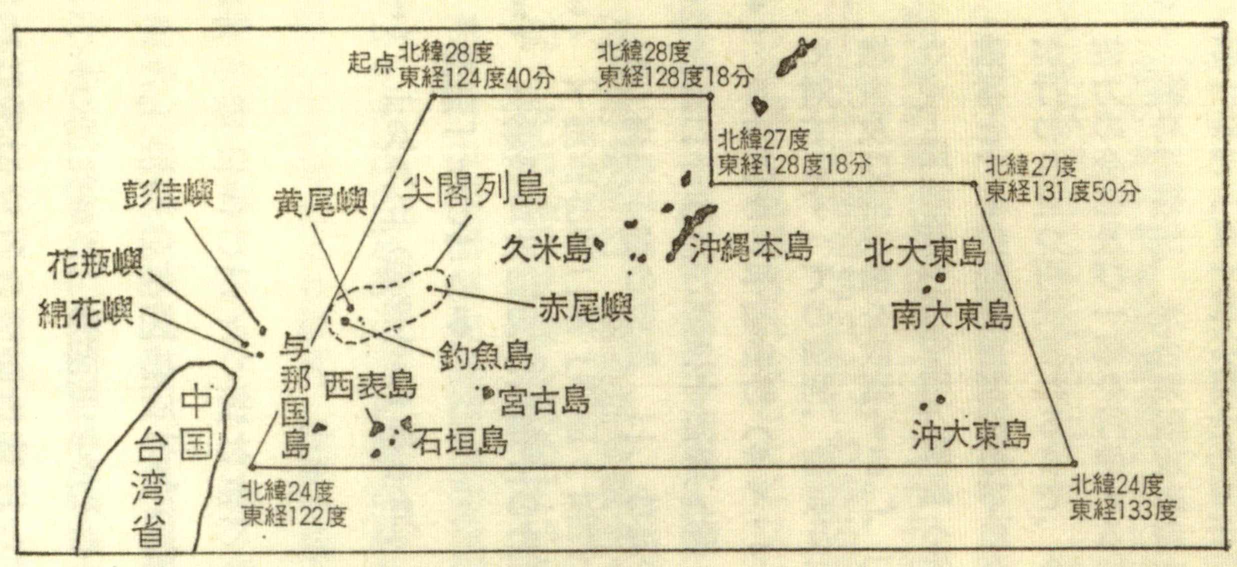

琉球列島の地理的境界

琉球列岛美国民政府　1953 年 12 月 25 日

1953 年 12 月 25 日，琉球列岛美国民政府发布了第 27 号令，即《关于琉球列岛的地理境界布告》。该布告称，根据 1951 年 9 月 8 日签署的对日和约，有必要重新指定琉球列岛的地理界限，并将当时美国政府和琉球政府管辖的区域指定为《琉球政府章典》中所规定的范围。

来源：国家图书馆藏《季刊 • 冲绳》（第 56 号 《尖阁列岛特集》 东京：南方同胞援护会，1971）

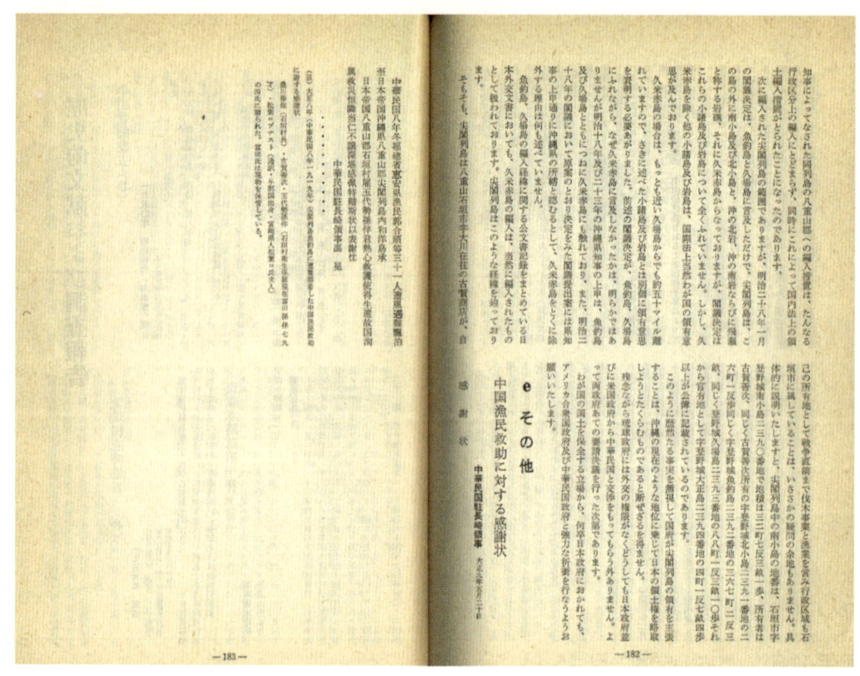

尖閣列島の領土権について

琉球政府　1970 年 9 月 17 日

昭和四十五年（1970）九月十七日，琉球政府发布了《关于尖阁列岛的领土权声明》（《尖閣列島の領土権について》），列举了日本所谓拥有钓鱼岛主权的论据。

来源：国家图书馆藏《季刊・冲绳》（第 56 号《尖阁列岛特集》东京：南方同胞援护会，1971）

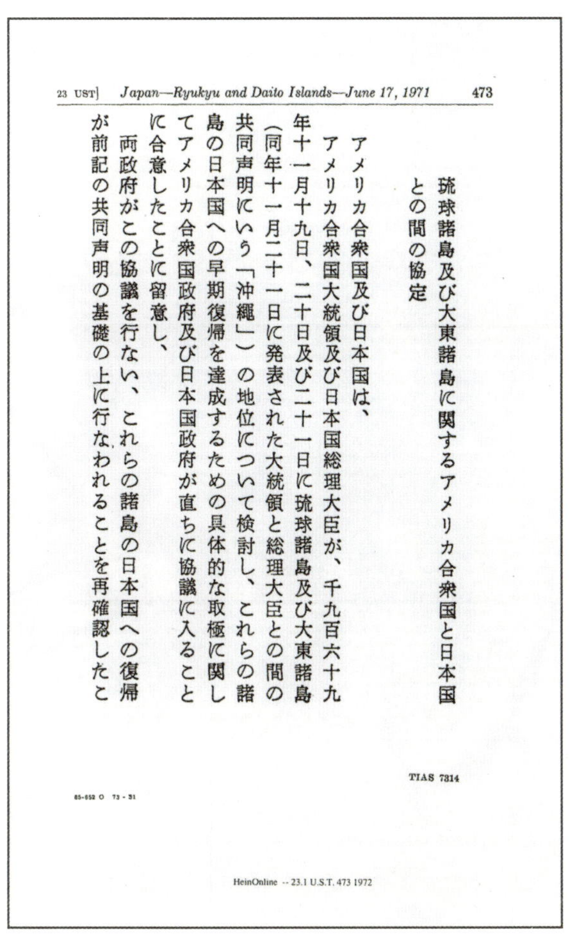

23 UST] *Japan—Ryukyu and Daito Islands—June 17, 1971* 473

琉球諸島及び大東諸島に関するアメリカ合衆国と日本国との間の協定

アメリカ合衆国及び日本国は、

アメリカ合衆国大統領及び日本国総理大臣が、千九百六十九年十一月十九日、二十日及び二十一日に琉球諸島及び大東諸島（同年十一月二十一日に発表された大統領と総理大臣との間の共同声明にいう「沖縄」）の地位について検討し、これらの諸島の日本国への早期復帰を達成するための具体的な取極に関してアメリカ合衆国政府及び日本国政府が直ちに協議に入ることに合意したことに留意し、

両政府がこの協議を行ない、これらの諸島の日本国への復帰が前記の共同声明の基礎の上に行なわれることを再確認したこ

TIAS 7314

85-652 O 73 - 31

HeinOnline -- 23.1 U.S.T. 473 1972

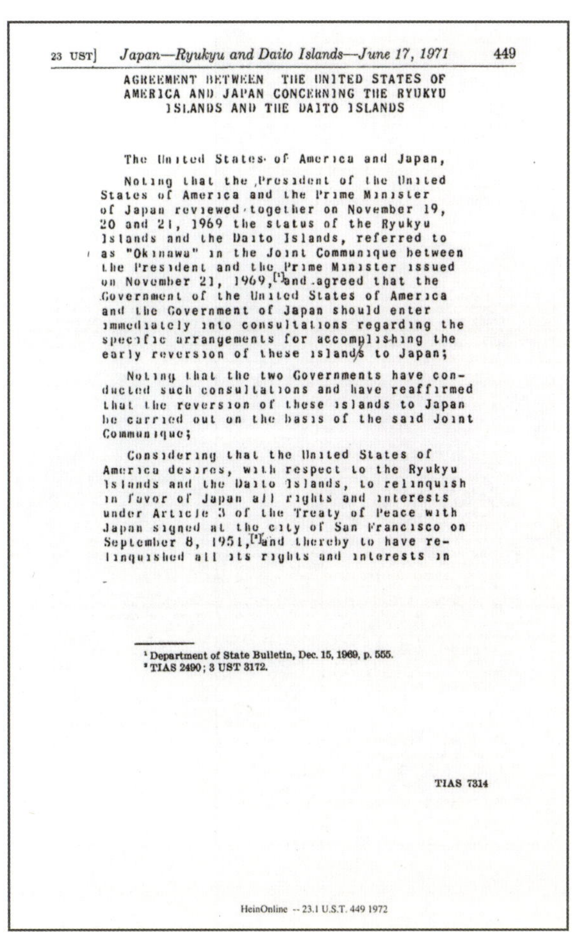

23 UST] *Japan—Ryukyu and Daito Islands—June 17, 1971* 449

AGREEMENT BETWEEN THE UNITED STATES OF AMERICA AND JAPAN CONCERNING THE RYUKYU ISLANDS AND THE DAITO ISLANDS

The United States of America and Japan,

Noting that the President of the United States of America and the Prime Minister of Japan reviewed together on November 19, 20 and 21, 1969 the status of the Ryukyu Islands and the Daito Islands, referred to as "Okinawa" in the Joint Communique between the President and the Prime Minister issued on November 21, 1969,[1] and agreed that the Government of the United States of America and the Government of Japan should enter immediately into consultations regarding the specific arrangements for accomplishing the early reversion of these islands to Japan;

Noting that the two Governments have conducted such consultations and have reaffirmed that the reversion of these islands to Japan be carried out on the basis of the said Joint Communique;

Considering that the United States of America desires, with respect to the Ryukyu Islands and the Daito Islands, to relinquish in favor of Japan all rights and interests under Article 3 of the Treaty of Peace with Japan signed at the city of San Francisco on September 8, 1951,[2] and thereby to have relinquished all its rights and interests in

[1] Department of State Bulletin, Dec. 15, 1969, p. 555.
[2] TIAS 2490; 3 UST 3172.

TIAS 7314

HeinOnline -- 23.1 U.S.T. 449 1972

关于琉球诸岛及大东诸岛的协定

1971 年 6 月 17 日

1971 年 6 月 17 日，美日分别在华盛顿和东京签订《关于琉球诸岛及大东诸岛的协定》（简称《归还冲绳协定》）。协议由前言和九项条款组成，协定内容之一为：自条约生效之日起，美国将琉球群岛和大东群岛的一切权利移交给日本。同时美国以单方面制定的琉球列岛美国民政府“第 27 号令”为依据，将属于中国领土的钓鱼岛也包括在琉球群岛管辖区域内，一并将所谓“施政权”交给日本。

来源：国家图书馆藏 HeinOnline 数据库

91

In addition, I would like to read the conclusion of the State Department letter, which says:

The Governments of the Republic of China and Japan are in disagreement as to sovereignty over the Senkaku Islands. You should know as well that the People's Republic of China has also claimed sovereignty over the islands. The United States believes that a return of administrative rights over those islands to Japan, from which the rights were received, can in no way prejudice any underlying claims. The United States cannot add to the legal rights Japan possessed before it transferred administration of the islands to us, nor can the United States, by giving back what it received, diminish the rights of other claimants. The United States has made no claim to the Senkaku Islands and considers that any conflicting claims to the islands are a matter for resolution by the parties concerned.

I would like to offer that whole letter for the record.

Senator SPARKMAN. We will be glad to have it.

(The information referred to follows:)

DEPARTMENT OF STATE,
Washington, D.C., October 20, 1971.

ROBERT MORRIS, Esq.,
Rice & Rice,
Mercantile Dallas Building, Dallas, Tex.

DEAR MR. MORRIS: Secretary Rogers has asked me to reply to your letter of September 28, 1971, concerning the claim of Grace Hsu to ownership of the Tiaoyutai, Huang Wei Yu, and Chih Yu islands. We assume that you that by "Huang Wei Yu" and "Chih Yu", you refer to Huang-wei-chiao and Chih-wei-chiao, two islets in the Tiao-yu-tai group. The Japanese names for these two islands are respectively Kobi-sho and Sekibi-sho, and the entire group is known in Japanese as the Senkaku Islands.

Under Article III of the 1951 Treaty of Peace with Japan, the United States acquired administrative rights over "Nansei Shoto" south of 29 degrees north latitude. This term was understood by the United States and Japan to include the Senkaku Islands, which were under Japanese administration at the end of the Second World War and which are not otherwise specifically referred to in the Peace Treaty.

In accordance with understandings reached by President Nixon and Prime Minister Sato of Japan in 1969, the United States is expected to return to Japan in 1972 the administrative rights to Nansei Shoto which the United States continues to exercise under the Peace Treaty. A detailed agreement to this effect, on the terms and conditions for the reversion of the Ryukyu Islands, including the Senkakus, was signed on June 17, 1971, and has been transmitted to the Senate for its advice and consent to ratification.

The Governments of the Republic of China and Japan are in disagreement as to sovereignty over the Senkaku Islands. You should know as well that the People's Republic of China has also claimed sovereignty over the islands. The United States believes that a return of administrative rights over those islands to Japan, from which the rights were received, can in no way prejudice any underlying claims. The United States cannot add to the legal rights Japan possessed before it transferred administration of the islands to us, nor can the United States, by giving back what it received, diminish the rights of other claimants. The United States has made no claim to the Senkaku Islands and considers that any conflicting claims to the islands are a matter for resolution by the parties concerned.

I hope that this information is helpful to you. If I can be of any further assistance, please do not hesitate to let me know.

Sincerely yours,

ROBERT I. STARR,
Acting Assistant Legal Adviser
for East Asian and Pacific Affairs.

Mr. MORRIS. My client is not raising the question of sovereignty here. That is an action to be taken by the respective governments involved. But she would like to offer for the record the basis of her claim to ownership of the islands and to ask the committee to affirm that the treaty causes no change in her right thereto.

5

Japanese takeover or joint use of certain installations or sites now used by United States forces on Okinawa, describes generally the missions and strengths of the Japanese forces to be deployed to Okinawa following reversion, and sets timetables for full assumption of the missions described.

A Memorandum of Understanding of June 17, 1971 concerning air services to and through Okinawa after reversion preserves existing traffic rights for American commercial air carriers now serving Okinawa. In addition there will be a five year "no charge" period following reversion during which the benefits American carriers receive by serving Okinawa will not be taken into account in calculating the overall balance of benefits which the United States receives under the bilateral air transport agreement with Japan.

COMMITTEE ACTION

The Committee on Foreign Relations held public hearings on the Agreement on October 27, 28, and 29. On October 27 Secretary of State William P. Rogers initiated the presentation of the Administration's position on the Agreement. On October 28 David Packard, Deputy Secretary of Defense, and Lt. Gen. James B. Lampert, High Commissioner of the Ryukyu Islands, discussed the military security implications of the Agreement. On October 29 the Committee heard the following persons: Senator John V. Tunney, Mr. C. N. Yang, Maj. Gen. Dale O. Smith (Ret.), Edward Reeves, Robert Morris, Shien-Biau Woo, Mark Selden, E. Raymond Wilson, Thomas C. Dunn, and Professor John Fincher. Additional statements from persons unable to appear personally were included in the record.

On November 2 the Committee met in Executive session and ordered the Agreement reported favorably to the Senate for advice and consent to ratification. This action was taken by a unanimous vote of 16–0 with all members of the Committee represented either in person or by proxy.

COMMITTEE COMMENTS

In an agreed Minute to Article I, the parties specify the geographical coordinates defining the territory covered by the Treaty. These coordinates make it clear that the Senkaku (Tiao Yu Tai) Islands are included as part of the territory administered. In addition, two of the military facilities listed as being retained by the United States are in the Senkakus. The Republic of China, the People's Republic of China and Japan claim sovereignty over these islands. The Department of State has taken the position that the sole source of rights of the United States in this regard derives from the Peace Treaty under which the United States merely received rights of administration, not sovereignty. Thus, United States action in transferring its rights of administration to Japan does not constitute a transfer of underlying sovereignty (which the United States does not have), nor can it affect the underlying claims of any of the disputants. The Committee reaffirms that the provisions of the Agreement do not affect any claims of sovereignty with respect to the Senkaku or Taio Yu Tai Islands by any state.

Ex. Rept. 92–10

美国批准《归还冲绳协定》时对钓鱼岛问题的声明

1971 年

1971 年美国就《归还冲绳协定》进行了国会听证（Okinawa reversion treaty: hearings 1971）。1971 年 10 月，美国政府表示，“把原从日本取得的对这些岛屿的施政权归还给日本，毫不损害有关主权的主张。美国既不能给日本增加在他们将这些岛屿施政权移交给我们之前所拥有的法律权利，也不能因为归还给日本施政权而削弱其他要求者的权利”，“对此等岛屿的任何争议的要求均为当事者所应彼此解决的事项。”

同年 11 月，美国参议院批准“归还冲绳协定”时，美国国务院发表声明称，尽管美国将该群岛的施政权交还日本，但是在中日双方对群岛对抗性的领土主张中，美国将采取中立立场，不偏向于争端中的任何一方。

来源：Proquest Congressional Hearings Digital Collection（国会听证数据库）Okinawa reversion treaty: hearings 1971

—主な発表，記事資料—　　—507—

り，国際関係の基調は，かつての東西対立の時代から対話の時代へ向つての展開を示しております。かかる趨勢の中にあつて，このたび行なわれたニクソン米国大統領の北京訪問にも如実に示されている如く，諸国民，諸国家の間で，緊張緩和の方向へ向かつて，これまでにない大きな努力が払われております。こうした国際緊張緩和への高まりこそ，諸国民の永年の悲願である軍縮の達成，平和の確立を約束する原動力となり得るものであることは疑う余地がありません。

わが国は，従来より世界の平和と安全にとつて軍縮問題の解決が重要であることを強調し，とりわけ核戦争の脅威を払拭し，国際緊張を緩和するための核軍縮の重要性を訴えて来ましたが，私は，軍縮交渉をとりまく国際緊張が現在のように好転しているこの時期にこそ，軍縮委員会は軍縮，特に核軍縮の分野で一層具体的な成果をあげるための格別の努力を払うべきものと考えます。わが政府は，そのためにいかなる協力をも惜しむものでないことをここに明らかにいたします。特にわが国としては，核軍縮への第一歩として，当面の最大の課題である包括的核実験禁止の実現に向かつて，本日開会される軍縮委員会が具体的成果をあげることを強く希望して止みません。

本年は，軍縮委員会の開催とほぼ時を同じうして，2つの重要な国際会議が開催されます。4月にサンチャゴで開催される予定の国連貿易開発会議は，人類の経済的福祉の一層の向上をめざした世界的な会議であり，また6月にストックホルムで開催される予定の国連人間環境会議は，人類の生存のために不可欠な自然環境を保全しようとする諸国民の努力の表われでありますが，こうした諸国民の願望を達成するためには，他方において貴重な資源の浪費を招く軍備拡大競争の速やかな停止と，人間環境の破壊を招く惧れのある核実験の全面的禁止の達成が重要であると考えます。この意味からも，今後の軍縮委員会の活動に，わが国民のみならず，世界の諸国民の寄せる期待は大きいものがあるといわざるを得ません。私は，このように重要な時期に開催される軍縮委員会が，その期待に応えて，軍縮の分野において一層実質的な成果を収めることを強く希望してやみません。

（4）尖閣諸島の領有権問題について

（昭和47年3月8日）

尖閣諸島は，明治18年以降政府が沖縄県当局を通ずる等の方法により再三にわたり現地調査を行ない，単にこれが無人島であるのみならず，清国の支配が及んでいる痕

—508—　　—資　料—

跡がないことを慎重確認の上，明治28年1月14日に現地に標杭を建設する旨の閣議決定を行なつて正式にわが国の領土に編入することとしたものである。

同諸島は爾来歴史的に一貫してわが国の領土たる南西諸島の一部を構成しており，明治28年5月発効の下関条約第2条に基づきわが国が清国より割譲を受けた台湾及び澎湖諸島には含まれていない。

従つて，サン・フランシスコ平和条約においても，尖閣諸島は，同条約第2条に基づきわが国が放棄した領土のうちには含まれず，第3条に基づき南西諸島の一部としてアメリカ合衆国の施政下に置かれ，昨年6月17日署名の琉球諸島及び大東諸島に関する日本国とアメリカ合衆国との間の協定（沖縄返還協定）によりわが国に施政権が返還されることとなつている地域の中に含まれている。以上の事実は，わが国の領土としての尖閣諸島の地位を何よりも明瞭に示すものである。

なお，中国が尖閣諸島を台湾の一部と考えていなかつたことは，サン・フランシスコ平和条約第3条に基づき米国の施政下に置かれた地域に同諸島が含まれている事実に対し従来何等異議を唱えなかつたことからも明らかであり，中華民国政府の場合も中華人民共和国政府の場合も1970年後半東シナ海大陸棚の石油開発の動きが表面化するに及びはじめて尖閣諸島の領有権を問題とするに至つたものである。

また，従来中華民国政府及び中華人民共和国政府がいわゆる歴史的，地理的ないし地質的根拠等として挙げている諸点はいずれも尖閣諸島に対する中国の領有権の主張を裏付けるに足る国際法上有効な論拠とはいえない。

6. その他の重要外交文書等

（1）1971年ＮＡＴＯ閣僚理事会（於リスボン）最終コミュニケ（要旨）

（1971年6月4日）

1. ＮＡＴＯ閣僚理事会は1971年6月3，4日の両日リスボンで開催された。

2. 大西洋同盟の一貫した政治目的は，緊張を緩和し欧州に正義にかなつた恒久平和秩序を樹立するための効果的な安全保障措置を伴つたイニシアティヴを通じて平和を追求することである。

尖閣諸島の領有権についての基本見解

日本外务省　1972 年 3 月 8 日

日本外务省根据《关于尖阁列岛的领土权声明》，于 1972 年 3 月 8 日发表《关于尖阁列岛领有权的基本见解》（《尖閣諸島の領有権についての基本見解》），声称对钓鱼岛及其附属岛屿拥有领有权。

来源：日本岛根大学附属图书馆藏《わが外交の近況 昭和 47 年版》（日本外务省编，1972 年第 16 号）

四、中国政府维护钓鱼岛主权的声明与立场

长期以来，中国为维护钓鱼岛的主权进行了坚决斗争。中国政府通过发表外交声明、对日严正交涉和向联合国提交反对照会等举措，郑重宣示中国的一贯主张和原则立场，坚决捍卫中国的领土主权和海洋权益。

关于对日和约问题的声明

（一九五〇年十二月四日）

人民日报 1950 年 12 月 5 日 第 1 版

1950 年 12 月 4 日，中华人民共和国外交部部长周恩来就美国和苏联两项有关缔结对日和约的备忘录发表声明，声明中强调：中华人民共和国中央人民政府是代表中国人民的唯一合法政府，它必须参加对日和约的准备、拟制与签订。如果没有中华人民共和国的参加，无论其内容与结果如何，中央人民政府一概认为是非法的，因而也是无效的。

声明中还指出，关于琉球群岛和小笠原群岛，不论《开罗宣言》还是《波茨坦公告》，均未有托管的决定，当然更说不上要指定“美国为管理当局”的事情。

这是在旧金山会议筹备阶段，中华人民共和国政府首次全面阐述对此问题的观点和立场。

来源：国家图书馆

一九五〇年十二月五日　星期二
夏曆庚寅年十月二十六　第九十二號

人民日報

朝鮮人民軍和我人民志願軍正向平壤進攻
大部美侵略軍受殲滅性打擊
東西兩綫殘敵恐慌萬狀向南狂奔逃命
安州价川肅川順川成川江東等城已重告解放

關於對日和約問題
周恩來外長發表聲明
我必須參加和約的準備、擬製與簽訂
美備忘錄抹殺我抗日奮戰的基本利益

明確在抗美援朝中的任務和責任
武漢市工商界代表集會討論
通過十項決定加強團結搞好生產支援抗美鬥爭
廣州衡陽工商界訂立愛國公約

中華全國總工會發表聲明
斥美政府追害美共領袖
電美最高法院要求撤銷無理判決
表示全力支持美共反審判鬥爭

康藏前綫藏族人民
集會響應抗美援朝

特電報告毛主席朱總司令
白利寺僧衆驚悉格達被害噩耗
重慶各界沉痛舉行追悼大會

為西藏和平解放毅然奔走
格達活佛慘遭英帝特務毒害
兇手已被俘獲帝國主義陰謀殘忍罪證昭然
西藏解放爲期不遠格達遺志不久即可完成

馬占山病逝

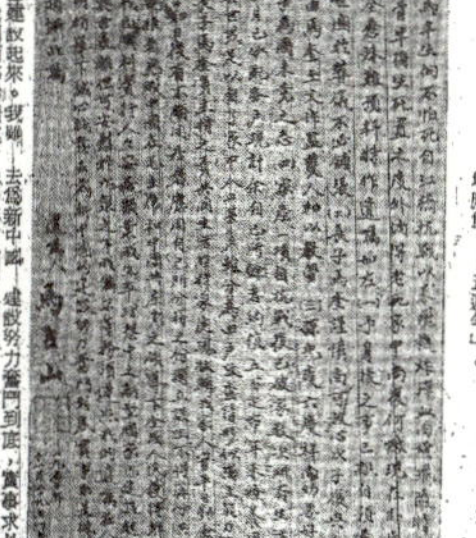

关于美英对日和约草案及旧金山会议的声明（一九五一年八月十五日）

人民日报 1951年8月16日 第1版

1951年7月12日，美英两国政府在华盛顿和伦敦同时公布对日本和平条约草案，美国政府又于同年7月20日发出召开旧金山会议的通知，准备签订对日单独和约。1951年8月15日，中华人民共和国中央人民政府就此事授权周恩来以外交部部长名义发表声明。

声明中强调美英两国政府所提出的对日和约草案是一件破坏国际协定，基本上不能被接受的草案。而由美国政府强制召开、公然将中华人民共和国排斥在外的旧金山会议，也是一个背弃国际义务基本上不能被承认的会议。

来源：国家图书馆

我們偉大的祖國

人民日報

第一一四四號

一九五一年八月十六日內容提要

中華人民共和國中央人民政府外交部部長周恩來關於美英對日和約草案及舊金山會議的聲明

一九五一年八月十五日

社論 反對美英單獨對日媾和

南日將軍痛斥美方厚顏無恥要求

美國海空軍狂轟濫炸只能對朝鮮和平居民施行殘暴

全國人民電賀黨的三十週年

慶祝朝鮮解放六週年 朝鮮駐華大使昨舉行招待會

周總理等及各國使節應邀出席

電賀朝鮮解放六週年

青年團和全國青聯亦電祝賀

越南人民訪華代表團抵瀋陽

关于美国及其仆从国家签订旧金山对日和约的声明（一九五一年九月十八日）

人民日报 1951 年 9 月 19 日 第 1 版

1951 年 9 月 4 日，美国政府公然违反一切国际协议，排斥中华人民共和国，召开了旧金山会议，并于 9 月 8 日在这一会议上签订了对日单独和约。

1951 年 9 月 18 日，中华人民共和国中央人民政府外交部部长周恩来再次发表声明，强调其在 1951 年 8 月 15 日发表的《关于美英对日和约草案及旧金山会议的声明》继续有效，并指出：旧金山对日和约由于没有中华人民共和国参加准备、拟制和签订，中央人民政府认为是非法的、无效的、因而是绝对不能承认的。因此，日本无权援引《旧金山对日和约》作为对抗中国主权要求的法律依据。

来源：国家图书馆

我們偉大的祖國

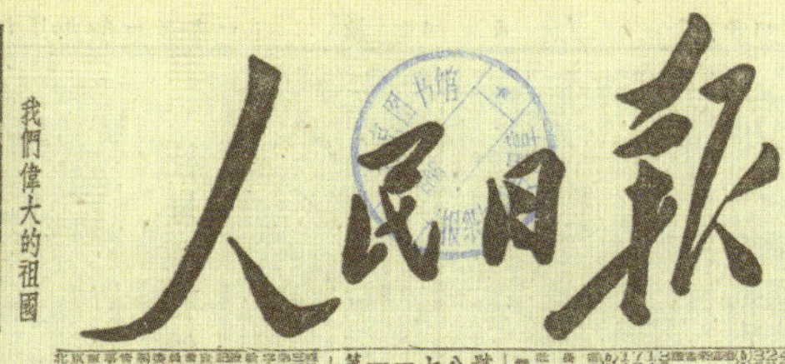

一九五一年九月十九日内容提要

★中華人民共和國中央人民政府外交部部長周恩來關於美國及其僕從國家簽訂舊金山對日和約的聲明。

★宋慶齡接受「加强國際和平」斯大林國際獎金典禮昨日在北京隆重舉行。（以上一版）

★淮河流域農民寫信向毛主席報告豐收情形。

★陳濤：民主改革必須充分發動羣衆。（以上二版）

★東北區機關黨委響應高崗同志號召佈置反貪污鬥爭。

★西北軍政委員會教育部關於忽視政治性與思想性的初步檢查。

★呂叔湘、朱德熙：語法、修辭講話。（以上三版）

★蘇聯執行斯大林改造自然計劃獲得重大成就。

★中國青年代表團：參加第三屆世界青年與學生和平聯歡節的經過。（以上四版）

中華人民共和國中央人民政府外交部部長周恩來關於美國及其僕從國家簽訂舊金山對日和約的聲明

（一九五一年九月十八日）

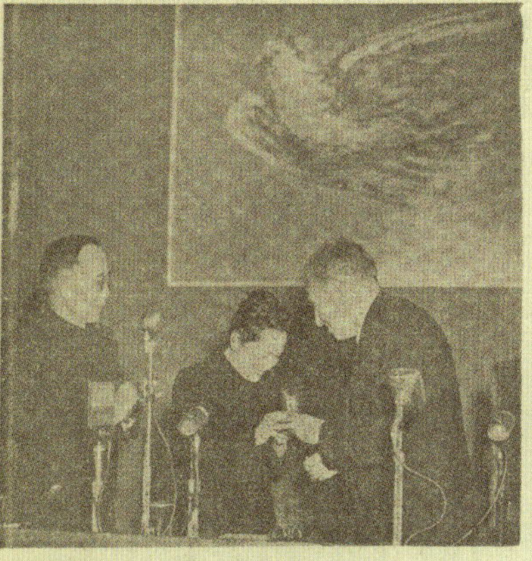

宋慶齡接受「加强國際和平」斯大林國際獎金受獎典禮昨在北京隆重舉行

「加强國際和平」斯大林國際獎金委員會決定

宋慶齡致答詞

郭沫若致開會詞

愛倫堡致祝詞

关于美国宣布非法的单独对日和约生效的声明（一九五二年五月五日）

人民日报 1952年5月7日 第1版

1952年4月28日，美国政府和日本政府同时宣布非法的单独对日和约自该日起正式生效；在华盛顿的远东委员会和在东京的盟国对日委员会都被美国政府非法宣告解散。

1952年5月5日，中华人民共和国中央人民政府特授权外交部部长周恩来发表声明，再次强调对于美国所宣布生效的非法的单独对日和约，绝对不予承认。

来源：国家图书馆

我們偉大的祖國

人民日報

一九五二年五月七日內容提要

★中華人民共和國中央人民政府外交部周恩來部長關於美國宣佈非法的單獨對日和約生效的聲明。
★社論：堅決制止美國準備遠東新侵略戰爭的陰謀。
★班禪額爾德尼會見達賴喇嘛。
★世界工聯亞澳聯絡局舉行酒會招待各國工會代表團和工會代表。（以上一版）
★中央鐵道部、中國鐵路工會全國委員會等機關關於開展滿載、超軸、五百公里運動的決定。（二版）
★各民主黨派負責人士、志願軍歸國代表團和朝鮮人民訪華代表團的英雄們、各地來京的勞動模範代表一致指出美國戰俘的供詞再次揭穿美國進行細菌戰的黑幕。
★訪澳大利亞工會代表團團長。
★柯尼希：「每日的糧食」。（以上三版）
★中捷文化合作等四協定昨日在京舉行簽字儀式。
★周恩來總理宴請捷克斯洛伐克政府代表團。
★國際述評。（以上四版）

中華人民共和國中央人民政府外交部周恩來部長關於美國宣佈非法的單獨對日和約生效的聲明

班禪額爾德尼會見達賴喇嘛

解放軍西藏軍區歡宴班禪行轅全體官員

班禪額爾德尼電毛主席致敬

社論　堅決制止美國準備遠東新侵略戰爭的陰謀

符拉其米爾·波普托莫夫同志逝世

中共中央、周恩來總理分別致電弔唁

世界工聯亞澳聯絡局在京舉行酒會 招待各國工會代表團和工會代表

各國工會代表團進行聯歡活動

印度工會代表拉瑪拿森和瑪林加玖·勞抵京

印度大使舉行酒會招待印度文化代表團

朱德副主席等及北京文化界人士應邀參加

决不容许美日反动派掠夺我国海底资源

人民日报 1970 年 12 月 29 日 第 1 版

1970 年 12 月 21 日，日、台、韩在东京举行了“海洋开发研究联合委员会”会议，公然决定对我国台湾省及其附属岛屿海域和邻近中国及朝鲜的浅海海域的海底石油资源和其他矿物资源进行“调查、研究和开发”，并通过成立“联合海洋开发公司”，企图掠夺我国海底资源并侵犯我国钓鱼岛、黄尾屿、赤尾屿、南小岛、北小岛等领土。

1970 年 12 月 29 日，《人民日报》发表评论员文章《决不容许美日反动派掠夺我国海底资源》，文中严正指出：“台湾及其所属岛屿，包括钓鱼岛、黄尾屿、赤尾屿、南小岛、北小岛等岛屿在内，是中国的神圣领土。这些岛屿周围海域和其他邻近中国浅海海域的海底资源，都完全属于中国所有，决不容许他人染指。”

来源：国家图书馆

1948年6月15日创刊 第8208号 1970年12月29日 星期二 农历庚戌年十二月初二

毛主席语录

全世界人民团结起来，打败美国侵略者及其一切走狗！

决不容许美日反动派掠夺我国海底资源

本报评论员

日本反动派不顾中朝人民的强烈反对和警告，勾结蒋介石匪帮和朴正熙集团，加紧筹划伙同美帝国主义掠夺中朝两国的海底资源。十二月二十一日，在东京举行所谓日、蒋、朴“联络委员会”的“海洋开发研究联合委员会”会议，公然决定对我国台湾省及其附属岛屿海域和邻近中国和朝鲜的浅海海域的海底石油资源和其他矿物资源进行“调查、研究和开发”。这是美日反动派对我国和朝鲜民主主义人民共和国主权的明目张胆的侵犯。这是蒋介石集团出卖我国主权和资源的又一滔天罪行。

美日反动派对我国的海底资源垂涎已久。近几年来，它们一直勾结蒋介石集团，在我国台湾省及其附属岛屿的周围海域和其他邻近中国的浅海海域，频繁地进行大规模的所谓海底资源勘察。美帝国主义还同蒋介石集团签订合同，在台湾北部以西海域划定矿区范围，准备开采海底石油。现在美日反动派竟然又要通过成立日、蒋、朴“联合海洋开发公司”，大搞所谓“合作开发”，肆意掠夺我国的海底资源。中国人民对于美帝国主义和日本反动派这种赤裸裸的海盗行径，表示极大的愤慨。

台湾省及其所属岛屿，包括钓鱼岛、黄尾屿、赤尾屿、南小岛、北小岛等岛屿在内，是中国的神圣领土。这些岛屿周围海域和其他邻近中国浅海海域的海底资源，都完全属于中国所有，决不容许他人染指。只有中华人民共和国才有权勘探和开采这些地区的海底资源。蒋介石集团是一具早已被中国人民唾弃的政治僵尸，它同任何国家、任何国际组织、任何外国公私企业签订的一切有关勘探和开采我国海底资源的协议和合同，不管是打着“合作开发”或者什么别的旗号，统统都是非法的，无效的。

日本反动派不仅蓄意掠夺我国的海底资源，而且妄图把钓鱼岛等属于中国的一些岛屿和海域，划入日本的版图。佐藤反动政府的外相爱知最近一再叫嚷，这些岛屿的“领有权”属于日本。“防卫厅长官”中曾根甚至公然把这些岛屿列入日本第四个扩军计划的“防御”范围。这充分暴露了日本军国主义的侵略野心。钓鱼岛、黄尾屿、赤尾屿、南小岛、北小岛等岛屿，和台湾一样，自古以来就是中国的领土。这是任何人也改变不了的历史事实。日本反动派不管制造什么样的借口，玩弄什么样的手法，它企图霸占中国神圣领土的阴谋，都是绝对不可能得逞的。

我们的伟大领袖毛主席指出，**“中国的领土主权，中国人民必须保卫，绝对不允许外国政府来侵犯。”**美帝国主义和日本反动派必须立即停止侵犯我国领土主权和掠夺我国海底资源的罪恶勾当，把它们的侵略魔爪缩回去。美日反动派如果硬要一意孤行，必然搬起石头砸自己的脚。

澳共（马克思列宁主义）主席希尔发表声明 谴责波修对人民进行反革命武装镇压 支持波人民反对波修统治的英勇斗争

新华社墨尔本二十八日电 澳大利亚共产党（马克思列宁主义）主席爱·弗·希尔就波兰局势发表声明，强烈谴责波兰修正主义统治集团对波兰人民进行反革命武装镇压，全力支持波兰人民反对修正主义统治的英勇斗争。声明刊登在澳大利亚共产党（马克思列宁主义）机关报《先锋报》二十四日特刊上。声明摘要如下：

“澳大利亚共产党（马克思列宁主义）强烈谴责波兰修正主义对波兰工人和劳动人民的法西斯武装镇压是对共产主义的彻底背叛，尽管波兰修正主义使用的是共产主义这个名词。波兰修正主义从共产主义中抽去了革命和任何属于工人阶级的东西。在‘共产主义’这个名词的掩盖下，修正主义在象波兰这样一些被它篡夺了权力的国家里复辟了资本主义。

“俄国修正主义者是货真价实的新沙皇。他们在俄国复辟资本主义，甚至把象菲亚特和克虏伯等这样的大垄断资本引进他们的国家。他们的军队霸占着其他国家；他们的海军直接继承了帝国主义的传统，在世界各地游弋；他们同他们的帝国主义伙伴、美帝国主义既勾结又争夺。他们和美帝国主义一样，在关系到他们的‘重大利益’的地方，残酷地使用武力，比如入侵捷克斯洛伐克。”

“俄国修正主义者用刺刀支持象波兰修正主义统治集团那样的集团。他们用法西斯残暴手段剥削和压迫工人和劳动人民。这是完全违反共产主义原则的，同共产主义原则毫无共同之处。相反，这是彻头彻尾的法西斯主义。法西斯主义意味着大资本家的公开和残酷的恐怖主义专政。

“波兰工人和劳动人民起来大造压迫他们的波兰修正主义资产阶级的反。

“他们表现出革命的工人阶级的英勇品质。他们的革命行动遭到了坦克、机枪和步枪的镇压，而这类武器正是希特勒三十多年前用来屠杀波兰工人和劳动人民的。

“此外，俄国修正主义帝国主义者立即向波兰调动他们的陆军和海军，以便在需要入侵镇压波兰人民的时候入侵波兰。这种行径和三十多年前希特勒所干的一模一样。这同俄国帝国主义者两年前对捷克斯洛伐克采取的行动完全一样。

“这再一次证明（如果有此必要的话）俄国修正主义者的彻头彻尾的帝国主义立场。”

“波兰的工人和劳动人民有着伟大的革命传统和识别力。他们的革命行动动摇了波修法西斯分子和俄修帝国主义主子的统治基础。

“他们的革命行动不会就此停止。它同捷克人民的造反一脉相承。这是一个日益广泛的反对所有修正主义统治集团的造反。它同各国人民反对美帝的斗争汇合在一起。

“革命人民正在压倒以美帝为首的帝国主义和以俄国修正主义集团为首的修正主义这一对恶魔。”“澳大利亚的革命者保证全力支持自己的波兰兄弟。

“波兰社会主义革命万岁！”

续《一份没有填写的入党志愿书》

——记“模范共青团员”、海军某部战士胡业桃的英雄事迹

“中国青年们起了什么作用呢？起了某种先锋队的作用，……什么叫做先锋队的作用？就是带头作用，就是站在革命队伍的前头。”

海军航空兵某部导航连战士胡业桃同志，就是**“站在革命队伍的前头”**的青年。他，“毛主席著作学在前，改造思想走在前，重活脏活干在前，危险时刻冲在前。”他战斗的一生，闪耀着毛泽东思想的灿烂光辉。

最近，中共中央军委为表彰胡业桃同志的先进思想和英雄事迹，特颁发命令授予胡业桃以“模范共青团员”的光荣称号，号召全军向胡业桃同志学习。

报道胡业桃英雄事迹的通讯《一份没有填写的入党志愿书》，七月六日起曾在全国报刊发表。在这里，让我们继续报道这位英雄是怎样生活、怎样斗争的吧！

编者按：模范共青团员胡业桃的一生，闪耀着毛泽东思想的光辉。他是全国青年学习的榜样。

胡业桃生在新中国，长在红旗下，他不忘阶级苦，懂得今日甜，对毛主席最亲，对阶级敌人最恨。他具有“改造红”的觉悟，没有“自来红”的思想，时刻不忘用毛泽东思想认真改造世界观，不断提高阶级斗争和路线斗争觉悟。

胡业桃出身雇农，不忘工农。他的实践告诉我们：出身工农家庭的青年，也有一个自觉和工农群众相结合的问题，特别是在思想上的结合。只有自觉地投身到三大革命斗争实践中去，虚心地向工农群众学习，才能茁壮成长。

胡业桃胸怀共产主义的远大目标，踏踏实实做好本职工作。象“老愚公”那样，既有挖掉两座大山的远大抱负，又有每天挖山不止的实际精神。在革命大熔炉里越炼越红，百炼成钢，迅速成长为无产阶级优秀的先进分子。

“听毛主席的话，跟共产党走”

胡业桃同志是贫下中农的优秀儿子。他从刚懂事起，就接受贫下中农和人民解放军的关怀教育，在毛泽东思想的阳光雨露哺育下茁壮成长。

一九六一年，安徽和县中士李村驻了解放军。小业桃最爱解放军，整天蹦跶着往那里跑，帮战士喂猪，摘菜，扫地，磨豆腐，什么都干；可是部队一开饭，他就跑了，拉都拉不住。

人民解放军指战员都很喜爱小业桃。某部唐指导员经常到小茅屋，给他讲革命道理。班长小唐、战士小张，手把手教他写毛主席语录，给他做小油灯，讲革命故事，送他世界地图，讲国内外形势。

军民忆苦会在悲痛的气氛中进行。解放军指战员和贫下中农，对旧社会的血泪控诉，在胡业桃眼前，展现出一幅幅劳动人民悲惨生活的情景。胡业桃专心地听着，不住地抹眼泪。

四十多年前的一天，地主闯进一户贫农的家里逼租。搜刮了全部粮食，称了称，还不够交租，就一把揪住贫农家四岁的伢子，扭住发辫，往秤钩上挂。恶狠狠地说：“租子不够，把你伢子加上！……”

当胡业桃听说，这四岁的伢子，就是他父亲的时候，他紧握拳头，满腔怒火，高喊要为劳动人民报仇的口号。

连队吃忆苦饭，胡业桃也盛上一碗。在旧社会要过饭的一位老贫农，边吃边告诉他：“这比我过去吃的好多了。”连队战士也围上来说：“吃了这饭，我们就不会忘记过去的苦，就会知道今天的甜。”

身上没有旧社会鞭痕的胡业桃，牢记阶级苦，深知今日甜。业桃和他哥哥业华，在毛主席英明领导下，在社会主义制度下，时时得到党和政府的关怀。兄弟俩穿上政府送来的新棉衣，激动的眼泪流在一起。哥哥说：“没有毛主席，我们不晓得死到那里去了。”业桃说：“哥，我们一辈子也不要忘记恩人毛主席！”

（下转第四版）

战友邵志海触电了！胡业桃一个箭步冲上去，一把拉过电线。战友脱险了，可是，胡业桃同志英勇地献出了自己的生命。 海政美术组插图

关于钓鱼岛主权的声明
（一九七一年十二月三十日）

人民日报 1971 年 12 月 31 日 第 1 版

针对美日签署《关于琉球诸岛及大东诸岛的协定》，将钓鱼岛等岛屿划入“归还区域”交还日本一事，1971 年 12 月 30 日，中华人民共和国外交部发表严正声明：“钓鱼岛、黄尾屿、赤尾屿、南小岛、北小岛等岛屿是台湾的附属岛屿。它们和台湾一样，自古以来就是中国领土不可分割的一部分。美、日两国政府在‘归还’冲绳协定中，把我国钓鱼岛等岛屿列入‘归还区域’，完全是非法的，这丝毫不能改变中华人民共和国对钓鱼岛等岛屿的领土主权。”

来源：国家图书馆

毛主席语录

抓革命，促生产，
促工作，促战备。

1948年6月15日创刊 第8575号 1971年12月31日 星期五 农历辛亥年十一月十四

中华人民共和国外交部声明

一九七一年十二月三十日

近年来，日本佐藤政府不顾历史事实和中国人民的强烈反对，一再声称对中国领土钓鱼岛等岛屿“拥有主权”，并勾结美帝国主义，进行侵吞上述岛屿的种种活动。不久前，美、日两国国会先后通过了“归还”冲绳协定。在这个协定中，美、日两国政府公然把钓鱼岛等岛屿划入“归还区域”。这是对中国领土主权的明目张胆的侵犯。中国人民绝对不能容忍！

美、日两国政府合伙制造的把冲绳“归还”给日本的骗局，是加强美、日军事勾结，加紧复活日本军国主义的一个新的严重步骤。中国政府和中国人民一贯支持日本人民为粉碎“归还”冲绳的骗局，要求无条件地、全面地收复冲绳而进行的英勇斗争，并强烈反对美、日反动派拿中国领土钓鱼岛等岛屿作交易和借此挑拨中、日两国人民的友好关系。

钓鱼岛等岛屿自古以来就是中国的领土。早在明朝，这些岛屿就已经在中国海防区域之内，是中国台湾的附属岛屿，而不属于琉球，也就是现在所称的冲绳。中国与琉球在这一地区的分界是在赤尾屿和久米岛之间；中国的台湾渔民历来在钓鱼岛等岛屿上从事生产活动。日本政府在中日甲午战争中，窃取了这些岛屿，并于一八九五年四月强迫清朝政府签订了割让“台湾及所有附属各岛屿”和澎湖列岛的不平等条约——《马关条约》。现在，佐藤政府竟然把日本侵略者过去掠夺中国领土的侵略行动，作为对钓鱼岛等岛屿“拥有主权”的根据，这完全是赤裸裸的强盗逻辑。

第二次世界大战后，日本政府把台湾的附属岛屿钓鱼岛等岛屿私自交给美国，美国政府片面宣布对这些岛屿拥有所谓“施政权”，这本来就是非法的。中华人民共和国成立后不久，一九五〇年六月二十八日，周恩来外长代表中国政府强烈谴责美帝国主义派遣第七舰队侵略台湾和台湾海峡，严正声明中国人民决心“收复台湾和一切属于中国的领土”。现在，美、日两国政府竟再次拿我国钓鱼岛等岛屿私相授受。这种侵犯中国领土主权的行为不能不激起中国人民的极大愤慨。

中华人民共和国外交部严正声明：钓鱼岛、黄尾屿、赤尾屿、南小岛、北小岛等岛屿是台湾的附属岛屿。它们和台湾一样，自古以来就是中国领土不可分割的一部分。美、日两国政府在“归还”冲绳协定中，把我国钓鱼岛等岛屿列入“归还区域”，完全是非法的，这丝毫不能改变中华人民共和国对钓鱼岛等岛屿的领土主权。中国人民一定要解放台湾！中国人民也一定要收复钓鱼岛等台湾的附属岛屿！

毛主席无产阶级革命路线的伟大胜利

我国钢铁工业坚持两条腿走路方针超额完成年计划

广大工人、干部和技术人员决心戒骄戒躁，再接再厉，迎接一九七二年战斗任务

新华社三十日讯 在发展国民经济第四个五年计划的头一年，我国钢铁工业生产已经胜利地超额完成了今年的国家计划，钢铁工业战线出现了新的跃进局面，这是毛主席革命路线的伟大胜利。

今年以来，我国钢铁工业战线的广大工人、干部和技术人员，在以毛主席为首的党中央亲切关怀下，在各省、市、自治区党委的领导下，认真贯彻执行毛主席的无产阶级革命路线，贯彻执行毛主席关于“鞍钢宪法”的批示，钢铁生产形势越来越好。全国今年钢产量比去年提高百分之十八，钢材和生铁产量分别比去年增长百分之十五和百分之二十三。质量有所提高，钢材品种有所增加，国家建设急需的板材和管材有较大增长。我国钢铁工业的成就，是坚决执行毛主席革命路线和政策的结果。它说明：**思想上政治上的路线正确与否是决定一切的**。只要按照毛主席指示办事，我们就能无往而不胜。

我国钢铁工业的发展，经历了两条路线的激烈斗争，走过了一段曲折的道路。一九五八年，在毛主席亲自制定的党的社会主义建设总路线的光辉照耀下，我国人民意气风发，斗志昂扬，掀起了大办钢铁的群众运动，使钢铁工业出现了大跃进，有了较大的发展。但是，叛徒、内奸、工贼刘少奇及其在冶金部门的代理人，疯狂推行反革命修正主义路线，推行“条条专政”、“大洋全”、“抓中间带两头”等反动方针，使钢铁工业受到严重破坏和干扰。无产阶级文化大革命中，刘少奇一类政治骗子继续从右的和形“左”实右的方面，破坏毛主席的革命路线和政策，破坏钢铁工业生产，造成了严重损失。

无产阶级文化大革命运动，粉碎了刘少奇一类政治骗子所推行的反革命修正主义路线，毛主席的革命路线取得了伟大胜利，给我国钢铁工业战线带来了一片生气勃勃的革命景象。进入一九七一年以来，钢铁工业战线广大工人、干部和技术人员，遵照毛主席关于在全党“**进行一次思想和政治路线方面的教育**”的伟大教导，认真学习马列主义、毛泽东思想，学习毛主席关于工业建设的一系列指示，联系钢铁工业两条路线斗争的历史，深入开展批修整风，狠批刘少奇一类骗子鼓吹的唯心论的先验论、反动的唯生产力论、地主资产阶级的人性论和阶级斗争熄灭论。广大钢铁工人用亲身经历的事实，愤怒地揭发批判他们破坏钢铁工业发展的滔天罪行，决心要把耽误了的时间夺回来。他们说：我们要立志做有觉悟的人，任务压重不低头，困难再大不低头。通过这样一次深入的路线教育，广大工人、干部、技术人员大大地提高了路线斗争觉悟，他们意气风发，斗志昂扬，大破“抓中间带两头”的反动方针，在全国各地大打矿山之仗。这场斗争，有力地促进了钢铁工业沿着多快好省的道路蓬勃发展。现在，上海、北京、天津各钢厂，鞍钢、首钢、本钢、马钢、太钢、武钢、重钢、唐山钢厂、大连钢厂、湘潭钢铁厂、大冶钢厂、贵阳钢厂等一大批企业都提前完成了国家钢产量计划，钢铁工业出现了一片崭新的面貌。

毛主席教导说：“**有两个积极性，比只有一个积极性好得多**”，要“**在中央的统一计划下，让地方办更多的事**”。在毛主席这一教导指引下，我国钢铁工业打破了“条条专政”的沉重枷锁，在党的一元化领导下，充分发挥中央和地方两个积极性，贯彻大中小并举、土洋并举、整套配备、就近路的方针，进一步调动了各地发展钢铁工业的积极性。

许多省、市、自治区党委加强了对钢铁工业生产的领导，主要负责同志亲自上山下厂蹲点，派出优秀的干部充实钢铁企业的领导机构。在各级党委的一元化领导下，许多大型钢铁企业努力挖掘潜力，生产有了很大发展，进一步发挥了骨干作用。今年以来本钢、鞍钢、首钢、上钢、马钢等大型企业的技术改造工作，进展都较快。本钢广大工人通过挖掘老矿的潜力，使采矿、选矿、烧结、炼铁、炼钢等各主要生产环节普遍达到和超过了设计水平，矿山设备的备品备件自给率超过百分之九十以上，实现了矿石自给，精料入炉，保证了稳产高产。上海钢铁工人千方百计地克服困难，今年又试制成功了三百六十多种新钢材品种，使上海的钢铁工业基本上形成了一个具有一定技术水平、品种规格比较齐全的金属材料基地。鞍钢今年在挖掘生产潜力的过程中，总结和推广了第一炼钢厂五号平炉的快速炼钢法，使一炉钢的平均冶炼时间缩短了一个多小时，大大提高了平炉钢产量。目前鞍钢平炉的日产水平比上半年提高了百分之二十五。

（下转第三版）

印度政府纵容印度人和西藏叛匪到我大使馆前挑衅

我驻印使馆向印度外交部提出强烈抗议

新华社三十日讯 新德里消息：中华人民共和国驻印度大使馆十二月二十九日照会印度外交部，就印度政府纵容印度人和西藏叛匪到我大使馆前挑衅事件，向印度外交部提出强烈抗议。

照会说：一九七一年十二月二十五日下午二时半，五十多名印度人和西藏叛匪，在印度政府纵容下，[illegible]，到中华人民共和国驻印度大使馆前挑衅，[illegible]，狂叫反华口号。特别令人不能容忍的是，他们竟然[illegible]中国人民的伟大领袖毛主席。中国人民对此表示极大的愤慨。中华人民共和国驻印度大使馆向印度外交部提出强烈抗议，并且要求印度政府[illegible]，保证今后不再发生类似事件。

美国侵略者越挣扎越失败

本报评论员

美国强盗飞机连日来对越南北方的野蛮轰炸，遭到了越南人民的严厉惩罚，激起了各国人民和美国人民的极大愤慨。美帝国主义这种新的战争罪行，又一次暴露了它穷凶极恶的侵略面目，揭穿了它在越南问题上的和平伪装。

美帝国主义为掩盖自己的侵略罪行而制造的种种借口，是十分荒谬的。

他们说：这种袭击是为了美国“从南越撤出军队”。难道为了从越南南方“撤军”，就必须对越南北方狂轰滥炸吗？这简直是岂有此理！美国轰炸越南北方是一种明目张胆地扩大战争的行动，它是不能以任何借口为自己辩解的。如果美国真的要从越南南方撤军的话，它无条件地全部撤出就是了，并没有谁在妨碍它。可是，美国对越南南方共和临时革命政府提出的七点和平倡议一直拒不作出相应的认真的答复，却变本加厉地轰炸越南北方，这只能表明美帝国主义并不想真正全部地从越南南方撤军，“结束战争”，而是要把这场战争继续拖延和扩大下去。

他们说：美国的这次轰炸是“时间有限制的”，不算违反三年前美国政府作过的全面停炸越南北方的保证。这种无耻的狡辩又能骗得了谁呢？难道“有限”的轰炸就不算轰炸吗？美帝国主义要炸就炸，要停就停，炸炸停停，停停炸炸，哪有什么“限制”？这种“侵略有理”论，不过是美帝国主义为了随时轰炸越南北方制造的借口而已。

不管美帝国主义如何为它的侵略行径狡辩，都逃脱不了越南人民的惩罚。支援南方骨肉同胞的抗美救国斗争，是越南北方人民的神圣义务，保卫自己祖国的领空，是越南人民的神圣权利。美国侵略者不管从哪里来，什么时候来，越南人民都要给予狠狠的打击。越南人民连日来击落敌机多架，活捉美国飞贼多名，就是给美国侵略者的有力回答。

美帝国主义轰炸越南北方的野蛮行径，不过是垂死挣扎。这表明尼克松政府推行的所谓战争“越南化”计划正在遭到失败，它妄想用这种战争冒险行动来挽救自己的败局。但是，事实是同美帝国主义的愿望完全相反的。印度支那人民的抗美救国战争正在取得一个又一个的胜利。美帝国主义在哪里挑衅，在哪里冒险，在哪里扩大战争，就在哪里遭到惨败。越南人民已经给了美国侵略者沉重打击，老挝人民在查尔平原歼敌十一个营，柬埔寨人民在六号公路地区打了个大胜仗。这些新的辉煌战绩都使中国人民感到十分高兴。中国人民遵照伟大领袖毛主席的教导，将一如既往地坚决支持越南人民和印度支那人民把抗美救国战争进行到彻底胜利。我们深信，在印度支那三国人民团结战斗的铜墙铁壁面前，美帝国主义任何新的军事冒险都必将以更加可耻的失败而告终。

关于日本和南朝鲜划定东海大陆架共同开发区的声明

人民日报 1974 年 2 月 5 日 第 1 版

1974 年 1 月 30 日，日本政府和南朝鲜当局在汉城签订了所谓共同开发大陆架的协定。该协定将东海大面积的大陆架划为两国的共同开发区，由双方共同投资，在该区域内开发石油和天然气。

1974 年 2 月 5 日，中国外交部就此发表声明，指出：根据大陆架是大陆自然延伸的原则，东海大陆架理应由中国和有关国家协商确定如何划分，日本政府和南朝鲜当局的行为严重侵犯了中国主权，对此，中国政府决不能同意。

来源：国家图书馆

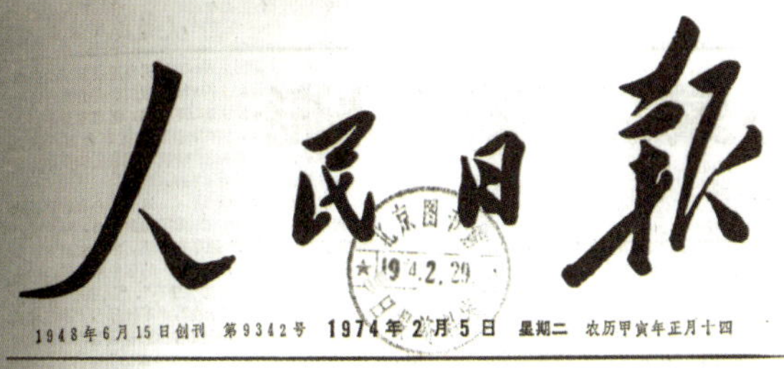

毛主席语录

现在的社会主义确实是前无古人的。社会主义比起孔夫子的"经书"来，不知道要好过多少倍。

从王安石变法看儒法论战的演变

——读《王荆公年谱考略》

罗思鼎

王安石是北宋时代一位比较进步的地主阶级政治家。长期以来，他一直是自命孔门正统的道学家们的眼中钉。资产阶级阴谋家林彪所奉为至宝，并用以作为他搞阴谋、搞政变的立论根据的那篇托名伪造的《辨奸论》，就是当时道学家对王安石进行造谣、诬蔑和中伤的一篇代表作。最近，上海人民出版社重新出版了清代蔡上翔写的《王荆公年谱考略》（以下简称《考略》）。这是一本为王安石及其变法辩护的著作。它驳斥了宋朝以来道学家对王安石的攻击，为研究王安石变法过程中的儒法论战，提供了许多有价值的史料。结合批林批孔来研究封建社会的这场儒法论战，有助于我们深入批判林彪反革命的修正主义路线及其阴谋手段，有助于我们揭露林彪反动世界观的根源，有助于我们进一步认识儒家思想的反动性和儒、法两种思想斗争的历史演变过程，吸取阶级斗争的历史经验。

一

在我国封建社会中，自从董仲舒建议汉武帝"罢黜百家，独尊儒术"以来，以孔子为代表的儒家学说在经过董仲舒等人的改造以后，逐步演变成为地主阶级的正统思想。法家主张地主阶级专政的思想实际上为历代封建统治者所奉行，但作为一个宣扬革新、反对复古、尖锐地批判孔学的学派，却长期处于被封建统治者咒骂、排斥的地位。法家学派从汉代以后虽日趋消沉，但实际上地主阶级中一些主张搞革新的政治家，如桑弘羊、曹操、柳宗元、王安石等人，往往从提倡变革的先秦法家学派中去寻找思想武器。因此，汉代以后封建统治阶级内部革新和守旧的斗争，在思想领域里往往以儒法斗争的形式表现出来。在宋代，它直接反映为"荆公新学"和反动理学的对立。

一定的文化是一定社会的政治和经济在观念形态上的反映。所谓"荆公新学"，是王安石在执政前后，为了替推行新法制造理论根据，吸收法家思想而创立的一个新学派。有进步必有反动。站在王安石对立面的，是以司马光为代表的大地主阶级顽固派。这一政治派别的思想代表程颢、程颐在反对新学的斗争中，发展了反动的孔学，形成了极端唯心主义的理学即道学。这场新学与理学的斗争，实质上是封建社会中长期进行的儒法斗争的继续。

北宋的大地主阶级顽固派，都是极端的尊儒反法派。他们把同王安石的斗争，看成是一场捍卫孔孟道统的斗争。《考略》指出，顽固派异口同声地攻击王安石"挟管（仲）商（鞅）之术"①，是少正卯那样的革新派。道学家程颢兄弟首先跳出来攻击新学，惊呼"大患者却是介甫之学"（按：王安石字介甫），"坏了后生学者"②，表示要同它拚命。司马光的喽罗吕诲攻击王安石"如少正卯之才，言伪而辨，行伪而坚"③。范纯仁大骂王安石"尚法令则称商鞅，言财利则背孟轲"④。南宋以后，道学家朱熹等人更是杀气腾腾地叫嚷王安石"学本出于刑名度数"⑤（意指王安石的学问都是以法家的理论为出发点的），如果落在孔子手里，必然要受到"少正卯之诛"⑥。这些孔门之徒口头上仁义道德，骨子里是要残酷无情地镇压劳动人民和本阶级内部的革新派的。林彪这个孔老二门徒，一面假惺惺地讲什么"和为贵"，咒骂法家是"罚家"，同时大喊"政权就是镇压之权"，在暗中策划反革命政变，也正是继承了孔子这个"巧伪人"的一套手段。

地主阶级顽固派以保卫孔子自居，斥责王安石的新学崇尚法家思想，是违背儒家正统的异端邪说，从反面说出了事物的真相。王安石在当时确实是一位有尊法反儒倾向的人物。变法期间，他把"先儒传注一切废不用，黜春秋之书"⑦，代之以自己撰述的《三经新义》、《字说》等著作，用来作为变法的理论根据。顽固派骂他是商鞅，他针锋相对地回答："今人未可非商鞅，商鞅能令政必行。"⑧他嘲笑汉儒的烦琐哲学是坑害人的"无补之学"⑨，骂他们是区区修补，百孔千疮。至于对那些"据经泥古"的儒生，则抱着极其蔑视的态度指出："后世所谓儒者，大抵皆庸人。"⑩

特别值得指出的是，王安石提出了"天变不足畏，祖宗不足法，人言不足恤"⑪（"天象的变异不值得害怕，旧的传统不能作为依据，流言蜚语用不着去顾虑"）这三句话，和孔子所鼓吹的"畏天命，畏大人，畏圣人之言"⑫（"对天命要畏敬，对王公大人要畏敬，对圣人的言论要畏敬"）直接相对立。这一下，在当时死水一潭的思想界掀起了轩然大波，遭到了死守儒家反动传统的大地主阶级顽固派的坚决反对。司马光竭力强调"天不变，道亦不变"，一再叫嚣"祖宗之法，不可变也"⑬。文彦博也跟着喊叫："祖宗法制具在，不须更张"⑭。王安石则站在中小地主阶级的立场上，针锋相对地提出："至于祖宗之法不足守，则固是如此。"⑮他在《兼并》诗中愤慨指出："俗儒不知变，兼并可无摧"⑯，毫不留情地揭露了顽固守旧的俗儒是大地主兼并势力的走狗，是变法的凶恶敌人。

思想上两条路线的斗争，从来是政治上两条路线的斗争的反映。环绕着王安石变法而展开的这场儒法斗争，归根到底，反映了中小地主阶级和大地主阶级之间兼并与反兼并的斗争。宋代在变法开始前，一小撮大地主霸占了全国十分之七以上的土地，广大农民日益赤贫化，自耕农以及中小地主大批破产，造成了"富者财产满布州域，贫者困穷不免于沟壑"⑰的严重局面。这种状况既促进了社会阶级矛盾的尖锐化，又进一步缩小了赋税的来源，引起了封建国家的财政危机。因此，王安石一上台，就提出了反兼并的理财措施，力图调整地主阶级内部对地租剥削的分配比例。他一再说："理财为方今先急"⑱；"一部周礼，理财居其半"⑲。办法呢？"合天下之众者财，理天下之财者法"⑳。他特别推崇汉朝著名法家桑弘羊坚持推行的"建本抑末"、"绝并兼之路"㉑的法家经济政策，认为"摧制兼并，均济贫乏，变通天下之财，后世唯桑弘羊、刘晏粗合此意"㉒。这就是要用法家学派的经济思想来重新调整权力和财产。他的第一个重大措施，就是建立制置三司条例司，"议变旧法，以通天下之利"㉓。王安石变法在一定程度上损害了大地主集团的政治经济利益，因而遭到了以司马光为首的大地主顽固派的疯狂破坏。他们口口声声攻击王安石变法"用贱陵贵，以邪妨正"㉔，"夺富民之利"㉕，使"上户""年年出钱，无有休息"㉖。当时司马光身居洛阳，暗地里以"真宰相"自居，亲自指挥顽固派的捣乱活动，发誓要推翻新法。苏轼、苏辙兄弟之流，则是典型的投机派。他们有一套适应形势的两面派的手法，他们原来是恪信儒家信条的孔孟之徒，但在变法舆论高涨期间，也大唱起"常患法之不变"㉗的调头。等到逆流一来，他们就马上把脸一变，落井下石，攻击王安石"使其民知利而不知义，见刑而不见德"㉘（"使老百姓只知道财利而不懂得仁义，只看到刑罚而看不到道德"）。

以王安石为首的变法派的社会基础是很狭隘的。他们提出抑制兼并，目的是为了缓和地主阶级的内部矛盾，稳定中小地主阶级的社会地位。它并不可能改善贫苦农民受剥削受压迫的处境，因此也不可能得到广大群众的支持。在变法派内部，也是各有各的心思，真正态度坚决的只是极少数。其中有的人根本就是投机分子。有个叫邓绾的，就是为了过官瘾而附和变法的，当别人斥责他时，他说："笑骂从汝，好官须我为之。"㉙宋朝的社会危机是由封建制度本身所决定的。王安石由于其地主阶级的局限性，幻想在不根本触动封建制度的基础上，作些修修补补，走改良的道路，这只能是一条走不通的死路。他的法家思想也是不彻底的，因而不能从根本上摆脱儒家思想的束缚。至于王安石的变法实践则比他的理论更要软弱，时停时续，时松时紧，从来也没有被认真实行过。后来，顽固派司马光上台执政，推翻了一切变法措施，竭力鼓吹儒家的反动理论，加速了宋王朝的灭亡。

反动的道学家们企图把北宋封建王朝灭亡的原因归罪于王安石变法，说什么"秦之亡由商鞅，宋之亡由安石"㉚。事实上，北宋王朝的灭亡，正如蔡上翔《考略》中所指出的，完全是"苟且因循不振之故"㉛（"苟且偷生、因循守旧而不知奋发图强的原因"）。换句话说，北宋的覆亡恰恰是由以司马光为代表的大地主顽固派的反动守旧的路线造成的，是理学家们造成的。鲁迅说得对："宋朝的读书人讲道学，讲理学，尊孔子，千篇一律。虽然有几个革新的人们，如王安石等等，行过新法，但不得大家的赞同，失败了。从此大家又唱老调子，和社会没有关系的老调子，一直到宋朝的灭亡。"（《老调子已经唱完》）

林彪跟着宋朝地主阶级顽固派的屁股后面，恶毒咒骂王安石是"拗相公"，用以咒骂我国的无产阶级专政和社会主义制度，咒骂毛主席的革命路线和坚持毛主席革命路线的广大中国人民，正暴露出林彪路线的卖国主义本质。果然，林彪投奔苏修，自我爆炸，成为不齿于人类的叛徒、卖国贼。而我们的社会主义祖国在粉碎内外敌人阴谋的斗争中，坚持了无产阶级专政下继续革命，欣欣向荣，继续胜利前进。

二

要正确认识王安石变法的思想根源和蔡上翔在《考略》中为王安石辩诬的意义，还必须进一步考察中国封建社会中儒法论争的全过程。

秦代以后，地主阶级的历代统治，是建立在对农民和其他劳动人民专政的基础上的。他们采用了法家学说中主张中央集权制的地主阶级专政的一面，可是却十分嫉视法家学说中提倡变革的一面。因此，整个封建社会中儒法斗争的趋势，是儒家学派越来越占据统治地位，而法家学派却越来越受排斥和咒骂。秦始皇是公开提倡法家思想的，"焚书坑儒"就是对先秦儒法斗争的一次革命性总结。在汉代，汉武帝虽然接纳了董仲舒的建议，把孔学封为封建社会的正统思想，但实际情况正如汉宣帝所说的："汉家自有制度，本以霸王道杂之"㉜。

（下转第四版）

我外交部发言人发表声明

南越西贡当局再次出动军舰，侵占我国南沙群岛所属南子岛等岛屿。这是西贡当局对中国人民新的军事挑衅。中国政府和人民对此表示强烈的谴责和抗议。中国政府决不容许西贡当局以任何借口侵犯中国的领土主权

新华社一九七四年二月四日讯 中华人民共和国外交部发言人声明

一九七四年二月四日

最近，南越西贡当局在入侵我国西沙群岛，遭到我国军民的痛击之后，竟然于二月一日再次出动军舰，侵占我国南沙群岛所属南子岛等岛屿，在岛上非法设立所谓"主权碑"。这是西贡当局对我国领土主权的肆意侵犯，对中国人民新的军事挑衅。中国政府和中国人民对此表示强烈的谴责和抗议。

中国政府已多次声明，南沙群岛、西沙群岛、中沙群岛和东沙群岛，都是中国领土的一部分，中华人民共和国对这些岛屿及其附近海域具有无可争辩的主权。

中华人民共和国政府决不容许西贡当局以任何借口侵犯中国的领土主权。中国政府的这一立场是坚定不移的。

我外交部发言人发表声明

日本政府和南朝鲜当局背着中国在东海大陆架划定所谓日、韩「共同开发区」，这是侵犯中国主权的行为。中国政府决不能同意。如果日本政府和南朝鲜当局擅自进行开发活动，必须对由此引起的一切后果承担全部责任

新华社一九七四年二月四日讯 中华人民共和国外交部发言人声明

一九七四年二月四日

一九七四年一月三十日，日本政府和南朝鲜当局在汉城签订了所谓共同开发大陆架的协定。该项协定在东海海域片面划了大面积的大陆架，作为日本和南朝鲜的所谓"共同开发区"，由日本和南朝鲜双方共同投资，在该区域开发石油和天然气。

对此，中华人民共和国外交部发言人受权声明：中国政府认为，根据大陆架是大陆自然延伸的原则，东海大陆架理应由中国和有关国家协商确定如何划分。现在，日本政府和南朝鲜当局背着中国在东海大陆架划定所谓日、韩"共同开发区"，这是侵犯中国主权的行为。对此，中国政府决不能同意。如果日本政府和南朝鲜当局在这一区域擅自进行开发活动，必须对由此引起的一切后果承担全部责任。

上港五区工人的革命大字报和本报编者按引起强烈反响

上海工人在批林批孔斗争中向修正主义办企业路线开火

本报讯 上海工业交通系统广大工人和干部，读了上港五区工人的一张革命大字报"要当码头的主人，不做吨位的奴隶"和《人民日报》为此加的编者按以后，引起了强烈的反响。他们表示要抓住当前企业管理中的这个要害问题，在批林批孔的政治斗争中，肃清修正主义办企业路线的流毒，巩固和发展无产阶级文化大革命的成果，办好社会主义企业。

这张大字报和编者按发表的当天下午，上海港务局从局机关到各个系统的基层单位，纷纷召开工人和干部座谈会。大家普遍反映，我们要在当前轰轰烈烈开展的批林批孔高潮中，结合学习大字报和编者按，工人、干部齐上阵，批林批孔挖修根，共同把好路线关，使企业沿着毛主席革命路线胜利前进。在上港五区召开的批林批孔群众大会上，参与写作这张大字报的一个青年工人上台发言说，林彪狂热地吹捧孔孟的"中庸之道"，反对斗争哲学，我们工人就是要批判"中庸之道"，永远发扬革命的反潮流精神。现在，《人民日报》编者按向我们提出了新的战斗要求，我们要向杨树浦装卸站的工人学习，帮助领导把好路线关，把各项工作搞得更好。沪东造船厂铸工车间二十二班的工人激动地说：这张革命的大字报，有力地揭露了经济领域里存在的两种思想、两条路线的尖锐斗争，抓住了当前企业管理中的要害问题，具有普遍的意义，好得很。我们工人就是要向修正主义路线不断猛烈开火，才能巩固和发展无产阶级文化大革命的成果，使企业始终沿着社会主义的方向胜利前进。办好社会主义企业靠什么？上港五区党委书记深有感触地说：我们区工人的大字报，确实是向我们敲了一次警钟。党委不抓牢大事，在无产阶级文化大革命中早已批臭了的东西，有可能被人拣出来再当灵丹妙药用，历史的教训值得注意啊！大字报和编者按的发表，是对我们党委抓大事的有力鞭策，我们一定要接受工人的批评和监督，在批林批孔斗争中，继续批判修正主义办企业路线，促进革命和生产的发展。上海手表厂党委二月一日下午专门召开座谈会，和工人群众一道学习《人民日报》编者按和上港五区工人的大字报。夹板车间的工人说，我们前一时期学习上港五区工人的革命精神，在厂内揭矛盾，找差距，促转化；今天学习又有新的体会。

（下转第三版）

关于"日韩共同开发大陆架协定""自然批准"的声明

人民日报 1977 年 6 月 14 日 第 4 版

日本执政的自民党在在野党缺席的情况下，于 1977 年 4 月 27 日和 5 月 10 日分别在众议院外交委员会以及众议院全体会议上强行通过了所谓的"日韩共同开发大陆架协定"。随后又用延长国会会期的办法使该协定"自然生效"。

中国外交部对此发表声明，对日本政府这一公然侵犯中国主权的行为表示严重抗议，并再次指出："东海大陆架是中国大陆领土的自然延伸，中华人民共和国对东海大陆架拥有不容侵犯的主权，东海大陆架涉及其他国家的部分，理应由中国和有关国家协商确定如何划分。日本政府同南朝鲜当局背着中国片面签订的所谓'日韩共同开发大陆架协定'完全是非法的和无效的。"

来源：国家图书馆

人民日报
RENMIN RIBAO
1977年6月14日 星期二
农历丁巳年四月廿八 第10567号

高举马克思列宁主义的旗帜，反对以苏修叛徒集团为中心的现代修正主义，从理论上给予毁灭性的打击，是毛主席的伟大功勋之一。

华国锋：《把无产阶级专政下的继续革命进行到底》

在伟大领袖和导师毛主席的领导下 列宁斯大林这两把“刀子”我们中国没有丢

中央编译局理论组

一九五六年，当赫鲁晓夫反革命的修正主义面目开始暴露时，毛主席在我们党的八届二中全会上尖锐地指出：**“我看有两把‘刀子’：一把是列宁，一把是斯大林。现在，斯大林这把刀子，俄国人丢了。”“列宁这把刀子现在是不是也被苏联一些领导人丢掉一些呢？我看也丢掉相当多了。十月革命还灵不灵？还可不可以作为各国的模范？苏共二十次代表大会赫鲁晓夫的报告说，可以经过议会道路去取得政权，这就是说，各国可以不学十月革命了。这个门一开，列宁主义就基本上丢掉了。”**（《毛泽东选集》第五卷第321—322页）毛主席的教导，深刻地揭露了赫鲁晓夫叛徒集团的要害是否定十月革命的道路，否定无产阶级革命和无产阶级专政的道路；严肃地指出了捍卫列宁和斯大林的旗帜对于无产阶级革命事业的极端重要性。

赫鲁晓夫叛徒集团背叛马克思列宁主义，背叛十月革命的道路，首先是从全盘否定斯大林，丢掉斯大林这把“刀子”开始的。

斯大林是一个伟大的马克思列宁主义者。列宁在世时，斯大林是列宁的亲密战友。斯大林是十月社会主义革命的主要领导者和组织者之一。十月革命后，斯大林曾为保卫无产阶级革命的成果进行了英勇的斗争。列宁逝世后，斯大林是列宁的继承人。斯大林在担任苏联党和国家主要领导人期间，捍卫了列宁开辟的十月革命的道路，在世界六分之一的土地上坚持了无产阶级革命和无产阶级专政，使苏联成为世界上第一个社会主义的坚强堡垒。无论在无产阶级专政的历史上，或者在国际共产主义运动的历史上，斯大林一生的活动，都占有极为重要的地位。

赫鲁晓夫在苏共第二十次代表大会上，借口反对所谓“个人迷信”，抛出了一个臭名昭著的“秘密报告”。赫鲁晓夫在这个报告中，捏造了大量的谎言，使用了最恶毒的语言，对斯大林进行了无耻的诽谤和攻击。他根本抹煞斯大林领导苏联人民同一切国内外敌人进行坚决斗争，取得社会主义革命和社会主义建设伟大成就的功绩，抹煞斯大林领导苏联人民保卫和巩固世界上第一个社会主义国家的功绩，抹煞斯大林捍卫十月革命道路、坚持无产阶级专政的功绩。赫鲁晓夫全盘否定斯大林，实质上就是否定无产阶级专政，否定社会主义制度，否定列宁缔造的世界上第一个社会主义国家，否定国际共产主义运动。

赫鲁晓夫在苏共第二十次代表大会上大反斯大林，造成了极其严重的后果。赫鲁晓夫全盘否定斯大林，败坏了苏联的声誉，败坏了无产阶级专政的声誉，败坏了社会主义和共产主义的声誉，给了帝国主义、反动派和其他一切共产主义敌人以可乘之机。当时帝国主义和各国反动派气焰高涨，在全世界掀起了一股反共、反人民、反社会主义的浪潮。国际共产主义运动中发生了极大的思想混乱，修正主义思潮大为泛滥，在许多国家的共产党内，一批叛徒跟着帝国主义和反动派一起，攻击马克思列宁主义，攻击国际共产主义运动，给世界无产阶级的革命事业造成了严重的损失。在这期间发生的最突出的事件，就是匈牙利反革命暴乱事件。

赫鲁晓夫从大反斯大林开始，全面背叛马克思列宁主义，提出了一条反革命的修正主义路线，来代替斯大林捍卫和坚持的列宁主义路线。他在“和平共处”、“和平竞赛”、“和平过渡”的口号下，反对暴力革命，否定十月革命的道路。他在“全民国家”和“全民党”的口号下，取消无产阶级专政，改变无产阶级政党的性质，为资本主义在苏联的复辟敞开大门。赫鲁晓夫的继承者勃列日涅夫，本来就是赫鲁晓夫反革命政变的同谋者，他上台后继续疯狂地推行并且发展了赫鲁晓夫修正主义，炮制出一套被称之为“勃列日涅夫主义”的法西斯“理论”，他鼓吹什么“有限主权论”、“国际专政论”、“社会主义大家庭论”、“国际分工论”等等，推行贴着社会主义标签的帝国主义、霸权主义和新殖民主义的政策。

（下转第二版）

响应英明领袖华主席伟大号召 为大治快上作出更大贡献

冀鲁豫共同倡议开展夏粮生产竞赛

据新华社济南一九七七年六月十三日电 在今年全国“三夏”生产会议上，河北、山东、河南三省代表热烈响应华主席关于“大家在这场伟大的革命群众运动中来一个比赛，充分发挥自己的才干”的号召，约定在三省之间展开以夏粮生产为主要内容的社会主义竞赛，通过竞赛，互相学习，互相促进，把夏粮生产提高到一个新水平，带动整个农业大上快上。

在这次全国“三夏”生产会议上，冀鲁豫三省代表通过学习，认识到开展社会主义竞赛，加快步伐把夏粮生产搞上去，这对于落实华主席抓纲治国的战略决策，具有重大的意义，也是广大干部、群众的迫切要求。三省通过充分酝酿讨论，共同发出了开展夏粮生产社会主义竞赛的倡议书，倡议在农业战线上来一个竞赛，把一切积极因素充分调动起来，使广大干部、群众大显身手，施展自己的本领，发挥自己的才干，为大治快上作出更大的贡献。

新华社济南一九七七年六月十三日电 关于开展夏粮生产社会主义竞赛的倡议书

（一）

出席全国“三夏”生产会议的河北、山东、河南三省代表，通过学习文件、参观现场、听取全国各地先进单位代表的发言，很受教育，很受启发；特别是听了陈永贵和谷牧两位副总理的重要讲话，使大家进一步激发了学先进、比先进、赶先进、大干快上的社会主义热情。遵照英明领袖华主席在全国工业学大庆会议上发出的“大家在这场伟大的革命群众运动中来一个比赛，充分发挥自己的才干”的伟大号召，落实抓纲治国的战略决策，实现今年初见成效、三年大见成效的要求，“迅速发展生产力，使社会主义的政治制度和经济制度获得日益增强的物质基础”，我们倡议：在农业战线上，也来一个竞赛，把一切积极因素充分调动起来，使广大干部、群众大显身手，施展自己的本领，发挥自己的才干，为大治快上做出更大贡献。

（二）

夏粮是我们北方几个省、市的主要粮食作物，不仅高产稳产，而且商品率高。夺取夏粮丰收，对支援国家建设，巩固工农联盟，改善城乡人民生活，有着极为重要的政治意义和经济意义。我们决心狠抓夏粮生产，今年保证种到一亿六千六百万亩，明年总产力争比大丰收的一九七六年增产两成以上。

夏粮生产社会主义竞赛，要认真贯彻**“以粮为纲，全面发展”**的方针，不仅做到夏粮增产，而且要以夏促秋；不仅做到粮食增产，而且要经济作物也增产；做到一季增产，季季增产，全年增产，全面增产。

我们冀鲁豫三省共同酝酿的竞赛条件，概括为：“四评”、“五比”。“四评”是：评思想，评干劲，评作风，评风格。“五比”是：比夏粮单产、总产和按农业人口每人平均产量增长速度，比全年粮食单产、总产和按农业人口平均产量增长速度，比主要经济作物和养猪增长速度，比贡献，比成本。除了我们三个省互相学习、互相竞赛以外，也欢迎全国兄弟省、市、自治区积极参加竞赛。 （下转第四版）

冀鲁豫赛起来了

本报评论员

早在一九五七年，伟大领袖毛主席就提出了我国农业大跃进的宏伟目标：**“将来，中国要变成世界第一个高产的国家。有的县现在已经是亩产千斤了，半个世纪搞到亩产两千斤行不行呀？将来是不是黄河以北亩产八百斤，淮河以北亩产一千斤，淮河以南亩产两千斤？到二十一世纪初达到这个指标，还有几十年，也许不要那么多时间。”**（《毛泽东选集》第五卷第469页）华主席在全国工业学大庆会议上强调指出：“从现在起到本世纪末，只有二十三年的时间。大大加快我国国民经济发展的步伐，是刻不容缓的了。”作为国民经济基础的农业，大大加快发展速度，更为紧迫、更为重要。冀、鲁、豫三省开展以夏粮生产为主要内容的社会主义竞赛，就是争速度，抢时间，组织农业大跃进的一个良好的开端。

冀、鲁、豫三省是我国夏粮的主要产区，夏粮总产量约占全国夏粮总产量的三分之一。这里地区辽阔，人员众多，潜力很大。过去由于自然灾害频繁，夏粮产量低而不稳。解放后，经过多年努力，三省生产条件大为改观，已由缺粮地区变为余粮地区，扭转了我国南粮北调的局面，并积累了夏粮高产稳产的丰富经验。现在，三省之间开展社会主义竞赛，学先进，比先进，赶先进，取长补短，互相促进，必将迅速普及夏粮高产稳产的经验，把夏粮生产提高到一个新水平。这不但对三省的农业是极大的促进，而且将大大推动全国农业的大上快上。

当前轰轰烈烈的社会主义竞赛，是伴随着粉碎“四人帮”的伟大政治运动开展的。多年来，在农业学大寨运动中，冀、鲁、豫三省的夏粮重要产地，如石家庄地区、新乡地区、烟台地区之间，一直在你追我赶，力争上游。但是，这种社会主义竞赛的革命热情，遭到了“四人帮”的严重干扰和压抑。他们用“唯生产力论”、“锦标主义”等等大帽子，打击广大干部、群众大干社会主义的积极性。现在，英明领袖华主席为首的党中央，彻底粉碎了“四人帮”，扫除了竞赛的大障碍，为各条战线开展社会主义竞赛创造了主要条件。我们要坚持以阶级斗争为纲，彻底批判和肃清“四人帮”的流毒和影响，进一步通过竞赛把亿万农民的社会主义积极性组织起来，鼓励他们施展自己的本领，发挥自己的才能，为大治快上作出更大的贡献。

社会主义竞赛，要比思想，比干劲，比作风，比风格，就是要首先比革命化；同时要比粮食作物、经济作物等的增长速度的快慢，比生产成本的高低，比向国家贡献的大小。这就要求把社会主义竞赛搞得轰轰烈烈，扎扎实实，真正取得农业大上快上的实际效果。一切不切实际、铺张浪费、多报浮夸的作风，都要坚决防止。

社会主义竞赛，贵在坚持。各级党委要加强领导，有人管，有人抓，有检查，有评比，及时总结经验，一定要做到“说了算，定了干，天大困难不能变”，使竞赛有始有终地坚持下去。坚持就是胜利。我们坚信，随着农业战线社会主义竞赛更为广泛、深入、持久的发展，**“中国要变成世界第一个高产的国家”**的宏伟目标，一定能够达到。

中华人民共和国外交部发表声明

日本政府利用延长国会会期的办法强使所谓“日韩共同开发大陆架协定”获得“自然批准”。对日本政府这一公然侵犯中国主权的行为，中国政府表示严重抗议，并再次指出，日本政府必须对由此产生的一切后果负完全责任

新华社一九七七年六月十三日讯 中华人民共和国外交部六月十三日就日本政府最近强使所谓“日韩共同开发大陆架协定”在日本国会获得“自然批准”一事发表声明。声明指出，对日本政府这一公然侵犯中国主权的行为，中国政府表示严重抗议，并再次指出，日本政府必须对由此产生的一切后果负完全责任。声明全文如下：

中华人民共和国外交部声明

一九七七年六月十三日

根据大陆架为大陆领土自然延伸的原则，中华人民共和国对东海大陆架拥有不容侵犯的主权。最近，日本政府不顾中国政府的坚决反对，利用延长国会会期的办法强使在东海大陆架片面划定“共同开发区”的所谓“日韩共同开发大陆架协定”在日本国会获得“自然批准”。对日本政府这一公然侵犯中国主权的行为，中国政府表示严重的抗议。

所谓“日韩共同开发大陆架协定”于一九七四年一月三十日签订后，中华人民共和国外交部发言人即于同年二月四日受权严正声明，日本政府和南朝鲜当局背着中国在东海大陆架划定所谓日韩“共同开发区”，这是侵犯中国主权的行为，中国政府决不能同意。其后，中国政府曾经多次重申这一立场。最近，在日本政府将该“协定”提交国会讨论期间，中国政府又向日本政府严正指出：该“协定”侵犯了中国主权，如果日本政府对中国政府的意见不予置理，一定要在本届国会通过该“协定”，对中日关系的发展是有害的，中国政府坚决不能同意，希望日方以中日两国友好关系为重，慎重考虑中国政府的意见。

现在，日本政府竟然无视中国政府多次申明的意见，置中国的主权和中日关系发展的利益于不顾，硬使该“协定”宣告生效，执意采取侵犯中国主权的行为。中国政府认为有必要再次指出，日本政府必须对由此产生的一切后果负完全责任。

中华人民共和国外交部受权声明：东海大陆架是中国大陆领土的自然延伸，中华人民共和国对东海大陆架拥有不容侵犯的主权，东海大陆架涉及其他国家的部分，理应由中国和有关国家协商确定如何划分。日本政府同南朝鲜当局背着中国片面签订的所谓“日韩共同开发大陆架协定”完全是非法的和无效的。任何国家和私人未经中国政府同意不得在东海大陆架擅自进行开发活动，否则，必须对由此引起的一切后果承担全部责任。

邓小平副总理在东京举行记者招待会答记者问

1978 年 10 月 25 日

1978 年 10 月 22 日，应日本政府的邀请，时任国务院副总理邓小平对日本进行了为期 8 天的正式友好访问，并出席了《中日和平友好条约两国批准书》互换仪式。1978 年 10 月 25 日邓小平副总理在东京日比谷出席了日本记者俱乐部主办的记者招待会，向到会的 400 多名各国记者发表讲话，并回答了记者提出的问题。在回答一位日本记者提出的有关钓鱼岛问题时，他说："'尖阁列岛'，我们叫钓鱼岛，这个名字我们叫法不同，双方有着不同的看法……我们认为两国政府把这个问题避开是比较明智的。这样的问题放一下不要紧，等十年也没有关系。我们这一代缺少智慧，谈这个问题达不成一致意见，下一代比我们聪明，一定会找到彼此都能接受的方法。"

来源：国家图书馆藏田桓主编《战后中日关系文献集》（中国社会科学出版社，1997）

国家图书馆藏日本霞山会編《日中関係基本資料集 . 1972 年 -2008 年》（日本东京霞山会 , 2008）

邓小平副总理这次访日，是中华人民共和国成立以来我国领导人首次对日本进行的正式友好访问。邓副总理出席了互换条约批准书的仪式，并与福田总理大臣进行会谈。这是中日关系史上的一件大事。中日两国是隔海相望、近在咫尺的邻邦。在我们两国长期交往的历史上，两国人民一向互相学习，互相尊重，互通有无，取长补短。中日邦交正常化之后，中日两国之间各方面的交流日益频繁和扩大。随着中日和平友好条约的正式生效，必将在新的历史条件下，为发展两国人民的友好往来，推动两国在政治、经济、文化、科学技术等领域的广泛交流和合作，开辟更加广阔的新前景。

中日两国人民都是热爱和平的人民，中日两国都有着反对霸权主义的共同愿望。中日和平友好条约所明确规定的反霸条款，首先是对中日两国自己的约束，共同承担不谋求霸权的义务，同时也反对任何其它国家或国家集团谋求霸权，这是国际条约中的一项创举。中国永远不称霸，永远不做超级大国，这是已明确载入中华人民共和国宪法的一项重要国策。我们相信，中日两国履行中日和平友好条约中的反霸条款，必将为维护亚洲和太平洋地区的和平与安全做出积极的贡献。

中日和平友好条约的缔结和正式生效，是两国政府和人民共同努力的结果。毛泽东主席和周恩来总理生前对中日友好事业给予极大的关怀。很多日本朋友也为此不辞劳苦，辛勤奔走，做出了宝贵的贡献。在两国人民的这一大喜日子里，我们对所有为中日友好事业做出努力的日本朋友们表示衷心的感谢，并对那些已经离开我们的中日友好事业的先驱者们，表示深切的缅怀之情。

邓小平副总理对日本进行的历史性友好访问和中日和平友好条约的正式生效，将作为光辉的一页，载入中日两国友好关系的史册。中日友好的道路十分宽广，在进一步发展中日友好关系的道路上，还有许多事情要做。我们坚信，具有2000年传统友谊的伟大的中日两国人民，在中日和平友好条约已经生效的情况下，一定能够排除前进道路上的一切干扰和阻力，以更加坚实的步伐，开创更加美好的未来！

邓小平副总理在东京举行记者招待会答记者问

(1978.10.25)

10月25日下午4时，邓小平出席在东京日比谷的日本记者俱乐部举行的记者招待会。

参加记者招待会的400多名记者分别来自时事社、共同社、路透社、合众国际社、美联社、法新社、德新社等著名通讯社。

这是中华人民共和国领导人在出访时第一次同意以“西方方式”同记者见面。

一位日本记者提出了中日双方早先约定的这次中日双方都不涉及的问题——“尖阁列岛”（中国称为“钓鱼岛”）的归属问题。

此刻，当日本记者提出这一困难问题后，会场气氛陡然紧张起来，大家都屏住呼吸，听邓小平如何回答。

邓小平非常轻松地说：“尖阁列岛”，我们叫钓鱼岛，这个名字我们叫法不同，双方有着不同的看法，实现中日邦交正常化时，我们双方约定不涉及这一问题。这次谈中日和平友好条约的时候，双方也约定不涉及这一问题。倒是有些人想在这个问题上挑一些刺，来障碍中日关系的发展。我们认为两国政府把这个问题避开是比较明智的，这样的问题放一下不要紧，等10年也没有关系。我们这一代缺少智慧，谈这个问题达不成一致意见，下一代比我们聪明，一定会找到彼此都能接受的方法。

済や文化面などで交流を深め、日中間の相互信頼を高めていくべきだとの考えを示した。さらに総理は日中間の政治外交の基本原則として「双方が内政不干渉の原則を貫くことが大事である」と強調した。これに対し、鄧副総理は「中国も内政不干渉の原則に立っており、福田総理の立場は当然のことだ」と答えた。さらに、中国の「四つの近代化問題」も話題となり、福田総理から「日本は憲法の制約で軍事面での協力はできないが、他の面ではあらゆる分野で協力していきたい。中国の近代化は中国だけでなく、アジアや世界の発展にも大きな意義がある」と述べ、鄧副総理は「近代化を進めるうえで日本の協力が今後とも必要だ」と積極的な協力を求めた。

（一九七八・十・二十五、朝日新聞夕刊）

資料 43　鄧小平副総理の日本記者クラブの内外記者会見談話要旨を伝えた邦字紙記事

一九七八・十・二十五

二十五日、日本記者クラブでおこなわれた鄧小平中国副総理と内外記者団との会見内容次の通り。

〈冒頭あいさつ〉

今回の訪日に対する日本政府、人民、各界の歓迎に感謝する。中日両国には二千年の友好往来の歴史がある。両国間にはかつて一時期、不幸な歴史があり、そのため中国人民は大きな災難をこうむり、日本人民も少なからぬ損害を受けた。しかし二千年余の友好に比べれば、それは短期間のもので、私たちは未来に目を向け、子々孫々の友好のためにともに努力しなければならない。

中日平和友好条約の締結は、中日善隣友好関係のためにいっそう確固とした基礎をつくりあげ、政治、経済、文化および科学技術などでの両国間の友好交流をいっそう強めるために、より広々とした前途をきり開いた。これは両国人民の根本的な利益と共通の願望に合致している。中日両国間の善隣友好関係のいっそうの発展は疑いもなく、アジア・太平洋地域の平和と安全を守るうえで、積極的な影響をあたえるにちがいない。

米国の水準に達するのはそう生やさしいことではない。二十二年後となればなおさら難しいだろう。しかし、われわれは、それでもこの大きな目標を決めた。（実現のための）もっとも大きな条件は、中国全体が心をひとつにしていることだ。これは四人組を粉砕してから表れた非常によい政治的情勢でもある。第二の条件は、中国は貧乏だが、資源が非常に豊富なことだ。第三の条件は、正しい政策、つまり「よく学びとる」ということである。現在の国際間の進んだあらゆる技術、管理方式をとり入れて出発点にしたい。まず自分が遅れていることを認めることだ。顔が醜いのに美人のようにもったいぶっても仕方がない。正直に遅れを認めることによって希望が生まれる。もうひとつは学習すること。日本をはじめ発達しているすべての国に教えてもらいたい。それから第三世界の貧しい友人たちのよい経験も学びたい。

こうした態度、政策、方針で臨むなら、近代化実現に希望があると自信を持っている。この面で、中日双方の努力の場は大きく、日本に学ぶべきところがたくさんある。日本の科学、技術、ひいては資金を組み入れることもたくさんあると思う。現在、中日間には長期貿易の取り決めがあるが、まだ不十分。二百億ドルになっているが、二倍、三倍になってもかまわない。中国が発展すれば、ますます協力の道は広くなるだろう。ヨーロッパの友人が、日本とこれだけ協力するならばやる仕事がなくなる、といったことがある。私は「心配ない。欧州はどうぞ日本と競争して下さい」と答えた。政府借款は今後の研究課題だ。

〈尖閣列島について〉

——尖閣列島は日本固有の領土で、先ごろのトラブルは遺憾と考えるが、副総理の見解は。

副総理　尖閣列島をわれわれは釣魚島と呼ぶ。呼び名からして違う。確かにこの問題については双方に食い違いがある。国交正常化のさい、双方はこれに触れないと約束した。今回、平和友好条約交渉のさいも同じくこの問題にふれないことで一致した。中国人の知恵からして、こういう方法しか考えられない。というのは、この問題に触れると、はっきりいえなくなる。確かに、一部の人はこういう問題を借りて中日関係に水をさしたがっている。だから両国交渉のさいは、この問題を避けるがいいと思う。こういう問題は一時タナ上げしても構わない。十年タナ上げしても構わない。われわれの世代の人間は知恵が足りない。われわれのこの話し合いはまとまらないが、次の世代はわれわれよりもっと知恵があろう。その時はみんなが受け入れられるいい解決方法を見いだせるだろう。

〈天皇会見の印象など〉

——これまで日本をみての感想と、天皇との会見の印象を。

副総理　日本政府と人民の温かい歓待に大変感銘を深くしている。福田総理と国際問題、中日両国間の問題で十分意見を交換した。非常に大事なことは両国指導者がこういう風に常時話

外交部就日政府在我钓鱼岛修建机场事进行交涉

人民日报 1979 年 5 月 30 日 第 5 版

1979 年 5 月 29 日，中国外交部亚洲司司长沈平约见了日本驻中国大使馆临时代办伴正一，就日本政府日前派巡视船“宗谷号”载运人员和器材登上中国钓鱼岛修建临时直升飞机场，并将进而派出调查团和测量船一事，向日本进行交涉，声明不承认这一行为具有任何法律价值。

来源：国家图书馆

人民日报　1979年5月30日　星期三　第五版

这能取信于人吗？

维护不结盟运动的原则和团结

本报记者

柬埔寨革命军和游击队继续袭击越寇

江萨总理表示将重新考虑对越政策

泰国副外长指出，越南"不侵犯"东盟不可信

就日政府在我钓鱼岛修建机场事进行交涉

我外交部司长约见日本驻华使馆临时代办

新华社北京五月二十九日电　中华人民共和国外交部亚洲司司长沈平今天上午约见日本驻中国大使馆临时代办伴正一，就日本政府最近派巡视船"宗谷号"载运人员和器材登上中国钓鱼岛修建临时直升飞机场并将进而派出调查团和测量船一事，进行交涉。

钓鱼岛等岛屿自古以来就是中国的领土，一九七一年十二月三十日，中国外交部曾就此发表声明。但是，中日双方在钓鱼岛等岛屿的领土归属问题上有争议。中日邦交正常化和缔结和平友好条约时，双方从中日友好的大局出发，同意将此问题留待以后解决。

据此，沈平司长指出，"日方显然是违背了双方间的上述谅解，我们不能不对日方的行为表示遗憾，并声明不承认这一行为具有任何法律价值。"沈平司长还表示："我们希望日本政府从大局出发，遵守两国领导人关于钓鱼岛问题所达成的谅解，并采取措施制止这种有损于两国友好和睦邻合作关系的一切行为。"

安第斯条约组织举行首脑会议

决心采取行动巩固和发展各国团结合作

耿飚副总理离挪威抵芬兰访问

芬兰总统吉科宁接见耿副总理

康世恩副总理结束对巴西的访问

倪志福宴请坦桑尼亚工会代表团

黄华外长会见施特劳斯大使

康克清同志宴请罗马尼亚同志

伊朗对美参议院的决议引起强烈反应

毛里塔尼亚总理布塞夫因飞机失事遇难

萨达特总统访问比尔谢巴市

巴西的圣保罗城

巴西圣保罗城一角

邓小平在会见铃木善幸众议员时提出“搁置争议，共同开发”

1979年5月31日

1979年5月31日，邓小平同志在人民大会堂会见日本自民党众议员铃木善幸时，提到了钓鱼岛问题。面对近年来有关钓鱼岛所引发的领土主权争议，邓小平重提日本园田外相关于为了两国关系而不把这个问题突出来的观点，并在此基础上提出了一个新的概念：“我们还是应该把这个问题搁起来，也可以考虑共同开发这个地区的资源。”

来源：国家图书馆藏田桓主编《战后中日关系文献集》（中国社会科学出版社，1997）

能不对日方的行为表示遗憾，并声明不承认这一行为具有任何法律价值。”沈平司长还表示：“我们希望日本政府从大局出发，遵守两国领导人关于钓鱼岛问题所达成的谅解，并采取措施制止这种有损于两国友好和睦邻合作关系的一切行为。”

153　邓小平副总理会见铃木善幸众议员时谈中国借鉴日本现代化经验和在钓鱼岛搞共同开发不涉及主权问题

（1979.5.31）

5月31日，邓小平副总理在人民大会堂会见日本自民党众议员铃木善幸时说：你虽然是第一次来，我们已经是老朋友了。你在中日两国友好关系方面做出了贡献，我们很高兴。

铃木听后，“感到光荣”。

会谈开始后，邓小平说：我们现在决心搞四个现代化，但我们的知识确实不够，特别是日本在这方面的经验很值得我们学习。

铃木善幸介绍了日本经济复兴的经验。他说：日本战后经过短短30年，达到今天的经济水平，有各种原因。日本在战争中面向太平洋的工业区受到全面破坏，化为灰烬。在国民经济恢复时期，日本从西方各国进口先进设备、先进技术和专利，经过国民全力以赴的努力，达到今天的水平。……

邓小平说：“我懂得什么是现代化了。”他对日本企业界元老土光敏夫说：中国的经济发展水平要比世界落后20年，“中国荒废了10年，在此期间，日本等其它国家进步了，因此，里外落后了20年。”邓小平表示，中国要努力学习外国的一切先进经验和先进技术。

今天，当铃木谈到日本的经验时，邓小平颇有同感，并且进一步说：我们的条件同你们不同，但恐怕有大量的东西是可以用的。我们要改造我们的经济，发展工业，现在还在摸索中。当然关起门来总是不行的。我们不但要引进发达国家的资金和技术，也要充分利用各国的好经验，并且要把这种经验同中国的实际结合起来才行。在这方面，恐怕日本的经验最值得我们学习。我们确实希望同日本在这方面更好地合作。

铃木善幸表示赞同。

在谈到吸引外国资金时，铃木提出，中国除了同外国搞民间贷款之外，是不是可以在两国之间进行政府贷款。

邓小平坦率地发表了自己的见解：如果资金过大，采取政府贷款形式我们是可以接受的。邓小平还十分谦虚地请日本客人帮助我们考虑一下怎样

利用政府贷款。

铃木一行还就中国现代化提出了一些问题。

邓小平欣然解答。

当客人们问到日本已准备在渤海湾同中国合作开发石油时，邓小平说：我们同很多国家有这方面的协议，准备同日本合作开发的渤海湾南部是最有希望的地区，我们也希望早一点搞起来。

说到这里，邓小平表情严肃地提到了钓鱼岛问题。

他说：你们最近喧嚷得太多了。现在，我们两国不宜在这个问题上纠缠不休。我在东京时就说过，这牵涉到两国的领土主权问题，先搁一下。园田外相的说法我们是可以接受的——他说，为了珍惜两国的关系，不要把这个问题突出出来。

邓小平表示对日本官房长官在这一问题上的说法不能接受：“最近，我们政府就这个问题表明了我们的立场，这是我们不能不做的。”

接着，邓小平提出了一个新的概念：“我们还是应该把这个问题搁起来，也可以考虑共同开发这个地区的资源，这个问题是不是可以考虑？”他请铃木转告大平首相：“是不是双方都不宣传，先由双方商量，搞共同开发，不涉及领土主权问题，至于技术嘛，当然是日本出。我们双方要在渤海湾联合开发，可以组织联合公司嘛。”

铃木说：刚才阁下提出一个独特的主意，我将转达首相，请他考虑。

共同开发的办法，邓小平后来说，在访日的时候他的脑子里就在考虑。共同开发的无非是那个岛屿附近的海底石油之类，可以合资经营嘛，共同得利嘛。南沙群岛也可以采取这样的办法。

在这次会谈中，邓小平又一次谈到反对霸权主义的问题。

邓小平说：“面对霸权主义在亚太地区扩张，中国和日本需要进一步发展友好关系和各自加强自己的力量。”

154　廖承志著文　中岛健藏永垂不朽

（1979.6.27）

中岛健藏身患不治之症，终于离开了我们。

中国人民失掉了一位患难与共的忠实朋友。日本人民失掉了一位忘我地、意志坚定地为日本人民和日本民族的光明前途终身奋斗的战士。

中岛健藏是头脑清晰地为日中友好运动和日中文化交流事业奋斗的大无畏的力行者。中岛健藏是日本文学艺术界的长者之一。同时又是一位博学的科学家，他一生最大的兴趣，就是在工作之余搞这样或那样的科学、机械

外交部发言人重申：钓鱼岛等岛屿自古是中国领土

人民日报 1989 年 5 月 12 日 第 2 版

1989 年 5 月 11 日，我国外交部发言人在回答记者有关日本宇野外相曾向苏联领导人戈尔巴乔夫表示钓鱼岛不存在搁置事实的提问时，重申钓鱼岛等岛屿自古以来就是中国的领土，并强调这是中国政府的一贯立场。

来源：国家图书馆

1989年5月12日 星期五 第二版　人民日报　国内新闻

北京新技术产业试验区看好
新企业群体悄然兴起 去年总收入达14亿元

接过奖杯后……
——与河南粮食交售模范一席谈

领导应当少干预个人私事

督促公正审判 查处徇私枉法
法院都要设监察机构

三年工厂成十倍增加
数亿元滋补药压库

不再沿用“师带徒”老办法
上海推广“培训生”制
今后工人入厂都要先受培训

醴陵非法拘禁案判决
原公安局长易达成入狱

伊朗总统举行记者招待会

李鹏会见美驻华新任大使

……出，两国还成立了4个工作委员会，讨论商业、技术、经济、科学、研究、政治以及国际事务等方面的问题。

他说，委员会的工作“很出色”。他表示这些成果将反映在即将签署的备忘录里。

外交部发言人重申
钓鱼岛等岛屿自古是中国领土

新华社北京5月11日电　外交部发言人今天重申，钓鱼岛等岛屿自古以来就是中国领土，这是中国政府的一贯立场。当然，我们知道日本方面也有自己的主张，正因为如此，中日双方同意把这个问题挂起来，以后再说。

这位发言人是在回答记者提问时说这番话的。有记者问：据日本报纸报道，宇野外相曾向苏联领导人戈尔巴乔夫表示，钓鱼岛不存在搁置的事实，已经进行了处理。对此，中国政府有何评论？

发言人还说：“据我所知，宇野外相日前途经北京向钱其琛外长通报访苏情况时，只字未提此事。”

辽阳清查倒卖奖券者

沂水为脱贫农民保险

飞虱袭击大宁小麦 万亩减产已成定局

吸收农民手中闲散资金
江西办起61万两户企业

治理造纸废水有新法

外交部发言人谈
中越副外长磋商分歧所在

柬国际国内问题不可分 越玩弄分化伎俩行不通

洛阳医疗部门如此鉴定
明明认钱不顾人贻误治疗 却称是漏诊不算医疗事故

最近研制成功 加长喷嘴钻头

外交部发言人重申钓鱼岛属于中国

人民日报 1992 年 2 月 28 日 第 4 版

1992 年 2 月 25 日，《中华人民共和国领海及毗连区法》颁布，外界有诸多评论。对此，外交部发言人吴建民在 2 月 27 日的例行记者招待会上发表谈话指出：“大量的历史事实证明，钓鱼岛属于中国；同时，从国际法的角度来看，中国的这一主张也是无可辩驳的。因此，中国在最近公布的《领海法》中重申这一主张是无可非议的。”

来源：国家图书馆

1992年2月28日 星期五 第四版 人民日报 要闻

外交部发言人发表谈话

本报北京2月27日讯 记者**刘华新**报道：外交部发言人吴建民今天在记者招待会上发布消息并回答记者提问。

钱其琛外长将出访西欧

吴建民宣布，应英国外交大臣赫德、德国副总理兼外交部长根舍和欧洲共同体委员会的邀请，国务委员兼外交部长钱其琛将于3月8日至14日对英国、德国和欧共体委员会进行正式访问，同英、德以及欧共体委员会的领导人就双边关系和共同关心的国际问题交换意见。我们相信，此次访问对中国同欧共体及其成员国关系的改善和发展必将产生积极影响。

重申钓鱼岛属于中国

有记者问：在中日建交20周年之际，中国为什么在公布《领海及毗连区法》时将钓鱼岛写入？

吴建民回答说，大量的历史事实证明，钓鱼岛属于中国；同时，从国际法的角度来看，中国的这一主张也是无可辩驳的。因此，中国在最近公布的《领海法》中重申这一主张是无可非议的。

吴建民同时指出，中国《领海法》的公布与中日邦交正常化20周年没有关系。

介绍中印边界会谈结果

吴建民说，在中印边界问题联合工作小组第4轮会谈中，中印双方继续探讨了解决边界问题的办法，同时就确保中印边界实际控制线地区的和平与安宁的措施进行了讨论。双方同意两国边防人员于每年6月和10月在中印边界东段和西段举行定期会晤，在双方会晤站之间建立通讯联系。双方还就实际控制线地区增加信任的措施交换了意见，并同意下轮会谈早日在北京举行。

塞浦路斯议会代表团将访华

发言人还宣布，应全国人大常委会的邀请，由议长亚历山德鲁斯·格拉诺斯率领的塞浦路斯议会代表团将于3月3日至10日对我国进行友好访问。

唐家璇外长重申：钓鱼诸岛自古就是中国的固有领土

人民日报 2000年5月11日 第6版

2000年4月20日，日本右翼团体“日本青年社”登上钓鱼岛，并在岛上建立一座小神社以“祭祀战争期间在岛上饿死的居民”，计划定期参拜。对此，5月10日，正在日本访问的中国外交部长唐家璇同日本外相河野洋平举行会谈时重申：钓鱼诸岛自古就是中国的固有领土，要求日方对右翼团体及其成员严加管束，杜绝类似事件的再次发生。

来源：国家图书馆

2000年5月11日 星期四 第六版　人民日报　国际

李瑞环会见帕伦特众议长

本报渥太华5月9日电 记者张友新、邹德浩报道:正在加拿大进行正式友好访问的中国全国政协主席李瑞环今天在此间会见了加拿大众议院议长帕伦特。

李瑞环首先转达了李鹏委员长对帕伦特议长的亲切问候。

李瑞环说,中加两国虽然相距遥远,但两国人民的友谊源远流长。自1970年两国建交以来,双方在各个领域的友好合作关系不断发展,两国领导人互访频繁,经贸合作扩大,文化交流增多。议长阁下为发展中加关系作出了积极贡献,对此我们表示高度赞赏。

他说,加拿大是世界上重要的发达国家,中国是世界上最大的发展中国家,我们两国的共同点很多、互补性很强,我们的互利合作符合两国人民的根本利益,有着广阔的前景。我希望并相信中加两国友好合作关系一定会得到新的更大发展。

帕伦特对李瑞环主席访加表示热烈欢迎。他说,李主席此访是中国政协主席首次对加拿大进行的正式友好访问,相信访问会取得圆满成功。

帕伦特说,目前,加中两国关系健康发展,高层互访不断,在司法、经贸、文化、科技等领域的交流与合作进行得很顺利,希望这种友好合作关系继续进行下去。

帕伦特请李瑞环转达他对李鹏委员长的亲切问候。

5月9日,中国全国政协主席李瑞环在渥太华会见加拿大众议院议长帕伦特。

新华社记者 李学仁摄

白宫集会支持对华PNTR

本报驻美国记者 马世琨 张勇

再过两周,美国国会众议院将就对华永久性正常贸易关系法案(PNTR)进行辩论和投票。在此关键时刻,白宫9日上午举行了一次空前隆重、别开生面的大会,给这项关乎美国重大利益的法案再助一臂之力。

"总统先生、福特总统、卡特总统、副总统先生,以及许多现任和前任的重要人士,无法一一提及"。这是主持人奥尔布赖特的开场白。她说,这么多广受尊重的两党国家领导人出席这次大会,显示了对华PNTR对美国经济、外交和安全的重要性。

参与打开中美交往大门的前国务卿基辛格博士第一个发言。面对经常为党派利益打架、如今聚会一堂的两党显要,他幽默地说,"我们只能慷慨地,甚至不能慷慨地被称作同事,但我们今天为了同一个主张走到了一起"。基辛格说,"6位共和党或民主党的美国总统都得出同样结论,即与中国建立合作关系符合美国的国家利益"。他认为,"反对对华PNTR,就是造成与世界人口最多、历史悠久的中国建立敌对关系"。

当过财长和国务卿的贝克走上讲台。他说,中美之间存在着许多分歧,"但我们永远不能忘记,制造敌人的最好办法就是去寻找一个"。"我们不应孤立她(中国)。事实上,不通过对华PNTR,国会可能使美国变得孤立"。他大声疾呼:"接触,只有接触才是出路。这是因为中国正处于巨大的经济、社会和政治变革之中,这种变化是历史性的"。

第三十八届美国总统福特已届86岁高龄,他先讲了自己长期政治生涯中的一段往事。1949年2月9日,他作为一名众议员,对杜鲁门总统提出的互惠贸易法案投了赞成票。当时的众议员肯尼迪、尼克松和阿尔伯特也投了支持票。有意思的是,赞成这项法案的众议员中有3人当上总统,阿尔伯特后来成为众议长。他警告说,如果参院或众院反对PNTR,将给美国的农业、电子、通信、汽车和无数其他产品和服务带来灾难性后果,把美国农场和工厂的产品排除在中国的巨大市场之外,把好处拱手让给欧洲和日本。

卡特任总统时,美中正式实现关系正常化。退休后,他最关心的是世界人权和民主问题。他认为,与美中建交时相比,中国的人权状况已取得很大进步,中国人有宗教信仰自由,迁移的自由,办企业的自由,等等。他绘声绘色地介绍了中国的村民选举,引起听众极大兴趣。卡特最后说,如果国会议员像他一样关心中国的人权,像他一样关注美国工人的福祉,就应该投PNTR的赞成票。

戈尔副总统在竞选中得到工会的支持,因而在对华PNTR问题上一直表现谨慎,但他今天作出了毫不含糊的回答:"它(对华PNTR)对美国的就业有益,对中国的改革有益,我相信它将使我们更加接近一个强大而稳定的国际社会"。戈尔提到,50年前,他的父亲作为国会议员也为杜鲁门提出的贸易法案投了赞成票。他认为,对华PNTR不仅是经济问题,而且是国家安全问题。

作为白宫的现任主人,克林顿总统最后一个发言。他说,"这本来不应是场战斗,如今却成了战斗"。克林顿预言,"如果国会议员投反对票,10年后他们会自己踢自己,因为美国将为此付出代价。这个代价不是10年后,也不是10个月后,而是立即就会付出"。

(本报华盛顿5月9日电)

通讯

塞拉利昂局势堪忧

廖先旺

菲律宾外国人质危机未了,西非塞拉利昂又发生联合国维和士兵受袭事件,致使多人死亡、500多人下落不明,局势进一步恶化,国际社会无不对此感到震惊。

联合国秘书长安南两次呼吁塞拉利昂革命联合阵线立即停止针对联合国维和人员的敌对行动和袭击,释放全部被扣押的人质。非统组织对此表示关切,西非国家共同体在尼日利亚首都阿布贾召开9国特别首脑会议,以寻找解决危机的出路。

无论什么人或组织,任意扣留人质、特别是扣留参加维和行动的士兵,都是严重违犯国际法的,理所当然地应受到整个国际社会的谴责。扣留人质以要挟国际组织与合法政府的行为,不仅无助于问题的解决,而且严重毒化了气氛,必须坚决制止。有关国家、组织及其负责人都应当尽一切努力,确保维和士兵的生命安全,促使被扣人质尽早获释,保证联合国维和部队能继续按照《洛美和平协定》执行合法使命。曾在以前塞拉利昂内战冲突中发挥过有效维和作用的西非国家共同体维和部队,对本次人质危机已作出了积极的反应,并有可能采取实质性举措,国际社会特别是有能力的大国也应提供实际有效的支持。

这次联合国维和士兵被扣和菲律宾的人质危机等问题,也警示当今国际社会,应该关注那些处于国际舞台边缘位置国家的发展及社会问题。

塞拉利昂本是非洲一个自然资源丰富的国家,有着勤劳勇敢的人民。但多少年来,西方跨国公司只顾在该国掠夺式开采丰富的钻石与黄金,而不顾该国经济社会发展的均衡与可持续性,造成许多人未能分享到资源带来的财富。社会严重的两极分化和绝对贫困化使给极端主义组织提供了存在与发展的条件,成为该国、该地区稳定与发展的隐患。从这一层面来看,对塞拉利昂人质危机或者类似的暴力问题,不仅要治标,还要治本。

塞拉利昂局势恶化再次说明,要制止暴力,就必须消除其背后的贫困和不公正,在这一意义上,旧的世界政治经济体系正面临着危机与挑战。

唐家璇同日本外相会谈
去医院看望前首相小渊惠三

本报东京5月10日电 记者于青报道:正在日本访问的中国外交部长唐家璇今天下午同日本外相河野洋平举行了会谈。

唐家璇说,近年来,中日关系总体上保持了发展势头。1998年江泽民主席访日,双方共同确立了两国致力于和平与发展的友好合作伙伴关系,并对加强两国友好合作作出了长远展望和全面规划。去年小渊惠三首相访华,双方进一步明确了深化两国务实合作的重点和方向。目前,中日双方正在加紧落实两国领导人达成的一系列重要政治共识。

他还指出,为确保两国关系健康、稳定地向前发展,也必须注意日本国内少数右翼势力不时发出的一些杂音对两国关系进行干扰。历史问题是中日关系中十分敏感的政治原则问题。他要求日方恪守迄今向中方所作出的承诺,以实际行动体现日方对历史问题的认识,对右翼势力严加约束,防止其损害中日关系大局。

唐家璇还特别谈到,钓鱼诸岛自古就是中国的固有领土。最近,日本右翼组织"青年社"成员再次非法登上钓鱼岛,设立所谓神龛,又一次制造了伤害中国人民感情的严重政治事态。我们要求日方对右翼团体及其成员严加管束,杜绝类似事件的再次发生。

河野洋平对日中关系的发展作了积极评价。他强调日中关系之所以取得今天的成就,是因为两国老一代领导人不懈努力的结果。双方应当珍惜,并应在1972年《日中联合声明》和1998年《日中联合宣言》的基础上,进一步推动日中关系向前发展。河野表示,对于历史问题,日方坚持1995年村山谈话精神,这是现内阁的一致认识,也是大多数日本国民的观点,相信日中关系会继续朝着良好的方向发展。

在谈到台湾问题时,唐家璇说,中国政府将继续坚持"和平统一、一国两制"的基本方针,谋求通过对话与谈判实现国家的最终统一。同时,一个中国的原则是两岸对话与和平解决台湾问题的基础和前提,中方在这一问题上的立场是坚定不移的,没有任何妥协余地。我们希望日本政府恪守《中日联合声明》和《中日联合宣言》的精神,切实履行迄今向中方作出的表态和承诺,慎重妥善地处理日台关系问题。

河野洋平表示,台湾是中国不可分割的一部分,日方充分理解和尊重中方的这一立场,将根据《日中联合声明》中的原则精神,慎重妥善处理有关问题。

唐家璇还介绍了中国西部大开发的发展战略。河野表示日方愿积极参与,以拓宽日中经贸合作领域。

双方还就国际和地区形势及一些共同关心的问题交换了看法,并达成广泛共识。

本报东京5月10日电 记者于青报道:中国外交部部长唐家璇今天下午抵达东京,旋即在日本内阁官房长官青木干雄的陪同下,前往医院看望了日本前首相小渊惠三,并向其夫人小渊千鹤子表示慰问。

唐家璇首先转达了中国国家主席江泽民和总理朱镕基的亲切问候。他说,小渊首相多年来致力于发展中日睦邻友好合作关系,并为此作出了宝贵的贡献。衷心祝愿他早日康复。

小渊千鹤子表示感谢中国领导人和唐家璇对小渊前首相的关心和友好情谊。

唐家璇是应日本外务省的邀请对日本进行访问的。这是他担任外长以来首次正式访日,也是中国外长时隔4年访日。

波兰总统顾问会见本报代表团

本报华沙5月10日电 记者李增伟报道:波兰总统顾问兹·古拉尔赤克今天在总统办公厅会见了由副总编辑张研农率领的本报代表团。

兹·古拉尔赤克先生对中国的改革开放和现代化建设取得的成就表示赞赏。他说,20年来中国人民的生活水平有了显著提高,经济建设取得的成就举世瞩目。中国根据本国的历史和实际选择建设有中国特色社会主义道路,不同于世界上一些国家的"第三条道路"。他表示相信,中国有希望取得成功,他希望中国成功。同时希望波中两国人民发展友好合作关系。在中国现代化进程中,也希望中国更好地开展反腐败斗争,并让中国人民更好地了解波兰。

在谈到中国实现祖国完全统一问题时,兹·古拉尔赤克先生说,他支持中国政府关于解决台湾问题的立场和政策。

波国家安全委员会秘书长克里斯托夫·沙玛维克参加了会见。

普京提名卡西亚诺夫为俄总理

新华社莫斯科5月10日电 俄罗斯总统普京10日致函国家杜马(议会下院)主席谢列兹尼奥夫,请求国家杜马同意任命卡西亚诺夫为总理。

卡西亚诺夫1957年12月8日生于莫斯科州松采沃市,曾先后毕业于莫斯科汽车公路学院和苏联国家计委高等经济学习班,1995年以来先后任俄联邦财政部副部长、第一副部长、部长,1999年6月起为联邦安全会议成员,2000年1月10日起任联邦政府第一副总理兼财政部长。普京5月7日就任俄总统后即任命卡西亚诺夫为代总理。

根据俄罗斯宪法,新总统就任后应在二周内提出政府总理人选,国家杜马应在接到总统任命建议后一周内审议总理人选。如果国家杜马三次否决总统提出的人选,总统可自行任命总理并解散国家杜马,随后宣布重新选举国家杜马。

日欢迎我高中生访问团

日中友好会馆十日在东京举行招待会,欢迎第二次中国高中生访日代表团。日中友好会馆会长后藤田正晴、日本文部和科学技术大臣中曾根弘文等在招待会上致词表示欢迎。

韩国着手销毁化学武器

韩国国防部发言人九日表示,韩国作为一九九七年《禁止化学武器公约》的参加国,正在履行其相关义务。这是韩国首次承认拥有化学武器。据悉,韩国军事当局储存了相当数量的化学武器,并在忠清北道的永同地区建立销毁化学武器的工厂,从去年底已开始销毁作业。

联合国授巩俐"促进和平艺术家"称号

联合国教科文组织九日晚在巴黎举行仪式,授予中国电影演员巩俐"促进和平艺术家"称号。联合国教科文组织总干事松浦晃一郎高度评价巩俐的演出才能。他指出,巩俐是"我们这个时代的最优秀的演员之一"。

美泰新联合举行军事演习

代号为"金眼镜蛇二〇〇〇"的美国、泰国、新加坡联合军事演习九日在泰国南部洛坤府开始举行。这是近年来东南亚地区规模最大的军事演习,约一点三万名美国陆海空军、海军陆战队官兵和七千一百名泰军官兵参加。

(本报专电)

美英战机再次轰炸伊民用设施

伊拉克军方发言人九日晚宣布,美国和英国战斗机当天再次轰炸了伊拉克境内的民用设施,炸伤一名平民。这位发言人还说,伊拉克地面防空部队向美英飞机发射了地对空导弹,迫使这些飞机逃离伊领空。

安南敦促斯冲突双方政治解决问题

联合国秘书长安南九日发表声明,呼吁斯里兰卡武装冲突双方通过政治途径解决问题。安南说,他对斯里兰卡国内不断升级的武装冲突和由此可能造成的严重人道主义危机表示担忧,他要求冲突双方确保国际人道主义组织不受阻挠地实施救援工作。

"爱虫"使美公司损失惨重

据美国市场研究和民意调查公司里德集团八日公布的一项调查报告,五月四日开始发作的"爱虫"电脑病毒如野火一般肆虐美国公司,使许多公司的生产效率大受影响。里德集团说,至少有六十万台电脑受损,损失总值高达二十五亿美元。

(据新华社电)

(上接第一版)

李瑞环说,中国的发展特别需要和平。为了找到一条适合自己国情的发展道路,中国人民进行了艰难曲折的探索,付出了十分沉重的代价。12亿中国人的最大共识是毫不动摇地沿着这条道路走下去,以实现我们建设现代化的目标。要做到这一点,需要两个最基本的条件:一是国内的稳定,二是国际的和平。没有和平的国际环境,我们就不可能专心致志搞建设,也无法开展国际交流与合作。就我们本意来讲,不想同任何国家找别扭、闹矛盾、搞摩擦,我们希望同所有的国家在和平共处五项原则的基础上,建立和发展友好合作关系。因此,坚定不移地维护世界和平,是我们的一贯主张,也是我们的现实需要和长远利益。当然,在事关国家主权和领土完整的问题上,我们绝不含糊。

李瑞环说,中国对外政策的目标是争取和平。我们历来主张一切国家不论大小、贫富、强弱,不论社会制度、文化传统、价值观念有何不同,都是国际社会平等的一员,都应当相互尊重,求同存异,平等相待,友好相处。中加两国同处于亚太地区,在经济、科技和文化等领域合作的潜力很大;中加两国都是在国际事务中具有重要影响的国家,在建立和维护公正合理的国际新秩序方面可以发挥积极的作用。我们衷心希望同加拿大进一步加强交流与合作,为促进世界的和平与发展作出应有的贡献。

克雷蒂安说,加中两国为创造和维护一个和平友好的世界而共同努力是十分重要的。

会见中,李瑞环介绍了中国的西部大开发战略。克雷蒂安说,加拿大政府和企业界对中国实施开发西部战略很感兴趣,愿与中方进行积极合作。

克雷蒂安请李瑞环转达他对江泽民主席和朱镕基总理的亲切问候。

中方参加会见的有:郑万通、王森浩、安启元、王力平、梅平、楚庄、杨洁篪、李昌鉴;加方参加会见的有:参议长莫尔加特、亚太事务国务部长陈卓愉等。

当天,李瑞环主席在加议会大厦会见了加中议会执行委员会委员。

外交部发言人发表谈话强烈抗议日本右翼团体成员登上钓鱼岛

人民日报 2003 年 8 月 26 日 第 4 版

2003 年 8 月 24 日夜，9 名“日本青年社”右翼分子从石垣岛出发登上钓鱼岛。8 月 25 日，外交部发言人孔泉对此发表谈话指出：这是严重侵犯中国领土主权的行径。

此后，中国外交部以及中国驻日本使馆分别奉命向日方进行了严正交涉，提出了强烈抗议，要求日方立即采取有效措施，消除影响，杜绝今后再次发生类似事件。

来源：国家图书馆

2003年8月26日 星期二 第四版　　人民日报　　要　闻

全军军以上干部学习贯彻“三个代表”重要思想理论轮训班开学

新华社北京8月25日电（李绪成、廖伟文）经中央军委批准，解放军总政治部委托国防大学举办的全军军职以上领导干部学习贯彻“三个代表”重要思想理论轮训班25日开学。来自全军部队的45名军以上领导干部将参加这期轮训。

举办这期全军军职以上领导干部理论轮训班，是中央军委、总政治部按照党中央关于兴起学习贯彻“三个代表”重要思想新高潮的部署和要求而组织的，旨在为全军部队培养理论骨干，探索理论学习新路。

这期轮训班将以胡锦涛同志“七一”重要讲话精神为指导，组织学员原原本本地研读江泽民同志著作，以《“三个代表”重要思想学习纲要》和《江泽民国防和军队建设思想学习纲要》为基本线索，进一步深化对“三个代表”重要思想的时代背景、实践基础、科学内涵、精神实质、历史地位和指导意义的认识，深化对江泽民国防和军队建设思想的认识，认真研究推进中国特色军事变革、实现我军现代化跨越式发展中遇到的重大理论和现实问题。通过轮训，使全体学员对“三个代表”重要思想的理解在认识上达到新的高度，增强开创军队现代化建设新局面的使命感和责任感，为全军兴起学习贯彻“三个代表”重要思想新高潮作出表率。

胡锦涛任免驻外大使

新华社北京8月25日电　中华人民共和国主席胡锦涛根据全国人民代表大会常务委员会的决定任免下列驻外大使：

一、免去刘正修的中华人民共和国驻老挝人民民主共和国特命全权大使职务；

任命刘永兴为中华人民共和国驻老挝人民民主共和国特命全权大使。

二、免去杨桂荣的中华人民共和国驻马耳他共和国特命全权大使职务；

任命刘正修为中华人民共和国驻马耳他共和国特命全权大使。

三、免去姚匡乙的中华人民共和国驻土耳其共和国特命全权大使职务；

任命宋爱国为中华人民共和国驻土耳其共和国特命全权大使。

四、免去陈占福的中华人民共和国驻厄立特里亚国特命全权大使职务；

任命黄永安为中华人民共和国驻厄立特里亚国特命全权大使。

五、免去张宪一的中华人民共和国驻莱索托王国特命全权大使职务；

任命仇伯华为中华人民共和国驻莱索托王国特命全权大使。

六、免去侯清儒的中华人民共和国驻津巴布韦共和国特命全权大使职务；

任命张宪一为中华人民共和国驻津巴布韦共和国特命全权大使。

七、免去王开文的中华人民共和国驻拉脱维亚共和国特命全权大使职务；

任命季雁池为中华人民共和国驻拉脱维亚共和国特命全权大使。

八、免去周晓沛的中华人民共和国驻波兰共和国特命全权大使职务；

任命苑桂森为中华人民共和国驻波兰共和国特命全权大使。

九、免去朱祖寿的中华人民共和国驻荷兰王国特命全权大使职务；

任命薛捍勤（女）为中华人民共和国驻荷兰王国特命全权大使。

十、免去赵希迪的中华人民共和国驻匈牙利共和国特命全权大使职务；

任命朱祖寿为中华人民共和国驻匈牙利共和国特命全权大使。

十一、免去吴长胜的中华人民共和国驻巴哈马国特命全权大使职务；

任命焦东村为中华人民共和国驻巴哈马国特命全权大使。

十二、免去王英凡的中华人民共和国常驻联合国代表、特命全权大使职务；

任命王光亚为中华人民共和国常驻联合国代表、特命全权大使。

“半边天”的优势

金　海

在东北老工业基地辽宁鞍山，有一位再就业女明星焦素彦。焦素彦下岗之后不等不靠，从1000元起步，发挥自身优势，创办起“小铅笔编织社”。这个当初不起眼的小作坊，在她经营下越来越红火，吸纳了1500多名下岗女职工。大家以辛勤的劳动，编织着七彩的幸福生活。

“妇女能顶半边天”，是个形象的说法。“半边天”，不仅表明妇女在人数上占有“半边”之众，而且在推动国家经济和社会发展中具有不可替代的作用。在改革开放和现代化建设的各条战线、各个领域，“巾帼不让须眉”，活跃着许许多多妇女劳动者的身影，涌现出许许多多优秀和杰出的妇女人才，展现着当代中国妇女的风姿。

近年来，我国经济结构进行战略性调整，就业和再就业问题比较突出。尤其是国有企业女职工、年龄偏大的妇女，下岗的不少，再就业确有难处。在政府和各级妇联组织的帮助下，中国妇女发扬“自尊、自信、自立、自强”的光荣传统，艰苦创业，近几年先后有500多万人次下岗妇女主动接受了各种技能培训，200余万下岗妇女实现了就业和再就业。这是个了不起的成绩。

就业难，妇女就业和再就业更难。这是不少人的看法。而实际并不完全如此。妇女是个特殊群体，但也是个具有许多优势的群体。“半边天”的优势，有些是显而易见，有些则是隐含和潜在的能量，通过技能和岗位培训，通过社会各方面的支持和帮助，完全可以得到充分发挥。从大的环境来说，我国的第三产业正在蓬勃发展。从妇女自身条件看，具有心灵手巧、细心周到、热情勤劳的特长，在社区服务、工艺编织、家政保洁、托幼托老、快餐饮食、美容美发、卫生保健等方面，比男性更具有就业优势。重要的是，妇女要充分看到这些优势，切实转变就业观念，摒弃只有端“铁饭碗”才算就业的传统观念；关键的是，扬长避短，发挥潜能。从实际情况来看，从事非全日制、临时性、季节性等工作，也有不少岗位，有不错的收入，就业天地还是很宽阔的。

就业和再就业对妇女来说是大事，直接关系广大妇女的切身利益，关系妇女社会地位和尊严。社会各方面不仅要树立男女平等、就业平等的现代观念，维护和保障妇女的合法权益；而且要注意“半边天”的优势，发挥“半边天”的优势，决不能歧视妇女，刁难妇女就业和再就业。一块硬币都有两面，任何事物都有利弊。深化改革，进行经济结构调整，对有些企业职工尤其一些女职工造成了一定的冲击。但辩证来看，这种改革和调整也为妇女提供了就业的机遇，如服务业和劳动密集型产业等。当然，特长转化为优势，优势转化为成功，这中间还有艰辛的路要走。许多优秀妇女的成功实践告诉我们，事在人为，路在脚下。愿更多的妇女找准自身优势，勇于自谋职业，善于自主创业，用勤劳和汗水、智慧和力量，不断创造新岗位、创造新业绩、创造新生活。

科技文化送南疆

本报记者　江　南

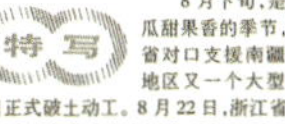

8月下旬，是新疆瓜甜果香的季节，浙江省对口支援南疆和田地区又一个大型援建项目正式破土动工。8月22日，浙江省委书记习近平率党政代表团来到和田，浙、新两省区领导一道，挥锹为和田地区科技文化活动中心奠基。

和田位于新疆最南端，北倚塔克拉玛干大沙漠，是新疆最贫困的地区之一。长期以来，当地各族群众都没有专门的科技文化活动场所。此次浙江省援助1200万元，其中900万元用于建设科技文化活动中心，并将为地区医院新购置医疗设备。

和田地委书记王敬乾说：“科技发展滞后、科技投入不足、干部群众科技文化素质低等现实状况，是制约南疆地区发展的最大障碍。自1997年起浙江省对口支援和田地区，先后派来4批、127名优秀干部，并援建了地区医院综合楼、地区中学图书实验楼等项目，为和田经济发展和社会进步做出巨大贡献。”

和田地委副书记陈金彪是来自浙江的援疆干部。他说，援疆干部中60%以上是专业技术人员，大多是当地急需的科技、医疗、教育人才，第四批援疆干部到和田一年多来，已撰写了20多篇调查报告，举办167次各类专业培训班，培训5000多人次。

习近平考察了和田地区，与援疆干部面对面交流后，感触颇深：“今后的对口支援应更重视智力、人才方面的支持和建设，从科技文化教育入手，帮助边疆少数民族地区发展和腾飞。”他表示，回浙江后将研究落实具体措施，进一步提升对口支援的层次。

中宣部、全国人大教科文卫委、教育部等联合发出通知要求

学习宣传和贯彻实施民办教育促进法

本报北京8月25日讯　记者徐运平报道：中共中央宣传部、全国人大教科文卫委员会、教育部、劳动和社会保障部、司法部、国务院法制办公室日前联合发出“关于学习宣传和贯彻实施《中华人民共和国民办教育促进法》的通知”。

通知指出，作为我国第一部关于民办教育的法律，民办教育促进法已于2002年12月28日由九届全国人大常委会第三十一次会议通过，将于今年9月1日起施行。民办教育促进法的颁布施行，是我国民办教育发展史上的一件大事，标志着我国民办教育事业走上法制化的轨道，对于实现全面建设小康社会的宏伟目标，促进民办教育事业的健康发展，全面推进我国教育事业改革，维护民办学校及其举办者、教职员工、受教育者的合法权益，具有重要的现实意义和深远的历史意义。

通知要求，各省、自治区、直辖市及计划单列市和各有关部门应当把学习宣传和贯彻实施民办教育促进法纳入“四五”普法规划，作为当前一项重要任务抓紧抓好。各级党委宣传部门要加强对学习宣传民办教育促进法工作的领导，将民办教育促进法列为近期法制宣传教育工作的重点，作出具体安排。各级人大教科文卫委员会应积极参与并加强对民办教育促进法学习宣传和贯彻实施工作的指导和监督。政府法制工作部门要认真履行自己的职责，做好民办教育促进法的学习宣传和贯彻落实工作。教育行政部门、劳动和社会保障行政部门应当将学习宣传和贯彻实施民办教育促进法作为重点列入工作计划，提出具体措施。同时，教育行政部门还要做好民办教育的统筹规划工作，使公办教育和民办教育协调发展。司法行政部门应当将民办教育促进法列入近两年普法、依法治理工作的内容，做好学习宣传民办教育促进法的组织部署工作。

通知还从加强领导，深入学习，加大宣传力度，积极营造促进民办教育进一步健康发展的社会氛围；依法治教，加强民办教育领域的法制建设；依法行政，狠抓落实，努力解决当前民办教育发展中的突出问题；依法办学，坚持公益性原则，完善民办学校自主办学的运行机制等四个方面，提出了具体要求。

8月25日，西藏自治区团委和中铁五局集团团委在海拔4300多米的青藏铁路当雄段建设工地上，向工地的优秀女性建设者授予“青年突击队”称号。青藏铁路筑路大军中有许多女机械手、女项目经理、女医生等，为青藏铁路建设奉献着青春和汗水。　新华社记者　觉　果摄

参加六方会谈的四国代表团抵达北京

新华社北京8月25日电　（记者辛怀时）参加朝核问题六方会谈的俄罗斯、韩国、日本、美国代表团25日先后乘飞机抵达北京。朝鲜代表团将于26日上午飞抵北京。

中国、朝鲜、美国、韩国、俄罗斯、日本将于27日在钓鱼台国宾馆就朝核问题举行六方会谈，会期预定3天。

除中方外，俄罗斯代表团是25日第一个抵京的代表团。俄罗斯代表团团长、副外长洛修科夫在首都国际机场告诉记者，俄方对会谈表示“谨慎的乐观”，并“将努力使会谈继续下去”。

由外交通商部次官补（长官助理）李秀赫率领的韩国代表团和由外务省亚洲和大洋洲局局长薮中三十二率领的日本代表团分别于下午和晚上抵京。在机场，李秀赫和薮中三十二就六方会谈没有发表任何评论。

由助理国务卿凯利率领的美国代表团成为25日当天最晚抵京的代表团。他在下榻的国际俱乐部饭店对记者说：我很高兴重新回到北京。我和我的中国朋友为促成多边会谈一起工作了很长时间。这个会谈将于周三上午举行，我们期待着直接、公平地交换意见。

据报道，韩日美三国都曾要求朝鲜放弃核计划。但韩方强调，朝鲜和美国双方消除猜疑，逐步建立信任，和平解决核问题是当务之急。俄方的立场是，朝核问题的解决方案应当保证朝鲜半岛的无核地位、各有关国家的安全及整个东北亚地区的和平与稳定。

中国代表团由外交部副部长王毅率领。中方始终坚持维护朝鲜半岛的和平与稳定，主张半岛无核化，主张解决朝鲜合理的安全关切，积极推动有关各方以和平对话方式解决朝核问题。

此间人士认为，北京六方会谈标志着和平解决朝核问题又向前迈出了重要一步。

李铁映会见韩国客人

据新华社北京8月25日电　（记者吕传忠）全国人大常委会副委员长李铁映25日在人民大会堂会见了以韩国前总理李寿成为首的韩国21世纪韩中交流协会代表团。

代表团来华出席定于8月26日由中国人民外交学会和韩国21世纪韩中交流协会共同举办的第三届“中韩知名人士论坛”，并对中国进行友好访问。

唐家璇会见毛里求斯荷兰客人

据新华社北京8月25日电　（记者钱春弦）国务委员唐家璇25日在中南海分别会见了毛里求斯议长普·拉姆纳和荷兰外交大臣夏侯雅伯。

唐家璇在会见普·拉姆纳时说，中国政府重视发展同毛里求斯的友好合作，愿与毛方共同努力，推动两国关系继续健康、稳定地向前发展。

唐家璇在会见夏侯雅伯时说，中国政府重视中荷关系，愿在和平共处五项原则的基础上，不断推动两国合作向前发展。

外交部发言人发表谈话

强烈抗议日本右翼团体成员登上钓鱼岛

新华社北京8月25日电　外交部发言人孔泉25日就日本右翼团体成员登上钓鱼岛发表评论时说，这是严重侵犯中国领土主权的行径。中国外交部以及中国驻日本使馆已分别奉命向日方进行了严正交涉，提出了强烈抗议。

孔泉说，钓鱼岛及其附属岛屿自古以来就是中国的固有领土，中方对此拥有无可辩驳的历史和法律依据。日方对钓鱼岛采取的任何单方面行动都是非法和无效的，丝毫不能改变钓鱼岛是中国固有领土这一基本事实。

孔泉说，我们郑重要求日方立即采取有效措施，消除影响，杜绝今后再次发生类似事件。

据报道，日本右翼团体“日本青年社”成员于25日上午登上钓鱼岛。

约500名中外记者报名报道六方会谈

新华社北京8月25日电　（记者廖雷、荣燕）举世瞩目的朝核问题北京六方会谈召开在即，中国外交部官员25日透露，迄今为止，已有约500名中外记者向中国外交部报名参加这次会谈报道。中方作为东道主专为会谈设立的新闻中心将于26日上午在北京国际饭店正式启用。

据悉，这些记者包括200多名日本记者、80多名美国记者、约60名韩国记者和7名俄罗斯记者。

中方正为新闻中心的启用做最后的准备。据了解，新闻中心包括新闻工作间和一个可容纳200余人的新闻发布厅，将为记者免费提供上网、传真、复印等服务。国际饭店已完成对通信、灯光等设施的检修、调整，25日下午将进行场景布置和最后检查。

这位官员表示，在为期3天的会谈期间，新闻中心将邀请与会各方驻华使馆新闻官员到场发布会议相关信息，回答记者询问，并根据会谈情况召开新闻吹风会。由于议题敏感，钓鱼台国宾馆会谈现场不对记者开放。有记者称，这几场吹风会将成为中外记者“烤”问各方代表的主要战场。

外交部官员表示，由于会谈充满变数，具体的吹风会日程仍然无法确定。

据了解，日方、韩方等将在京分别为本国记者设立新闻工作间。

罗马尼亚在香港设立总领事馆

据新华社香港8月25日电　（记者喻菲）正在香港访问的罗马尼亚总统扬·伊利埃斯库25日宣布，罗马尼亚在香港特区正式设立总领事馆，以进一步推动罗马尼亚与香港的双边关系。

伊利埃斯库总统在出席香港贸易发展局举办的欢迎酒会时说，这是他第一次对香港进行正式访问，希望罗马尼亚与香港进一步发展经贸关系。

盛华仁会见香港法律界访京团

本报北京8月25日讯　记者石国胜报道：全国人大常委会副委员长盛华仁今天下午在人民大会堂亲切会见了以廖长城为团长的香港法律界访京团一行。

盛华仁对香港法律界组团访问北京表示热烈欢迎，对代表团成员在实现香港回归祖国，贯彻香港基本法，维护香港的社会稳定与发展，促进香港和内地法律交流等方面作出的贡献，给予了充分的肯定。盛华仁在谈到香港近期的事态时说，中央政府将一如既往地坚持“一国两制”、“港人治港”、高度自治的基本方针，并将尽最大努力帮助香港恢复经济。香港法律界在香港有很高的社会地位，代表团成员作为法律界人士，一言一行都很有影响力，希望大家在保持香港的繁荣稳定、促进香港的经济发展和化解社会矛盾、促进社会和谐方面发挥法律界人士的独特作用。

李肇星与荷兰外交大臣会谈

据新华社北京8月25日电　（记者韩洁、许展）中国外交部长李肇星25日在此间与来华访问的荷兰外交大臣夏侯雅伯举行了会谈。

李肇星将访问中亚三国

新华社北京8月25日电　外交部发言人孔泉25日在此间宣布：应塔吉克斯坦外长塔尔巴克·纳扎罗夫、乌兹别克斯坦外长索迪克·萨法耶夫和吉尔吉斯斯坦外长阿斯卡尔·艾特马托夫的邀请，李肇星外长将于2003年9月1日至7日对上述三国进行正式访问，并于9月5日出席在乌兹别克斯坦首都塔什干举行的上海合作组织成员国外长非例行会议。

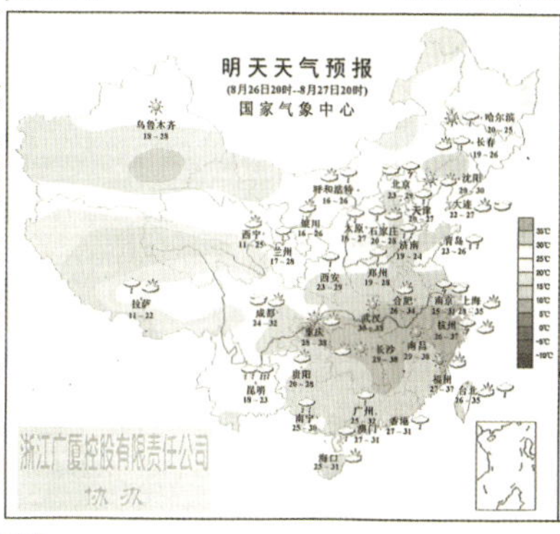

世界主要城市天气预报

城市	天气	气温
东京	小雨	23℃/33℃
曼谷	阵雨	25℃/33℃
新德里	晴	28℃/35℃
悉尼	晴	11℃/20℃
卡拉奇	阵雨	28℃/36℃
开罗	晴	24℃/35℃
莫斯科	中雨	12℃/21℃
法兰克福	晴转阴	16℃/25℃
纽约	晴	18℃/27℃

全国部分旅游景区气象预报

景区	天气	气温
武汉东湖风景区	晴	30℃/38℃
福建武夷山风景区	晴转多云	24℃/35℃
山东青岛崂山风景名胜区	中雨	23℃/26℃
长江三峡宜昌西陵峡口风景区	晴转多云	26℃/34℃
陕西黄帝陵风景区	中雨转阴	20℃/23℃
山西五台山风景区	阵雨转多云	9℃/19℃
安徽黄山风景区	多云	17℃/22℃
湖南张家界风景区	晴	26℃/38℃
重庆丰都名山风景区	晴转多云	26℃/38℃
山东泰山风景区	中雨	15℃/19℃

（上接第一版）为此，高强提出，加强重大传染性疾病防治工作，当务之急是切实加强公共卫生体系建设。

今年是全面建设小康社会的开局之年。受国务院委托，国家发展和改革委员会主任马凯向全国人大常委会报告了今年以来国民经济和社会发展计划执行情况。他说，上半年国内生产总值完成50053亿元，同比增长8.2%，加快0.4个百分点，为近几年同期增长较快的时期之一。

马凯特别指出，在当前的好形势下，更要保持清醒头脑，看到经济社会发展中存在的矛盾和困难。一是非典疫情对当前经济发展的一些影响还没有完全消除。二是就业形势更加严峻。三是农民增收面临新的困难。四是某些行业结构不合理的矛盾没有缓解。五是信贷投放偏快。六是防汛抗旱形势比较严峻。这些问题都要引起高度重视，采取措施认真加以解决。

根据全国人大常委会执法检查计划，全国人大常委会执法检查组7月对未成年人保护法和预防未成年人犯罪法的实施情况进行了检查。会上，副委员长顾秀莲报告了这次执法检查情况。顾秀莲说，这两部法律实施的总体情况是好的，但还存在一些问题，有的问题还比较突出：未成年人受教育权的保障还存在薄弱环节；不良文化对未成年人的危害不容低估；未成年人违法犯罪依然突出；未成年人司法保护体系还不健全。

全国人大法律委员会主任委员杨景宇报告了行政许可法草案的修改意见。他说，草案经过4次审议，已经比较成熟，建议本次常委会会议通过。

会议还审议了全国人大代表团访问波兰、立陶宛两国情况的书面报告。

副委员长王兆国、司马义·艾买提、何鲁丽、丁石孙、成思危、许嘉璐、蒋正华、盛华仁、路甬祥、乌云其木格、韩启德、傅铁山出席会议。国务院副总理回良玉、最高人民法院院长肖扬、最高人民检察院检察长贾春旺列席会议。

中方在中日海洋法磋商中重申钓鱼岛问题原则立场

人民日报 2003 年 12 月 27 日 第 4 版

2003 年 12 月 25 日，中日双方代表团在日本东京举行了中日第十四次海洋法磋商，双方主要就东海专属经济区和大陆架划界问题及其他共同关心的海洋法问题交换了意见。中国在这次磋商中重申了钓鱼岛及其附属岛屿自古以来就是中国固有领土的原则立场。

来源：国家图书馆

2003年12月27日 星期六 第四版　人民日报　要闻

全国人大常委会全体会议审议宪法修正案草案代拟稿

吴邦国出席会议

温家宝批示要求财政系统全体干部职工

振奋精神 再接再厉 扎实工作

国务院工作组抵达开县

华建敏奔赴现场慰问受灾群众并检查救灾工作

重庆市展开最大规模搜救排查

农村土地承包法得到有效贯彻实施

近5年共立案查处土地违法案件60余万件

湖南在报刊专项治理中叫停99种内部资料

一件不生炉子的"小事"

川东北气矿事故抢险救灾紧张进行

外交部发言人发表谈话

对以巴局势变化表示关切

强烈谴责针对巴基斯坦总统的恐怖袭击事件

高度关注伊朗地震灾情

吴仪会见沙特客人

韩为我水稻机械化生产提供贷款

中日友好协会理事会在京举行

本报北京12月26日讯 记者于青报道：为纪念中日和平友好条约缔结25周年和中日友好协会成立40周年，中日友协理事会今天在北京人民大会堂举行。中日友协会长宋健、副会长陈永昌等在会上发表了讲话。中日友协顾问张香山等各界代表和中日友协理事100多人到会。

中方在中日海洋法磋商中重申钓鱼岛问题原则立场

新华社北京12月26日电 记者26日从外交部获悉，中方在日前举行的中日第十四次海洋法磋商中重申了钓鱼岛及其附属岛屿自古以来就是中国固有领土的原则立场。据介绍，以外交部条约法律司司长刘振民为团长的中方代表团和以外务省亚洲大洋洲局参事官西宫伸一为团长的日方代表团25日在日本东京举行了中日第十四次海洋法磋商。双方主要就东海专属经济区和大陆架划界问题及其他共同关心的海洋法问题交换了意见。

庆祝俄大使馆官方网站启动一周年

俄驻华大使举行招待会

国企巨贪劳德容一审被判无期徒刑

外交部发言人发表谈话：日本旨在强化对钓鱼岛实际控制的企图是“非法和无效的”

人民日报 2004 年 4 月 1 日 第 4 版

2004 年 3 月 30 日，日本众议院安全保障委员会通过“有关保全日本领土”的决议案，并要求日本政府加强对钓鱼岛的警备。

3 月 31 日，外交部发言人孔泉对此发表谈话指出，钓鱼岛及其附属岛屿自古就是中国固有领土，无论在历史上还是国际法上，中国对钓鱼岛都拥有无可争辩的主权。中国人民捍卫祖国领土完整的决心和意志是坚定不移的。日本任何旨在强化对钓鱼岛实际控制的企图都是非法和无效的。

来源：国家图书馆

刘云山与全国文艺创作骨干培训班学员座谈时强调
坚持以“三个代表”重要思想为统领大力繁荣发展社会主义文艺

表态应注意规则

许小峰

“农民增收致富奔小康”报告会在川反响强烈

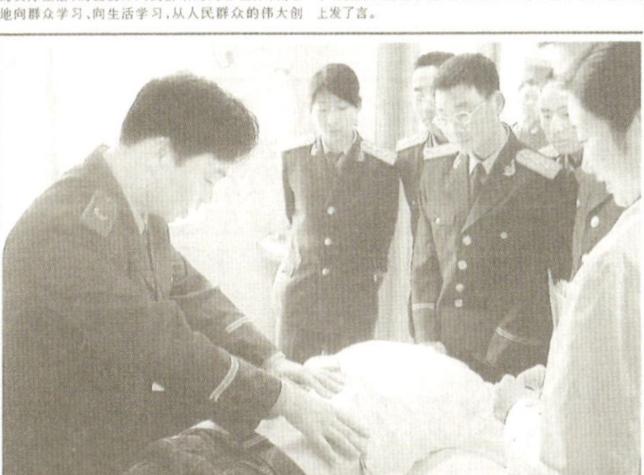

周强在共青团全国青年人才工作会议上指出
抓住四个环节 培养青年人才

蔬菜大棚春意浓

本报记者 刘鑫焱 马应珊

全国少工委向全国少先队辅导员倡议
做少年儿童人生引领者和成长服务者

王兆国会见新加坡客人

白立忱会见阿富汗客人

王忠禹会见阿尔巴尼亚客人

王家瑞会见阿富汗客人

李贵鲜会见阿富汗客人

外交部发言人发表谈话
日本旨在强化对钓鱼岛实际控制的企图是“非法和无效的”

新华社北京3月31日电 外交部发言人孔泉31日在回答记者提问时说，日本任何旨在强化对钓鱼岛实际控制的企图都是非法和无效的。

有记者问：3月30日，日本众议院安全保障委员会通过“有关保全日本领土”决议案，要求日本政府要加强对钓鱼岛的警备。对此你有何评论？

孔泉说，钓鱼岛及其附属岛屿自古就是中国固有领土，无论在历史上还是国际法上，中国对钓鱼岛都拥有无可争辩的主权。中国人民捍卫祖国领土完整的决心和意志是坚定不移的。

他说，日方任何旨在强化对钓鱼岛实际控制的企图都是非法和无效的。中方强烈要求日方从中日关系大局出发，不要采取侵犯中国主权的行动，避免事态复杂化。

潘霞同志逝世

明天天气预报
(4月1日20时—4月2日20时)
国家气象中心

世界主要城市天气预报

全国部分旅游景区气象预报

外交部发言人表示：任何人侵犯中国钓鱼岛领土主权的图谋都是徒劳的无效的

人民日报 2010 年 12 月 19 日 第 3 版

2010 年 12 月 17 日，日本冲绳县石垣市议会运营委员会通过条例，将 1 月 14 日设为“尖阁诸岛开拓日”。12 月 18 日，外交部发言人姜瑜对此发表谈话时指出，1895 年 1 月 14 日，日本窃据了中国领土钓鱼岛及其附属岛屿。这种所谓“开拓”绝不是什么光彩行径。她指出，钓鱼岛及其附属岛屿自古以来就是中国的固有领土，任何人侵犯中国钓鱼岛领土主权的图谋都是徒劳的、无效的。

来源：国家图书馆

人民日报　　要闻　　2010 年 12 月 19 日 星期日　3

明年 7 月 1 日，《社会保险法》将正式实施——

社会保险覆盖全民

采访人：本报记者　白天亮　解读人：人力资源和社会保障部有关负责人

政策解读

明年 7 月 1 日起，《中华人民共和国社会保险法》将正式实施。目前，我国城镇职工基本养老保险的覆盖面已达 2.5 亿人，城镇医保和新农合覆盖人数已达 12.5 亿，《社会保险法》如何更好地保障百姓权益？记者采访了人力资源和社会保障部有关负责同志。

覆盖全民，统筹城乡

——基本养老和基本医疗保险要覆盖城乡全体居民，被征地农民参保有了明确规定

《社会保险法》在基本制度方面有两大亮点，分别是覆盖全民和统筹城乡。

目前，我国还有一些人没有任何社会保险。出台的《社会保险法》规定，要将我国境内所有用人单位和个人都纳入社会保险制度的覆盖范围。其中，基本养老保险制度和基本医疗保险制度明确要覆盖城乡全体居民。具体来说，用人单位及其职工应当参加职工基本养老保险和职工基本医疗保险；无雇工的个体工商户、未在用人单位参加社会保险的非全日制从业人员以及其他灵活就业人员可以参加职工基本养老保险和职工基本医疗保险；农村居民可以参加新型农村社会养老保险和新型农村合作医疗；城镇未就业的居民可以参加城镇居民社会养老保险和城镇居民基本医疗保险；进城务工的农村居民依法参加社会保险；公务员和参照公务员法管理的工作人员养老保险的办法由国务院规定。

工伤保险、失业保险和生育保险制度则要求覆盖所有用人单位及其职工。

在中国境内就业的外国人，也应当参照这部法律参加我国的社会保险。

"统筹城乡"方面，《社会保险法》将新农保制度纳入了基本养老保险的调整范围，并预留了逐步建立和完善城镇居民社会养老保险制度的发展空间；新农合也纳入了基本医疗保险的调整范围，授权国务院规定管理办法；规定进城务工的农村居民与其他职工一样依照本法参加社会保险。此外，《社会保险法》明确了被征地农民的社会保险问题，强调被征地农民到用人单位就业的，都应当参加全部五项社会保险；未就业，转为城镇居民的，可以参加城镇居民社会养老保险和城镇居民基本医疗保险，继续保留农村居民身份的，可以参加新农保和新农合。

待遇水平进一步改善

——养老缴费不满 15 年允许补缴够 15 年后享受待遇；医疗费用推行直接结算，避免个人垫付

《社会保险法》对参保人员享受待遇有了新的发展。基本养老保险待遇的一大突破是放宽了领取条件。过去一直要求参加基本养老保险的个人，在达到法定退休年龄时必须累计缴费满 15 年，方可按月领取基本养老金。否则，只能一次性领取其个人账户累积的资金。现在《社会保险法》规定，缴费不足 15 年的人员可以一次性缴费至 15 年，按月领取基本养老金，也可以转入新型农村社会养老保险或者城镇居民社会养老保险，按照国务院规定享受相应的养老保险待遇。

基本医疗保险待遇在两方面加以改善。其一，为缓解个人垫付大量医疗费的问题，《社会保险法》规定了费用直接结算制度。参保人员就医发生的费用中，应当由基本医疗保险基金支付的部分，由社保经办机构与医疗机构、药品经营单位直接结算。同时要求社保部门和卫生部门建立异地就医医疗费用结算制度，方便参保人员享受待遇。其二，在明确应当由第三人负担的医疗费用不纳入基本医疗保险基金支付范围的同时，这部法律规定，医疗费用应由第三人负担，如果第三人不支付或者无法确定第三人的，由基本医疗保险基金先行支付后，向第三人追偿。这样就减轻了患者的负担。

工伤保险待遇也有三项突破。第一，将现行规定由用人单位支付的工伤职工"住院伙食补助费"、"到统筹地区以外就医的交通食宿费"和"终止或者解除劳动合同时应当享受的一次性医疗补助金"改为由工伤保险基金支付，既保障工伤职工权益，又减轻了用人单位负担。第二，规定了工伤保险待遇垫付追偿制度，即用人单位未缴纳工伤保险费而发生工伤事故的，由用人单位支付工伤保险待遇。用人单位不支付的，从工伤保险基金中先行支付，然后由社会保险经办机构依照本法规定追偿。第三，规定由于第三人的原因造成工伤，第三人不支付工伤医疗费用或者无法确定第三人的，由工伤保险基金先行支付后，向第三人追偿。

失业保险待遇方面，失业人员在领取失业保险金期间患病就医，按现行规定仅可以申领少量的医疗补助金，《社会保险法》则改为参加职工基本医疗保险并享受相应的基本医疗保险待遇，其应当缴纳的基本医疗保险费从失业保险基金中支付。

强制用人单位缴纳社保

——用人单位不依法缴纳社保，可从其存款账户直接划拨社会保险费

《社会保险法》完善了征缴制度，增强了征缴的强制性。如果用人单位不依法给职工缴纳社会保险，那么相关机构可以从用人单位存款账户直接划拨社会保险费。《社会保险法》第六十三条规定，用人单位未按时足额缴纳社会保险费，经社会保险费征收机构责令其限期缴纳或者补足，逾期仍不缴纳或者补足的，社会保险费征收机构可以申请县级以上有关行政部门作出从用人单位存款账户中划拨社会保险费的决定，并书面通知其开户银行或者其他金融机构划拨社会保险费。

如果用人单位账户余额少于应当缴纳的社会保险费的，社会保险费征收机构可以要求该用人单位提供担保，签订延期缴费协议。

如果用人单位未足额缴纳社会保险费且未提供担保的，社会保险费征收机构可以申请人民法院扣押、查封、拍卖其价值相当于应当缴纳社会保险费的财产，以拍卖所得抵缴社会保险费。

用人单位不办理社会保险登记且在社会保险行政部门责令改正期限内不改正的，可对用人单位处应缴社会保险费数额一倍以上三倍以下的罚款，对其直接负责的主管人员和其他直接责任人员处 500 元以上 3000 元以下的罚款；用人单位未按时足额缴纳社会保险费的，由社会保险费征收机构责令限期缴纳或者补足，并自欠缴之日起，按日加收万分之五的滞纳金；逾期仍不缴纳的，由有关行政部门处欠缴数额一倍以上三倍以下的罚款。

百万千瓦核岛主设备自主化

红沿河 1 号机组核反应堆压力容器研制成功

本报北京 12 月 18 日电　（记者冉永平）由中国第一重型机械集团公司承制的我国首台完全自主化红沿河核电站 1 号机组核反应堆压力容器 18 日正式完工并发往辽宁红沿河。这标志着我国百万千瓦级核岛主设备的制造经过独立研发、自主创新，已完全实现国产化，并达到了国际先进水平，具备了为我国核电建设标准化、批量化、规模化发展提供成套装备的能力，扭转了我国核电重大技术装备所需关键设备和大型铸锻件受制于人的局面。

红沿河核电站是我国"十一五"期间开工建设的第一座百万千瓦级核电站，是我国二代改进型核电自主化建设重点依托项目。核反应堆压力容器是安置核反应堆并承受其巨大运行压力的密闭容器，是压水堆核电站中的关键设备，具有制造技术标准高、难度大和周期长等特点，而且是不可更换的设备，必须保证其在核电站寿命期内绝对安全可靠。

在研制过程中，中国一重先后攻克了大型厚壁锻件压实、淬透、细化晶粒及均质性、一体化接管段成形锻造、马鞍形接管段焊接、中子通量管孔加工等一道又一道的技术难关，取得了多项自主创新研发成果。目前，中国一重在核电反应堆压力容器以及核岛成套铸锻件为主的核能设备研制方面已经处于国际领先水平。中国一重创造了我国核电装备制造史上的多项第一：第一台国内拥有完全自主知识产权的百万千瓦级反应堆压力容器；第一次完全实现了核反应堆压力容器所用锻件国产化；第一次将国内首创、世界领先的一体化接管段锻造技术，应用于百万千瓦级核反应堆压力容器……

杨洁篪与俄外长通话

[illegible]分歧和争端。中方愿与俄方继续保持密切沟通协调，力避局势恶化失控，切实维护半岛和东北亚地区和平稳定。

拉夫罗夫表示，俄方高度关注半岛事态发展，已分别向有关国家表明了严重关切，要求各方保持最大程度的冷静克制。俄方愿与中方一道，为缓和半岛紧张局势作出积极努力。

息交易所 18 日在北京丽泽商务区正式开业。这是新华社旗下的中经社控股集团出资注册成立的专业交易中介机构，也是全球金融信息交易领域里首创的公司制交易所。

据了解，新华社金融信息交易所采用公司制的组织形式，综合了公司制和会员制交易所的优势，其会员包括战略会员、合作会员、服务会员和经纪会员四类，目前已有全国主要金融机构、大中型企业、资本要素市场会员近 300 家。该交易所自 9 月 10 日试营业以来，各项工作开展顺利。试营业期间，根据交易产品"标准化、产品化、可交易化"的原则，首批上线了全国银行理财产品发布交易、全国无线增值服务产品发布交易、全国专利技术转让项目交易等业务。

据介绍，新华社金融信息交易所的交易发布系统在国内首家采用云终端、云计算研发，可支撑全球最大的 LCD 屏幕墙，切换多形态分屏，实现同一界面多业务的实时同步展示。

新华社有关负责人表示，该交易所将充分发挥新华社遍布海内外的采集网络和丰富的新闻信息资源优势，按照一流的、专业化的水准，着力构建金融信息及文化产业交易服务领域公信、高效的中介平台，促进文化服务产业与实体产业以及资本市场的对接，最终建成国内最权威、全球最具影响力的金融信息及文化产业交易服务中心。

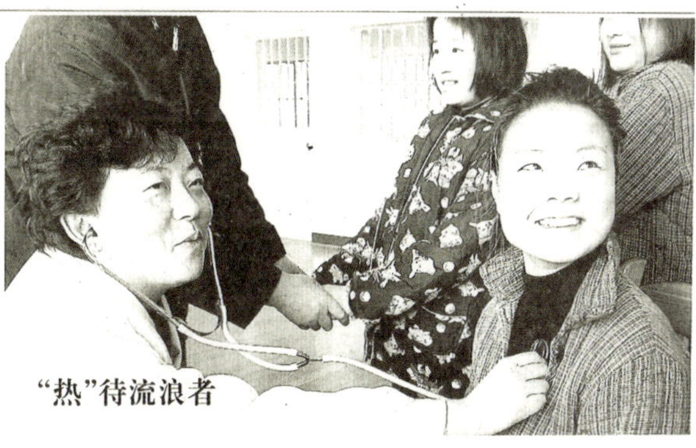

"热"待流浪者

12 月 18 日，来自湖南娄底的流浪少女陈惠敏（前右一）在上海市救助管理站体检。寒潮袭来，上海街头流浪者却受到了"暖流"般的关怀：上海市 18 个区县的救助管理站已开始按照上海市民政部门的统一要求设立临时避寒场所。

新华社记者　陈　飞摄

中国石化协会以观察员身份

加入国际化工协会联合会

本报北京 12 月 18 日电　（记者左娅）中国石油和化学工业联合会日前申请以观察员身份加入国际化工协会联合会（ICCA）并获得接纳。17 日，中国石化工业联合会加入 ICCA 签字仪式在北京人民大会堂举行。

中国石化工业联合会会长李勇武透露，2010 年，我国石化工业总产值预计可达 8.54 万亿元，同比增长 28.5%，已有 20 多种大宗产品产量位居世界前列。去年，我国石化工业进出口总额达 3270.7 亿美元，贸易活动涉及世界 200 多个国家和地区。目前世界 500 强中的国际大型石化企业都已在我国投资建厂，我国石化工业企业也积极"走出去"，开展对外投资和跨国经营，在更大范围、更广领域、更高层次上参与国际合作与竞争。

外交部发言人表示

任何人侵犯中国钓鱼岛领土主权的图谋都是徒劳的无效的

本报北京 12 月 18 日电　外交部发言人姜瑜 18 日就日本冲绳县石垣市议会通过涉钓鱼岛条例答记者问时表示，任何人侵犯中国钓鱼岛领土主权的图谋都是徒劳的，无效的。

有记者问，据报道，日本冲绳县石垣市议会已于 12 月 17 日通过一项条例，将 1 月 14 日设为"尖阁诸岛开拓日"。请问中方有何评论？

姜瑜说，1895 年 1 月 14 日，日本窃据了中国领土钓鱼岛及其附属岛屿。这种所谓的"开拓"绝对不是什么光彩行径。

姜瑜强调，钓鱼岛及其附属岛屿自古以来就是中国的固有领土，中国对此拥有无可争辩的主权。任何人侵犯中国钓鱼岛领土主权的图谋都是徒劳的，无效的。

外交部副部长张志军

就当前朝鲜半岛局势阐述中方立场

本报北京 12 月 18 日电　外交部副部长张志军 18 日就当前朝鲜半岛局势阐述中方立场。

张志军表示，当前朝鲜半岛局势千钧一发，高度复杂敏感，中方对此深表关切和忧虑。中方向有关方面一再指出，如果朝鲜半岛发生流血冲突，首先遭殃的是半岛双方人民，酿成南北同胞手足相残的民族悲剧，也势必破坏地区和平稳定，殃及周边国家。

张志军说，近一个时期以来，为防止矛盾激化，事态扩大，中方通过各个渠道坚持不懈地做了朝鲜半岛双方和有关各方的工作。戴秉国国务委员不久前先后紧急赴韩国、朝鲜访问，同两国领导人坦诚深入沟通，敦促双方保持冷静克制，开展对话接触，切勿采取任何导致局势进一步紧张升级的举动。近日，中国外交部也紧急召见半岛双方驻华大使，再次表明了中方的立场和主张。

张志军表示，要缓和、不要紧张，要对话、不要对抗，要和平、不要战争，这是半岛南北双方人民和国际社会的强烈愿望和呼声。目前半岛的紧张局势绝不能继续升级。对于任何可能导致事态恶化升级、破坏地区和平稳定的行为，中方都坚决反对，毫不含糊。中方强烈呼吁朝鲜半岛双方冷静冷静再冷静，克制克制再克制，以 7000 多万同胞安危为重，以切实维护地区和平稳定为重，避免再次发生武力冲突。中方希望各方采取负责任的态度，以和平方式寻求解决问题。

张志军强调，当前形势进一步凸显了六方会谈团长紧急磋商的必要性和紧迫性，再次呼吁有关各方尽快回到对话协商的正确轨道上来。

（上接第一版）

农民渴望着丰收，渴望着水利。在十年九旱的山东省博兴县，农村水利工程设施的建设，保障了这里的粮食生产。"有了工程抗大旱，没工程只能瞪眼看，水利是咱庄稼人的胆。"姜韩村农民张广彬说："这两年政府投资引水源、修渠道，村里的 8000 亩望天田用上了黄河水。今年春旱，小麦都浇了三次水，亩产上了千斤！"

中科院的研究表明，在影响粮食生产的诸要素中，水的增产效用最为突出，1 亩水浇地的收益是 1 亩旱地的 2—4 倍，水利对粮食生产的贡献率达到 40%以上。博兴县县委书记初建波告诉记者："我们县 80 万亩耕地，灌溉面积已发展到 63 万亩，去年粮食产量 45 万吨，近九成产量来自灌溉面积的贡献。"

"湖广熟，天下足"，湖南粮食 600 亿斤的目标靠什么实现？湖南水利厅工管局副局长刘振林说，全省 5700 多万亩耕地，靠种双季稻，就能种出 7800 万亩粮食。如果没有水，再好的种子也用不上。在湖南，72%有灌溉条件的农田，是稳粮仓的关键。

近年来，中央不断加大农田水利建设的投入力度，并向粮食主产区倾斜。以湖南小农水项目资金为例，2005 年中央投入 1200 万元，近几年逐年增加，到 2009 年起投入超过 1 亿元。衡阳县副县长杨秋良说，过去一个县投十几万元只够撒"胡椒面"。现在投入相当于前十年的总和，瞄准灌溉"死角"投入，能集中力量解决实际问题。

中央投入的增长，带动了农田水利恢复性增长。江西省今明两年将投入 120 亿元，开展"农田水利建设年"活动，化水害为水利；湖南全面启动 20 处大中型灌区建设，省财政拿出 4 亿元用于山塘清淤，恢复和改善灌溉面积 50 万亩；山东滨州市开展"林水会战"，在盐碱地上建粮仓，近年来建成（总）干渠、支渠、输沙渠等 850 多道（条）、4200 多公里，使控制灌溉面积达到 583 万亩，计划用 5—10 年把全市农水工程治理一遍。

记者从水利部获悉，到今年底前，我国将全面完成 6240 座大中型和重点小型病险水库除险加固，1.6 亿亩耕地将得到有效保护，恢复和新增灌溉面积 1.27 亿亩。到 2020 年将基本完成 434 处大型灌区续建配套与节水改造任务，骨干工程与田间工程基本完成后，可形成节水能力 188 亿立方米，新增粮食生产能力 196 亿公斤。力争在 2020 年前基本完成全国 1500 多处重点中型灌区节水改造任务，新增灌溉面积 7600 万亩，改善灌溉面积 1.6 亿亩。

灌溉有保障，土地焕青春。山东滨州北石村村民陈凤兰说，两年前，这里的盐碱地旱不能浇、涝不能排，除了芦苇基本不长草。现在，通过沟渠引水、碱水外排，每块方田可实现 5 天一轮灌，小麦亩产已稳定在 400 公斤左右。江西省首期 20 个"小农水"重点县，新增粮食生产能力 15 万吨；河南省浚县王庄乡 3 万亩高产示范片，平均亩产创出 611.6 公斤的新纪录……

有无水利两重天，一个个项目区就是最好的见证。新中国成立以来，全国防洪减灾直接经济效益达 3.93 万亿元，防洪减淹耕地 24 亿亩，年均减少粮食损失 1029 万吨。目前，全国已建成万亩以上灌区 6414 处，占全国耕地面积 48%的灌溉面积生产了占全国总量 75%的粮食和 90%以上的经济作物。

经过多年的努力，我国防洪除涝体系初步建成，农田水利建设为保障粮食安全发挥了重要的基础作用。

旱涝灾害日益频繁，农田水利依然"吃老本"

水利保丰收，基础还需夯实

南湾湖像一面巨大的镜子，清澈地铺向天边。"这 75 平方公里的湖面，关系着灌区 11.24 万亩农田是否丰收。水库运行 50 多年来，累计拦蓄洪水 246 亿立方米，灌溉农田 2670 万亩，增产粮食 69 亿公斤……"指着浩瀚的湖面，瘦瘦高高的钱长琨跟记者算着水利保丰收的细账。作为河南信阳市南湾水库管理局局长，老钱深深地感到，水利保丰收的成就可喜，但水利设施的损毁和不足，正威胁着粮食生产。

信阳不愧为中原的米仓，粮食产量年年过百亿斤。实现信阳米仓旱涝保丰收，南湾水库可谓居功至伟。"南湾水库现在能发挥的灌溉效益，主要是在吃老本。"老钱讲，南湾灌区 1952 年动工建设，属于典型的边建设、边设计、边改造的"三边工程"，工程标准低，遗留尾工多。灌区建成后，没有正常的维护资金投入，工程老化失修，灌溉效益在衰减。好不容易盼到了 1999 年水库除险加固的技改资金，南湾水库终于喘了一口气。从 1999 年开始到现在，中央和地方累计投入 1.7 亿元，处理险工险点 48 处，解决了不少卡脖子的工程问题，但南湾水库"吃老本"的现状并没有得到根本改变。

大型水利工程"吃老本"，小型水利工程呢？

"直到现在，我们用的还是大跃进的水，种的还是学大寨的田。"记者来到江西高安市荷岭镇的大石口水库时，三塘村村民黄余粮正站在不断渗水的坝底，望着残破不全、杂草丛生的灌渠发呆。"一旦把这剩下的渠壁也冲垮了，那灌溉时可就真没指望了"。

农田水利"吃老本"，农田水利设施带病运行，粮食安全的基础难以牢固。湘潭县石潭镇马家桥用水户协会会长刘利海说："渠道像筛子，上游放大水，下游不见湿，水稻播种时间要晚半个月，产量打八折，每亩灌溉成本高达 40 多元。"在全国，许多地方抗旱浇地，只能靠应急挖井；抗洪排涝，靠临时买水泵。这样的"急就章"，只能是"头痛医头，脚痛医脚"，解决不了农田水利根本问题，也远远不能满足粮食安全的需要。

农田水利建设投入不足、历史欠账较多，是我国农村水利的突出问题。尽管从中央到地方，都一直在加大投入力度，仅 2009 年一年，中央和地方对水利的投入就达 1700 多亿元，但相比农村水利对投入的需求来说，投入规模还是不够，对小型水利投入的连续性难以保证。

江西省高安市水利局副局长晏金波算了一笔账，高安市灌溉农田改造资金需要 13.42 亿元，2009 年中央、省级财政投入高安用于农田水利建设资金约 3000 万，按照这个投资强度，需要 40 年才能完成。投入不足的背后也暴露出主体缺位的深层次问题。"用水大家抢，坏了没人修"，高安市石脑镇原水利站站长汤国良说，作为最基层水利服务机构，现在水利站撤销了，新的服务组织又没有跟上，全镇只剩下 3 个水利员，水利设施难管护。

一方面是水利保丰收的基础不够牢固，一方面是我国新增粮食生产能力要求不断在提高，水利保丰收面临着巨大的挑战。中央强调，要稳粮保供给，确保粮食生产不滑坡。全国新增 1000 亿斤粮食生产能力规划提出，到 2020 年，我国粮食生产能力达到 11000 亿斤以上。水利部农水司副司长倪文进说："实现新增 1000 亿斤粮食生产能力，关键在于水。"

只有在体制机制上深入改革，水利保丰收的诸多障碍才能有效克服，新增粮食生产能力才能实现。"不断增加水利投入，深化农村水利在体制机制上的改革，深入推进节水灌溉，我们这样一个产粮大省才能持续不断地保障粮食丰收。"告别河南的时候，省水利厅副厅长李孟顺的话犹在耳边回响……

中国政府捍卫钓鱼岛领土主权的决心坚定不移

人民日报 2012 年 1 月 4 日 第 3 版

2012 年 1 月 3 日上午，冲绳县石垣市议员仲间均等 4 人登上钓鱼岛。冲绳县发布的消息证实日本政府有关部门从事发开始就得到相关信息，明知登岛未经许可却听之任之。

当日，外交部发言人洪磊就此事表明严正立场。他指出，中国政府就此向日方提出严正交涉和抗议。他重申，钓鱼岛及其附属岛屿自古以来就是中国的固有领土，中国对此拥有无可争辩的主权。中国政府捍卫钓鱼岛领土主权的决心是坚定不移的。

来源：国家图书馆

艾奥瓦州打响美国大选“前哨战”

本报驻美国记者　温　宪

2012年美国总统大选预选阶段首场党团会议选举1月3日在艾奥瓦州举行，吸引了大批记者前来采访。图为选举新闻中心大楼外的大量媒体转播车。　本报记者　温　宪摄

1月3日，美国艾奥瓦州举行2012年总统大选预选阶段的首场党团会议选举。2日凌晨，本报记者从美国首都华盛顿乘机前往艾奥瓦州首府得梅因。一路上，见到许多手提肩扛摄像机等长短设备的各路记者，大家的目的地均为这个即将打响美国2012年总统大选“前哨站”之地。

极具标志性和心理作用的首场选举

艾奥瓦州位于美国中西部，2010年人口统计为304万余人，居全美第三十位。本不显山露水的艾奥瓦州之所以引来周期性高度关注，概因为大选之年在这里举行的全美首场党团会议选举极具标志性、引导性和心理作用。

美国总统大选大致分为预选、党代表大会及全民投票三个阶段。艾奥瓦州“前哨站”特殊地位的确立经过了上百年历史沿革。1846年，艾奥瓦州政党决定通过党团会议制度进行总统选举，当时的会议时间定在大选年的3月或4月。1972年，艾奥瓦州民主党领导人决定在1月举行党团会议，以便响应民主党全国代表大会关于吸引更多选民参加选举的倡议。民主党总统候选人乔治·麦戈文要求艾奥瓦州举行党团会议选举具体时间早于新罕布什尔州的初选。这一安排使得麦戈文的竞选备受媒体关注，最终获得当年民主党提名。1976年，名不见经传的吉米·卡特如法炮制，在艾奥瓦州先声夺人，最终赢得总统大选。此事进一步确立了艾奥瓦州在美国总统大选年中独特的“前哨战”地位。同样在1976年，美国共和党也决定在艾奥瓦州举行第一场党团会议选举，以吸引媒体关注。至1980年，美国民主、共和两党均改变章程，确保艾奥瓦州的党团会议选举结果当晚产生。

在今年的美国总统大选中，现任总统奥巴马成为民主党唯一候选人。因此，艾奥瓦州的选举重点便在于哪位共和党候选人能赢得该州预选。在经过几番沉浮淘汰后，共和党至今计有7名候选人在艾奥瓦州角逐。他们是：马萨诸塞州前州长罗姆尼、得克萨斯州联邦众议员罗恩·保罗、宾夕法尼亚州前联邦参议员里克·桑托勒姆、美国国会众议院前议长纽特·金里奇、得克萨斯州州长里克·佩里、明尼苏达州众议员米歇尔·巴克曼和美国前驻华大使洪博培。自去年下半年以来，共和党候选人屡屡前来艾奥瓦造势，以期通过赢得艾奥瓦州预选产生在气势上压倒对手的心理优势，进而借“雪球效应”获得党内提名，最终对决奥巴马。

共和党深陷“无人”窘境

去年以来，共和党内多位候选人竞选势头昙花一现，凸显“党内无人”的窘境。前明尼苏达州州长波伦蒂、唯一非洲裔候选人凯恩相继因出师不利和性丑闻退出竞选。以“茶党”领袖自居的明尼苏达州众议员米歇尔·巴克曼、得克萨斯州州长里克·佩里、国会众议院前议长纽特·金里奇均曾势头猛烈，但很快又从各类民调排名中跌落下来。保罗、桑托勒姆与洪博培则一直不在“第一方阵”。事实上，所谓民调本身也处于波诡云谲之状，其真实性更多地体现在美国选民的摇摆不定和分化加剧。

迄今为止，所有共和党总统候选人均各有其“软肋”和“硬伤”。金里奇是美国政坛老手，但其婚外情、逃税等历史一直是其难以摆脱的重负。以目前态势来看，曾于2008年参选的罗姆尼最被看好。但接受本报记者采访的当地选民马克夫妇表示，罗姆尼未能让选民相信他“足够保守”。此外，他的摩门教徒身份也一直是制约因素。这对夫妇表示将在3日晚的党团会议上支持桑托勒姆，因为他背景清晰、头脑清楚，其低调竞选态势恰恰令人印象深刻。在最近的多次民调中，罗姆尼与保罗名列前茅，桑托勒姆则名列第三，其势头明显上升。在谈及对奥巴马政府表现做出评价时，马克夫妇双双摇头。他们说，自奥巴马政府执政以来，美国经济没有起色，导致艾奥瓦州制造业衰败，医疗改革等也极有争议。

不确定性将伴随大选

马克夫妇的观点道出了一个极为重要的规律性现象：经济状况对2012年大选具有决定性影响。共和党阵营七零八落，奥巴马却难以以逸待劳。近来似乎略有好转的经济指数难以令人乐观，8.6%的失业率虽较之前有所下降，但并非证明美国失业状况在好转，而是有许多人干脆不再找工作。掌握着行政资源的奥巴马极有可能赢得连任，但至少有两个不确定因素牵制着他：一为仍然飘摇的经济前景；二为突发负面新闻的强力干扰。

不确定性将伴随着包括艾奥瓦“前哨站”在内的今年美国大选全过程。艾奥瓦州的角逐中或许会出现“黑马”，但在此州的获胜者未必能够笑到最后。

在美国，很多人还在打量着“你方唱罢我登场”的政坛乱局，这本身便是一个不确定性因素。“我还没有做出决定，还要再等等看。”记者下榻旅馆的前台主管吉姆3日如是说道。

（本报美国得梅因1月3日电）

转型需要创新的勇气与智慧

钟　声

各国媒体对国际形势的回顾与展望中，“转型”一词常被提及。

转型既是影响局势变化的突出因素，也是一些国际事件的重要背景。经济全球化深入发展，全球性问题和地区、国别问题相互交织，扩散和连动效应明显，转型也具有双重性。

西亚北非动荡究竟会带来什么影响，可能还需要更长时间去观察。有一点可以确定，它并不意味着全球发展的势头已经中断，世界更不会由此进入一个全面动荡期。西亚北非进入政治与经济发展的转型期，动荡不安和不确定性还会与之相伴。关键在于如何在推进转型的基础上，尽快找到适合自己的发展道路。

全球经济同样也在经历转型。改变失衡现状，需要各国对自身的经济结构做出调整。此轮转型的难度在于，既要完成经济结构的调整，又要尽快拉动经济复苏。在经济前景风险加大的情况下，处理好转型与复苏的关系难度不小。

转型中也有亮点。新兴经济体的群体性崛起为转型提供了动力，东亚经济体对全球经济的拉动作用显著提升。世界经济虽有很多困难，但不会停止前进的步伐，艰难的转型将为下一步发展打造新的起飞平台。

目前，亚太地区已经显露出转型期的种种特征。很多看似麻烦的双边或多边问题，均与转型有关。从已有的经济、安全架构转向新架构，利益博弈有时会相当激烈。不过，大多数国家并不希望尖锐的矛盾拖累发展，借发展来解决问题是大多数国家的共识。

亚太地区的转型，与中美关系密切相关。中国成为该地区举足轻重的大国，参与地区秩序的构建与调整已成必然。美国是这一地区占主导地位的大国，华盛顿以何种方式接纳中国的崛起，不仅关乎中美关系走向，也将对地区转型产生重要影响。

中美两国都在寻找新的合作方式，这不是一个简单的相互适应过程。双方没有什么“既定的程序”可供参照，利益博弈隐含着风险。管理风险、避免紧张、掌控危机、减少误判，需要不断加固和扩展现有合作机制。中美两个大国能否尽快探索出合作模式，更需要创新的勇气与智慧。

消除世界经济发展不平衡，应对气候变化，解决人口老龄化、公共卫生、粮食安全、水资源安全等全球性问题，迫切需要全球范围内的协调合作。经济全球化背景下的转型呼唤着新的合作模式，对国际关系尤其是大国之间的协调能力提出更高要求。未来国际秩序的调整与构建，发达国家应更加尊重发展中国家的政治、经济选择，发展中国家需要更加积极地参与国际事务的决策。

世界在转型，但求和平、重稳定、谋发展、促合作仍是形势的主流。转型是为了推动更好更快的发展，只有更好更快的发展才能保障顺利实现转型。

深刻认识世界，准确把握时代，才能确立符合人类文明发展大势、反映时代进步要求的发展战略。中国的和平发展，是源自与时俱进时代观的战略思想。

转型期同样也是风险期，保持忧患意识是为了更好地顺势而为。今天的中国，在国际舞台上发挥着越来越重要的作用，世界对中国作用的期待值在不断提高。坚守和平发展道路，不断增强一个负责任大国的意识和行动能力，中国将为推动世界多极化和顺利实现转型做出更大的贡献。

国际论坛　International Tribune

电子信箱：gjpl@pd.people.com.cn

外交部就日右翼分子登上钓鱼岛表明严正立场

中国政府捍卫钓鱼岛领土主权的决心坚定不移

本报北京1月3日电　外交部发言人洪磊3日在此间就日本右翼分子登上钓鱼岛一事表明严正立场。他指出，中国政府已就此向日方提出严正交涉和抗议。他说：“我愿重申，钓鱼岛及其附属岛屿自古以来就是中国的固有领土，中国对此拥有无可争辩的主权。中国政府捍卫钓鱼岛领土主权的决心是坚定不移的。”

本报东京1月3日电　（记者于青）据此间媒体报道，当地时间3日上午9时30分左右，日本第十一管区海上保安总部（那霸）的巡逻船发现冲绳县石垣市议员仲间均等3人登上了钓鱼岛。约20分钟后，石垣市议员仲岭忠师也登陆了该岛。4人于11时55分左右离开钓鱼岛，他们乘坐的渔船驶向石垣港。

冲绳县警察本部3日下午发布的消息说，2日晚10时40分左右，4人乘坐渔船从距离钓鱼岛约170公里处的石垣港出发，后来从该岛西南方向登陆。当时海上保安厅的巡逻船正在附近巡逻。但冲绳县警察本部没有说明，是否采取措施阻止这些人登岛。目前，冲绳县警察本部正准备以“未经许可登陆国管岛屿”为由传讯这4人。冲绳县警察本部3日发布的消息则证明，日本政府有关部门从事发开始就得到相关信息，明知登岛未经许可却听之任之，给中日关系大局再次平添噪音和障碍。

冲绳县石垣市市长中山义隆当天接受共同社采访时强调“希望以获得政府许可的合法的形式登陆”，并称仲间均等人“通过这种形式登陆是否恰当，给人留下疑问”。中山义隆此前已向日本政府申请批准登陆钓鱼岛，以实施固定资产税评估等调查。2010年12月，石垣市议会通过了将1月14日定为所谓“尖阁诸岛开拓日”的条例。

R 点　评

“树欲静而风不止。”2012年新年伊始，日本数名市议员登上钓鱼岛挑起事端，给中日关系掀起新的波澜，给中日两国邦交正常化40周年的友好纪念气氛横泼冷水。

如果日方对钓鱼岛问题处理不当，将给中日关系带来严重后果。在邦交正常化40周年因钓鱼岛问题导致两国关系出现倒退，这是中日两国有识之士和广大民众都不愿意看到的。　（于　青）

朝鲜举行大规模群众集会响应新年联合社论

本报平壤1月3日电　（记者周之然）据朝鲜中央通讯社3日报道，平壤市10万多名群众当天在平壤金日成广场举行大规模集会，表示要切实贯彻落实劳动党中央政治局决议书、党中央委员会和党中央军事委员会联合口号及新年联合社论提出的战斗任务，响应咸镜南道劳动群众致全国劳动群众的信。

朝鲜《劳动新闻》、《朝鲜人民军》和《青年前卫》在新年之初联合发表元旦社论，号召朝鲜全党、全军和全体人民遵循金正日的遗训，在金正恩的领导下，在各领域掀起总攻击战，使2012年成为繁荣强盛和引以为豪的胜利之年。

社论说，2011年金正日的逝世是朝鲜党和人民最大的悲痛。去年，在金正日的领导下，朝鲜在提高人民生活水平和技术革新方面取得了巨大成就，进一步巩固了21世纪经济强国的坚实基础，国家面貌焕然一新。2012年，朝鲜要在强盛国家建设的主攻线轻工业部门和农业部门发起总攻击战，在电力、煤炭、冶金、铁路运输、化学工业等部门掀起技术革新高潮，有计划地将朝鲜经济转变为技术集约型模式。

社论说，朝韩和海外同胞要在《北南共同宣言》和《北南关系发展与和平繁荣宣言》的旗帜下紧密团结，争取在2012年打开自主统一的突破口，为完成祖国统一的伟大事业带来决定性转变。

社论还指出，2011年金正日对中国和俄罗斯的访问成为保障世界和平与东北亚的安全、发展传统友好关系的重要契机。朝鲜将一如既往地坚持自主、友谊、和平的理念，同尊重朝鲜主权的所有国家扩大发展睦邻友好关系。

朝鲜这三家主要媒体的联合社论，历来是朝鲜全年工作的指导方针。

（上接第二版）

这一年，党中央以造就高素质党员、干部队伍为重点大力加强组织建设——

党的先进性，要靠千千万万高素质党员来体现。“在党的基层组织和党员中深入开展创先争优活动”，党的十七大作出了这一重要决策。

2011年，一个名字，传遍神州大地。他，就是一辈子无私奉献、把价值几个亿的森林送给大山里群众的云南保山原地委书记杨善洲。胡锦涛总书记作出重要指示，要求广大党员干部向杨善洲同志学习。在中央统一部署下，各级党组织把创先争优作为实现“十二五”时期良好开局的有力抓手，广泛开展向杨善洲等先进典型和优秀共产党员学习活动，立足本职争创一流业绩……

加强农村、社区、机关、国有企业、高等学校、科研院所、非公有制经济组织、新社会组织等领域党建工作，基层党建工作责任制进一步落实；从县委书记、乡镇党委书记队伍建设到市（地、州、盟）党政正职管理，党中央进一步加强重要岗位干部重点管理。

干部教育培训是建设高素质干部队伍的重要环节。2011年11月起，县（市、区、旗）直属部门机关干部、乡镇（街道）干部每年参加各类学习培训的时间累计一般不少于100学时或12天。需要什么就培训什么，缺什么就补什么，教育培训干部工作在继续加大组织调训的同时向基层延伸……

这一年，党中央以保持党同人民群众的血肉联系为重点继续加强作风建设——

优良的党风是凝聚党心民心的巨大力量。从中央领导同志广泛深入基层开展调研倾听群众意见，到地方党委和政府领导干部深入基层解决重点民生问题，从政法系统广泛开展大走访、大接访活动，到新闻宣传战线广泛开展“走基层、转作风、改文风”活动，党的优良作风在这一年里进一步得到弘扬和发展。

一条条反映群众愿望的意见和建议向中南海汇集，一项项回应群众呼声的政策和措施密集出台……多为群众办好事、办实事，成为各级党委和政府的自觉选择。

这一年，党中央以健全民主集中制为重点大力加强制度建设——

党内民主，是增强党的活力的重要保证。从提高、扩大“公推直选”的对象层次和范围，到“县委权力公开透明运行”试点推广至全国，从第一次专门针对党委新闻发言人举办培训班到中央纪委、中组部、中联部首次向外媒或驻华外交官开放，一年里，中国共产党人以扩大党内民主带动人民民主，不断释放党的创新活力，不断巩固党的团结统一局面，进一步向世界展现了自信、公开、透明的形象。

这一年，党中央以完善惩治和预防腐败体系为重点不断加强反腐倡廉建设——

治国必先治党，治党务必从严。从开展公务用车问题专项整治，到开展重大工程治理，从不断推进巡视工作，到清理规范庆典研讨会论坛，一年里，党中央既扎实抓好各项长期性、基础性工作，又着力解决反腐倡廉领域群众反映强烈的突出问题，党风廉政建设和反腐败斗争力度持续加大。

一系列扎实细致的工作，一项项着眼长远的部署，为党和人民事业继往开来、薪火相传提供了坚实保障。

一年里，根据中央统一部署，5年一次的地方党委、人大、政府、政协换届工作顺利进行，坚持五湖四海、任人唯贤，一大批政治坚定、实绩突出、作风过硬、群众公认的干部走上新的领导岗位。

党的十七届六中全会作出决定，中国共产党第十八次全国代表大会于2012年下半年在北京召开。

这将是中国共产党在全面建设小康社会的关键时期和深化改革开放、加快转变经济发展方式的攻坚时期召开的一次十分重要的会议。

选好2270名十八大代表，是开好十八大、完成大会各项任务的重要基础。坚持以德为先，严把思想政治素质关，突出党员代表性——年末，推荐提名工作以自下而上、上下结合、反复酝酿、逐级遴选的方式有序展开……

历史，是一面镜子，折射过去，昭示未来。

2011年7月1日，北京人民大会堂，华灯璀璨，万众瞩目。庆祝中国共产党成立90周年大会在这里隆重召开。胡锦涛总书记出席大会并发表重要讲话。

这是党中央从90年奋斗历程得出的科学结论——

“面对风云变幻的国际形势，面对艰巨繁重的国内改革发展稳定任务，我们党要团结带领人民继续前进，开创工作新局面，赢得事业新胜利，最根本的就是要高举中国特色社会主义伟大旗帜，坚持和拓展中国特色社会主义道路，坚持和丰富中国特色社会主义理论体系，坚持和完善中国特色社会主义制度。”

这是党中央对未来发展环境的清醒判断——

“执政考验、改革开放考验、市场经济考验、外部环境考验是长期的、复杂的、严峻的。精神懈怠的危险，能力不足的危险，脱离群众的危险，消极腐败的危险，更加尖锐地摆在全党面前，落实党要管党、从严治党的任务比以往任何时候都更为繁重、更为紧迫。”

这是党中央对历史使命的自觉认识——

“我们必须从新的实际出发，坚持以科学理论指导党的建设，以改革创新精神研究和解决党的建设面临的重大理论和实际问题，着眼于全面建设小康社会、加快推进社会主义现代化，全面认识和自觉运用马克思主义执政党建设规律，全面推进党的建设新的伟大工程，不断提高党的建设科学化水平。”

这是党中央对党的建设的全面部署——

“大力推进马克思主义中国化时代化大众化，提高全党思想政治水平”“把各方面优秀人才集聚到党和国家事业中来”“始终保持党同人民群众的血肉联系”“深入开展党风廉政建设和反腐败斗争，始终保持马克思主义政党的先进性和纯洁性”……

这是党中央开拓前进的政治勇气——

“我们一定要坚定不移坚持党的十一届三中全会以来的路线方针政策，坚定信心、砥砺勇气，坚持不懈把改革创新精神贯彻到治国理政各个环节，奋力把改革开放推向前进……”

胡锦涛总书记的“七一”重要讲话，进一步指明了前进的方向——坚定不移走科学发展道路，坚定不移走中国特色社会主义政治发展道路，坚定不移发展社会主义先进文化，坚定不移推进社会主义和谐社会建设……

气清更觉山川近，心远方知宇宙宽。

2011年，以胡锦涛同志为总书记的党中央领航中国“十二五”开局作出的一系列战略谋划，在中华大地留下一串串闪光的足迹。

这足迹，承载历史，指向未来……

（新华社北京1月3日电　记者张宿堂、霍小光、陈二厚、李斌、李忠发）

胡锦涛就当前中日关系和钓鱼岛问题表明立场

人民日报 2012 年 9 月 10 日 第 1 版

2012 年 9 月 9 日，胡锦涛同志在出席亚太经合组织第二十次领导人非正式会议期间同日本首相野田佳彦进行了交谈。胡锦涛就当前中日关系和钓鱼岛问题表明了中方立场，在钓鱼岛问题上，中方立场是一贯的、明确的。日方采取任何方式“购岛”都是非法的、无效的，中方坚决反对。中国政府在维护领土主权问题上立场坚定不移。日方必须充分认识事态的严重性，不要作出错误的决定，同中方一道，维护中日关系发展大局。

来源：国家图书馆

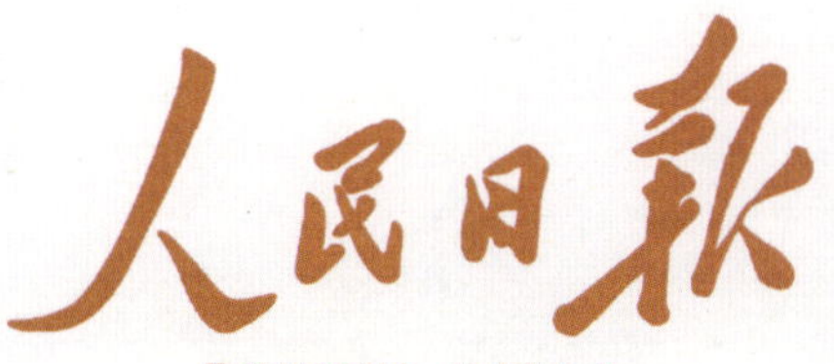

人民日报
RENMIN RIBAO
人民网 网址：http://www.people.com.cn
手机：http://wap.people.com.cn
2012年9月 10 星期一
壬辰年七月廿五
人民日报社出版
国内统一连续出版物号 CN 11-0065
第23438期（代号1-1）
今日24版

中共中央 国务院 致第14届残奥会中国体育代表团的贺电

第14届残奥会中国体育代表团：

在第14届残奥会上，中国体育代表团的残疾人运动员自强不息、奋勇争先，取得95枚金牌、71枚银牌、65枚铜牌，位居金牌榜和奖牌榜第一位，创造了我国残疾人体育事业的新辉煌，向全世界展示了中国残疾人自尊、自信、自强、自立的良好精神风貌。党中央、国务院向你们表示热烈的祝贺和诚挚的问候！

中国体育代表团在本届残奥会上大力发扬残疾人体育精神和奥林匹克精神，敢于超越自我，勇于挑战极限，以汗水和毅力收获成功，以能力和境界赢得尊重，奏响了一曲曲壮丽的生命凯歌，为祖国和人民争得了荣誉，并在同各国各地区残疾人运动员交往中增进了彼此了解和友谊，为推动国际残疾人奥林匹克事业发展作出了突出贡献。你们的优异表现感动了全国各族人民，感动了海内外全体中华儿女，感动了全世界。祖国和人民为你们感到骄傲和自豪！

希望你们把荣誉作为新的起点，保持旺盛斗志，继续攀登高峰，为促进我国残疾人体育事业发展再立新功，并以此激励和带动广大残疾人在国家建设各个领域顽强拼搏，同全国人民一道共同为全面建成小康社会、建设富强民主文明和谐的社会主义现代化国家而不懈奋斗。

祖国和人民期盼着你们胜利归来！

中共中央
国务院
2012年9月10日
（新华社北京9月10日电）

胡锦涛主席出席APEC会议

亚太经合组织第二十次领导人非正式会议举行第二阶段会议

胡锦涛出席并发表讲话

九月九日，亚太经济合作组织第二十次领导人非正式会议继续在俄罗斯符拉迪沃斯托克举行。这是与会各成员领导人集体合影。新华社记者 饶爱民摄

本报符拉迪沃斯托克9月9日电 （记者吴绮敏、张晓东、谢亚宏）亚太经济合作组织第二十次领导人非正式会议第二阶段会议9日在俄罗斯符拉迪沃斯托克举行，国家主席胡锦涛出席，就加强粮食安全和创新增长合作议题发表讲话。

关于粮食安全，胡锦涛强调，粮食安全攸关各国国计民生，事关人类发展和安全，需要协调加以应对。要夯实基础，加大农业投入，提高农业生产力水平，扩大粮食产能；要加强粮食交易市场基础设施建设，打造现代粮食物流体系，降低粮食储存、运输、消费环节全程损耗水平；要加大对农业生产、技术研发的投入，推广应用新技术，提高农业综合生产能力，保证食品安全和质量；要稳定粮食等大宗商品价格，防止过度投机和炒作，改善农业投资环境；要采取切实举措，保障弱势群体粮食供应。

关于创新增长合作，胡锦涛指出，应该营造鼓励创新的环境，强化科技创新支持政策，充分调动创新热情和创造活力；加大研发投入，加强创新人才和高技能人才培养和流动，促进科技成果向现实生产力转化；要发挥政府作用，为企业搭建创新合作平台，加强技术传播合作和技术转让。

会议发表了领导人宣言。

明年的亚太经合组织领导人非正式会议将在印度尼西亚举行。

胡锦涛就当前中日关系和钓鱼岛问题表明立场

本报符拉迪沃斯托克9月9日电 （记者吴绮敏、张晓东、谢亚宏）9月9日，国家主席胡锦涛在出席亚太经合组织第二十次领导人非正式会议期间同日本首相野田佳彦进行了交谈。胡锦涛就当前中日关系和钓鱼岛问题表明了中方立场。

胡锦涛郑重指出，近来，中日关系因钓鱼岛问题面临严峻局面。在钓鱼岛问题上，中方立场是一贯的、明确的。日方采取任何方式"购岛"都是非法的、无效的，中方坚决反对。中国政府在维护领土主权问题上立场坚定不移。日方必须充分认识事态的严重性，不要作出错误的决定，同中方一道，维护中日关系发展大局。

结束出席亚太经合组织第二十次领导人非正式会议 胡锦涛主席回到北京

新华社北京9月9日电 国家主席胡锦涛在结束出席亚太经合组织第二十次领导人非正式会议后于9日乘专机回到北京。

中共中央书记处书记、中央政策研究室主任王沪宁，国务委员戴秉国等陪同人员同机抵达。

胡锦涛会见加拿大总理哈珀

9月9日，国家主席胡锦涛在俄罗斯符拉迪沃斯托克会见加拿大总理哈珀。新华社记者 王晔摄

本报符拉迪沃斯托克9月9日电 （记者吴绮敏、谢亚宏、张晓东）国家主席胡锦涛9日在俄罗斯符拉迪沃斯托克会见加拿大总理哈珀，就中加关系和共同关心的国际和地区问题深入交换意见，达成重要共识。

胡锦涛指出，近年来，中加关系总体保持良好发展势头。两国各领域合作不断取得新成果，在国际和地区事务中进行了良好沟通和协调。中加关系显示出巨大活力和发展潜力。

胡锦涛指出，当前，国际形势复杂多变，影响世界经济复苏和增长的不稳定不确定因素明显增多。新形势下，中加关系重要性更加突出。双方应该珍惜来之不易的双边关系良好局面，努力推动中加战略伙伴关系健康稳定向前发展。一是坚持相互尊重、平等相待、互不干涉内政原则，增进政治互信，妥善照顾彼此核心利益和重大关切。二是发挥经济互补优势，稳步推进经贸、能源资源、科技、环保、基础设施建设、服务等领域合作，促进双边贸易平稳发展。以签署《中加投资保护协定》为契机，扩大双向投资合作，积极推进一些重大项目。三是持之以恒推进人文交流，增进相互了解和友谊，夯实中加关系民意基础。（下转第二版）

胡锦涛出席《中智自由贸易协定关于投资的补充协定》签字仪式

9月9日，国家主席胡锦涛在俄罗斯符拉迪沃斯托克和智利总统皮涅拉共同出席《中智自由贸易协定关于投资的补充协定》签字仪式。这是两国元首在签字仪式后握手致意。新华社记者 王晔摄

本报符拉迪沃斯托克9月9日电 （记者吴绮敏、张晓东、谢亚宏）国家主席胡锦涛9日在俄罗斯符拉迪沃斯托克和智利总统皮涅拉共同出席了《中智自由贸易协定关于投资的补充协定》签字仪式。

该协定有30项条款及5个附件，涉及两国投资促进和保护相关事项。该协定的签署标志着中智自由贸易区全面建成，将为中智两国改善投资环境、扩大相互投资提供更大便利。

2005年11月，中智两国签署自由贸易协定。2006年10月1日，两国正式实施自由贸易协定，并启动服务贸易和投资协定谈判。2012年6月，双方完成《中智自由贸易协定关于投资的补充协定》谈判。

离京出访亚太四国抵达德黑兰 吴邦国开始对伊朗进行正式友好访问

9月9日，应伊朗伊斯兰议会议长拉里贾尼的邀请，全国人大常委会委员长吴邦国抵达伊朗首都德黑兰，开始对伊朗进行正式友好访问。这是伊朗伊斯兰议会副议长阿布托拉比在机场迎接吴邦国委员长。新华社记者 李涛摄

本报德黑兰9月9日电 （记者李伟红）应伊朗伊斯兰议会议长拉里贾尼的邀请，中国全国人大常委会委员长吴邦国9日下午抵达伊朗首都德黑兰，开始对伊朗进行正式友好访问。

9月的德黑兰阳光明媚，花木葱茏。当地时间下午3时许，吴邦国委员长乘坐的专机徐徐降落在德黑兰梅赫拉巴德机场。机场上空，中伊两国国旗迎风飘扬。中国驻伊朗大使郁红阳和伊朗伊斯兰议会高级官员登机迎请。吴邦国委员长和夫人章瑞珍、李建国副委员长兼秘书长在舷梯前，与前来迎接的伊朗伊斯兰议会副议长阿布托拉比、议会国家安全与外交政策委员会主席布鲁杰迪、伊朗驻华大使萨法里等伊方高级官员亲切握手，互致问候。（下转第二版）

温家宝外交学院讲话：在钓鱼岛问题上绝不退让半步

人民日报 2012 年 9 月 11 日 第 1 版

2012 年 9 月 10 日，温家宝同志赴外交学院出席周恩来同志和陈毅同志铜像揭幕仪式。温家宝在向师生们发表讲话时说，中国政府和人民比任何人都珍惜来之不易的国家主权和民族尊严，即使在极其艰难困苦的情况下，也是铮铮铁骨。钓鱼岛是中国固有领土，在主权和领土问题上，中国政府和人民绝不会退让半步。

来源：国家图书馆

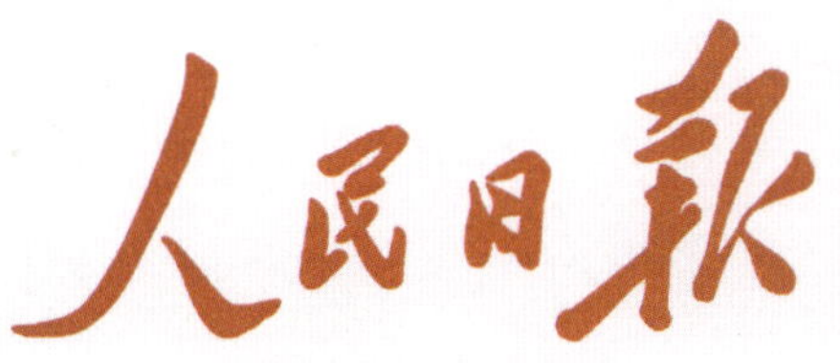

2012年9月
11
星期二
壬辰年七月廿六
人民日报社出版
国内统一连续出版物号 CN 11-0065
第23439期(代号1-1)
今日24版

人民网 网址:http://www.people.com.cn
手机:http://wap.people.com.cn

吴邦国与伊朗议长举行会谈

9月10日，正在伊朗进行正式友好访问的全国人大常委会委员长吴邦国在议会大厦与伊朗议长拉里贾尼举行会谈。

新华社记者 刘卫兵摄

本报德黑兰9月10日电 （记者**李伟红**）正在伊朗进行正式友好访问的中国全国人大常委会委员长吴邦国当地时间10日上午在议会大厦与伊朗议长拉里贾尼举行会谈，双方就两国关系、议会交往以及共同关心的问题深入交换意见，达成广泛共识。

拉里贾尼热烈欢迎吴邦国委员长访伊，表示他本人和伊朗议会对此访高度重视，认为这不仅对加强两国议会交往具有十分重要的意义，而且必将对推动伊中关系全面发展注入新的动力。

吴邦国说，中伊建交40多年来，在双方共同努力下，两国各领域友好合作发展顺利，特别是近些年高层往来频繁，政治互信不断加深。中方尊重伊朗人民根据本国国情选择的发展道路和内外政策，伊方坚定奉行一个中国政策，在台湾、涉藏、涉疆等问题上给予中方宝贵支持。经贸合作成果显著，在能源、金融、基础设施建设等领域的合作取得积极进展，中国是伊朗最大的贸易伙伴，伊朗成为中国在中东地区第二大贸易伙伴。在教育、旅游、司法、环保等领域的合作日趋活跃，在国际和地区事务中保持良好沟通与配合。中伊关系的发展，不仅给两国和两国人民带来实实在在的利益，也为促进地区和平、稳定与发展作出积极贡献。吴邦国强调，在和平共处五项原则基础上发展与伊互利友好合作，是中国独立自主和平外交政策的重要内容，不会因国际和地区形势的变化而变化。我此次访问的目的，就是推动落实今年6月两国元首达成的新的重要共识，同伊方一道，进一步扩大两国政府、议会、政党及地方间的友好交往，密切在联合国、上海合作组织等多边框架内的沟通与配合，积极探讨务实合作的新模式新途径，重点推进现有合作项目早见成效，巩固和发展人文领域交流合作成果，推动中伊关系健康稳定向前发展。

（下转第三版）

抗击非典 人民利益高于一切

本报记者 白剑峰

科学发展 成就辉煌

十年回眸·重大事件亲历

开栏的话 回眸十年，中国走过了不平凡的道路，跃上了发展新高点。一幅幅图景、一项项工程、一组组数据，展示着十年的辉煌，讲述着十年的艰辛。最可宝贵的是亿万人民的创造活力，是坚定不移的道路，是与时俱进的创新，是风雨中的沉着奋进，是平凡中的默默坚守。十年岁月，一起走过；十年辉煌，共同造就。本报从今天起推出"十年回眸·重大事件亲历"系列报道，从重大事件亲历者的视角出发，讲述事件背后鲜为人知的故事，分析事件对改革发展产生的影响，揭示其中的原因和规律，在寻找曾经感动过我们的记忆中，凝聚起创造未来的力量。

2003年春天，非典疫情突如其来，严重威胁着人民群众的生命健康，考验着党和政府应对重大突发事件的能力。

十年之后再回首，非典已逝，记忆犹新。一个民族在灾难中失去的，必将在民族的进步中获得补偿。抗击非典，经历了哪些关键节点？积累了哪些经验教训？留下了哪些精神财富？近日，记者采访了时任卫生部党组书记兼常务副部长、现任全国人大财经委员会副主任委员高强。

"不怕记者提问题，就怕记者提不出问题。越是尖锐的问题，人民群众越关心。只要坦诚地回答，就会取得大家的信任，效果反而更好。"

2003年4月20日下午3点，国务院新闻办举行关于非典疫情的新闻发布会。一张陌生的面孔，意外地出现在中外记者面前。他，就是高强。

当天上午，高强刚刚被任命为卫生部党组书记、常务副部长。此前，他的身份是国务院副秘书长。即将面对中外记者，高强感到压力很大。行前，高强向国务院领导请示新闻发布会"口径"。国务院领导明确"授意"：坚持公开透明的原则，承认工作中的不足，敢于承担责任，给群众以信心，显示政府的决心。

高强回忆道："国务院领导告诉我，新闻发布稿是经过审定的，按此发布。至于回答记者的问题，可以自由发挥。"

在新闻发布会上，高强说："5天以前，卫生部公布北京确诊病人是37人，现在是339人，增加了302人。但这302人绝不是在这5天内出现的病人，而可能是10天以前、20天以前已经发病了，住在某一个医院里，但是并没有发现。现在把过去没有发现的病例找出来，如实地向大家报告，这是中国疫情统计制度的一个进步。"

此前，外国媒体报道，中国政府公布的非典疫情数字远远少于实际，是在故意隐瞒疫情。高强认为，政府并没有故意隐瞒疫情，而是由于北京的医疗机构分属地方、部委和军队等不同的系统，信息渠道不畅，非典疫情暴发之初，没有一个部门能够掌握全面的情况。

同时，他还告诉中外媒体记者："在北京是不是安全，由大家自己来判断。"这一说法，和此前"北京是安全的"的调子明显不一致。

当主持人宣布新闻发布会结束时，高强感到意犹未尽，破例允许记者再提几个问题。

高强说："不怕记者提问题，就怕记者提不出问题。越是尖锐的问题，人民群众越关心。只要坦诚地回答，就会取得大家的信任，效果反而更好。"

"当时，我不能说北京是安全的，因为老百姓对是非曲直是有判断力的。世界卫生组织已经宣布北京是疫区，还能说是安全的吗？我们越说安全，老百姓就越感到不安全。我如实地告诉疫情的严重性，同时把政府采取的措施说清楚，人民群众才会有信心。"高强说。

高强回忆，4月20日下午两点多，他在前往国务院新闻办的路上，北京市还在向他报告最新变化的疫情数字。从第二天起，原来五天公布一次疫情的惯例，改为每天公布一次。

"当重大突发公共事件发生时，人民群众希望及时了解真实情况，体现了对国家的关心。政府应当坚持公开透明，把真实的情况告诉大家。从法律上讲，这是尊重公众的知情权和监督权，因为公众有权知道真相，并监督政府工作。从执政方式上讲，这是坚持群众路线。政府不仅要相信自己，更要相信群众、依靠群众。如果认为只靠政府工作就能解决问题，而不愿意组织和依靠群众，就会离人民群众越来越远。"高强说。

"一旦有了人民群众广泛的参与和支持，再大的难关也能攻克。"

2003年4月24日，全国防治非典型肺炎指挥部成立，这是抗击非典的一个重要转折点。在党中央、国务院的坚强领导下，一场抗击非典的人民战争波澜壮阔地展开。

5月初，高强陪同国务院领导到北京郊区农村考察，车队刚到村口，就被农民拦住了。农民说，汽车不能进村，只允许少数几个人登记后才能进入。

（下转第二十版）

温家宝赴外交学院为周恩来同志和陈毅同志铜像揭幕并向师生们发表讲话

本报北京9月10日电 （记者**吴乐珺**）国务院总理温家宝10日来到位于北京市昌平区的外交学院新校区，出席周恩来同志和陈毅同志铜像揭幕仪式。

1955年周恩来倡议成立外交学院并亲自题写校牌，陈毅担任外交部长期间长期兼任学院院长。57年来，外交学院培养了包括近300位大使在内的大批外交人才，被誉为"中国外交官的摇篮"。

铜像高4.5米，以1964年周恩来、陈毅一起出访南亚时所拍摄的照片为原型设计。

温家宝为铜像揭幕，全场高唱国歌，学生们深情朗诵了自己创作的配乐诗歌《永远的怀念》，表达对老一辈革命家、外交家的深切缅怀和投身外交事业、报效祖国的坚定志向。

温家宝在礼堂向师生们发表讲话。温家宝说，旧中国饱受屈辱，山河破碎，弱国无外交。中国政府和人民比任何人都珍惜来之不易的国家主权和民族尊严，即使在极其艰难困苦的情况下，也是铮铮铁骨。钓鱼岛是中国固有领土，在主权和领土问题上，中国政府和人民绝不会退让半步。

温家宝说，中国走互利共赢的道路顺应了全球化的时代潮流，也是应对国际金融危机等挑战的唯一正确选择。近年来，我们倡议和推动了一系列重大合作举措，取得显著成效，为中国经济发展拓展了广阔空间，也为促进世界经济复苏和增长作出了贡献。

温家宝指出，当前，国际热点问题成因更加复杂，变化更加快速，影响面更广。中国坚持独立自主的和平外交政策，根据事情的是非曲直独立作出判断，不与任何国家或国家集团结盟，积极参与国际安全合作，切实维护国家利益和世界人民福祉。

温家宝说，作为最大的发展中国家，中国全面推进可持续发展的实践是人类历史上的创举，影响广泛而深远。我们将加强与世界各国的交流互鉴与合作，为推动全球可持续发展做出不懈努力。

温家宝强调，我们要积极、主动、客观地向世界介绍中国，吸收借鉴人类一切优秀文明成果，尊重和维护文明多样性，扩大同各国的友好交往，增进相互理解。

温家宝寄语外交学院要有一流师资、一流学科、一流理念，将一流人才输送给祖国外交事业。全体师生要保持和发扬优良传统，向新的更高目标不懈努力。

温家宝最后说，毛泽东、周恩来、陈毅等老一辈革命家缔造了人民共和国，结束了近代中国一百多年屈辱的历史，也奠定了新中国外交的基础。

（下转第二版）

贾庆林会见厄瓜多尔客人

新华社北京9月10日电 （记者**徐松**）全国政协主席贾庆林10日下午在人民大会堂会见了厄瓜多尔国民代表大会第二副议长巴拉莱索。

贾庆林说，中厄虽然远隔重洋，但两国人民的友好交往源远流长。近年来，在双方共同努力下，两国关系呈现快速发展的良好势头，两国在国际和地区事务中保持良好沟通与配合。中方赞赏并感谢厄方在台湾、涉藏、人权等问题上给予的理解和支持。

贾庆林指出，厄瓜多尔是拉美重要国家，在国际和地区事务中发挥着重要影响。近年来，厄政府和人民积极探索符合本国国情的发展道路，在发展国民经济、促进社会公正、提高人民生活水平等方面取得显著成就。中厄同为发展中国家，都致力于发展经济和改善民生，深化两国互利友好合作符合两国和两国人民的根本利益。中方高度重视发展同厄瓜多尔的关系，愿与厄方携手努力，不断提升两国各领域合作水平，共同开创中厄关系的美好未来。

贾庆林表示，中国全国政协愿同厄国民代表大会开展多层次、多形式的交往与合作，共同为推动中厄友好关系全面发展作出新贡献。

巴拉莱索说，厄瓜多尔高度重视发展与中国的友好关系，十分钦佩中国经济建设取得的辉煌成就，希望学习和借鉴中国的发展经验。她表示，厄方愿与中方共同努力，深化各领域的务实合作。厄瓜多尔国民代表大会将进一步加强与中国全国政协的交流与合作，积极推动厄中关系不断向前发展。

中华人民共和国外交部声明

2012年9月10日，日本政府不顾中方一再严正交涉，宣布"购买"钓鱼岛及其附属的南小岛和北小岛，实施所谓"国有化"。这是对中国领土主权的严重侵犯，是对13亿中国人民感情的严重伤害，是对历史事实和国际法理的严重践踏。中国政府和人民对此表示坚决反对和强烈抗议。

钓鱼岛及其附属岛屿自古以来就是中国的神圣领土，有史为凭、有法为据。钓鱼岛等岛屿是中国人最早发现、命名和利用的，中国渔民历来在这些岛屿及其附近海域从事生产活动。早在明朝，钓鱼岛等岛屿就已经纳入中国海防管辖范围，是中国台湾的附属岛屿。钓鱼岛从来就不是什么"无主地"，中国是钓鱼岛等岛屿无可争辩的主人。

1895年，日本在甲午战争末期，趁清政府败局已定，非法窃取钓鱼岛及其附属岛屿。随后，日本强迫清政府签订不平等的《马关条约》，割让"台湾全岛及所有附属各岛屿"。第二次世界大战结束后，根据《开罗宣言》和《波茨坦公告》，中国收回日本侵占的台湾、澎湖列岛等领土，钓鱼岛及其附属岛屿在国际法上业已回归中国。历史不容翻案。日本在钓鱼岛问题上的立场，是对世界反法西斯战争胜利成果的公然否定，是对战后国际秩序的严重挑战。

1951年，日本同美国等国家签订片面的"旧金山和约"，将琉球群岛(即现在的冲绳)交由美国管理。1953年，美国琉球民政府擅自扩大管辖范围，将中国领土钓鱼岛及其附属岛屿裹挟其中。1971年，日、美两国在"归还冲绳协定"中又擅自把钓鱼岛等岛屿列入"归还区域"。中国政府对日、美这种私相授受中国领土的做法从一开始就坚决反对，不予承认。日本政府所谓钓鱼岛是日本的固有领土，日中之间不存在需要解决的领土争端，完全是罔顾史实和法理，是完全站不住脚的。

1972年中日邦交正常化和1978年缔结和平友好条约谈判过程中，两国老一辈领导人着眼大局，就"钓鱼岛问题放一放，留待以后解决"达成重要谅解和共识。中日邦交正常化的大门由此开启，中日关系才有了40年的巨大发展，东亚地区才有了40年的稳定与安宁。如果日本当局对两国当年的共识矢口否认、一笔勾销，那么钓鱼岛局势还如何能保持稳定？中日关系今后还如何能顺利发展？日本还如何能取信于邻国和世人？

近年来，日本政府在钓鱼岛问题上不断挑起事端，特别是今年以来姑息纵容右翼势力掀起"购岛"风波，以为自己出面"购岛"铺路搭桥。人们有理由认为，日方在钓鱼岛问题上的所作所为绝不是偶然的，它所反映出来的政治趋向是很值得警惕的。我们不禁要问，日本到底要向何处去？日本未来走向能让人放心吗？

中国政府始终重视发展中日关系。中日两国和两国人民只能友好相处，不能彼此作对。推进中日战略互惠关系符合两国和两国人民的根本利益，有利于维护本地区和平、稳定与发展大局。但是中日关系的健康稳定发展需要日方同中方相向而行、共同努力。日本政府的"购岛"行为是同维护中日关系大局背道而驰的。

中国政府严正声明，日本政府的所谓"购岛"完全是非法的、无效的，丝毫改变不了日本侵占中国领土的历史事实，丝毫改变不了中国对钓鱼岛及其附属岛屿的领土主权。中华民族任人欺凌的时代已经一去不复返了。中国政府不会坐视领土主权受到侵犯。中方强烈敦促日方立即停止一切损害中国领土主权的行为，不折不扣地回到双方达成的共识和谅解上来，回到谈判解决争议的轨道上来。如果日方一意孤行，由此造成的一切严重后果只能由日方承担。

（新华社北京9月10日电）

中华人民共和国政府关于钓鱼岛及其附属岛屿领海基线的声明

（二〇一二年九月十日）

中华人民共和国政府根据一九九二年二月二十五日《中华人民共和国领海及毗连区法》，宣布中华人民共和国钓鱼岛及其附属岛屿的领海基线。

一、钓鱼岛、黄尾屿、南小岛、北小岛、南屿、北屿、飞屿的领海基线为下列各相邻基点之间的直线连线：

1、钓鱼岛1　北纬25°44.1′　东经123°27.5′
2、钓鱼岛2　北纬25°44.2′　东经123°27.4′
3、钓鱼岛3　北纬25°44.4′　东经123°27.4′
4、钓鱼岛4　北纬25°44.7′　东经123°27.5′
5、海豚岛　北纬25°55.8′　东经123°40.7′
6、下虎牙岛　北纬25°55.8′　东经123°41.1′
7、海星岛　北纬25°55.6′　东经123°41.3′
8、黄尾屿　北纬25°55.4′　东经123°41.4′
9、海龟岛　北纬25°55.3′　东经123°41.4′
10、长龙岛　北纬25°43.2′　东经123°33.4′
11、南小岛　北纬25°43.2′　东经123°33.2′
12、鲳鱼岛　北纬25°44.0′　东经123°27.6′
1、钓鱼岛1　北纬25°44.1′　东经123°27.5′

二、赤尾屿的领海基线为下列各相邻基点之间的直线连线：

1、赤尾屿　北纬25°55.3′　东经124°33.7′
2、望赤岛　北纬25°55.2′　东经124°33.2′
3、小赤尾岛　北纬25°55.3′　东经124°33.3′
4、赤背北岛　北纬25°55.5′　东经124°33.5′
5、赤背东岛　北纬25°55.5′　东经124°33.7′
1、赤尾屿　北纬25°55.3′　东经124°33.7′

（新华社北京9月10日电）

外交部长杨洁篪召见日本驻华大使提出强烈抗议

国纪平文章：中国钓鱼岛岂容他人肆意"买卖"

一、钓鱼岛自古是中国的固有领土
二、日本窃取中国钓鱼岛非法无效
三、中国为维护钓鱼岛主权对日本开展了坚决斗争
四、日本觊觎钓鱼岛的任何图谋终将失败

（第三版）

外交部就日本“购岛”发表声明

人民日报 2012年9月11日 第1版

2012年9月10日，日本政府不顾中方严正交涉与强烈反对，执意宣布“购买”钓鱼岛及其附属的南小岛和北小岛，实施所谓“国有化”。

对此，外交部发表严正声明指出，日本所谓的“购岛”是对中国领土主权的严重侵犯，是对13亿中国人民感情的严重伤害，是对历史事实和国际法理的严重践踏。中国政府和人民对此表示坚决反对和强烈抗议。中国是钓鱼岛等岛屿无可争辩的主人。日本政府的所谓“购岛”完全是非法的、无效的，丝毫改变不了日本侵占中国领土的历史事实，丝毫改变不了中国对钓鱼岛及其附属岛屿的领土主权。中方强烈敦促日方立即停止一切损害中国领土主权的行为，不折不扣地回到双方达成的共识和谅解上来，回到谈判解决争议的轨道上来。如果日方一意孤行，由此造成的一切严重后果只能由日方承担。

来源：国家图书馆

人民日報
RENMIN RIBAO
人民网 网址：http://www.people.com.cn 手机：http://wap.people.com.cn
2012年9月
11
星期二
壬辰年七月廿六
人民日报社出版
国内统一连续出版物号 CN 11-0065
第23439期（代号1-1）
今日24版

吴邦国与伊朗议长举行会谈

9月10日，正在伊朗进行正式友好访问的全国人大常委会委员长吴邦国在议会大厦与伊朗议长拉里贾尼举行会谈。

新华社记者 刘卫兵摄

本报德黑兰9月10日电 （记者**李伟红**）正在伊朗进行正式友好访问的中国全国人大常委会委员长吴邦国当地时间10日上午在议会大厦与伊朗议长拉里贾尼举行会谈，双方就两国关系、议会交往以及共同关心的问题深入交换意见，达成广泛共识。

拉里贾尼热烈欢迎吴邦国委员长访伊，表示他本人和伊朗议会对此访高度重视，认为这不仅对加强两国议会交往具有十分重要的意义，而且必将对推动伊中关系全面发展注入新的动力。

吴邦国说，中伊建交40多年来，在双方共同努力下，两国各领域友好合作发展顺利，特别是近些年高层往来频繁，政治互信不断加深。中方尊重伊朗人民根据本国国情选择的发展道路和内外政策，伊方坚定奉行一个中国政策，在台湾、涉藏、涉疆等问题上给予中方宝贵支持。经贸合作成果显著，在能源、金融、基础设施建设等领域的合作取得积极进展，中国是伊朗最大的贸易伙伴，伊朗成为中国在中东地区第二大贸易伙伴。在教育、旅游、司法、环保等领域的合作日趋活跃，在国际和地区事务中保持良好沟通与配合。中伊关系的发展，不仅给两国和两国人民带来实实在在的利益，也为促进地区和平、稳定与发展作出积极贡献。吴邦国强调，在和平共处五项原则基础上发展与伊互利友好合作，是中国独立自主和平外交政策的重要内容，不会因国际和地区形势的变化而变化。我此次访问的目的，就是推动落实今年6月两国元首达成的新的重要共识，同伊方一道，进一步扩大两国政府、议会、政党及地方间的友好交往，密切在联合国、上海合作组织等多边框架内的沟通与配合，积极探讨务实合作的新模式新途径，重点推进现有合作项目早见成效，巩固和发展人文领域交流合作成果，推动中伊关系健康稳定向前发展。

（下转第三版）

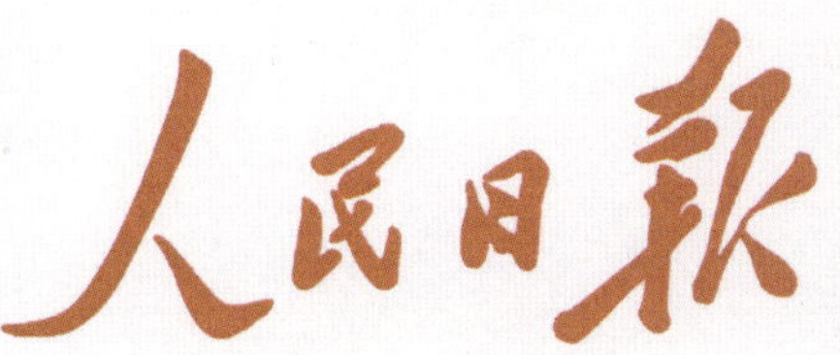

开栏的话 回眸十年，中国走过了不平凡的道路，跃上了发展新高点。一幅幅图景、一项项工程、一组组数据，展示着十年的辉煌，讲述着十年的艰辛。最可宝贵的是亿万人民的创造活力，是坚定不移的道路，是与时俱进的创新，是风雨中的沉着奋进，是平凡中的默默坚守。十年岁月，一起走过；十年辉煌，共同造就。本报从今天起推出"十年回眸·重大事件亲历"系列报道，从重大事件亲历者的视角出发，讲述事件背后鲜为人知的故事，分析事件对改革发展产生的影响，揭示其中的原因和规律。在寻找曾经感动过我们的记忆中，凝聚起创造未来的力量。

抗击非典 人民利益高于一切

本报记者 白剑峰

2003年春天，非典疫情突如其来，严重威胁着人民群众的生命健康，考验着党和政府应对重大突发事件的能力。

十年之后再回首，非典已逝，记忆犹新。一个民族在灾难中失去的，必将在民族的进步中获得补偿。抗击非典，经历了哪些关键节点？积累了哪些经验教训？留下了哪些精神财富？近日，记者采访了时任卫生部党组书记兼常务副部长、现任全国人大财经委员会副主任委员高强。

"不怕记者提问题，就怕记者提不出问题。越是尖锐的问题，人民群众越关心。只要坦诚地回答，就会取得大家的信任，效果反而更好。"

2003年4月20日下午3点，国务院新闻办举行关于非典疫情的新闻发布会。一张陌生的面孔，意外地出现在中外记者面前。他，就是高强。

当天上午，高强刚刚被任命为卫生部党组书记、常务副部长。此前，他的身份是国务院副秘书长。即将面对中外记者，高强感到压力很大。行前，高强向国务院领导请示新闻发布会"口径"。国务院领导明确"授意"：坚持公开透明的原则，承认工作中的不足，敢于承担责任，给群众以信心，显示政府的决心。

高强回忆道："国务院领导告诉我，新闻发布稿是经过审定的，按此发布。至于回答记者的问题，可以自由发挥。"

在新闻发布会上，高强说："5天以前，卫生部公布北京确诊病人是37人，现在是339人，增加了302人。但这302人绝不是在这5天内出现的病人，而可能是10天以前、20天以前已经发病了，住在某一个医院里，但是并没有发现。现在把过去没有发现的病例找出来，如实地向大家报告，这是中国疫情统计制度的一个进步。"

此前，外国媒体报道，中国政府公布的非典疫情数字远远少于实际，是在故意隐瞒疫情。高强认为，政府并没有故意隐瞒疫情，而是由于北京的医疗机构分属地方、部委和军队等不同的系统，信息渠道不畅，非典疫情暴发之初，没有一个部门能够掌握全面的情况。

同时，他还告诉中外媒体记者："在北京是不是安全，由大家自己来判断。"这一说法，和此前"北京是安全的"的调子明显不一致。

当主持人宣布新闻发布会结束时，高强感到意犹未尽，破例允许记者再提几个问题。

高强说："不怕记者提问题，就怕记者提不出问题。越是尖锐的问题，人民群众越关心。只要坦诚地回答，就会取得大家的信任，效果反而更好。"

"当时，我不能说北京是安全的，因为老百姓对是非曲直是有判断力的。世界卫生组织已经宣布北京是疫区，还能说是安全的吗？我们越说安全，老百姓就越感到不安全。我如实地告诉疫情的严重性，同时把政府采取的措施说清楚，人民群众才会有信心。"高强说。

高强回忆，4月20日下午两点多，他在前往国务院新闻办的路上，北京市还在向他报告最新变化的疫情数字。从第二天起，原来五天公布一次疫情的惯例，改为每天公布一次。

"当重大突发公共事件发生时，人民群众希望及时了解真实情况，体现了对国家的关心。政府应当坚持公开透明，把真实的情况告诉大家。从法律上讲，这是尊重公众的知情权和监督权，因为公众有权知道真相，并监督政府工作。从执政方式上讲，这是坚持群众路线。政府不仅要相信自己，更要相信群众、依靠群众。如果认为只靠政府工作就能解决问题，而不愿意组织和依靠群众，就会离人民群众越来越远。"高强说。

"一旦有了人民群众广泛的参与和支持，再大的难关也能攻克。"

2003年4月24日，全国防治非典型肺炎指挥部成立，这是抗击非典的一个重要转折点。在党中央、国务院的坚强领导下，一场抗击非典的人民战争波澜壮阔地展开。

5月初，高强陪同国务院领导到北京郊区农村考察，车队刚到村口，就被农民拦住了。农民说，汽车不能进村，只允许少数几个人登记后才能进入。

（下转第二十版）

温家宝赴外交学院为周恩来同志和陈毅同志铜像揭幕并向师生们发表讲话

本报北京9月10日电 （记者**吴乐珺**）国务院总理温家宝10日来到位于北京市昌平区的外交学院新校区，出席周恩来同志和陈毅同志铜像揭幕仪式。

1955年周恩来倡议成立外交学院并亲自题写校牌，陈毅担任外交部长期间长期兼任学院院长。57年来，外交学院培养了包括近300位大使在内的大批外交人才，被誉为"中国外交官的摇篮"。

铜像高4.5米，以1964年周恩来、陈毅一起出访南亚时所拍摄的照片为原型设计。

温家宝为铜像揭幕，全场高唱国歌，学生们深情朗诵了自己创作的配乐诗歌《永远的怀念》，表达对老一辈革命家、外交家的深切缅怀和投身外交事业、报效祖国的坚定志向。

温家宝在礼堂向师生们发表讲话。温家宝说，旧中国饱受屈辱，山河破碎，弱国无外交。中国政府和人民比任何人都珍惜来之不易的国家主权和民族尊严，即使在极其艰难困苦的情况下，也是铮铮铁骨。钓鱼岛是中国固有领土，在主权和领土问题上，中国政府和人民绝不会退让半步。

温家宝说，中国走互利共赢的道路顺应了全球化的时代潮流，也是应对国际金融危机等挑战的唯一正确选择。近年来，我们倡议和推动了一系列重大合作举措，取得显著成效，为中国经济发展拓展了广阔空间，也为促进世界经济复苏和增长作出了贡献。

温家宝指出，当前，国际热点问题成因更加复杂，变化更加快速，影响面更广。中国坚持独立自主的和平外交政策，根据事情的是非曲直独立作出判断，不与任何国家或国家集团结盟，积极参与国际安全合作，切实维护国家利益和世界人民福祉。

温家宝说，作为最大的发展中国家，中国全面推进可持续发展的实践是人类历史上的创举，影响广泛而深远。我们将加强与世界各国的交流互鉴与合作，为推动全球可持续发展做出不懈努力。

温家宝强调，我们要积极、主动、客观地向世界介绍中国，吸收借鉴人类一切优秀文明成果，尊重和维护文明多样性，扩大同各国的友好交往，增进相互理解。

温家宝寄语外交学院要有一流师资、一流学科、一流理念，将一流人才输送给祖国外交事业，全体师生要保持和发扬优良传统，向新的更高目标不懈努力。

温家宝最后说，毛泽东、周恩来、陈毅等老一辈革命家缔造了人民共和国，结束了近代中国一百多年屈辱的历史，也奠定了新中国外交的基础。

（下转第二版）

贾庆林会见厄瓜多尔客人

新华社北京9月10日电 （记者**徐松**）全国政协主席贾庆林10日下午在人民大会堂会见了厄瓜多尔国民代表大会第二副议长巴拉莱索。

贾庆林说，中厄虽然远隔重洋，但两国人民的友好交往源远流长。近年来，在双方共同努力下，两国关系呈现快速发展的良好势头，两国在国际和地区事务中保持良好沟通与配合。中方赞赏并感谢厄方在台湾、涉藏、人权等问题上给予的理解和支持。

贾庆林指出，厄瓜多尔是拉美重要国家，在国际和地区事务中发挥着重要影响。近年来，厄政府和人民积极探索符合本国国情的发展道路，在发展国民经济、促进社会公正、提高人民生活水平等方面取得显著成就。中厄同为发展中国家，都致力于发展经济和改善民生，深化两国互利友好合作符合两国和两国人民的根本利益。中方高度重视发展同厄瓜多尔的关系，愿与厄方携手努力，不断提升两国各领域合作水平，共同开创中厄关系的美好未来。

贾庆林表示，中国全国政协愿同厄国民代表大会开展多层次、多形式的交往与合作，共同为推动中厄友好关系全面发展作出新贡献。

巴拉莱索说，厄瓜多尔高度重视发展与中国的友好关系，十分钦佩中国经济建设取得的辉煌成就，希望学习和借鉴中国的发展经验。她表示，厄方愿与中方共同努力，深化各领域的务实合作。厄瓜多尔国民代表大会将进一步加强与中国全国政协的交流与合作，积极推动厄中关系不断向前发展。

中华人民共和国外交部声明

2012年9月10日，日本政府不顾中方一再严正交涉，宣布"购买"钓鱼岛及其附属的南小岛和北小岛，实施所谓"国有化"。这是对中国领土主权的严重侵犯，是对13亿中国人民感情的严重伤害，是对历史事实和国际法理的严重践踏。中国政府和人民对此表示坚决反对和强烈抗议。

钓鱼岛及其附属岛屿自古以来就是中国的神圣领土，有史为凭、有法为据。钓鱼岛等岛屿是中国人最早发现、命名和利用的，中国渔民历来在这些岛屿及其附近海域从事生产活动。早在明朝，钓鱼岛等岛屿就已经纳入中国海防管辖范围，是中国台湾的附属岛屿。钓鱼岛从来就不是什么"无主地"，中国是钓鱼岛等岛屿无可争辩的主人。

1895年，日本在甲午战争末期，趁清政府败局已定，非法窃取钓鱼岛及其附属岛屿。随后，日本强迫清政府签订不平等的《马关条约》，割让"台湾全岛及所有附属各岛屿"。第二次世界大战结束后，根据《开罗宣言》和《波茨坦公告》，中国收回日本侵占的台湾、澎湖列岛等领土，钓鱼岛及其附属岛屿在国际法上业已回归中国。历史不容翻案。日本在钓鱼岛问题上的立场，是对世界反法西斯战争胜利成果的公然否定，是对战后国际秩序的严重挑战。

1951年，日本同美国等国家签订片面的"旧金山和约"，将琉球群岛（即现在的冲绳）交由美国管理。1953年，美国琉球民政府擅自扩大管辖范围，将中国领土钓鱼岛及其附属岛屿裹挟其中。1971年，日、美两国在"归还冲绳协定"中又擅自把钓鱼岛等岛屿列入"归还区域"。中国政府对日、美这种私相授受中国领土的做法从一开始就坚决反对，不予承认。日本政府所谓钓鱼岛是日本的固有领土，日中之间不存在需要解决的领土争端，完全是罔顾史实和法理，是完全站不住脚的。

1972年中日邦交正常化和1978年缔结和平友好条约谈判过程中，两国老一辈领导人着眼大局，就"钓鱼岛问题放一放，留待以后解决"达成重要谅解和共识。中日邦交正常化的大门由此开启，中日关系才有了40年的巨大发展，东亚地区才有了40年的稳定与安宁。如果日本当局对两国当年的共识矢口否认，一笔勾销，那么钓鱼岛局势还如何能保持稳定？中日关系今后还如何能顺利发展？日本还如何能取信于邻国和世人？

近年来，日本政府在钓鱼岛问题上不断挑起事端，特别是今年以来姑息纵容右翼势力掀起"购岛"风波，以为自己出面"购岛"铺路搭桥。人们有理由认为，日方在钓鱼岛问题上的所作所为绝不是偶然的，它所反映出来的政治趋向是很值得警惕的。我们不禁要问，日本到底要向何处去？日本未来走向能让人放心吗？

中国政府始终重视发展中日关系。中日两国和两国人民只能友好相处，不能彼此作对。推进中日战略互惠关系符合两国和两国人民的根本利益，有利于维护本地区和平、稳定与发展大局。但是中日关系的健康稳定发展需要日方同中方相向而行、共同努力。日本政府的"购岛"行为是同维护中日关系大局背道而驰的。

中国政府严正声明，日本政府的所谓"购岛"完全是非法的、无效的，丝毫改变不了日本侵占中国领土的历史事实，丝毫改变不了中国对钓鱼岛及其附属岛屿的领土主权。中华民族任人欺凌的时代已经一去不复返了。中国政府不会坐视领土主权受到侵犯。中方强烈敦促日方立即停止一切损害中国领土主权的行为，不折不扣地回到双方达成的共识和谅解上来，回到谈判解决争议的轨道上来。如果日方一意孤行，由此造成的一切严重后果只能由日方承担。

（新华社北京9月10日电）

中华人民共和国政府关于钓鱼岛及其附属岛屿领海基线的声明

（二〇一二年九月十日）

中华人民共和国政府根据一九九二年二月二十五日《中华人民共和国领海及毗连区法》，宣布中华人民共和国钓鱼岛及其附属岛屿的领海基线。

一、钓鱼岛、黄尾屿、南小岛、北小岛、南屿、北屿、飞屿的领海基线为下列各相邻基点之间的直线连线：

1、钓鱼岛1　北纬25°44.1′　东经123°27.5′
2、钓鱼岛2　北纬25°44.2′　东经123°27.4′
3、钓鱼岛3　北纬25°44.4′　东经123°27.4′
4、钓鱼岛4　北纬25°44.7′　东经123°27.5′
5、海豚岛　北纬25°55.8′　东经123°40.7′
6、下虎牙岛　北纬25°55.8′　东经123°41.1′
7、海星岛　北纬25°55.6′　东经123°41.3′
8、黄尾屿　北纬25°55.4′　东经123°41.4′
9、海龟岛　北纬25°55.3′　东经123°41.4′
10、长龙岛　北纬25°43.2′　东经123°33.4′
11、南小岛　北纬25°43.2′　东经123°33.2′
12、鲳鱼岛　北纬25°44.0′　东经123°27.6′
1、钓鱼岛1　北纬25°44.1′　东经123°27.5′

二、赤尾屿的领海基线为下列各相邻基点之间的直线连线：

1、赤尾屿　北纬25°55.3′　东经124°33.7′
2、望赤岛　北纬25°55.2′　东经124°33.2′
3、小赤尾岛　北纬25°55.3′　东经124°33.3′
4、赤背北岛　北纬25°55.5′　东经124°33.5′
5、赤背东岛　北纬25°55.5′　东经124°33.7′
1、赤尾屿　北纬25°55.3′　东经124°33.7′

（新华社北京9月10日电）

外交部长杨洁篪召见日本驻华大使提出强烈抗议

国纪平文章：中国钓鱼岛岂容他人肆意"买卖"

一、钓鱼岛自古是中国的固有领土
二、日本窃取中国钓鱼岛非法无效
三、中国为维护钓鱼岛主权对日本开展了坚决斗争
四、日本觊觎钓鱼岛的任何图谋终将失败

（第三版）

李克强会见巴新总理时表示日“购岛合同”损害中国领土主权

人民日报 2012年9月12日 第3版

2012年9月11日，李克强同志在银川会见来华出席宁洽会暨第三届中阿经贸论坛的巴布亚新几内亚总理奥尼尔（Peter O'Neill）时表示，日本政府和所谓钓鱼岛“岛主”签订“购岛”合同，此举严重损害中国领土主权。中方已向日方提出了严正交涉和强烈抗议。钓鱼岛及其附属岛屿自古以来就是中国的固有领土，中国对此拥有无可争辩的主权，中国捍卫国家主权和领土完整的决心和意志是坚定不移的，我们将坚决维护对钓鱼岛的主权。

来源：国家图书馆

人民日报　要　闻　2012年9月12日 星期三　3

李克强会见密克罗尼西亚联邦总统莫里

本报银川9月11日电 （记者**吴乐珺、朱磊**）国务院副总理李克强11日在宁夏银川会见来华出席宁洽会暨第三届中阿经贸论坛的密克罗尼西亚联邦总统莫里。

李克强首先转达了胡锦涛主席对莫里总统的亲切问候和良好祝愿。李克强说，今天适逢中密建交23周年纪念日。中方始终从战略高度看待中密关系，视密克罗尼西亚为太平洋岛国地区的好朋友、好伙伴，愿与密方一道，加强全方位合作，保持高层交往和接触，不断深化政治互信，在涉及核心利益和重大关切问题上相互支持，在国际和地区事务中加强协调与配合。

李克强指出，政治互信是两国关系的基石，务实合作是两国关系的支柱。中密都是发展中国家，应发挥经济互补优势，拓展务实合作，扎实推进合作项目，增进两国民间交流和人员往来，切实造福两国人民。

莫里就云南彝良地震向中国政府和人民表示诚挚慰问。莫里表示，密中建交23年来，中国现代化建设不断取得新成就，密方感谢中国政府长期以来给予的支持，将继续坚定奉行一个中国政策，愿意进一步加强和深化两国双边关系。

李克强会见巴布亚新几内亚总理奥尼尔

本报银川9月11日电 （记者**吴乐珺、朱磊**）国务院副总理李克强11日在银川会见来华出席宁洽会暨第三届中阿经贸论坛的巴布亚新几内亚总理奥尼尔。

李克强首先转达了温家宝总理对奥尼尔总理的诚挚问候。李克强表示，中方高度重视发展中巴新关系，一直将巴新视为真诚可靠的好朋友、好伙伴。近年来，中巴新经贸等各领域关系继续呈现良好发展势头，双方经济互补性强，中方愿在农业、能源资源、基础设施等领域与巴新加强合作，实现共赢。中巴新同为亚太地区发展中国家，在国际和地区问题上保持着良好的协调与合作，都致力于维护亚太地区和平、稳定与繁荣。

李克强强调，今天上午，日本政府和所谓钓鱼岛“岛主”签订“购岛”合同，此举严重损害中国领土主权。中方已向日方提出了严正交涉和强烈抗议。钓鱼岛及其附属岛屿自古以来就是中国的固有领土，中国对此拥有无可争辩的主权，中国捍卫国家主权和领土完整的决心和意志是坚定不移的，我们将坚决维护对钓鱼岛的主权。二战期间，中国和巴新都曾遭受日本法西斯的入侵。日本在钓鱼岛问题上的立场是对世界反法西斯战争胜利成果的公然否定，是对战后国际秩序的严重挑战。所有爱好和平、主持正义的国家和人民都不会答应。

奥尼尔表示，感谢中国政府长期以来对巴新发展的支持。巴新与中国有着相似的历史遭遇，巴新方理解中国在钓鱼岛问题上的有关立场，认为日方有关做法不能被国际社会接受，国际社会应该共同维护二战后的国际秩序。

李克强会见来华出席宁洽会暨第三届中阿经贸论坛的部分国家政要

本报银川9月11日电 （记者**吴乐珺、朱磊**）国务院副总理李克强11日在宁夏银川会见来华出席宁洽会暨第三届中阿经贸论坛开幕式的泰国副总理春蓬、阿拉伯国家部长代表和来华出席第四届中国阿拉伯友好大会的阿拉伯各国对华友好组织、阿拉伯国家联盟及阿拉伯中国友好协会联合会负责人。

在会见春蓬时，李克强说，中泰是友好近邻，两国关系持续健康稳定发展，两国人民友谊不断加深。中国视泰国为本地区最可信任的合作伙伴之一，愿与泰国保持高层交往，深化经贸合作，拓展人文交流，推动两国全面战略合作伙伴关系不断向前发展，使“中泰一家亲”更加深入人心，也为中国与东盟关系发展发挥引领作用。泰国是东南亚重要国家，在地区事务中发挥着积极作用。李克强阐述了中国政府对钓鱼岛问题的原则立场，表示中国捍卫国家主权和领土完整的决心和意志是不可动摇的。

春蓬说，近年来，泰中两国关系发展顺利，高层交往频繁，人员往来密切，今年中国来泰旅游人数有望突破200万。在钓鱼岛问题上，我对中方立场表示理解。

李克强在会见阿拉伯国家客人时说，中国同阿拉伯国家的友好关系源远流长。早在两千多年前，古老的丝绸之路就将双方人民联系在一起。近年来，中阿关系发展顺利，建立了全面合作、共同发展的战略合作关系。在经贸方面，中阿贸易额近10年来年均增长30%以上，阿拉伯国家成为中国第七大贸易伙伴。双方在文化、教育等领域交流不断取得新的进展。目前，中阿关系迎来了新的机遇，我们愿同阿拉伯国家一道，不断推进中阿战略合作关系，为中阿双方人民造福。相信中阿经贸论坛和中国阿拉伯友好大会将为深化中阿合作、促进共同发展发挥应有的桥梁与纽带作用。

天津总装A320第100架首飞成功

9月11日，经过3个多小时的测试飞行，飞机返回天津滨海国际机场，经过水门。当日，由空中客车A320系列飞机天津总装线总装的第100架飞机顺利完成其首次测试飞行任务。

新华社记者 **刘海峰**摄

日本应停止玩火

钟 声

和平发展是中国战略抉择，但捍卫领土主权和追求和平发展从来不是二选一的问题

9月11日，中国海监船抵达固有领土钓鱼岛外围海域，海监部门已制定相关行动计划，将视情展开维权行动。依据10日中国政府宣布的钓鱼岛及其附属岛屿领海基线，从11日起，中国气象局和国家海洋局正式发布钓鱼岛天气预报和海洋环境预报。这一切都明确无误地表明，中国政府维护领土和国家主权的意志是坚定不移的。

日本政府非法“购买”钓鱼岛及其附属的南小岛和北小岛，极大地伤害了13亿中国人民的感情。一段时间以来，面对中国政府和中国人民的强烈抗议，日本非但没有悬崖勒马，反而是在错误的道路上越走越远。11日上午，日本政府与所谓的“所有者”签订“购岛”合同。日本政府高级官员不断抛出奇谈怪论为自己壮胆：“购岛”是为了“平稳安定管理”、“购岛”只是“日本领土某一部分土地的所有权从一个（私人）所有者转给了国家，不应该引发与其他国家的矛盾”。这种所谓钓鱼岛是日本固有领土、中日之间不存在领土争端的言论，完全是罔顾史实和法理，既违背两国老一辈领导人就钓鱼岛问题达成的共识，也是对中国政府和人民维护国家领土主权的意志和行动力的误判，更是对世界反法西斯战争胜利成果和战后国际秩序的公然挑战。名为“购岛”，实为偷窃中国领土，这种卑劣行径暴露出日本的阴险图谋。

日本一面侵犯中国领土主权，一面竟大言不惭地对外宣称“不希望钓鱼岛问题影响中日关系的大局”。这种故作姿态的两面派做法，欺骗不了任何人。

国之相交，重在守信。日本背信弃义，岂能凭几句糊弄人的话，就推卸其严重破坏中日关系发展大局的责任？就连日本一些人也看得很清楚，解决钓鱼岛问题，日本需首先放弃“不存在争议”的主张。日本TBS电视台日前的报道指出，如果日本各派政治人士不在钓鱼岛问题上“弯腰”，中日关系改善只能是“梦话”。

日本政府必须明白，和平发展是中国战略抉择，但捍卫领土主权和追求和平发展从来不是二选一的问题。中华民族任人欺凌的时代已经一去不复返。日本不应该忘记，半个多世纪以前其发动的侵略中国战争最终使其沦为战败国的严重后果。基于同中国交往的历史，日本理应对中华民族热爱和平但从不屈服的坚强意志有深刻的认识，理应知晓“来而不往非礼也”的多重含义。

中国正密切关注事态发展，保留采取相应措施的权利。日本若一意孤行，继续在钓鱼岛问题上玩火，必将为由此产生的严重后果承担一切责任。

International Tribune
电子信箱：gjpl@pd.people.com.cn

日本政府已非法与所谓的钓鱼岛“所有者”签订“购岛”合同

本报东京9月11日电 （记者**刘军国**）据日本放送协会报道，日本政府11日上午已经与所谓的钓鱼岛“所有者”签订“购岛”合同，将中国的钓鱼岛及其附属的南小岛和北小岛等3座岛屿“收归国有”。

日本内阁官房长官藤村修在当天上午的记者会上宣布，日本政府已在当天早些时候的内阁会议上决定，从2012年度预算的预备金中拨出20.5亿日元（约合人民币1.66亿元）用于“购岛”。官房长官藤村修在记者会上强调，日本政府目前尚无在岛上修建渔船避难港和灯塔等设施的打算，将钓鱼岛“收归国有”的目的是确保周边海域的航行安全和稳定管理，并称“国有化”只是“民间土地权所有者将其所有权转给政府，是日本的国内问题”。

（上接第二版）在这里，我想郑重地表示，在双边贸易上，中方绝不追求顺差，我们希望多进口美国的产品。坦率地说，因为双方还没有达到真正的互信，美国在高技术产品上仍然限制对中国的出口。我举一个例子，二三十年前我们进口了一批美国的黑鹰直升飞机，那是美国四五十年前的产品，并不是很先进的。在汶川抗震救灾中，我们需要直升飞机，而这些黑鹰直升飞机又缺少零部件。在这种情况下，我们要求美国放宽零部件的出口，仅仅这样一点要求，美方都没有答应。

在最近的美国选战中，民主、共和两党都把不买中国制造的产品，以此来增加美国就业，作为竞选的一个筹码。甚至连美国运动员参加伦敦奥运会穿中国制造的服装都成了重大问题，这使我们感到非常不解。但是中国是保持克制的，我们从来没有要我们的消费者不穿耐克鞋，不买ipad和iphone。但愿这是选战当中一个短暂的事情。

国家需要理性的治理。国与国之间的关系，包括经贸关系也需要理性对待。所谓公平贸易，最重要的是遵守世界公认的准则，那就是世贸组织确定的规则。

至于汇率，也不应该成为问题了，最起码在座的企业家都会清楚地认识到这一点。从2005年7月份汇改到现在，人民币对美元升值达到30%，人民币的实际有效汇率升幅也达到了29.5%。我很高兴看到，前几天美国的一家报纸说，人民币汇率不应该再成为中美贸易的障碍。人民币币值现在基本上是均衡的，近期在香港无本金远期交割市场上，人民币已经出现了贬值的现象。

我们需要的是合作。我在2010年和2011年两次当面向奥巴马总统提出，两国要实行大规模的贸易、投资和金融合作，并且提出了具体的合作方案。我以为，这种合作有利于美国经济尽早复苏和增加就业，也有利于把两国经贸合作提高到一个新的水平，并保持长期稳定和可持续发展。

问：总理先生，2012年对于中国是有着不同寻常意义的一年，中国的城镇化率超过了50%，中国城镇化的进程还在继续向前推进。随着人们生活水平的进一步提高，包括水资源、电力等在内的很多自然资源都面临着更大的压力。请问您怎么看这个问题？中国政府将如何更好地解决城镇化过程中遇到的问题？

温家宝：改革开放30多年来，中国的城镇化率从17.9%提高到现在的51.3%。也就是说，在这个过程中有5亿多农民进城。

工业化、城镇化无疑会带动中国经济的发展。在实现城镇化方面，我们有经验，也有教训。重要的有三点：第一，必须推进体制改革。也就是要消除对农民进城和择业的歧视和限制。第二，在中国这样一个人口众多、发展不平衡的国家里，推进城镇化必须实行大中小城市并举，同时发展小城镇。第三，推进城镇化一定不能忽视农业现代化和农村的建设。因此，我们提出在推进工业化和城镇化的同时，必须同步推进农业现代化，加强现代农村建设。

中国的城镇化和工业化还要继续发展，这也是中国经济发展巨大潜力之所在。但是有几点我们必须高度重视：第一，现在的城镇化应该说是不完全的城镇化。因为有相当多的农民并没有享有与城镇人口平等的待遇，必须解决他们在稳定就业、社会保障、子女入学、住房以及就医等方面的问题。第二，城镇建设必须科学规划，不仅要注重地上高楼大厦，而且要十分重视地下管网的建设。城市建设必须经济与社会发展相协调，不能一条腿长一条腿短。第三，必须重视生态环境保护，节约土地资源。

这里我想多说两句。如果在一二十年前，扩大城市规模，建设一个工厂，当地居民可能是欢迎的。但是现在人们可能要问：这些会给我们带来什么益处？会不会破坏生态环境？会不会侵占农民的耕地？现在社会存在的许多问题以及群体事件，许多与此有关。

在这些问题面前，政府必须树立新的执政理念，并且改革管理方法，要负责地把所有问题向群众讲清楚，坚持公开透明，广泛征求群众的意见。

在中国这样一个农民占人口多数的国家里，必须尊重农民的意愿。农民离乡进城，来去都要自由，自主选择，不能强迫命令。特别需要指出的是，土地依然是农民的财产，是农民最主要的保障。因此，要依法保护农民的土地财产权益。

今年6月，我去里约出席可持续发展大会，在回答欧洲国家一些部长提出的问题时，我说，中国城市的发展，第一，要大力发展公共交通。第二，一定不能形成新的贫民窟。

问：尊敬的总理，上半年，我国中小企业面临的欧美外贸形势依然疲软，融资依然很困难，而用工成本在增加。下一步政府如何出台更好的政策和措施，进一步帮助中国中小企业更好更快成长？

温家宝：中小企业包括微型企业，最能解决就业问题，最具创新能力和发展能力。他们现在面临的最大问题，一是融资难、融资贵，得不到金融有力的支持。二是综合成本高。这里包括工资成本以及相关的“五险一金”，还有生产要素成本。这就使中小企业缺乏竞争力。在这种情况下，国家要对中小企业予以扶持。

当前，最重要的是解决两个问题：一是对中小企业特别是微型企业继续实行结构性减税，减轻企业负担。二是为中小企业的公平竞争创造条件，主要是加大金融支持力度。金融不仅要从融资上给中小企业以保证，而且利息要合理，并且减少中间环节的各项费用。

问：刚才您的演讲已经从事实和论述方面全面和深入地阐述了您对中国经济发展的看法。我的问题是，回顾过去十年中国走过的路，我们非常赞赏您全心全意为中国人民服务、奉献自己一切的精神。我们想听一听，从您个人角度而言，您怎么看过去十年中国经济发展走过的路？您对中国未来发展有什么期许？

温家宝：中国过去十年以至改革开放以来，走过的道路是不平凡的。我们已经取得很大的成绩，但同时我们要看到存在的困难和挑战。其中最大的问题是如何保持经济长期平稳较快发展。还有如何进一步推进结构调整，使创新驱动成为经济发展的主要动力；如何解决收入分配差距过大的问题，真正实现社会的公平正义；如何实现经济转型，改变对资源过度消耗和对环境污染的状况等等，这些都是我们面临的问题。这需要我们继续从体制上推进改革，消除制约转变经济发展方式和结构调整的体制性障碍。一句话，改革开放依然是中国经济和社会发展的动力。这是一条光明的路，我们必须坚持前行，而不能后退半步。

我在方才的讲话中强调，今后相当长的时期内，中国依然处于发展的战略机遇期，这一点不是凭空讲的。如果看一看我们13亿多人口的强大内部需求；看一看我们城乡地区之间还存在着很大的差距；看一看我们实现经济转型还需要推进与生产和民生相关联的基础设施建设，我们的教育、文化、科技等发展还需要大量投入。这一切都反映出中国的发展还有巨大的潜力。我不赞成那种认为经过30年的改革和发展，中国的增长速度已经到尽头的观点。我们之所以调低速度，是为了更好地转方式、调结构。前不久，有一位银行家给我展示了两张照片，一张是国外一个大城市的地铁网络，一张是北京市的地铁网络，一个密如蜘蛛网，一个稀稀疏疏。连首都都是这样，其他城市更是这样。

我刚从云南昭通地震灾区回来。这次地震灾害发生在云贵交界的少数民族地区和贫困地区，那里的居住条件、交通条件以及人们的生活，同东部地区广大城乡还有很大的差距。如果使中国的城乡都得到进一步发展，我们还需要若干十几年，甚至几十年。

中国领导人的头脑是清醒的。无论是实现工业化、城镇化，还是农业现代化，我们都有很长的路要走。进一步改善城乡全体人民的生活，实现社会公平正义，我们面临的任务还十分艰巨。实现绿色增长、包容增长和可持续增长，我们还要付出很大的努力。所有这些都说明中国是有着巨大发展潜力的国家，是有着巨大市场的国家，我们对自己的发展充满信心。

也有人怀疑我们，说在世界经济下行的情况下，中国也挡不住经济下行。虽然中国面临着经济下行的压力，但是我们相信，依靠推进结构调整和转变发展方式，更好地发挥市场配置资源的作用，有力地推动改革开放，我们完全能够把经济稳住。我们坚持实施积极的财政政策和稳健的货币政策，保持政策的连续性和稳定性，加大预调微调的力度。我可以告诉大家，今年我们采取的所有措施都没有超出财政预算的硬约束，也就是说都是在财政预算内进行的。我们之所以把今年的增长速度降低到7.5%，就是为了有利于结构调整和发展方式转变。无论是货币政策还是财政政策，我们都还有充足的空间。即使近两个月财政增速下降，7月底，我们收支相抵，还有1万亿元的余额。历年节余的还有1000多亿元的中央预算稳定调节基金。我们将适时把这些作为预调微调的措施，以推动经济稳定增长。

今年前8个月的中国经济发展与2008年、2009年金融危机时有所不同的是，不是所有的企业、行业都不景气。重化工业比较困难，轻工业相对较好；传统产业比较困难，高新科技和服务业比较好；东部地区比较困难，中西部地区相对较好。还有一点是，民间投资比重在增加，1到8月份超过62%。这就告诉我们两个问题：一方面暴露了我们结构上的问题，需要调整结构，特别是要转变发展方式。另一方面，任何一个国家都难免受到世界经济形势的影响，特别是外需的减少，对外贸企业造成了比较大的困难。要坚定信心，把稳增长放在更加重要的位置，进一步推进结构调整，保障和改善民生。我们一定能够实现今年确定的发展目标，我们有这个信心。

我献身国家已经45年，再有几个月就要退休了。我十分珍惜这次论坛的机会，非常珍惜与各国朋友、各位企业家的会晤。

世界经济论坛之所以选择中国，是因为中国是世界上人口最多的国家，是一个古老国家，又是一个年青国家。说她古老是因为她有悠久的历史和文明，说她年青是因为她正在有活力地改革与发展。面对世界金融危机，各国需要相互信任、相互了解。

我相信夏季达沃斯会越办越好。2007年，夏季达沃斯创办时就把领军者作为主题。什么是领军者？我以为是青年人、科学技术、人才和创新。我完全相信，在中国举办的世界经济论坛能够起到领军者的作用，为推动世界绿色、包容和可持续发展贡献力量。谢谢诸位。

（上接第一版）深刻认识加强和创新社会管理的重要性和紧迫性，牢牢把握最大限度激发社会活力、最大限度增加和谐因素、最大限度减少不和谐因素的总要求，充分发挥人民政协的优势和作用，找准人民政协推动社会建设和管理的着力点和切入点，积极协助党和政府解决影响社会和谐稳定的突出问题，要重点围绕加快推进以改善民生为重点的社会建设、加强基层社会管理服务、加强社会管理制度建设等问题，深入调查研究，多提针对性强、切实可行的对策建议，为建设中国特色社会主义社会管理体系作出新的更大贡献。

在认真听取委员们的发言后，周永康说，近年来，人民政协围绕加强和创新社会管理，发挥自身独特优势，深入开展调查研究，提出了一大批高质量的提案、建议，为提高我国社会管理科学化水平发挥了积极作用。周永康代表中央社会管理综合治理委员会，向各级政协组织和广大政协委员表示衷心的感谢。

周永康指出，中共十六大以来，以胡锦涛同志为总书记的中共中央高度重视社会管理工作，对加强和创新社会管理作出了一系列重大决策部署。中央综治委更名组建以来，认真贯彻中央精神，召开了一系列会议动员部署、专题研究，集中精力进行典型培育、分类指导，提出了一系列政策措施。经过各地各部门和社会各方面共同努力，社会管理工作得到明显加强和改进，重视程度空前提高，管理格局不断健全，综合试点扎实推进，基层基础得到加强，对一些突出问题的专项攻关取得了初步成效，呈现出良好发展态势。

周永康强调，当前，加强和创新社会管理仍处于探索之中，必须付出长期艰苦努力。下一步，我们将围绕全面建成小康社会的总目标，正确认识和把握我国基本国情和人民群众的新期待新要求，正确认识和把握新形势下社会管理的规律特点，以改革创新的精神，加快建设中国特色社会主义社会管理体系，加快完善党委领导、政府负责、社会协同、公众参与的社会管理格局，全面提升社会管理科学化水平，确保人民安居乐业、社会安定有序、国家长治久安。主要工作考虑：一是进一步搞好统筹规划，对社会管理进行系统设计、整体推进；二是进一步保障改善民生，使社会管理成为服务群众、温暖人心、凝聚民心的事业；三是进一步激发社会活力，形成社会管理人人参与、和谐社会人人共享的良好局面；四是进一步创新体制机制，走出一条具有中国特色、时代特点的社会管理之路；五是进一步夯实基层基础，把各项公共服务和社会管理措施落实到城乡社区、基层单位、每家每户；六是进一步加强法治建设，更加善于运用法治思维和法律手段管理社会。

中共中央政治局委员、全国政协副主席王刚，全国政协副主席陈宗兴分别主持会议。

王乐泉、孟建柱、杜青林、白立忱、李兆焯、张梅颖、钱运录、李金华、厉无畏出席会议。18位政协常委、委员和民主党派中央、全国工商联、政协专门委员会的代表作了大会发言，中共中央办公厅、国务院办公厅以及有关部门和单位的负责同志到会听取意见，国务院有关部门负责同志作了协商互动发言。各民主党派中央、全国工商联和无党派人士代表，部分全国政协常委、委员等出席专题协商会。

习近平会见美国防部长 阐述中方在钓鱼岛问题上的严正立场

人民日报 2012 年 9 月 20 日 第 3 版

2012 年 9 月 19 日，习近平同志在人民大会堂会见了来访的美国国防部长莱昂·帕内塔（Leon Panetta）一行。

习近平阐述了中方在钓鱼岛问题上的严正立场。他说，日本国内一些政治势力非但不深刻反省对邻国和亚太国家造成的战争创伤，反而变本加厉、一错再错，演出“购岛”闹剧，公然质疑《开罗宣言》和《波茨坦公告》缺乏国际法效力，激化同邻国的领土争端。国际社会绝不能容许日方企图否定世界反法西斯战争胜利成果，挑战战后国际秩序的行径。日方应该悬崖勒马，停止一切损害中国主权和领土完整的错误言行。希望美方从地区和平稳定大局出发，谨言慎行，不要介入钓鱼岛主权争议，不要做任何可能激化矛盾和令局势更加复杂的事情。

来源：国家图书馆

习近平会见美国国防部长帕内塔

新华社北京9月19日电 （记者**钱彤**）国家副主席、中央军委副主席习近平19日上午在人民大会堂会见了来访的美国国防部长莱昂·帕内塔一行。

习近平说，近年来中美关系取得了重要积极进展，对话、交流与合作达到了新的水平。胡锦涛主席和奥巴马总统就建设中美合作伙伴关系、探索构建新型大国关系达成重要共识，为中美关系长远发展指明了方向。只要我们坚持中美三个联合公报和中美联合声明的精神，以尊重为前提，以平等为基础，以合作为途径，以双赢为目标，这条新型关系之路就能够越走越宽，越走越实，越走越远。

习近平指出，中美两军关系是两国关系的重要组成部分。在双方共同努力下，今年以来中美两军关系保持改善和发展势头。希望两国防务部门继续在“尊重、互信、对等、互惠”的基础上，加强交流，深化合作，消除障碍，增进互信，推动两军关系在建设中美合作伙伴关系的大框架内健康稳定向前发展。

习近平阐述了中方在钓鱼岛问题上的严正立场。习近平说，81年前，日本制造了震惊中外的“九一八事变”。日本军国主义不仅给中华民族造成深重灾难，也给包括美国在内的亚太国家造成巨大创伤。日本国内一些政治势力非但不深刻反省对邻国和亚太国家造成的战争创伤，反而变本加厉、一错再错，演出“购岛”闹剧，公然质疑《开罗宣言》和《波茨坦公告》缺乏国际法效力，激化同邻国的领土争端，等等。国际社会绝不能容许日方企图否定世界反法西斯战争胜利成果，挑战战后国际秩序的行径。日方应该悬崖勒马，停止一切损害中国主权和领土完整的错误言行。希望美方从地区和平稳定大局出发，谨言慎行，不要介入钓鱼岛主权争议，不要做任何可能激化矛盾和令局势更加复杂的事情。

帕内塔说，美国亚太“再平衡”政策的目标是促进地区稳定、和平、繁荣。为实现这一目标，一个至关重要的条件是美国与中国发展建设性的关系。令人高兴的是，美中两国、两军关系近年来取得了重要积极进展。美方希望与中方加强对话，扩大合作，构建强有力的新型大国关系。美中不久前在亚丁湾成功进行了反海盗演习，美方邀请中方参加2014年环太平洋军事演习。美方对近期东海局势表示关切。我认真听取了中方对有关历史因素的介绍，美方对有关领土争端不持立场，呼吁有关方避免采取挑衅行动，通过和平方式解决争端。

双方还就共同关心的国际和地区问题交换了看法。

国务委员兼国防部长梁光烈等会见时在座。

钓鱼岛问题考验美国政治智慧

钟 声

尊重彼此核心利益和重大关切，是确保中美关系稳定顺利发展的重要前提，也是中美共同探索构建新型大国关系的关键所在。在当前形势下，强调这一点尤为重要。

中国明确表示希望美国不要介入钓鱼岛主权争议，不做任何可能激化矛盾和令局势更加复杂的事情。钓鱼岛问题考验美国政治智慧。对美国来说，谨言慎行不仅是维护中美关系健康发展的必要之举，也是对地区和平稳定大局应尽的责任。

美国是二战后亚洲安全格局的主导者，是日本“最紧密的伙伴”，钓鱼岛问题的由来同美国冷战布局相关。面对正在发生的重大格局转换，美国要扮演好自己的角色，需要进一步强化现实感。

钓鱼岛是中国固有领土，在捍卫国家领土主权方面，中国从来不曾让步，也不会同任何人进行无原则的交易。中日关系面临的严峻局面，完全是日本单方面挑起，其核心是日本否认中日双方就钓鱼岛问题达成的共识和谅解。日本不仅对此负有责任，也要承担相应的后果。

美国要和中国探索构建新型大国关系，必须学会在事关中国重大核心利益问题上保持明智，必须清醒认识到《美日安保条约》是冷战的产物，不得损害包括中国在内的第三方的利益。不管是谁，试图在钓鱼岛问题上“拉偏架”，不仅得不到任何好处，反而会偷鸡不成蚀把米。

日本变本加厉、一错再错，演出“购岛”闹剧，公然质疑《开罗宣言》和《波茨坦公告》缺乏国际法效力，企图否定世界反法西斯战争的胜利成果。美国应认清问题的实质所在。二战中，美国是战胜日本的一支重要力量。美国这一历史性贡献受到包括中国在内的亚洲各国人民高度评价和充分尊重。战后，美国承担着“摧毁日本军国主义”的责任。时至今日，日本仍拒绝认真反省发动侵略战争罪责。从这个意义上说，美国在把日本改造成一个正常国家方面是有历史包袱的，甚至可以说不及格。

今天的亚洲与冷战时期完全不同，中国的综合国力显著增加、国际地位大幅提升，这是推动亚洲格局走向均衡的重要因素。美国提出重返亚太战略，期望在亚洲发挥更大作用，只能选择平等参与者、和平发展贡献者的身份。

电子信箱：gjpl@pd.people.com.cn

共

应斐济总理姆拜尼马拉马
国人大常委会委员长吴邦国将
20日至23日对斐济进行正式
问。访问前夕，中国驻斐济大使
接受本报记者采访时表示，吴邦
长即将对斐济进行的正式友好
中斐两国关系发展中的一件大
进两国互信与合作，进一步推动
要伙伴关系的发展具有重要意

黄勇说，斐济是本地区有
响的国家，在国际和地区事务
着积极作用。中国高度重视中
一贯本着相互尊重、互不干涉
原则发展两国关系。近年来，在
同努力下，中斐关系不断取得
高层沟通与接触不断，不同领

勾画

应比利时王国首相迪吕
国务院总理温家宝对比利时进
访问。访问前夕，中国驻比
使廖力强接受本报记者采访
温总理此次访比有着承上启下
开来的特殊重要意义。这是温
三次正式访比。去年，两国一起
祝了中比建交40周年。温总理

五、中国国内海洋立法与维护钓鱼岛主权的措施

中国政府通过海洋立法和积极有效的措施，宣示了钓鱼岛属于中国。1958 年发表《中华人民共和国政府关于领海的声明》，1992 年颁布《中华人民共和国领海及毗连区法》，2009 年颁布《中华人民共和国海岛保护法》。2012 年 3 月公布钓鱼岛及其部分附属岛屿的标准名称，2012 年 9 月公布钓鱼岛及其附属岛屿的领海基线，并向联合国秘书长交存钓鱼岛及其附属岛屿领海基点基线的坐标表和海图。2012 年 9 月 18 日，编制完成《中华人民共和国钓鱼岛及其附属岛屿》专题地图，2012 年 9 月 25 日，发表《钓鱼岛是中国的固有领土》白皮书。这一系列的措施，对增进国际社会和中国民众对钓鱼岛问题的了解和认识，维护钓鱼岛及其附属岛屿的神圣主权具有十分重要的意义。

中华人民共和国政府关于领海的声明
（一九五八年九月四日）

人民日报 1958 年 9 月 5 日 第 1 版

1958 年 9 月 4 日，第一届全国人民代表大会常务委员会第 100 次会议批准通过了《中华人民共和国关于领海的声明》，进一步向全世界阐明了中国政府在领海问题上的态度和立场。《中华人民共和国政府关于领海的声明》规定了我国领海宽度、领海基线、领海通行等问题，并规定其适用范围包括“台湾及其周围各岛、澎湖列岛、东沙群岛、西沙群岛、中沙群岛、南沙群岛以及其他属于中国的岛屿。”而作为台湾附属岛屿的钓鱼岛，亦在适用之列。

来源：国家图书馆

1958年9月 5 星期五

中华人民共和国政府关于领海的声明

我国领海宽度为十二海里(浬)，这项规定适用于我国的一切领土

台灣和澎湖地区仍被美国武力侵占，这是侵犯我国领土完整和主权的非法行为，我国政府有权采取一切适当的方法，在适当的时候收复这些地区，这是我国的內政，不容外国干涉。

1958年9月4日于北京

我人大常委会批准我政府关于领海的声明

中南六省区增强工业战綫

领导重心轉向鋼鉄

标志着世界学生进一步大团結

国际学联代表大会在京开幕

第一流的速度 第一流的工程

武鋼一号高爐开始烘爐

广东穷山出奇迹

一亩中稻六万斤

社论

全力保証鋼鉄生产

中华人民共和国领海及毗连区法

（一九九二年二月二十五日）

人民日报 1992 年 2 月 26 日 第 4 版

1992 年 2 月 25 日，中华人民共和国第七届全国人民代表大会常务委员会第二十四次会议通过了《中华人民共和国领海及毗连区法》。

该法是在符合国际法，特别是《联合国海洋法公约》的原则下制定的，规定了我国领海及毗连区的空间范围，为行使领海的主权和毗连区的管制权提供了法律依据。其中，第二条明确规定“陆地领土包括中华人民共和国大陆及其沿海岛屿、台湾及其包括钓鱼岛在内的附属各岛、澎湖列岛、东沙群岛、西沙群岛、中沙群岛、南沙群岛以及其他一切属于中华人民共和国的岛屿。”

来源：国家图书馆

纪念延安整风五十周年座谈会强调

发扬"三大作风" 加强党的建设

第七届全国人民代表大会常务委员会公告

情系红土高原

——访著名京剧演员关肃霜

人大常委会关于批准中苏国界东段协定的决定

（1992年2月25日通过）

全国人大常委会任免名单

文化搭台　经济唱戏

中国艺术节经贸科技活动捷报频传

杨主席接受三国新任大使国书

中美就市场准入问题进行第五轮谈判

进一步明确各自立场　具体问题上取得进展

外事简讯

中华人民共和国主席令

第五十五号

《中华人民共和国领海及毗连区法》已由中华人民共和国第七届全国人民代表大会常务委员会第二十四次会议于1992年2月25日通过，现予公布，自公布之日起施行。

中华人民共和国主席　杨尚昆

中华人民共和国领海及毗连区法

（1992年2月25日第七届全国人民代表大会常务委员会第二十四次会议通过）

第一条　为行使中华人民共和国对领海的主权和对毗连区的管制权，维护国家安全和海洋权益，制定本法。

第二条　中华人民共和国领海为邻接中华人民共和国陆地领土和内水的一带海域。

中华人民共和国的陆地领土包括中华人民共和国大陆及其沿海岛屿、台湾及其包括钓鱼岛在内的附属各岛、澎湖列岛、东沙群岛、西沙群岛、中沙群岛、南沙群岛以及其他一切属于中华人民共和国的岛屿。

中华人民共和国领海基线向陆地一侧的水域为中华人民共和国的内水。

第三条　中华人民共和国领海的宽度从领海基线量起为十二海里。

中华人民共和国领海基线采用直线基线法划定，由各相邻基点之间的直线连线组成。

中华人民共和国领海的外部界限为一条其每一点与领海基线的最近点距离等于十二海里的线。

第四条　中华人民共和国毗连区为领海以外邻接领海的一带海域。毗连区的宽度为十二海里。

中华人民共和国毗连区的外部界限为一条其每一点与领海基线的最近点距离等于二十四海里的线。

第五条　中华人民共和国对领海的主权及于领海上空、领海的海床及底土。

第六条　外国非军用船舶，享有依法无害通过中华人民共和国领海的权利。

外国军用船舶进入中华人民共和国领海，须经中华人民共和国政府批准。

第七条　外国潜水艇和其他潜水器通过中华人民共和国领海，必须在海面航行，并展示其旗帜。

第八条　外国船舶通过中华人民共和国领海，必须遵守中华人民共和国法律、法规，不得损害中华人民共和国的和平、安全和良好秩序。

外国核动力船舶和载运核物质、有毒物质或者其他危险物质的船舶通过中华人民共和国领海，必须持有有关证书，并采取特别预防措施。

中华人民共和国政府有权采取一切必要措施，以防止和制止对领海的非无害通过。

外国船舶违反中华人民共和国法律、法规的，由中华人民共和国有关机关依法处理。

第九条　为维护航行安全和其他特殊需要，中华人民共和国政府可以要求通过中华人民共和国领海的外国船舶使用指定的航道或者依照规定的分道通航制航行，具体办法由中华人民共和国政府或者其有关主管部门公布。

第十条　外国军用船舶或者用于非商业目的的外国政府船舶在通过中华人民共和国领海时，违反中华人民共和国法律、法规的，中华人民共和国有关主管机关有权令其立即离开领海，对所造成的损失或者损害，船旗国应当负国际责任。

第十一条　任何国际组织、外国的组织或者个人，在中华人民共和国领海内进行科学研究、海洋作业等活动，须经中华人民共和国政府或者其有关主管部门批准，遵守中华人民共和国法律、法规。

违反前款规定，非法进入中华人民共和国领海进行科学研究、海洋作业等活动的，由中华人民共和国有关机关依法处理。

第十二条　外国航空器只有根据该国政府与中华人民共和国政府签订的协定、协议，或者经中华人民共和国政府或者其授权的机关批准或者接受，方可进入中华人民共和国领海上空。

第十三条　中华人民共和国有权在毗连区内，为防止和惩处在其陆地领土、内水或者领海内违反有关安全、海关、财政、卫生或者入境出境管理的法律、法规的行为行使管制权。

第十四条　中华人民共和国有关主管机关有充分理由认为外国船舶违反中华人民共和国法律、法规时，可以对该外国船舶行使紧追权。

追逐须在外国船舶或者其小艇之一或者以被追逐的船舶为母船进行活动的其他船艇在中华人民共和国的内水、领海或者毗连区内时开始。

如果外国船舶是在中华人民共和国毗连区内，追逐只有在本法第十三条所列有关法律、法规规定的权利受到侵犯时方可进行。

追逐只要没有中断，可以在中华人民共和国领海或者毗连区外继续进行。在被追逐的船舶进入其本国领海或者第三国领海时，追逐终止。

本条规定的紧追权由中华人民共和国军用船舶、军用航空器或者中华人民共和国政府授权的执行政府公务的船舶、航空器行使。

第十五条　中华人民共和国领海基线由中华人民共和国政府公布。

第十六条　中华人民共和国政府依据本法制定有关规定。

第十七条　本法自公布之日起施行。

（新华社北京2月25日电）

南通发生海难事件

62人及21艘船失踪　有关方面正全力搜寻

林莉王晓红出征西班牙

参加世界杯游泳赛总决赛

荣获亚洲青年足球赛冠军 中国小将胜南朝鲜队两球

民运会新闻大奖赛揭晓

亚洲室内男女跳远新纪录　黄庚：八米〇四　杨娟：六米七二

我男女篮球队结束澳大利亚

体育简讯

中国政府关于领海基线的声明
（一九九六年五月十五日）

人民日报 1996年5月16日 第4版

依据1992年2月25日通过的《中华人民共和国领海及毗连区法》，中国政府于1996年5月15日发表了有关大陆领海的部分基线和西沙群岛的领海基线的声明，这是中国政府公布的第一批领海基点基线，声明最后指出："中华人民共和国政府将再行宣布中华人民共和国其余领海基线。"这为日后钓鱼岛领海基线的公布确立了标准。

来源：国家图书馆

1996年5月16日 星期四 第四版　　人民日报　　要闻

全国人大常委会第19次会议决定
通过修改后的统计法水污染防治法

新华社北京5月15日电（记者汪金福、刘思扬）八届全国人大常委会第十九次会议今天通过了全国人大常委会关于修改统计法和水污染防治法的决定。国家主席江泽民分别签署第65、66号主席令，公布人大常委会的决定。

修改后的统计法共6章34条，包括总则、统计调查计划和统计制度、统计资料的管理和公布、统计机构和统计人员、法律责任、附则。

为保证统计数据准确、真实，修改后的统计法在诸多方面作了补充规定，强调国家加强对统计指标体系的科学研究，不断改进统计调查方法，提高统计的科学性、真实性；对篡改统计资料，编造虚假数据，骗取荣誉称号、物质奖励或者晋升职务的，统计法规定由做出有关决定的机关或者其上级机关、监察机关取消其荣誉称号，追缴物质奖励和撤销晋升的职务。

修改后的水污染防治法共7章62条，包括总则、水环境质量标准和污染物排放标准的制定、水污染防治的监督管理、防止地表水污染、防止地下水污染、法律责任、附则。关于生活饮用水的保护，法律规定：省级以上人民政府可以依法划定生活饮用水地表水源保护区；生活饮用水源受到严重污染，威胁供水安全等紧急情况下，环境保护部门应当报经同级人民政府批准，采取强制性的应急措施，包括责令有关企业事业单位减少或者停止排放污染物。

这部法律还规定：国家对严重污染水环境的落后生产工艺和严重污染水环境的落后设备实行淘汰制度；禁止新建无水污染防治措施的小型化学制纸浆、印染、染料、制革、电镀、炼油、农药以及其它严重污染水环境的企业；造成水体严重污染的企业事业单位，经限期治理，逾期未完成治理任务的，除按照国家规定征收两倍以上的超标准排污费外，可以根据所造成的危害和损失处以罚款，或者责令其停业或者关闭等。

荣毅仁会见芬兰检察长

新华社北京五月十五日电　国家副主席荣毅仁今天在人民大会堂会见了芬兰最高检察院检察长尤·阿尔托及由他率领的芬兰检察代表团。

荣毅仁对阿尔托的来访表示欢迎，并表示相信，检察长的来访将有助于增进中芬两国在司法领域的交流和两国关系的不断发展。

荣毅仁向芬兰客人介绍了中国经济发展的现状和前景以及不断完善的中国法制建设等方面的情况。阿尔托一行是应最高人民检察院检察长张思卿的邀请前来访问的。在华期间，阿尔托与张思卿举行了工作会谈，并访问了广州和深圳。

农民进城办花展

江苏省金坛市仙姑村去年从荷兰引进7个品种4万株郁金香花。今年春天，他们将郁金香运到城里办起花展。图为育花大嫂向城里的孩子们介绍郁金香。　江荣进摄

人大常委会通过三部法律
它们是：律师法　促进科技成果转化法　职业教育法

新华社北京5月15日电（记者刘思扬、汪金福）一部旨在保障律师依法执行业务、规范律师行为的法律——中华人民共和国律师法今天获八届全国人大常委会第十九次会议通过，这意味着我国律师执业将有法可依。

律师法分为8章：总则，律师执业条件，律师事务所，执业律师的业务和权利、义务，律师协会，法律援助，法律责任，附则；共53条。

律师法对律师执业条件作出规定："律师执业，应当取得律师资格和执业证书。""没有取得律师执业证书的人员，不得冒充律师从事法律服务，不得为争取经济利益从事诉讼代理或者辩护业务。"

对律师事务所，律师法规定应该具有自己的名称、住所和章程，有10万元以上人民币的资产，有符合律师法规定的律师。

关于律师的权利，律师法规定："律师在执业活动中的人身权利不受侵犯。""律师担任诉讼代理人或者辩护人的，其辩论或者辩护的权利应当依法保障"。

国家主席江泽民签署第67号主席令，公布了这部法律。律师法自1997年1月1日起施行，原来的《中华人民共和国律师暂行条例》同时废止。

新华社北京5月15日电（记者刘思扬、汪金福）《中华人民共和国促进科技成果转化法》今天获八届全国人大常委会第十九次会议通过，国家主席江泽民今天签署第68号主席令，公布这部法律。

据悉，制定这部法律旨在促进科技成果转化为现实生产力，加速科学技术进步，推动经济建设和社会发展。

促进科技成果转化法共6章，包括总则、组织实施、保障措施、技术权益、法律责任和附则，共37条。

这部法律将于1996年10月1日起施行。

新华社北京5月15日电（记者刘思扬、汪金福）八届全国人大常委会第十九次会议今天通过了《中华人民共和国职业教育法》。

制定这部法律的宗旨是为了实施科教兴国战略，发展职业教育，提高劳动者素质，促进社会主义现代化建设。

职业教育法共5章40条，包括总则、职业教育体系、职业教育的实施、职业教育的保障条件和附则。

国家主席江泽民签署第69号主席令，公布了这部法律。这部法律将于1996年9月1日起施行。

中国国籍法在港实施问题
人大常委会作出六点解释

新华社北京5月15日电　全国人民代表大会常务委员会关于《中华人民共和国国籍法》在香港特别行政区实施的几个问题的解释

1996年5月15日第八届全国人民代表大会常务委员会第十九次会议通过

根据《中华人民共和国香港特别行政区基本法》第十八条和附件三的规定，《中华人民共和国国籍法》自1997年7月1日起在香港特别行政区实施。考虑到香港的历史背景和现实情况，对《中华人民共和国国籍法》在香港特别行政区实施作如下解释：

一、凡具有中国血统的香港居民，本人出生在中国领土（含香港）者，以及其他符合《中华人民共和国国籍法》规定的具有中国国籍的条件者，都是中国公民。

二、所有香港中国同胞，不论其是否持有"英国属土公民护照"或者"英国国民（海外）护照"，都是中国公民。自1997年7月1日起，上述中国公民可继续使用英国政府签发的有效旅行证件去其他国家或地区旅行，但在香港特别行政区和中华人民共和国其他地区不得因持有上述英国旅行证件而享有英国的领事保护的权利。

三、任何在香港的中国公民，因英国政府的"居英权计划"而获得的英国公民身份，根据《中华人民共和国国籍法》不予承认。这类人仍为中国公民，在香港特别行政区和中华人民共和国其他地区不得享有英国的领事保护的权利。

四、在外国有居留权的香港特别行政区的中国公民，可使用外国政府签发的有关证件去其他国家或地区旅行，但在香港特别行政区和中华人民共和国其他地区不得因持有上述证件而享有外国领事保护的权利。

五、香港特别行政区的中国公民的国籍发生变更，可凭有效证件向香港特别行政区受理国籍申请的机关申报。

六、授权香港特别行政区政府指定其入境事务处为香港特别行政区受理国籍申请的机关，香港特别行政区入境事务处根据《中华人民共和国国籍法》和以上规定对所有国籍申请事宜作出处理。

人大常委会决定
批准《联合国海洋法公约》

新华社北京5月15日电　全国人民代表大会常务委员会关于批准《联合国海洋法公约》的决定

（1996年5月15日通过）

第八届全国人民代表大会常务委员会第十九次会议决定，批准《联合国海洋法公约》，同时声明如下：

一、按照《联合国海洋法公约》的规定，中华人民共和国享有200海里专属经济区和大陆架的主权权利和管辖权。

二、中华人民共和国将与海岸相向或相邻的国家，通过协商，在国际法基础上，按照公平原则划定各自海洋管辖权界限。

三、中华人民共和国重申对1992年2月25日颁布的《中华人民共和国领海及毗连区法》第二条所列各群岛及岛屿的主权。

四、中华人民共和国重申：《联合国海洋法公约》有关领海内无害通过的规定，不妨碍沿海国按其法律规章要求外国军舰通过领海必须事先得到该国许可或通知该国的权利。

田纪云要求96届议联大会中国组委会抓紧工作
保证议联大会在京顺利召开

新华社北京5月15日电（记者邹春义）全国人大常委会副委员长田纪云今天在各国议会联盟第96届大会中国组委会第二次会议上表示，希望组委会抓紧各项工作的落实，按期完成准备工作，保证96届议联大会于今年9月16日至21日在北京顺利召开。

田纪云在讲话中指出，世界需要了解中国，中国也需要了解世界。此次议联大会尽管是一次例会，但议会外交具有其他外交渠道不可替代的作用。他说，中国要充分利用这次多边议会外交活动的机会，广泛接触，多做工作，广交朋友，增进全国人大同外国议会、中国人民同世界各国人民的了解、友谊与合作。

组委会常务副主任、全国人大常委会秘书长曹志主持了会议，并讲了话。他强调，各国议会联盟大会将是在中国召开的一次重要国际会议，要周到细致地落实各项准备工作。

在今天的会议上，全国人大常委会副秘书长郑义汇报了组委会的前期工作和下一阶段工作安排。

据介绍，各国议会联盟目前有135个成员国和4个联系成员，每年春季和秋季在各成员国轮流举行大会。据估计，出席96届大会的有各国议员团和若干国际组织的观察员，共约1400人，其中议长、副议长80人左右，议员近600人。

中国于1984年加入议联，并于1994年成立了96届议联大会筹备委员会。一年多来，筹委会按计划全面开展工作，进度令人满意。

万国权会见旅美华人

新华社北京5月15日电（记者朱冬菊）全国政协副主席万国权今晚在人民大会堂会见了以岑汉德为团长的旅美三藩市四大会馆主席访问团一行。

宾主进行了亲切友好的交谈。万国权对访问团表示欢迎，对包括三藩市四大会馆在内的旅美华人为实现海峡两岸和平统一所作的努力表示赞赏。

万国权还向客人们介绍了中国人民政治协商会议的性质、职能，以及中国改革开放和经济建设所取得的成就。

旅美三藩市四大会馆主席访问团是应国务院侨办的邀请对华进行访问的。

新闻摄影比赛　汕头市委宣传部协办

豫南驻马店市活跃着一支民兵护路联防队。几年来，他们追缴被盗铁路运输物资价值15万元，排除重大事故隐患6起，使盗窃和破坏铁路设施案件下降了90%，确保了京广线畅通。近日，该联防队受到上级表彰。图为民兵联防队上岗前在布置任务。　米山　秀岭摄

中国友好和平发展基金会成立

本报北京5月15日讯　中国友好和平发展基金会在北京正式成立。中国友好和平发展基金会是经中国人民银行审批的一家全国性基金会，其资金主要来自国外友好团体和友好人士的捐赠。王光英、程思远、布赫、司马义·艾买提等出席成立大会。日本前民社党委员长大内启伍和松下电器公司、荷兰国际集团等国际大公司的代表以及中外各界人士300多人莅临会议。

人大常委会通过任免名单

新华社北京5月15日电　全国人民代表大会常务委员会任命名单

1996年5月15日第八届全国人民代表大会常务委员会第十九次会议通过

任命孙力、李忠诚、杨桂香（女）、喻中升、骆满昌、白忠礼、魏军、文先保、辛红（女）、李建华（女）、戴中瑾（女）、崔霞章、王冰毅为最高人民检察院检察员。

新华社北京5月15日电　全国人民代表大会常务委员会任免名单

1996年5月15日第八届全国人民代表大会常务委员会第十九次会议通过

一、任命冯立奇为最高人民法院交通审判庭副庭长。

二、任命李祥民、郭彦东（女）、宫鸣、董佩兰（女）为最高人民法院审判员。

三、免去苏庆、陈钦一、余齐兴、邓紫芳（女）的最高人民法院审判员职务。

新华社北京5月15日电　全国人民代表大会常务委员会任命名单

1996年5月15日第八届全国人民代表大会常务委员会第十九次会议通过

任命乌杰（蒙古族）为第八届全国人民代表大会环境与资源保护委员会委员。

人大常委会批准任免名单

新华社北京5月15日电　全国人民代表大会常务委员会批准任免的名单

1996年5月15日第八届全国人民代表大会常务委员会第十九次会议通过

一、批准免去米吉提·库尔班的新疆维吾尔自治区人民检察院检察长职务。

批准任命买买提·玉素甫为新疆维吾尔自治区人民检察院检察长。

二、批准任命刘晓为青海省人民检察院检察长。

（上接第一版）像他那样，把党章和党的各项纪律作为镜子，经常对照自己，磨炼自己，始终保持共产党人的高尚品格；像他那样，毫不利己，专门利人，廉洁自律，警钟长鸣；像他那样，发扬无私奉献精神，为人民造福，为政府争光，为党旗增辉。

中宣部副部长徐光春主持会议并就学习和宣传吴天祥事迹讲了话。他说，学习宣传吴天祥事迹，是时代的需要。我们这个时代，是改革开放、艰苦创业、民族振兴的伟大时代。学习宣传吴天祥，就是用他的事迹、他的精神，去感召、激励全民族奋发向上，去教育和引导广大党员特别是党员干部，坚定理想信念，牢记党的宗旨，自觉为人民服务。

徐光春强调，学习宣传吴天祥事迹，最根本的是讲政治、爱人民。从根本上说，讲政治，最主要的就是要讲人民群众利益。吴天祥的事迹，就是讲政治的体现，就是共产党人世界观、人生观、价值观的体现。学习吴天祥，就要像他那样，用火一样的热情，对待人民群众，在自己的工作岗位上踏踏实实、真心实意为人民群众办好事、办实事。

徐光春同志说，学习宣传吴天祥事迹，重要的是动员全体人民为实现跨世纪的宏伟纲领而努力奋斗。要把学习吴天祥事迹，落实到积极投身改革开放和经济建设的实际行动上，落实到建设社会主义精神文明的实际行动上，落实到做好本职工作的实际行动上。

中国政府关于领海基线的声明

新华社北京5月15日电　中华人民共和国政府今天就中华人民共和国大陆领海的部分基线和西沙群岛的领海基线发表声明。声明全文如下：

中华人民共和国政府关于中华人民共和国领海基线的声明

1996年5月15日

中华人民共和国政府根据1992年2月25日《中华人民共和国领海及毗连区法》，宣布中华人民共和国大陆领海的部分基线和西沙群岛的领海基线。

一、大陆领海的部分基线为下列各相邻基点之间的直线连线：

1. 山东高角（1）　北纬37° 24.0′　东经122° 42.3′
2. 山东高角（2）　北纬37° 23.7′　东经122° 42.3′
3. 镆铘岛（1）　北纬36° 57.8′　东经122° 34.2′
4. 镆铘岛（2）　北纬36° 55.1′　东经122° 32.7′
5. 镆铘岛（3）　北纬36° 53.7′　东经122° 31.1′
6. 苏山岛　北纬36° 44.8′　东经122° 15.8′
7. 朝连岛　北纬35° 53.6′　东经120° 53.1′
8. 达山岛　北纬35° 00.2′　东经119° 54.2′
9. 麻菜珩　北纬33° 21.8′　东经121° 20.8′
10. 外磕脚　北纬33° 00.9′　东经121° 38.4′
11. 佘山岛　北纬31° 25.3′　东经122° 14.6′
12. 海礁　北纬30° 44.1′　东经123° 09.4′
13. 东南礁　北纬30° 43.5′　东经123° 09.7′
14. 两兄弟屿　北纬30° 10.1′　东经122° 56.7′
15. 渔山列岛　北纬28° 53.3′　东经122° 16.5′
16. 台州列岛（1）　北纬28° 23.9′　东经121° 55.0′
17. 台州列岛（2）　北纬28° 23.5′　东经121° 54.7′
18. 稻挑山　北纬27° 27.9′　东经121° 07.8′
19. 东引岛　北纬26° 22.6′　东经120° 30.4′
20. 东沙岛　北纬26° 09.4′　东经120° 24.3′
21. 牛山岛　北纬25° 25.8′　东经119° 56.3′
22. 乌丘屿　北纬24° 58.6′　东经119° 28.7′
23. 东碇岛　北纬24° 09.7′　东经118° 14.2′
24. 大柑山　北纬23° 31.9′　东经117° 41.3′
25. 南澎列岛（1）　北纬23° 12.9′　东经117° 14.9′
26. 南澎列岛（2）　北纬23° 12.3′　东经117° 13.9′
27. 石碑山角　北纬22° 56.1′　东经116° 29.7′
28. 针头岩　北纬22° 18.9′　东经115° 07.5′
29. 佳蓬列岛　北纬21° 48.5′　东经113° 58.0′
30. 围夹岛　北纬21° 34.1′　东经112° 47.9′
31. 大帆石　北纬21° 27.7′　东经112° 21.5′
32. 七洲列岛　北纬19° 58.5′　东经111° 16.4′
33. 双帆　北纬19° 53.0′　东经111° 12.8′
34. 大洲岛（1）　北纬18° 39.7′　东经110° 29.6′
35. 大洲岛（2）　北纬18° 39.4′　东经110° 29.1′
36. 双帆石　北纬18° 26.1′　东经110° 08.4′
37. 陵水角　北纬18° 23.0′　东经110° 03.0′
38. 东洲（1）　北纬18° 11.0′　东经109° 42.1′
39. 东洲（2）　北纬18° 11.0′　东经109° 41.8′
40. 锦母角　北纬18° 09.5′　东经109° 34.4′
41. 深石礁　北纬18° 14.6′　东经109° 07.6′
42. 西鼓岛　北纬18° 19.3′　东经108° 57.1′
43. 莺歌嘴（1）　北纬18° 30.2′　东经108° 41.3′
44. 莺歌嘴（2）　北纬18° 30.4′　东经108° 41.1′
45. 莺歌嘴（3）　北纬18° 31.0′　东经108° 40.6′
46. 莺歌嘴（4）　北纬18° 31.1′　东经108° 40.5′
47. 感恩角　北纬18° 50.5′　东经108° 37.3′
48. 四更沙角　北纬19° 11.6′　东经108° 36.0′
49. 峻壁角　北纬19° 21.1′　东经108° 38.6′

二、西沙群岛领海基线为下列各相邻基点之间的直线连线：

1. 东岛（1）　北纬16° 40.5′　东经112° 44.2′
2. 东岛（2）　北纬16° 40.1′　东经112° 44.5′
3. 东岛（3）　北纬16° 39.8′　东经112° 44.7′
4. 浪花礁（1）　北纬16° 04.4′　东经112° 35.8′
5. 浪花礁（2）　北纬16° 01.9′　东经112° 32.7′
6. 浪花礁（3）　北纬16° 01.5′　东经112° 31.8′
7. 浪花礁（4）　北纬16° 01.0′　东经112° 29.8′
8. 中建岛（1）　北纬15° 46.5′　东经111° 12.6′
9. 中建岛（2）　北纬15° 46.4′　东经111° 12.1′
10. 中建岛（3）　北纬15° 46.4′　东经111° 11.8′
11. 中建岛（4）　北纬15° 46.5′　东经111° 11.6′
12. 中建岛（5）　北纬15° 46.7′　东经111° 11.4′
13. 中建岛（6）　北纬15° 46.9′　东经111° 11.3′
14. 中建岛（7）　北纬15° 47.2′　东经111° 11.4′
15. 北礁（1）　北纬17° 04.9′　东经111° 26.9′
16. 北礁（2）　北纬17° 05.4′　东经111° 26.9′
17. 北礁（3）　北纬17° 05.7′　东经111° 27.2′
18. 北礁（4）　北纬17° 06.0′　东经111° 27.8′
19. 北礁（5）　北纬17° 06.5′　东经111° 29.2′
20. 北礁（6）　北纬17° 07.0′　东经111° 31.0′
21. 北礁（7）　北纬17° 07.1′　东经111° 31.6′
22. 北礁（8）　北纬17° 06.9′　东经111° 32.0′
23. 赵述岛（1）　北纬16° 59.9′　东经112° 14.7′
24. 赵述岛（2）　北纬16° 59.7′　东经112° 15.6′
25. 赵述岛（3）　北纬16° 59.4′　东经112° 16.6′
26. 北岛　北纬16° 58.4′　东经112° 18.3′
27. 中岛　北纬16° 57.6′　东经112° 19.6′
28. 南岛　北纬16° 56.9′　东经112° 20.5′

1. 东岛（1）　北纬16° 40.5′　东经112° 44.2′

中华人民共和国政府将再行宣布中华人民共和国其余领海基线。

中华人民共和国
海岛保护法

中国法制出版社

中华人民共和国海岛保护法（二〇〇九年）

中国法制出版社 2010 年

2009 年 12 月 26 日，中华人民共和国第十一届全国人民代表大会常务委员会第十二次会议通过了《中华人民共和国海岛保护法》，自 2010 年 3 月 1 日起施行。

中华人民共和国海岛保护法

（2009年12月26日第十一届全国人民代表大会常务委员会第十二次会议通过）

目　录

2

第一章　总　则

第一条　为了保护海岛及其周边海域生态系统，合理开发利用海岛自然资源，维护国家海洋权益，促进经济社会可持续发展，制定本法。

第二条　从事中华人民共和国所属海岛的保护、开发利用及相关管理活动，适用本法。

本法所称海岛，是指四面环海水并在高潮时高于水面的自然形成的陆地区域，包括有居民海岛和无居民海岛。

本法所称海岛保护，是指海岛及其周边海域生态系统保护，无居民海岛自然资源保护和特殊用途海岛保护。

第三条　国家对海岛实行科学规划、保护优先、合理开发、永续利用的原则。

国务院和沿海地方各级人民政府应当将海岛保护和合理开发利用纳入国民经济和社会发展规划，采取有效措施，加强对海岛的保护和管理，防止海岛及其周边海域生态系统遭受破坏。

第四条　无居民海岛属于国家所有，国务院代表

3

该法确立了海岛保护开发和管理制度，对海岛名称的确定和发布作了规定。2012年3月，据此发布中国钓鱼岛及其部分附属岛屿的标准名称。

来源：国家图书馆

中国政府就钓鱼岛及其附属岛屿领海基线发表声明（二〇一二年九月十日）

人民日报　2012 年 9 月 11 日 第 1 版

2012 年 9 月 10 日，中华人民共和国政府根据《中华人民共和国领海及毗连区法》，宣布了中华人民共和国钓鱼岛及其附属岛屿领海基线。这是继 1996 年宣布大陆领海的部分基线和西沙群岛的领海基线后，中国又一次公布领海基线。声明明确了相关海域中国领海和内水的范围，为根据中国国内法和有关国际法对钓鱼岛海域进行管理提供了法律依据。

来源：国家图书馆

人民网 网址:http://www.people.com.cn
手机:http://wap.people.com.cn

2012 年 9 月
11
星期二
壬辰年七月廿六
人民日报社出版
国内统一连续出版物号
CN 11-0065
第 23439 期(代号 1-1)
今日 24 版

吴邦国与伊朗议长举行会谈

9 月 10 日，正在伊朗进行正式友好访问的全国人大常委会委员长吴邦国在议会大厦与伊朗议长拉里贾尼举行会谈。

新华社记者 刘卫兵摄

本报德黑兰 9 月 10 日电 （记者**李伟红**）正在伊朗进行正式友好访问的中国全国人大常委会委员长吴邦国当地时间 10 日上午在议会大厦与伊朗议长拉里贾尼举行会谈，双方就两国关系、议会交往以及共同关心的问题深入交换意见，达成广泛共识。

拉里贾尼热烈欢迎吴邦国委员长访伊，表示他本人和伊朗议会对此访高度重视，认为这不仅对加强两国议会交往具有十分重要的意义，而且必将对推动伊中关系全面发展注入新的动力。

吴邦国说，中伊建交 40 多年来，在双方共同努力下，两国各领域友好合作发展顺利，特别是近些年高层往来频繁，政治互信不断加深，中方尊重伊朗人民根据本国国情选择的发展道路和内外政策，伊方坚定奉行一个中国政策，在台湾、涉藏、涉疆等问题上给予中方宝贵支持。经贸合作成果显著，在能源、金融、基础设施建设等领域的合作取得积极进展，中国是伊朗最大的贸易伙伴，伊朗成为中国在中东地区第二大贸易伙伴。在教育、旅游、司法、环保等领域的合作日趋活跃，在国际和地区事务中保持良好沟通与配合。中伊关系的发展，不仅给两国和两国人民带来实实在在的利益，也为促进地区和平、稳定与发展作出积极贡献。吴邦国强调，在和平共处五项原则基础上发展与伊互利友好合作，是中国独立自主和平外交政策的重要内容，不会因国际和地区形势的变化而变化。我此次访问的目的，就是推动落实今年 6 月两国元首达成的新的重要共识，同伊方一道，进一步扩大两国政府、议会、政党及地方间的友好交往，密切在联合国、上海合作组织等多边框架内的沟通与配合，积极探讨务实合作的新模式新途径，重点推进现有合作项目早见成效，巩固和发展人文领域交流合作成果，推动中伊关系健康稳定向前发展。 （下转第三版）

抗击非典 人民利益高于一切

本报记者 白剑峰

科学发展 成就辉煌

十年回眸·重大事件亲历

开栏的话 回眸十年，中国走过了不平凡的道路，跃上了发展新高点。一幅幅图景、一项项工程、一组组数据，展示着十年的辉煌，讲述着十年的艰辛。最可宝贵的是亿万人民的创造活力，是坚定不移的道路，是与时俱进的创新，是风雨中的沉着奋进，是平凡中的默默坚守。十年岁月，一起走过；十年辉煌，共同造就。本报从今天起推出"十年回眸·重大事件亲历"系列报道，从重大事件亲历者的视角出发，讲述事件背后鲜为人知的故事，分析事件对改革发展产生的影响，揭示其中的原因和规律。在寻找曾经感动过我们的记忆中，凝聚起创造未来的力量。

2003 年春天，非典疫情突如其来，严重威胁着人民群众的生命健康，考验着党和政府应对重大突发事件的能力。

十年之后再回首，非典已逝，记忆犹新。一个民族在灾难中失去的，必将在民族的进步中获得补偿。抗击非典，经历了哪些关键节点？积累了哪些经验教训？留下了哪些精神财富？近日，记者采访了时任卫生部党组书记兼常务副部长、现任全国人大财经委员会副主任委员高强。

"不怕记者提问题，就怕记者提不出问题。越是尖锐的问题，人民群众越关心。只要坦诚地回答，就会取得大家的信任，效果反而更好。"

2003 年 4 月 20 日下午 3 点，国务院新闻办举行关于非典疫情的新闻发布会。一张陌生的面孔，意外地出现在中外记者面前。他，就是高强。

当天上午，高强刚刚被任命为卫生部党组书记、常务副部长。此前，他的身份是国务院副秘书长。即将面对中外记者，高强感到压力很大。行前，高强向国务院领导请示新闻发布会"口径"。国务院领导明确"授意"：坚持公开透明的原则，承认工作中的不足，敢于承担责任，给群众以信心，显示政府的决心。

高强回忆道："国务院领导告诉我，新闻发布稿是经过审定的，按此发布。至于回答记者的问题，可以自由发挥。"

在新闻发布会上，高强说："5 天以前，卫生部公布北京确诊病人是 37 人，现在是 339 人，增加了 302 人。但这 302 人绝不是在这 5 天内出现的病人，而可能是 10 天以前、20 天以前已经发病了，住在某一个医院里，但是并没有发现。现在把过去没有发现的病例找出来，如实地向大家报告，这是中国疫情统计制度的一个进步。"

此前，外国媒体报道，中国政府公布的非典疫情数字远远少于实际，是在故意隐瞒疫情。高强认为，政府并没有故意隐瞒疫情，而是由于北京的医疗机构分属地方、部委和军队等不同的系统，信息渠道不畅，非典疫情暴发之初，没有一个部门能够掌握全面的情况。

同时，他还告诉中外媒体记者："在北京是不是安全，由大家自己来判断。"这一说法，和此前"北京是安全的"的调子明显不一致。

当主持人宣布新闻发布会结束时，高强感到意犹未尽，破例允许记者再提几个问题。

高强说："不怕记者提问题，就怕记者提不出问题。越是尖锐的问题，人民群众越关心。只要坦诚地回答，就会取得大家的信任，效果反而更好。"

"当时，我不能说北京是安全的，因为老百姓对是非曲直是有判断力的。世界卫生组织已经宣布北京是疫区，还能说是安全的吗？我们越说安全，老百姓就越感到不安全。我如实地告诉疫情的严重性，同时把政府采取的措施说清楚，人民群众才会有信心。"高强说。

高强回忆，4 月 20 日下午两点多，他在前往国务院新闻办的路上，北京市还在向他报告最新变化的疫情数字。从第二天起，原来五天公布一次疫情的惯例，改为每天公布一次。

"当重大突发公共事件发生时，人民群众希望及时了解真实情况，体现了对国家的关心。政府应当坚持公开透明，把真实的情况告诉大家。从法律上讲，这是尊重公众的知情权和监督权，因为公众有权知道真相，并监督政府工作。从执政方式上讲，这是坚持群众路线。政府不仅要相信自己，更要相信群众、依靠群众。如果认为只靠政府工作就能解决问题，而不愿意组织和依靠群众，就会离人民群众越来越远。"高强说。

"一旦有了人民群众广泛的参与和支持，再大的难关也能攻克。"

2003 年 4 月 24 日，全国防治非典型肺炎指挥部成立，这是抗击非典的一个重要转折点。在党中央、国务院的坚强领导下，一场抗击非典的人民战争波澜壮阔地展开。

5 月初，高强陪同国务院领导到北京郊区农村考察，车队刚到村口，就被农民拦住了。农民说，汽车不能进村，只允许少数几个人登记后才能进入。 （下转第二十版）

温家宝赴外交学院为周恩来同志和陈毅同志铜像揭幕并向师生们发表讲话

本报北京 9 月 10 日电 （记者**吴乐珺**）国务院总理温家宝 10 日来到位于北京市昌平区的外交学院新校区，出席周恩来同志和陈毅同志铜像揭幕仪式。

1955 年周恩来倡议成立外交学院并亲自题写校牌，陈毅担任外交部长期间长期兼任学院院长。57 年来，外交学院培养了包括近 300 位大使在内的大批外交人才，被誉为"中国外交官的摇篮"。

铜像高 4.5 米，以 1964 年周恩来、陈毅一起出访南亚时所拍摄的照片为原型设计。

温家宝为铜像揭幕，全场高唱国歌，学生们深情朗诵了自己创作的配乐诗歌《永远的怀念》，表达对老一辈革命家、外交家的深切缅怀和投身外交事业、报效祖国的坚定志向。

温家宝在礼堂向师生们发表讲话。温家宝说，旧中国饱受屈辱，山河破碎，弱国无外交。中国政府和人民比任何人都珍惜来之不易的国家主权和民族尊严，即使在极其艰难困苦的情况下，也是铮铮铁骨。钓鱼岛是中国固有领土，在主权和领土问题上，中国政府和人民绝不会退让半步。

温家宝说，中国走互利共赢的道路顺应了全球化的时代潮流，也是应对国际金融危机等挑战的唯一正确选择。近年来，我们倡议和推动了一系列重大合作举措，取得显著成效，为中国经济发展拓展了广阔空间，也为促进世界经济复苏和增长作出了贡献。

温家宝指出，当前，国际热点问题成因更加复杂，变化更加快速，影响面更广。中国坚持独立自主的和平外交政策，根据事情的是非曲直独立作出判断，不与任何国家或国家集团结盟，积极参与国际安全合作，切实维护国家利益和世界人民福祉。

温家宝说，作为最大的发展中国家，中国全面推进可持续发展的实践是人类历史上的创举，影响广泛而深远。我们将加强与世界各国的交流互鉴与合作，为推动全球可持续发展做出不懈努力。

温家宝强调，我们要积极、主动、客观地向世界介绍中国，吸收借鉴人类一切优秀文明成果，尊重和维护文明多样性，扩大同各国的友好交往，增进相互理解。

温家宝寄语外交学院要有一流师资、一流学科、一流理念，将一流人才输送给祖国外交事业，全体师生要保持和发扬优良传统，向新的更高目标不懈努力。

温家宝最后说，毛泽东、周恩来、陈毅等老一辈革命家缔造了人民共和国，结束了近代中国一百多年屈辱的历史，也奠定了新中国外交的基础。 （下转第二版）

贾庆林会见厄瓜多尔客人

新华社北京 9 月 10 日电 （记者**徐松**）全国政协主席贾庆林 10 日下午在人民大会堂会见了厄瓜多尔国民代表大会第二副议长巴拉莱索。

贾庆林说，中厄虽然远隔重洋，但两国人民的友好交往源远流长。近年来，在双方共同努力下，两国关系呈现快速发展的良好势头，两国在国际和地区事务中保持良好沟通与配合。中方赞赏并感谢厄方在台湾、涉藏、人权等问题上给予的理解和支持。

贾庆林指出，厄瓜多尔是拉美重要国家，在国际和地区事务中发挥着重要影响。近年来，厄政府和人民积极探索符合本国国情的发展道路，在发展国民经济、促进社会公正、提高人民生活水平等方面取得显著成就。中厄同为发展中国家，都致力于发展经济和改善民生，深化两国互利友好合作符合两国和两国人民的根本利益。中方高度重视发展同厄瓜多尔的关系，愿与厄方携手努力，不断提升两国各领域合作水平，共同开创中厄关系的美好未来。

贾庆林表示，中国全国政协愿同厄国民代表大会开展多层次、多形式的交往与合作，共同为推动中厄友好关系全面发展作出新贡献。

巴拉莱索说，厄瓜多尔高度重视发展与中国的友好关系，十分钦佩中国经济建设取得的辉煌成就，希望学习和借鉴中国的发展经验。她表示，厄方愿与中方共同努力，深化各领域的务实合作。厄瓜多尔国民代表大会将进一步加强与中国全国政协的交流与合作，积极推动厄中关系不断向前发展。

中华人民共和国外交部声明

2012 年 9 月 10 日，日本政府不顾中方一再严正交涉，宣布"购买"钓鱼岛及其附属的南小岛和北小岛，实施所谓"国有化"。这是对中国领土主权的严重侵犯，是对 13 亿中国人民感情的严重伤害，是对历史事实和国际法理的严重践踏。中国政府和人民对此表示坚决反对和强烈抗议。

钓鱼岛及其附属岛屿自古以来就是中国的神圣领土，有史为凭、有法为据。钓鱼岛等岛屿是中国人最早发现、命名和利用的，中国渔民历来在这些岛屿及其附近海域从事生产活动。早在明朝，钓鱼岛等岛屿就已经纳入中国海防管辖范围，是中国台湾的附属岛屿。钓鱼岛从来就不是什么"无主地"，中国是钓鱼岛等岛屿无可争辩的主人。

1895 年，日本在甲午战争末期，趁清政府败局已定，非法窃取钓鱼岛及其附属岛屿。随后，日本强迫清政府签订不平等的《马关条约》，割让"台湾全岛及所有附属各岛屿"。第二次世界大战结束后，根据《开罗宣言》和《波茨坦公告》，中国收回日本侵占的台湾、澎湖列岛等领土，钓鱼岛及其附属岛屿在国际法上业已回归中国。历史不容翻案。日本在钓鱼岛问题上的立场，是对世界反法西斯战争胜利成果的公然否定，是对战后国际秩序的严重挑战。

1951 年，日本同美国等国家签订片面的"旧金山和约"，将琉球群岛(即现在的冲绳)交由美国管理。1953 年，美国琉球民政府擅自扩大管辖范围，将中国领土钓鱼岛及其附属岛屿裹挟其中。1971 年，日、美两国在"归还冲绳协定"中又擅自把钓鱼岛等岛屿列入"归还区域"。中国政府对日、美这种私相授受中国领土的做法从一开始就坚决反对，不予承认。日本政府所谓钓鱼岛是日本的固有领土，日中之间不存在需要解决的领土争端，完全是罔顾史实和法理，是完全站不住脚的。

1972 年中日邦交正常化和 1978 年缔结和平友好条约谈判过程中，两国老一辈领导人着眼大局，就"钓鱼岛问题放一放，留待以后解决"达成重要谅解和共识。中日邦交正常化的大门由此开启，中日关系才有了 40 年的巨大发展，东亚地区才有了 40 年的稳定与安宁。如果日本当局对两国当年的共识矢口否认，一笔勾销，那么钓鱼岛局势还如何能保持稳定?中日关系今后还如何能顺利发展?日本还如何能取信于邻国和世人?

近年来，日本政府在钓鱼岛问题上不断挑起事端，特别是今年以来姑息纵容右翼势力掀起"购岛"风波，以为自己出面"购岛"铺路搭桥。人们有理由认为，日方在钓鱼岛问题上的所作所为绝不是偶然的，它所反映出来的政治趋向是很值得警惕的。我们不禁要问，日本到底要向何处去？日本未来走向能让人放心吗？

中国政府始终重视发展中日关系。中日两国和两国人民只能友好相处，不能彼此作对。推进中日战略互惠关系符合两国和两国人民的根本利益，有利于维护本地区和平、稳定与发展大局。但是中日关系的健康稳定发展需要日方同中方相向而行、共同努力。日本政府的"购岛"行为是同维护中日关系大局背道而驰的。

中国政府严正声明，日本政府的所谓"购岛"完全是非法的、无效的，丝毫改变不了日本侵占中国领土的历史事实，丝毫改变不了中国对钓鱼岛及其附属岛屿的领土主权。中华民族任人欺凌的时代已经一去不复返了。中国政府不会坐视领土主权受到侵犯。中方强烈敦促日方立即停止一切损害中国领土主权的行为，不折不扣地回到双方达成的共识和谅解上来，回到谈判解决争议的轨道上来。如果日方一意孤行，由此造成的一切严重后果只能由日方承担。

（新华社北京 9 月 10 日电）

中华人民共和国政府关于钓鱼岛及其附属岛屿领海基线的声明

（二〇一二年九月十日）

中华人民共和国政府根据一九九二年二月二十五日《中华人民共和国领海及毗连区法》，宣布中华人民共和国钓鱼岛及其附属岛屿的领海基线。

一、钓鱼岛、黄尾屿、南小岛、北小岛、南屿、北屿、飞屿的领海基线为下列各相邻基点之间的直线连线：

1、钓鱼岛 1　北纬 25°44.1′　东经 123°27.5′
2、钓鱼岛 2　北纬 25°44.2′　东经 123°27.4′
3、钓鱼岛 3　北纬 25°44.4′　东经 123°27.4′
4、钓鱼岛 4　北纬 25°44.7′　东经 123°27.5′
5、海豚岛　北纬 25°55.8′　东经 123°40.7′
6、下虎牙岛　北纬 25°55.8′　东经 123°41.1′
7、海星岛　北纬 25°55.6′　东经 123°41.3′
8、黄尾屿　北纬 25°55.4′　东经 123°41.4′
9、海龟岛　北纬 25°55.3′　东经 123°41.4′
10、长龙岛　北纬 25°43.2′　东经 123°33.4′
11、南小岛　北纬 25°43.2′　东经 123°33.2′
12、鲳鱼岛　北纬 25°44.0′　东经 123°27.6′
1、钓鱼岛 1　北纬 25°44.1′　东经 123°27.5′

二、赤尾屿的领海基线为下列各相邻基点之间的直线连线：

1、赤尾屿　北纬 25°55.3′　东经 124°33.7′
2、望赤岛　北纬 25°55.2′　东经 124°33.2′
3、小赤尾岛　北纬 25°55.3′　东经 124°33.3′
4、赤背北岛　北纬 25°55.5′　东经 124°33.5′
5、赤背东岛　北纬 25°55.5′　东经 124°33.7′
1、赤尾屿　北纬 25°55.3′　东经 124°33.7′

（新华社北京 9 月 10 日电）

外交部长杨洁篪召见日本驻华大使提出强烈抗议

国纪平文章：中国钓鱼岛岂容他人肆意"买卖"

一、钓鱼岛自古是中国的固有领土
二、日本窃取中国钓鱼岛非法无效
三、中国为维护钓鱼岛主权对日本开展了坚决斗争
四、日本觊觎钓鱼岛的任何图谋终将失败

（第三版）

领海基点保护范围选划与保护办法

（二〇一二年九月十一日）

人民日报 2012 年 9 月 14 日 第 2 版

2012 年 9 月 11 日，国家海洋局制定印发了《领海基点保护范围选划与保护办法》。该《办法》规定，国家海洋局负责监督指导领海基点保护范围的选划和保护工作，对领海基点保护范围选划的程序、方法和要求进行了规范。当保护范围划定后，县级以上人民政府海洋主管部门应当加强对保护范围的监视监测与评价，各级海监机构将对保护范围实施监督检查，以切实维护我国海洋权益。

《领海基点保护范围选划与保护办法》的出台，指导了我国领海基点保护范围选划工作，为切实维护钓鱼岛等沿海岛屿的权利制定了法律程序的规范。

来源：国家图书馆

2 2012年9月14日 星期五　　要　闻　　人民日报

中华全国总工会声明

2012年9月10日，日本政府不顾中方反复严正交涉，宣布“购买”钓鱼岛及其附属的南小岛和北小岛，实施所谓“国有化”。这是日方公然侵犯中国领土主权的非法行径，是伤害中国人民感情、损害中日关系的又一严重事态。对此，我们感到强烈愤慨。中华全国总工会以全国两亿五千八百万会员和广大劳动者的名义，对日本政府“购买”钓鱼岛、侵犯我领土主权的非法行径予以严厉谴责！

钓鱼岛及其附属岛屿自古以来就是中国的固有领土，中国对钓鱼岛及其附属岛屿享有无可争辩的主权。日本政府对钓鱼岛及其附属岛屿采取“购岛”，企图实现所谓“国有化”的行动完全是非法和无效的，是对我国领土主权的严重侵犯，是严重践踏国际法的非法行径。中国工人阶级和全体劳动者坚决反对日方一切损害中国领土主权的行动，决不容许任何国家侵犯中国的神圣领土，坚决拥护我国政府为维护国家领土主权所采取的一切必要措施。

（本报北京9月13日电）

中华全国妇女联合会声明

2012年9月10日，日本政府不顾中方坚决反对，宣布“购买”钓鱼岛及其部分附属岛屿，实施所谓“国有化”。这种公然侵犯中国领土主权的恶劣行径，严重伤害了中国人民的感情，损害了两国关系。中国妇女对此表示强烈愤慨，予以严厉谴责。

钓鱼岛及其附属岛屿自古以来就是中国的固有领土，有史为凭、有法为据。日方对钓鱼岛及其附属岛屿的单方面主张，完全是对中国领土主权的非法侵占，是罔顾史实、公然挑衅国际秩序的不法行径。中国妇女坚决反对日方所谓“购岛”行径，绝不容忍任何国家染指中国的神圣领土。

维护对钓鱼岛及其附属岛屿的主权，维护中华民族的利益，是每个中国国民义不容辞的责任。中国妇女坚决拥护和支持中国政府采取必要措施捍卫国家领土主权。我们强烈要求日方立即停止一切损害中国领土主权的行为。

（本报北京9月13日电）

外交部边海司负责人表示

中国政府公布钓鱼岛及其附属岛屿领海基线意义重大

本报北京9月13日电　外交部边界与海洋事务司司长邓中华13日就中国宣布钓鱼岛及其附属岛屿的领海基线接受媒体采访时说，这次中国政府公布钓鱼岛及其附属岛屿领海基线意义重大。

邓中华介绍了领海、毗连区、专属经济区制度和领海基线等概念以及中国宣布钓鱼岛及其附属岛屿领海基线的内容。邓中华说，中国在1958年公布的关于领海的声明，确定了中国领海宽度为12海里。1992年中国颁布了《中华人民共和国领海及毗连区法》，以立法的方式确定了中国领海的基本制度。1996年中国公布了第一批领海基点基线，确定了中国大陆沿海部分地段及西沙群岛的领海基线。此次公布的钓鱼岛领海基线，是根据在钓鱼岛及其附属岛屿上选定的17个领海基点划定的，从基线往外延12海里范围即为中国领海。

邓中华强调，这次中国政府公布钓鱼岛及其附属岛屿领海基线意义重大。一是再一次向国际社会宣示中国对钓鱼岛拥有无可争辩的主权，向国际社会宣示中国政府和人民维护领土主权和海洋权益的坚定决心和意志，也是通过这种方式对那些侵犯我们领土主权的行径予以有力的反制和震慑。根据国际法有关规定，近日我们将向联合国秘书长交存钓鱼岛领海基线的有关坐标表和相关海图。二是宣布钓鱼岛的领海基线有利于中国进一步完善领海制度。中国拥有漫长的海岸线，1996年颁布了第一批领海基线，这一次中国政府公布钓鱼岛领海基线，是完善中国领海制度的一个重要步骤。三是通过确定钓鱼岛领海基线，明确了该海域中国领海和内水的范围，为我们根据中国国内法和有关国际法对钓鱼岛海域进行管理提供了法律基础。

邓中华表示，公布钓鱼岛领海基线以后，中国政府将根据实际情况稳步推进对钓鱼岛的管理。邓中华说，经过几十年的实践，中国在领海和相关海域管理方面积累了丰富经验，形成了一套管理制度，下一步将会根据中国的法律和国际法的有关规定，实施对钓鱼岛的管理，例如，每天播报钓鱼岛海域的天气预报以及海洋环境情况，绘制关于钓鱼岛附近海域的详细海图，为过往钓鱼岛附近海域的船只提供必要的便利和服务。

邓中华说，日本针对中国政府宣布钓鱼岛领海基线向中方提出交涉完全是倒打一耙、是荒谬而又无理的行径，中方决不接受。日本搞所谓的“购岛”或在钓鱼岛进行的其他行径都是非法的。日本自导自演的这出闹剧，从法理上看是无效的，从常理上讲是可笑的，无论其如何辩解和粉饰，都掩盖不了一个基本事实，那就是日本在拿中国的领土进行非法买卖。中方理所当然地对此强烈反对。

邓中华最后重申，钓鱼岛是中国的固有领土，中方采取的有关行动完全是中国主权范围内的事情，中国既是在行使国际法赋予的权利，也是在履行国际法规定的义务。任何国家和个人都无权对此说三道四。对任何侵害中国领土和主权的行为，中方已经并将继续予以坚决反制。

国家海洋局印发《领海基点保护范围选划与保护办法》

本报北京9月12日电　（记者**余建斌**）记者从国家海洋局获悉：为加强我国领海基点保护，维护国家海洋权益，9月11日，国家海洋局印发了《领海基点保护范围选划与保护办法》（以下简称《办法》）。

《中华人民共和国海岛保护法》要求，国家应对领海基点划定保护范围，实行特别保护。为了指导领海基点保护范围选划工作，国家海洋局制定了本办法。《办法》规定，国家海洋局负责监督指导领海基点保护范围的选划和保护工作，具体选划工作由领海基点所在省、自治区、直辖市人民政府负责。并对领海基点保护范围选划的程序、方法和要求进行了规范。下一步，国家海洋局和地方各级人民政府将根据《海岛保护法》和《办法》的要求，抓紧开展我国领海基点保护范围的选划工作。保护范围划定后，县级以上人民政府海洋主管部门应当加强对保护范围的监视监测与评价，各级海监机构将对保护范围实施监督检查，以切实维护我国海洋权益。

农业部渔业局有关负责人就钓鱼岛问题表示——

我在钓鱼岛海域拥有无可争辩的渔业权益

本报记者　冯　华

就我国在钓鱼岛海域的渔业生产等相关情况，农业部渔业局有关负责人今天接受了记者采访。

记者：请您介绍一下我国渔民历史上在钓鱼岛海域作业生产的情况。

农业部渔业局有关负责人：钓鱼岛及其附属岛屿位于我国东海大陆架上，在台湾省基隆市东北约92海里的东海海域，主要由钓鱼岛、黄尾屿、赤尾屿、南小岛、北小岛及一些小岛礁组成，总面积约6.3平方公里，渔区面积约1.2万平方公里。钓鱼岛群岛自古以来就是中国领土，其附近海域在渔场划分上属于我国渔民历来所称的闽东渔场、台北渔场。我国浙江、福建和台湾等地渔民一直有在该海域作业的习惯，这是我国大陆拖网和围网作业，以及我国台湾灯光敷网作业的重要渔场，也可以说是这些渔民祖祖辈辈传统的谋生渔场。据不完全统计，福建、浙江等沿海省每年进入钓鱼岛海域作业的渔船约有1000多艘。我国渔民在钓鱼岛海域始终拥有无可争辩的渔业权益。

记者：钓鱼岛海域渔业资源状况如何？我国渔民在钓鱼岛海域作业的意愿怎么样？

农业部渔业局有关负责人：为了养护和合理利用这片中国渔民的传统渔场渔业资源，确保渔民生计的可持续发展，中国水产科学研究院东海水产研究所等渔业科研机构常年对该海域资源状况进行跟踪调查。据了解，上世纪80年代以来，主要捕捞品种有绿鳍马面鲀、黄鳍马面鲀、剑尖枪乌贼、短尾大眼鲷、高脊管鞭虾、细点圆趾蟹、鲐鱼、竹荚鱼、蓝圆鲹、蛇鲻、鲨鱼类等，年可捕捞量高达15万吨以上，经济效益良好。钓鱼岛海域对于浙江、福建等省常年在该海域作业的渔民而言，是维生的根本。但是，近年来，由于日方对我在钓鱼岛及周边海域作业渔船的干扰、登临、驱赶，严重影响了我渔民的正常生产活动，造成我在该海域的渔船数量和作业产量大幅下降。渔民对此反响强烈，对日方的无理行径十分愤慨。我国渔民强烈呼吁，要求加大对到钓鱼岛海域作业渔民的指导和护渔维权力度。

记者：农业部将如何开展钓鱼岛海域的护渔维权和执法管理？

农业部渔业局有关负责人：农业部将依据中国法律和国家赋予的神圣职责，在东海及钓鱼岛海域等我国管辖海域坚持实施常态化护渔巡航，坚决维护我国主权和海洋权益、坚决保护我国渔民的生命财产安全，加强海上渔业生产秩序的维护，加强渔业资源的管理。今年9月16日12时，东海区伏季休渔即将结束，大批渔船经过三个半月的休渔，将满载对丰收的期待和渴望出海生产。农业部已要求东海区渔政局和福建、浙江等省渔业主管部门采取切实有效的措施，加强护渔维权和执法管理，保障我渔船生产安全，合理利用东海渔业资源。同时，中国渔业科研机构将继续在钓鱼岛海域等我国传统渔场开展渔业资源调查。中国沿海各渔政船艇做好一切出海护渔维权和执法管理的准备。

河野洋平批评日本野田政府外交举措

本报北京9月13日电　日本众议院前议长河野洋平最近对野田政府的外交举措提出批评，认为野田政府的所作所为离“和平外交”越来越远。

河野在最新一期岩波书店出版的月刊《世界》发表的访谈中说，日本外交应秉承“理性”和“诚实”，要以史为鉴，不能无视大局和原则。

河野表示，野田政权在外交和安保领域做出了一个个损害日本“和平国家”定位的法律修正。他认为，在如何继承和巩固和平立场方面，日本现政权没有表现和释放出应有的姿态和信息，这样下去，日本的国际形象将大受损害。

河野在访谈中还指出，东京都知事石原慎太郎的“购岛”本来是作秀，而野田政府提出“国有化”恶化了事态。无可否认，日方的一系列行动让问题复杂化了。

河野是日本资深政治家，历任日本内阁官房长官、外相、众议院议长等职。河野1993年任内阁官房长官期间，曾代表日本政府发表有关承认强征“慰安妇”问题的“河野谈话”。

日本必须回归理性

钟　声

日本究竟要把中日关系引向何方？日本做好为其恶劣行径承受代价的准备了吗？

日本政府对中国固有领土钓鱼岛及其附属岛屿实施所谓“国有化”，中国政府和人民表示坚决反对和强烈抗议。日本拒不撤销错误决定，叫嚣“举全国之力强化对钓鱼岛附近海域的警备”，同时把破坏地区局势稳定的脏水往中国身上泼。

钓鱼岛是中国固有领土，中国政府采取必要措施捍卫领土主权是正义之举，必将得到国际社会的理解支持，必将提升中国地位和威望。长期以来，中国奉行与邻为善、以邻为伴的周边外交政策。中国以自身的和平发展带动地区发展，成为维护地区和平稳定、促进地区繁荣的重要建设性力量。中国良好国际形象不是几声信口雌黄所能改变的。

半个多世纪以前，日本军国主义发动的侵略战争给亚洲人民造成深重灾难。时至今日，日本固守错误的历史观，不但美化侵略历史，甚至要为历史罪责翻案。亚洲各国对日本这个昔日侵略战争发动者始终保持着足够的警惕。近年来，日本推出“动态防卫”军事战略，把防卫厅升格为防卫省，以种种借口扩充军备，频频制造地区紧张局势。日本在钓鱼岛问题上的恶劣行径，是对世界反法西斯战争胜利成果和在此基础上建立的战后国际秩序的公然蔑视和挑战。

严重侵犯中国领土主权，严重伤害13亿中国人民感情，玷污中国国际形象，日本仍在一意孤行。日本究竟要把中日关系引向何方？日本做好为其恶劣行径承受代价的准备了吗？

拿国家命运和人民福祉为筹码进行冒险赌博，日本是吃过大亏的。日本必须回归理性。

电子信箱：gjpl@pd.people.com.cn

（上接第一版）中方高度重视与缅甸的睦邻友好关系，始终视缅为中国的好邻居、好朋友、好伙伴，不论国际和地区形势如何变化，这一政策都不会改变。

吴邦国指出，胡锦涛主席和吴登盛总统去年在北京宣布，将中缅关系提升到全面战略合作伙伴关系，掀开了两国关系发展的新篇章。希望双方共同努力，认真落实两国元首达成的重要共识，进一步巩固传统友谊，深化互利合作，促进共同发展，不断丰富和充实中缅全面战略合作伙伴关系的内涵。为此，吴邦国提出四点建议：一是继续保持高层互访势头，加强战略规划，密切两国执政党之间的友好交往，就双边关系和共同关心的重大问题及时交换意见，抓紧制定落实中缅全面战略合作伙伴关系行动计划。二是着眼于两国睦邻友好关系大局，采取积极措施，深化互利合作，确保中缅油气管道等重大项目顺利推进，提升两国企业加强经贸合作的信心。三是维护边境地区稳定，中方尊重缅甸主权和领土完整，真诚希望缅有关方面通过和平协商解决问题，中方愿同缅方继续加强边境管理合作，共同维护边境地区正常生产生活秩序。四是密切在联合国、东亚合作、东盟地区论坛、大湄公河次区域经济合作等多边场合的沟通配合，在涉及彼此重大利益问题上相互支持，维护两国共同利益。

吴瑞曼完全同意吴邦国委员长对两国关系的评价和建议。他说，中国是缅甸的友好邻邦和真诚朋友，缅中堪称不同社会制度国家友好相处的典范。缅方愿同中方一道，加强议会、政府、地方等各方面友好往来，推动各领域特别是投资、贸易和重大项目合作，把缅中全面战略合作伙伴关系落到实处。吴瑞曼表示，缅甸联邦巩固与发展党期待同中国共产党加强友好交流，相互学习借鉴治国治党经验。

两位领导人在谈到议会交往时一致认为，议会交往作为国家关系的重要组成部分，对深化政治互信、促进互利合作、增进人民友谊具有十分重要的意义。今年，中国全国人大与缅甸联邦议会领导人成功实现互访，标志着两国议会友好合作关系达到一个新水平。双方表示，愿以此为契机，在保持高层互访的同时，进一步加强各层次、各领域的交流与合作，扩大在民主法制建设、治国理政等方面的相互学习借鉴，密切在国际和地区议会组织中的沟通配合，为中缅全面战略合作伙伴关系发展作出积极贡献。

当晚，吴邦国委员长和夫人章瑞珍出席了吴瑞曼议长举行的欢迎宴会。

中国全国人大常委会副委员长兼秘书长李建国、缅甸联邦议会人民院副议长吴南达觉佐等参加了上述活动。

（上接第一版）中方坚定奉行对缅睦邻友好政策，愿同缅方一道，牢牢把握中缅关系发展的新机遇，共同维护中缅友好合作大局，不断丰富和充实中缅全面战略合作伙伴关系内涵，更好地造福两国和两国人民。

在谈到议会交往时，吴邦国说，中缅关系的发展离不开两国立法机构的大力支持和积极推动。中国全国人大愿进一步加强与缅甸联邦议会民族院的友好往来，紧紧围绕国家关系发展大局，充分发挥议会交往的特点和优势，密切各层次友好往来，加强在治国理政、民主法制建设、保障改善民生等方面的经验交流，为推动各领域务实合作、促进国家关系全面发展贡献力量。

吴钦昂敏热烈欢迎吴邦国委员长到访。他说，中国是缅甸的亲密邻邦，缅中友好源远流长、深入人心。缅方钦佩中国改革开放取得的巨大发展成就，赞赏中方在国际和地区事务中发挥的重要作用。缅甸联邦议会民族院高度重视发展与中国全国人大的关系，愿为推动两国各领域务实合作、深化两国人民传统友谊继续发挥积极作用。

两位领导人还相互介绍了各自国内形势。吴邦国表示，世界各国的基本国情、历史传统和文化背景不同，每个国家都有权利选择适合本国国情的政治制度和发展道路。回顾中国改革开放30多年的发展历程，很重要的就是坚持走自己的路，坚持以经济建设为中心，正确处理改革发展稳定的关系。中方尊重缅甸人民根据本国国情自主选择的发展道路，相信缅方能够妥善应对各种内外挑战，维护国家稳定与发展，实现人民安居乐业。

中国全国人大常委会副委员长兼秘书长李建国、缅甸联邦议会民族院副议长吴妙年等会见时在座。

患难之中的真情

本报驻朝鲜记者　周之然　程维丹

13天，2架飞机，如今这两个数字对大洋伟民国际合营联合会社的几位中国员工来说有了全新的含义。8月28日，朝鲜咸镜南道受15号台风“布拉万”影响降下暴雨，道路被毁，通信中断，该会社在当地矿山工作的共12名中朝员工被完全“隔离”。两国被困员工互帮互助，设法与外界取得联络。闻讯后，朝鲜最高领导人金正恩亲自指示连派2架飞机，最终在9月9日顺利将被困员工救出。事件亲历者之一的会社副总经理吕仁浩10日向记者讲述了整个救援过程。

说起8月28日的暴雨，吕仁浩显得心有余悸。“上午开始下起小雨，下午2点变成暴雨，一直下到晚11点，山路变成了河，洪水裹挟着石块从山顶向我们宿舍的方向冲来。”这场暴雨对矿山造成严重的破坏，员工宿舍倾斜坍塌，粮食储备和电机、矿车、钢轨等设备器材被冲走，水、电、通信和道路全断，中方及朝方各6位员工被困山上。

吕仁浩告诉记者，被困期间中朝员工互相帮助、照顾，共渡难关。初步与山下的选矿厂取得联系后，朝鲜人民军立刻送来猪肉、蔬菜等食物，而员工们又将这些送还给山下受灾的朝鲜人民。在暴雨中中方员工还为营救朝方员工受伤，而朝鲜同志则为其悉心治疗。

9月2日，被困员工派人步行62公里至咸兴市，终于通过电话与朝鲜合作方及国内公司取得了联系。在辽宁省丹东市的会社总经理蔡建民听到消息后，立刻准备了充足物资于6日赶赴平壤。由于矿山当地交通已经全部中断，蔡建民无法到达灾区。此时，得到消息的朝鲜最高领导人金正恩亲自指派一架直升机前往矿山营救。

7日，直升机装载着救助物资前往矿山，但当地已被暴雨冲刷得无处落脚，只有在满是石块的山上冒险降落，但未成功，螺旋桨被打碎。8日下午，金正恩再次派一架小型客机前往解救被困人员。终于，在朝鲜极尽努力的营救之下，中方被困人员于9日被客机送抵平壤。

“为了解救我们，朝鲜最高领导人金正恩两次派出飞机，我们真的十分感动。”吕仁浩说。蔡建民表示，虽然在此次暴雨灾害中矿山受损严重，但他们仍然希望能够尽快恢复重建，和朝方继续合作。“朝鲜人民勤劳、勇敢、善良，会社在朝鲜发展顺利，我们愿意在这里和他们一起合作下去。”蔡建民对记者说。

（本报平壤9月13日电）

让梦想成为现实

吴　楚

9月18日至19日，联合国残疾人权利委员会将在日内瓦审议我国执行《残疾人权利公约》（以下简称《公约》）情况的报告。

2008年6月全国人大常委会批准《公约》以来，我国政府忠实履行《公约》各项义务，坚持政府主导、社会参与、残疾人和残疾人组织充分发挥作用的工作机制，采取立法、行政和其他各项措施，保障和促进《公约》所载各项权利逐步得到实现。

——法制体系更加完备。为履行《公约》关于禁止基于残疾的歧视、机会均等、无障碍等要求，全国人大常委会修订通过了《残疾人保障法》，颁布《无障碍环境建设条例》、《关于开展新型农村社会养老保险试点的指导意见》、《关于开展城镇居民社会养老保险试点的指导意见》，并正在制定《精神卫生法》、《残疾预防和残疾人康复条例》等一系列政策性文件，以全面加强保障残疾人权利的法律法规政策体系建设。

——发展目标更加明确。为落实《公约》关于保障残疾人工作和就业等原则要求，我国将“加快发展残疾人事业”作为专门一节列入国民经济和社会发展“十二五”规划，制定实施《中国残疾人事业“十二五”发展纲要》，提出未来5年“残疾人生活普遍达到小康，生存和发展状况显著改善”的总目标和帮助1300万残疾人得到不同程度的康复、城镇新就业残疾人100万、扶持1000万农村贫困残疾人改善生活状况等发展指标。

——保障体系更加健全。为落实《公约》关于独立生活和融入社区、保障受教育权利、享受健康等要求，我国积极建立健全残疾人保障体系。目前，社会保障制度框架已初步成形，康复和教育、就业和扶贫等体系建设逐渐加快。到2011年底，1000多万城乡贫困残疾人纳入最低生活保障制度。1174.5万残疾人得到不同程度的康复。残疾儿童少年义务教育入学率明显提高，近60%的残疾学生融入普通学校就读，特殊教育学校办学条件不断改善；逐步实施残疾学生高中阶段免费教育；残疾儿童普惠性学前教育开始实施。《农村残疾人扶贫开发纲要》开始实施。

——文体活动及国际合作广泛开展。为落实《公约》关于参与公共生活、参与文化生活、娱乐和体育活动、促进国际合作等要求，我国认真参与国际和相关区域合作，成功举办上海特奥会、北京残奥会和广州亚残运会等重大活动，推动残疾人包容性发展。

同时，我们也清醒地认识到，我国残疾人仍然面临诸多困难和障碍，残疾人事业发展任重道远。但是，我们坚信，只要我们继续坚持全面履行《公约》，依法保障残疾人权利，就一定能使古人“老有所终，壮有所用，幼有所长，鳏寡孤独废疾者皆有所养”的梦想成为现实，实现残疾人“平等、参与、共享”的崇高目标。

我国向联合国交存钓鱼岛及其附属岛屿领海基点基线坐标表和海图（二○一二年九月十三日）

人民日报 2012 年 9 月 15 日 第 1 版

美国东部时间 2012 年 9 月 13 日，中国常驻联合国代表李保东大使约见联合国秘书长潘基文，并向他递交了中国钓鱼岛及其附属岛屿领海基点基线坐标表和海图。依据《联合国海洋法公约》，在一国公布其所属领海基点后，需交由联合国确认。至此，我国已履行了国际法规定的义务，完成了公布钓鱼岛及其附属岛屿领海基点基线的所有法律手续。

来源：国家图书馆

人民网 网址:http://www.people.com.cn
手机:http://wap.people.com.cn

2012年9月
15
星期六
壬辰年七月三十
人民日报社出版
国内统一连续出版物号
CN 11-0065
第23443期(代号1-1)
今日8版

吴邦国会见缅甸总统吴登盛

9月14日，正在缅甸进行正式友好访问的全国人大常委会委员长吴邦国在内比都总统府会见缅甸总统吴登盛。 新华社记者 李涛摄

本报内比都9月14日电 （记者**李伟红**）正在缅甸进行正式友好访问的中国全国人大常委会委员长吴邦国当地时间14日上午在总统府会见了缅甸总统吴登盛。

吴邦国首先转达了胡锦涛主席对吴登盛总统的亲切问候。吴登盛对此表示感谢，并请吴邦国委员长转达他对胡锦涛主席的良好祝愿。

吴邦国在高度评价中缅关系后指出，作为山水相连的近邻，中缅彼此尊重、相互信任、相互帮助、共同发展，是人心所向、大势所趋。中方始终坚持从战略高度和长远角度看待和发展中缅关系，愿同缅方一道共同努力，积极落实两国领导人达成的重要共识，推动中缅全面战略合作伙伴关系不断向前发展。一要不断增进战略互信。当前，国际和地区形势正发生复杂深刻变化，中缅两国都处在改革和发展的关键时期。双方应继续在涉及彼此重大利益问题上相互坚定支持，共同维护中缅友好合作大局。 （下转第三版）

深化走转改 喜迎十八大

老党员话十年

『当代雷锋』说奉献

本报记者 辛阳

初秋的东北，早晚已露寒意。清晨4点30分，当天边刚刚露出一线鱼肚白，老郭从家直奔采场而去，这要比预定的工作时间提前两小时左右上班。如此的辛苦工作，老郭坚持了近二十载。

这位老郭，就是大家耳熟能详的"当代雷锋"郭明义，从1996年开始就在鞍山钢铁公司齐大山铁矿区任公路管理员工作。

郭明义说，几十年前，齐大山铁矿还是一座山，开挖到现在，已经变成了一个100多米的深坑。每天从采场入口到作业面，要走将近40公里。郭明义每天就穿梭于这条路上。

郭明义走路疾如风，一来可能是多年前当过兵的缘故，二来或是常年走这段路锻炼所致。一般人，是跟不上郭明义腿脚的。行头还是那套——警示服、安全帽和与之看起来并不协调的一副眼镜，让郭明义看起来既像名工人又像名知识分子。

郭明义并非只能做一个小小的公路管理员。矿里曾经提出为他换个轻松些的工作岗位，却被他拒绝了。曾有记者问他："你坚持了这么多年，辛苦吗？"对这个问题，郭明义式的回答再次出现，"一来我不知道你们说的辛苦从何而来，二来我做这些事从没觉得是在坚持。"

在郭明义的眼里，采场公路就是他的战场。这是一条条几乎每天都在变化、都得修整的矿石外运路。从高处远远看去，这些公路行云流水般刻画在逐级下沉的矿坑采面上。但当走近时，路面就没有那么美了。实际上，这些所谓的公路是由碎矿石铺成的，人走在上面一脚深一脚浅，雨雪天是泥浆绊脚，刮风的日子则飞沙走石。

这里没任何遮挡。由于矿山的作业面是边形成、边生产、边消失，不能建固定的休息室，因此，无论是突降暴雨、暴雪，还是大风刮得人睁不开眼睛，对公路管理员而言，想找个遮风避雨的地方是不可能的，而且越是恶劣天气，采场公路就越需要维护。

齐大山铁矿的矿坑是一个巨大的盆地，最底部距地面150多米。这里冬冷夏热，冬天时要比外面低5摄氏度左右，夏天则要高出10摄氏度左右。夏天，郭明义黑红的脸膛被晒得一次次曝皮；冬天，耳朵经常被冻伤。按老郭的说法，在这里可谓"冬练三九，夏练三伏"了。

早上6点，天已大亮，郭明义来到采场坑底。他的出现让矿区立刻热闹起来，有喊老郭的，有叫郭师傅的，更多的是汽笛声，这是司机工友们向他致意的方式。

偌大的矿坑，电动轮汽车、碎石锤、推土机穿梭其间。作为矿区采场公路管理员，郭明义担负着全矿采场公路的规划设计、检查验收和管理考核工作。准确来说，郭明义算是个技术干部，很多事情坐在办公室里打个电话就可以完成，隔些天去趟现场考察督察也完全可以。但他不给自己找轻松。工友说："人家硬这么和咱一起干，干得比咱还多，咱们有啥说的？"郭明义自认为不这么做，心里就不踏实。

除了辛苦，郭明义这样扎根采场，坚持每天和一线职工奋战在一起，还意味着他将自己放在了高危岗位。因为要直接参与修路作业，指挥平路机、推土机等修路机具和大型矿用电动轮载重车通行，这些车辆每天都在他身边往来穿行。露天采矿的电动轮载重车是庞然大物，最大的每台自重100多吨，载重190吨，车轮直径达4米，整车高度有6米，有15米左右的视野死角，一些矿山企业曾因此而发生过电动轮载重车碾轧面包车、小货车的事故。而郭明义每天都工作在这些载重车的"身边"。

工友们都说，别看老郭经常上报纸上电视，回到班上一点儿都不含糊，"每天七八个小时的班，尤其到了冬天，就他一个人在零下20多摄氏度的室外，都快成铁人了。下班之后他照样去浴池为我们搓澡，一点儿都没变。"

工友们介绍，受郭明义的影响，齐矿修路职工义务奉献、安装安全标识2800多个，修整标准的安全挡墙20多公里。公路质量的改善，降低了轮胎、柴油、备件等各类消耗，也为准时化生产管理创造了有利条件。2011年1至11月份，该矿主要生产经营指标均超额完成计划，生产准时化执行率达94.03%，设备故障率同比降低1.97%。

【采访后记】

下到坑底后，郭明义开始了一天的忙碌。在大型机械中间穿梭来往，老郭还是一如本色，还是那样的热心憨厚质朴。在这里，很多人会觉得郭明义是在坚持，是在奉献。可在郭明义内心身处，他热爱这份旁人看起来近乎残酷的工作，在这里他感到更安心更踏实。或许，这才是真正的奉献吧。

温家宝看望清华大学师生

新华社北京9月14日电 （记者**赵承**）中共中央政治局常委、国务院总理温家宝14日应邀到清华大学看望师生，并在学校大礼堂发表演讲。

下午2时30分许，温家宝首先来到有着80年历史的机械工程学院精密仪器系。在IC装备重大专项实验室，温家宝听取了集成电路最核心装备光刻机研制和市场推广介绍。在制造系统实验室，他了解了微小卫星技术进展和学生实习、学校与企业合办研究中心的情况。他说，学生要培养创新性思维，科研人员要掌握核心技术，才能不断增强创新的能力。

温家宝还在清华大学校史馆参观了校史展。这里展出的大量老照片和珍贵文献，反映了清华大学不平凡的历史。100多年来，清华大学立德树人，创新学术，涌现出一批学术大师，产生了大量科研成果。在清华大学工作和学习过的两院院士就有471人。在清华大学近期重大研究成果展台前，温家宝还听取了清华大学教授、两院院士姚期智，薛其坤，王大中关于量子计算机、拓扑绝缘体研究、探月工程编码技术、核电站高温气冷堆技术等成果介绍。温家宝勉励他们，着眼国家经济建设需要，奋力攻关，努力实现重大科研技术的新突破，不断抢占科技领域的制高点。

随后，温家宝走进清华大学大礼堂，礼堂内座无虚席。面对1000多名学生，温家宝发表了演讲。他首先从清华的校训讲起。他说，1914年11月梁启超先生第一次来清华作演讲时引用《易经大传》中"天行健，君子以自强不息"、"地势坤，君子以厚德载物"的话，勉励学子们树立"完整人格"。梁先生的这次演讲，对清华优良校风的形成产生了深远影响。此后，"自强不息，厚德载物"八个字成了清华的校训。"自强不息"的品行，是古代先人的智慧和境界，它深深地融入每一个有血有肉的中国人的身心意识中，使其刚健而不屈，独立而不倚。"厚德载物"就是要像大地那样广博宽厚，容纳万物，就是要加强道德修养。中华民族五千年历史，内忧外患，历经磨难，仍得以繁荣昌盛，靠的就是自强不息的精神与厚德载物的品德。清华大学历经百年沧桑，与祖国同甘苦、共患难。在老一代清华人的身上，充满理想主义的情怀，他们不仅有着卓越的才智，而且满怀对祖国的忠诚和对事业的坚韧，表现出为国家和民族义无反顾的献身精神。 （下转第二版）

温家宝将出席中欧领导人会晤并访问比利时

本报北京9月14日电 （记者**邢雪**）外交部发言人洪磊在例行记者会上宣布：经中欧双方商定，并应比利时王国首相埃利奥·迪吕波邀请，国务院总理温家宝将于9月19日至20日赴布鲁塞尔出席第十五次中欧领导人会晤并对比利时进行正式访问。

温家宝总理将与欧洲理事会主席范龙佩、欧盟委员会主席巴罗佐共同举行第十五次中欧领导人会晤。双方将就新形势下提升中欧务实合作水平，深化中欧全面战略伙伴关系进行深入探讨。在当前国际金融危机和欧债问题持续的背景下，这不仅对中欧关系发展具有重要意义，也将为推动世界经济强劲、可持续、平衡增长释放积极信号。

访问比利时期间，温家宝总理将同比利时领导人就中比关系、中欧关系及共同关心的国际地区问题深入交换看法。此访将进一步增进中比政治互信，深化务实合作。

李长春在人民日报社调研时强调

积极运用先进技术 大力发展新兴媒体 当好传统主流媒体进军新兴媒体排头兵

本报北京9月14日电 （记者**汪晓东、李章军**）中共中央政治局常委李长春14日在人民日报社调研时强调，要坚持一手抓传统媒体发展、一手抓新兴媒体建设，牢牢把握正确导向，积极运用先进技术，大力发展新兴媒体，走出一条体现时代特征、中国特色、国际水准的新兴媒体发展之路，当好传统主流媒体进军新兴媒体的排头兵，为全国创造新鲜经验。

中共中央政治局委员、中央书记处书记、中宣部部长刘云山一同调研。

创办于1997年1月的人民网，经过15年的发展，目前已经成为国内最大的中文和多语种新闻网站之一，今年4月在上交所成功上市，整体实力不断增强，影响力不断扩展。上午9时许，李长春来到人民网新媒体播控中心，听取网站建设和上市情况介绍，同人民网海外分公司负责人视频连线交流，了解人民网海外采编和国际传播能力建设情况。得知人民网目前拥有15种语言、16种版本，网民覆盖200多个国家和地区，李长春十分高兴。他还听取了人民网党的十八大专题报道情况介绍，与正在演播室录制节目的嘉宾亲切交谈。人民日报法人微博于今年7月上线，以"权威声音、主流价值、清新表达"为目标定位，目前粉丝超过142万。李长春前往人民日报微博运营室，详细询问微博发布和报网互动情况。他强调，主流媒体要积极主动进军微博领域，办好法人微博，鼓励编辑记者开办个人微博，把微博领域的主流声音做大做强。他还实地察看了新媒体创业基地建设情况，亲切会见了报社干部职工代表，与大家合影留念。 （下转第四版）

贺国强会见波兰外长

本报北京9月14日电 （记者**吴乐珺**）中共中央政治局常委、中央纪委书记贺国强14日在人民大会堂会见波兰外长西科尔斯基。

贺国强表示，中波是传统友好国家。近年来，双方高层交往密切，经贸、人文、科技等领域合作不断深化和扩大，在国际和地区事务中保持沟通与协调。希望双方携手努力，加强政党、议会、政府及民间交流，增进相互理解与信任，不断提升务实合作水平，推动两国战略伙伴关系持续深入发展。

贺国强强调，中国与波兰两国历史上有相似经历，波兰是二战中遭受损失最惨重的国家之一。二战中，中国在东方战场上顽强抵抗日本军国主义侵略，遭受损失极为惨重。二战结束后，按照《开罗宣言》和《波茨坦公告》，被日本窃取的钓鱼岛及其附属岛屿在国际法上已回归中国。最近日本政府宣布"购买"钓鱼岛，此举严重侵犯中国领土主权，也是对世界反法西斯战争胜利成果的公然否定和对战后国际秩序的严重挑战。钓鱼岛及其附属岛屿自古以来就是中国的固有领土，中国对此拥有无可争辩的主权。中国捍卫国家主权和领土完整的决心和意志坚定不移，我们将坚决维护对钓鱼岛的主权。

贺国强还向客人介绍了当前中国经济社会发展情况和中国共产党十八大筹备情况。

西科尔斯基表示，波方高度重视发展同中国的战略伙伴关系，愿进一步密切高层往来，加强党际交流，拓展经贸、投资、教育、旅游、地方合作，推动双方关系不断迈上新台阶。波兰人民和中国人民在二战中遭受巨大惨痛损失，深知和平的宝贵与来之不易，理解中方在涉及领土主权问题上的感情，希望有关当事国通过对话妥善解决问题。

我国向联合国秘书长交存钓鱼岛及其附属岛屿领海基点基线坐标表和海图

本报联合国9月13日电 （记者**吴云、丁小希**）美国东部时间9月13日，中国常驻联合国代表李保东大使约见联合国秘书长潘基文，提交了中国钓鱼岛及其附属岛屿领海基点基线坐标表和海图。至此，我国已履行了《联合国海洋法公约》所规定的义务，完成了公布钓鱼岛及其附属岛屿领海基点基线的所有法律手续。

团结奋斗 捍卫主权

钓鱼岛问题座谈会在京举行

本报北京9月14日电 （记者**杨讴、田泓**）以"团结奋斗、捍卫主权"为主题的钓鱼岛问题座谈会14日在北京举行。会议由中国国际问题研究所、北京市青年联合会和新华网联合主办，来自国内有关研究机构和高校的专家学者以及工人、农民、学生、工商业者和媒体代表等约100余人与会。

外交部部长助理乐玉成应邀与会并讲话。他指出，日本政府不顾中方反复严正交涉，宣布"购买"钓鱼岛及其附属的南小岛和北小岛，这是对中国领土主权的严重侵犯，中国政府和人民对此表示坚决反对和强烈愤慨。中方已经采取了一系列反制措施，伸张中国的主权权利，打击日方的嚣张气焰。下一步，我们将根据事态的发展，针锋相对地采取有力举措，坚决捍卫国家领土主权。面对钓鱼岛局势的最新变化，我们要坚定信心，团结奋斗，把我们自己的事情办得更好，把祖国建设得更加强大，这是我们维护国家主权，挫败任何外来侵犯的坚实基础。

与会专家学者及各界代表对日方"购岛"这一严重挑衅行径表示强烈愤慨，坚定支持中国政府采取的立场和行动，强烈要求日方悬崖勒马，改弦更张，立即停止一切损害中国领土主权的行动。

中国海监船舶编队

抵达钓鱼岛海域开展维权巡航执法

本报北京9月14日电 （记者**余建斌**）9月14日6时许，由中国海监50、15、26、27船和中国海监51、66船组成的两个维权巡航编队，抵达钓鱼岛及其附属岛屿海域，对钓鱼岛及其附属岛屿附近海域进行维权巡航执法。这是我国政府宣布《中华人民共和国政府关于钓鱼岛及其附属岛屿领海基线的声明》后，中国海监首次在钓鱼岛及其附属岛屿海域开展的维权巡航执法，通过维权巡航执法行动，体现我国政府对钓鱼岛及其附属岛屿的管辖，维护我国的海洋权益。

9月14日，中国海监15船抵达钓鱼岛海域。 新华社记者 张建松摄

铿锵步履 转型跨越

——党的十六大以来军队后勤建设成就述评

苏银成 唐向东

这是转型跨越的10年。伴随着人民军队整体转型的铿锵步履，我军后勤开始迈入一个转型建设和跨越发展的新征程。

一体化"联"出保障力

三军联勤，是未来战争的必然选择，也是我军后勤几代人的宿愿与追求。

10年来，随着一体化保障体制改革的逐步推进，我军后勤力量、战储物资、后勤训练等保障力生成要素的建设与改革，也开始焕发出蓬勃的生机——

狠抓后勤力量综合集成。全军后勤被列入重点建设规划的基地保障力量，已经做到要素齐全、设施配套、功能完善，形成了较强的综合保障能力；扩大应急机动保障力量抽组规模，充实类型，优化编组，重点保障，做到了人员定岗、装备定位、物资定储；加大战略投送、海上救治、军事物流等新型保障力量建设力度，后勤力量初步改变了"基地保障能力相对较强，机动保障能力比较弱；陆上保障能力相对较强，海上保障能力比较弱；对陆军的支援保障能力相对较强，对军兵种部队的支援保障能力比较弱"的状况，基本形成了战略战役战术相配套、陆海空相衔接、基地与机动相协调、现役与后备相结合的后勤力量体系，综合保障能力显著提升。 （下转第六版）

中国公布钓鱼岛及其部分附属岛屿地理坐标（二〇一二年九月十五日）

人民日报 2012 年 9 月 16 日 第 1、2 版

2012 年 9 月 15 日，国家海洋局公布了钓鱼岛及其部分附属 71 个岛屿地理坐标。同时，国家海洋局也公布了海岛监视监测系统中的钓鱼岛及其部分附属岛屿位置图、示意图、三维效果图等，以便社会公众进一步了解钓鱼岛及其附属岛屿有关情况。

来源：国家图书馆

人民网 网址：http://www.people.com.cn
手机：http://wap.people.com.cn

2012年9月
16
星期日
壬辰年八月初一
人民日报社出版
国内统一连续出版物号
CN 11-0065
第23444期（代号1-1）
今日8版

我国公布钓鱼岛及其部分附属岛屿地理坐标

新华社北京9月15日电 国家海洋局15日在其网站公布了我国钓鱼岛及其部分附属岛屿地理坐标：

序号	名称	北纬	东经
1.	钓鱼岛	北纬25°44.6′	东经123°28.4′
2.	龙头鱼岛	北纬25°45′	东经123°29.2′
3.	鲳鱼岛	北纬25°44.0′	东经123°27.6′
4.	大黄鱼岛	北纬25°44.4′	东经123°28.6′
5.	小黄鱼岛	北纬25°44.4′	东经123°29.0′
6.	金钱鱼岛	北纬25°44.4′	东经123°29.3′
7.	金钱鱼西岛	北纬25°44.4′	东经123°29.3′
8.	梅童鱼岛	北纬25°44.4′	东经123°29.3′
9.	梅童鱼东岛	北纬25°44.4′	东经123°29.3′
10.	梅童鱼西岛	北纬25°44.4′	东经123°29.3′
11.	龙王鲷岛	北纬25°44.5′	东经123°29.4′
12.	龙王鲷西岛	北纬25°44.5′	东经123°29.4′
13.	龙王鲷东岛	北纬25°44.4′	东经123°29.4′
14.	龙王鲷南岛	北纬25°44.4′	东经123°29.4′
15.	黄姑鱼岛	北纬25°44.5′	东经123°29.5′
16.	黄尾屿	北纬25°55.4′	东经123°40.9′
17.	海豚岛	北纬25°55.8′	东经123°40.7′
18.	大珠岛	北纬25°55.6′	东经123°40.7′
19.	小珠岛	北纬25°55.6′	东经123°40.7′
20.	上虎牙岛	北纬25°55.7′	东经123°41.0′
21.	下虎牙岛	北纬25°55.8′	东经123°41.1′
22.	西牛角岛	北纬25°55.6′	东经123°41.1′
23.	东牛角岛	北纬25°55.6′	东经123°41.1′
24.	黄牛岛	北纬25°55.6′	东经123°41.1′
25.	牛尾岛	北纬25°55.6′	东经123°41.2′
26.	牛蹄岛	北纬25°55.6′	东经123°41.2′
27.	小龙岛	北纬25°55.5′	东经123°40.6′
28.	大雁岛	北纬25°55.5′	东经123°40.6′
29.	燕子岛	北纬25°55.5′	东经123°40.5′

（下转第二版）

以煤为基　多元发展

山西转型跨越风生水起

本报记者　刘亮明　刘鑫焱　冀　业

金秋9月，气爽天高。放眼三晋大地，龙腾虎跃，叠翠流金。

广东省代表团来山西考察后赞叹：没想到产业转型步伐这么快；安全生产抓得这么好；种了这么多树，地这么绿，天这么蓝！

曾经，作为煤炭资源大省的山西，一再因资源浪费、生态破坏、污染严重、事故频发而饱受诟病，因产业结构单一、发展滞后而深感困惑。

面对尴尬，山西省委、省政府及时果断地做出了转型跨越发展、再造一个新山西的战略部署。

一时间，三晋儿女精神大振，转型跨越风生水起。去年，全省生产总值超过1.1万亿元，增长13%以上，财政总收入达到2261亿元，增长25%；城乡居民年收入分别超过1.8万元和5600元，增长15.8%和18.3%；今年上半年，山西省规模以上工业增加值和财政收入分别完成3171亿元和1490亿元，分别增长11.8%和19.75%。

从封闭到开放，思想解放带来转型项目落地开花

"转型跨越发展，项目落地是关键。思想的门打开，转型的门才能打开，新项目、好项目才能落地开花。"省委书记袁纯清一语中的。

山西119个县市区中有94个产煤县。长期的"煤炭财政"，导致各地把发展的视野和思路局限在煤炭上。煤炭资源"钱易赚、饭好吃"的现实，使山西人自足封闭的观念根深蒂固。早几年，很多山西人谈起招商引资，总满脸不屑：咱一铲子下去就是万八千元，何必费那个神。结果国际金融危机给了山西一个下马威：煤炭严重滞销，全省经济震荡，各项经济指标全线下滑！

痛定思痛。山西省委、省政府及时引导全省上下重新认识省情，解放思想，干部群众认识到：不转型，没有出路；不跨越，与发达地区差距越来越大；转型必须扩大开放，敞开大门引进新项目，培育发展优势新产业。

近几年，省发改委接连出台28个工业行业实施方案，推出了一批技术先进、辐射面广、带动性强的重大项目。截至去年底，太重煤机千万吨矿井综采设备项目、大功率风电整机、大运公司年产5万辆重卡生产线、智奇公司2.5万套高速铁路轮对等一批重大项目相继建成投产。

去年在太原举办的第六届中博会上，全省签约项目1198个，引资总额达2.4万亿元，世界500强落户山西达30家。全省招商引资到位资金近3624亿元。

晋城市以开放促转型，抢抓长三角地区产业转移的机遇。仅一年多，全市与上海及长三角地区签约项目就达37个，投资总额236.7亿元。目前，已落地项目13个，投资总额达112亿多元。

（下转第六版）

科学发展　成就辉煌

结束缅甸之行抵达科伦坡

吴邦国开始对斯里兰卡进行正式友好访问

本报科伦坡9月15日电　（记者李伟红）应斯里兰卡议会议长恰马尔的邀请，中国全国人大常委会委员长吴邦国15日下午抵达斯里兰卡首都科伦坡，开始对斯里兰卡进行正式友好访问。

当地时间下午5时许，吴邦国委员长乘坐的专机徐徐降落在科伦坡班达拉奈克国际机场。中斯两国国旗在机场上空迎风飘扬。中国驻斯里兰卡大使吴江浩和斯方高级官员登机迎请。吴邦国委员长和夫人章瑞珍、李建国副委员长兼秘书长走下舷梯，与前来迎接的斯里兰卡议会议长恰马尔等斯方高级官员亲切握手，互致问候。身着民族服装的斯里兰卡少年儿童向吴邦国委员长夫妇、李建国副委员长兼秘书长敬献了鲜花。

（下转第二版）

9月15日，应斯里兰卡议会议长恰马尔的邀请，全国人大常委会委员长吴邦国抵达斯里兰卡首都科伦坡，开始对斯里兰卡进行正式友好访问。这是吴邦国在科伦坡班达拉奈克国际机场与前来迎接的恰马尔亲切握手。

新华社记者　李　涛摄

温家宝与俄罗斯总理梅德韦杰夫通电话

新华社北京9月15日电　国务院总理温家宝15日应约与俄罗斯总理梅德韦杰夫通电话，双方就年内将举行的中俄总理第十七次定期会晤和上海合作组织成员国总理会议等交换意见。

温家宝表示，面对当前严峻复杂的国际局势，中俄紧密携手应对各种挑战，全面战略协作伙伴关系取得新进展。双方要保持密切沟通配合，推动中俄总理定期会晤和上合组织成员国总理会议取得成功，切实维护共同利益，促进本地区的和平、合作与繁荣。

梅德韦杰夫表示，俄中是友好邻邦，俄方高度重视与中国的关系，愿与中方共同努力，通过俄中总理定期会晤和上合组织成员国总理会议，推动俄中全面战略协作伙伴关系迈上新台阶。

梅德韦杰夫表达了普京总统和他本人对温家宝的亲切问候和良好祝愿。温家宝对此表示感谢，并向普京总统和梅德韦杰夫总理表示崇高的敬意。

河南　移民新村社区化

一排排整齐的二层小楼，一条条笔直的村间公路，出门进城有公交，就近打工不发愁，看病上学不出村，家家户户能上网……走进河南省一个个南水北调丹江口库区移民新村，扑面而来的不仅是移民群众一张张笑脸，更有新型城镇化生活带来的便利。

河南省水利厅厅长王树山介绍，河南从南水北调移民新村建

德阳　传统产业高端化

全国45%以上的大型轧钢设备制造地，世界最大的铸锻钢制造基地，发电设备产量全球第一，石油钻机出口全国第一……

这里是四川省德阳市，重大技术装备制造业的雄厚基础，是其最耀眼的名片。

"工业是德阳的立市之基、强市之本。"市委书记李向志说，通过大力推进技术改造，加快产业

习近平在参加全国科普日活动时强调

广泛普及食品与健康相关知识 提高群众消费安全感和满意度

新华社北京9月15日电　（记者周英峰）9月15日上午，中共中央政治局常委、中央书记处书记、国家副主席习近平和王兆国、刘云山、刘延东、李源潮、何勇、令计划、韩启德等领导同志，来到中国农业大学，同首都群众和大学生一起参加全国科普日北京主场活动。习近平强调，要广泛普及食品与健康相关知识，推动全社会更加关注食品安全，坚决遏制各类食品安全违法犯罪行为，提高群众消费安全感和满意度。

今年全国科普日活动以"节约能源资源、保护生态环境、保障安全健康、促进创新创造"为主题，旨在推动《全民科……省、自治区、直辖市将组织开展5200多项主题科普活动。北京主场活动的主题是"食品与健康"。

上午9时30分许，习近平等领导同志来到主题展览区，饶有兴趣地观看了"舌尖上的变化"、"神奇的生物技术"、"农业物联网"、"食品安全监测"等与百姓生活息息相关的科普展板和实物，以及孩子们所做的科普实验互动体验活动。

在"现代农业窗口"展区，习近平参观了我国自主选育的抗虫、抗旱玉米，观看了农业物联网现场演示，并详细了解了我国农业高新技术的进展情况。习近平对……本出路在科技。希望广大农业科技工作者不断提升我国农业科技自主创新能力和国际竞争力，在科教兴农和确保国家粮食安全方面作出更大贡献；希望广大科技工作者抓住机遇，让物联网更好地促进生产、走进生活、造福百姓。

在青少年互动体验区，孩子们在老师的指导下认真做着"Vc哪儿去了"的小实验，当看到孩子们从实验中明白了科学道理，习近平高兴地说，这个科学小实验很有意义，希望同学们把小实验应用到家里，宣传给更多同学，从小养成良好饮食习惯。也希望老师们更多地开展符合青少年特点的科普活动，为青少年健……

（上接第一版）

序号	名称	北纬	东经
30.	刺猬岛	北纬25°55.4′	东经123°40.6′
31.	卧蚕岛	北纬25°55.3′	东经123°40.6′
32.	大金龟子岛	北纬25°55.3′	东经123°40.7′
33.	小金龟子岛	北纬25°55.2′	东经123°40.7′
34.	海龟岛	北纬25°55.3′	东经123°41.4′
35.	海星岛	北纬25°55.6′	东经123°41.3′
36.	海贝岛	北纬25°55.2′	东经123°41.2′
37.	赤尾屿	北纬25°55.3′	东经124°33.5′
38.	赤背北岛	北纬25°55.5′	东经124°33.5′
39.	赤背东岛	北纬25°55.5′	东经124°33.7′
40.	赤背西岛	北纬25°55.4′	东经124°33.5′
41.	赤背南岛	北纬25°55.4′	东经124°33.6′
42.	小赤尾岛	北纬25°55.3′	东经124°33.3′
43.	赤头岛	北纬25°55.3′	东经124°33.4′
44.	赤冠岛	北纬25°55.3′	东经124°33.4′
45.	赤鼻岛	北纬25°55.3′	东经124°33.4′
46.	赤嘴岛	北纬25°55.3′	东经124°33.3′
47.	望赤岛	北纬25°55.2′	东经124°33.2′
48.	北小岛	北纬25°43.8′	东经123°32.5′
49.	鸟巢岛	北纬25°43.9′	东经123°32.5′
50.	鸟卵岛	北纬25°43.9′	东经123°32.5′
51.	小鸟岛	北纬25°43.7′	东经123°32.7′
52.	南小岛	北纬25°43.4′	东经123°33′
53.	龙门北岛	北纬25°43.5′	东经123°32.7′
54.	龙门岛	北纬25°43.5′	东经123°32.6′
55.	龙门南岛	北纬25°43.4′	东经123°32.7′
56.	卧龙岛	北纬25°43.4′	东经123°32.6′
57.	卧龙西岛	北纬25°43.4′	东经123°32.6′
58.	飞龙北岛	北纬25°43.4′	东经123°33.4′
59.	飞龙岛	北纬25°43.3′	东经123°33.4′
60.	龙珠岛	北纬25°43.3′	东经123°33.3′
61.	飞龙南岛	北纬25°43.3′	东经123°33.4′
62.	长龙岛	北纬25°43.2′	东经123°33.4′
63.	金龙岛	北纬25°43.3′	东经123°33.3′
64.	北屿	北纬25°46.9′	东经123°32.6′
65.	北屿仔岛	北纬25°46.8′	东经123°32.6′
66.	小元宝岛	北纬25°46.8′	东经123°32.6′
67.	飞云岛	北纬25°46.8′	东经123°32.4′
68.	元宝岛	北纬25°46.8′	东经123°32.5′
69.	南屿	北纬25°45.3′	东经123°34′
70.	飞屿	北纬25°44.1′	东经123°30.4′
71.	飞仔岛	北纬25°44.1′	东经123°30.4′

国家海洋局同时公布了国家海洋局海岛监视监测系统中的部分钓鱼岛及其附属岛屿位置图、示意图、三维效果图等，以便社会公众进一步了解钓鱼岛及其附属岛屿有关情况。

吴邦国在机场发表书面讲话。他说，斯里兰卡是中国的传统友好邻邦。中斯建交半个多世纪来，双方政治互信不断加深，各领域合作日益拓展，在国际和地区事务中保持良好协调与配合。今年是两国建交55周年和《米胶协定》签署60周年，中斯关系发展面临难得机遇，前景广阔。中方愿同斯方携手努力，巩固传统友好，扩大务实合作，将真诚互助、世代友好的中斯全面合作伙伴关系提升到新的高度。

此访是中国全国人大常委会委员长首次访问斯里兰卡。访问期间，吴邦国委员长将分别与拉贾帕克萨总统、恰马尔议长等斯方领导人举行会见会谈，就双边关系和共同关心的国际和地区问题深入交换意见，并广泛接触斯里兰卡各界人士。

吴邦国是在圆满结束对缅甸的正式友好访问后，于15日下午离开仰光的。离开仰光时，缅方高级官员、中国驻缅甸大使和使馆工作人员到机场送行。

15日上午，吴邦国委员长在缅甸通信部长陪同下，专程前往中国中兴、华为公司与缅甸通讯公司合作兴建的网络中心，亲切看望在那里工作的中缅工程技术人员，勉励他们继续为促进缅甸通信事业发展、深化中缅经贸合作作出更大贡献。

钓鱼岛是中国的
固有领土

（2012 年 9 月）

中华人民共和国
国务院新闻办公室

人民出版社

《钓鱼岛是中国的固有领土》白皮书
（二〇一二年九月二十五日）

人民出版社 2012 年 9 月

2012 年 9 月 25 日，中华人民共和国国务院新闻办公室发表了《钓鱼岛是中国的固有领土》白皮书。

白皮书内容共分五个部分，包括钓鱼岛是中国的固有领土；日本窃取钓鱼岛；美日对钓鱼岛私相授受非法无效；日本主张钓鱼岛主权毫无依据以及中国为维护钓鱼岛

目　录

主权进行坚决斗争。白皮书详实阐述了中国对钓鱼岛拥有主权的历史和法理依据，揭露了日本一直妄图侵占钓鱼岛的野心，同时表达了中国政府解决钓鱼岛问题的决心和能力。白皮书的发表增进了国际社会和中国民众对钓鱼岛问题的了解和认识。

来源：国家图书馆

钓鱼岛——中国的固有领土

海洋出版社　2012 年 9 月

2012 年 9 月 20 日，由国家海洋局组织，国家海洋信息中心编写的《钓鱼岛——中国的固有领土》宣传册正式出版发行。

宣传册共分钓鱼岛概况、钓鱼岛自古以来就是中国的领土、日本和国际社会曾明确承认钓鱼岛属于中国、日本主张钓鱼岛主权没有历史和法理依据、中国积极宣示和坚定维护钓鱼岛主权五个部分。

目 录

宣传册采用中、英、日三种文字印刷，旨在向国内广大民众和国际社会再次阐明钓鱼岛及其附属岛屿自古以来就是中国固有领土的历史和法理事实。

来源：国家图书馆

中华人民共和国钓鱼岛及其附属岛屿

中国地图出版社　2012 年 9 月

2012 年 9 月 18 日，《中华人民共和国钓鱼岛及其附属岛屿》专题地图编制完成，由中国地图出版社出版发行。这是中国政府加强对钓鱼岛及其附属岛屿管辖的具体措施之一。

该地图完整地标识了钓鱼岛及其附属岛屿与祖国大陆及台湾岛的位置关系，也精

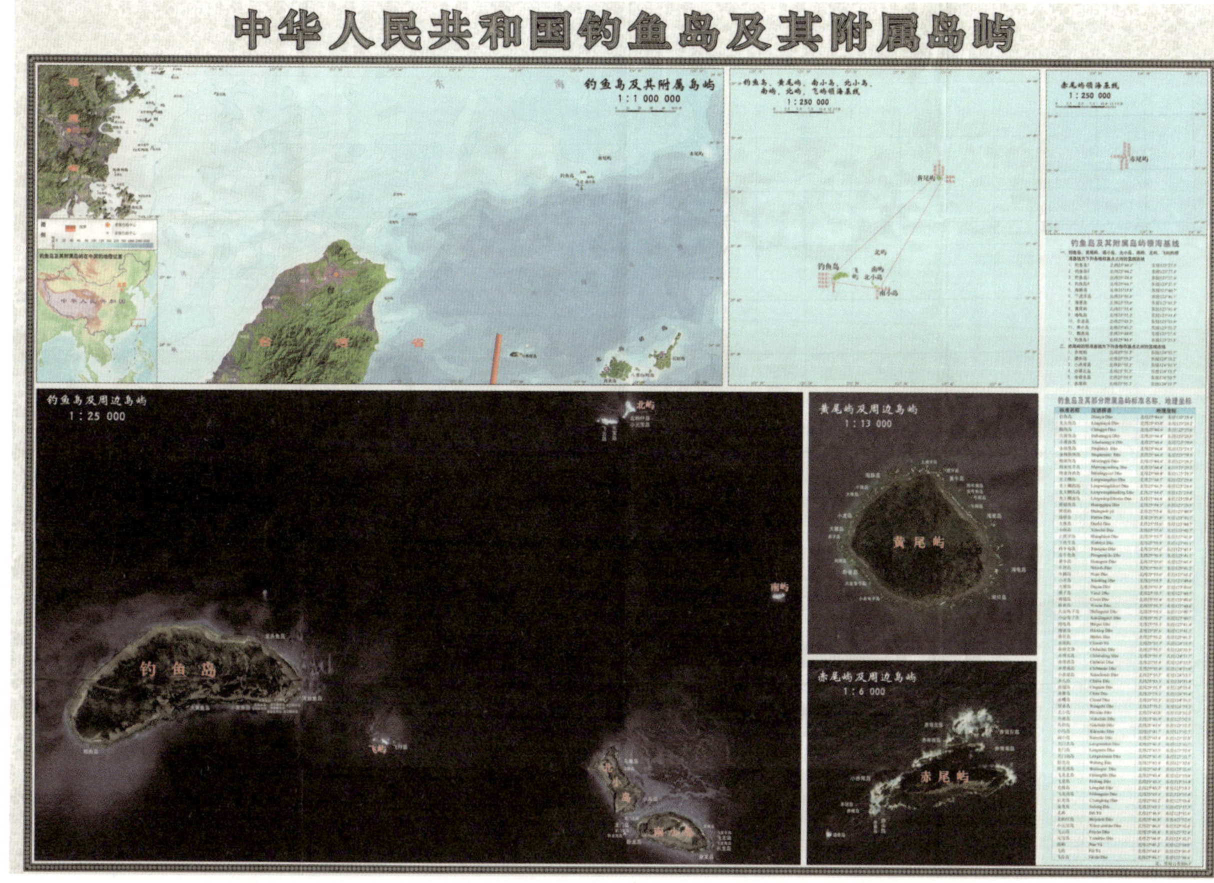

确地标注了钓鱼岛及其附属岛屿的领海基线以及 71 个岛屿名称和地理坐标。

作为国家版图的主要表现形式，地图体现一个国家在主权方面的意志和在国际社会中的政治、外交立场。编制出版钓鱼岛及其附属岛屿地图，对于彰显我国政治外交立场，维护钓鱼岛及其附属岛屿的神圣主权具有十分重要的意义。

来源：国家图书馆

中国钓鱼岛地名册

海洋出版社 2012年11月

《中国钓鱼岛地名册》由国家海洋局组织编制，海洋出版社出版发行，是一本介绍我国钓鱼岛及其附属岛屿情况的工具书。

目　次

全书分概况、地名、附录三部分。概况部分包括了钓鱼岛及其附属岛屿的分布示意图和位置示意图。地名部分包括钓鱼岛、黄尾屿等 71 个岛屿及其周边海域部分地理实体的名称、名称含义、面积、长度、宽度、位置以及现场照片、位置示意图和三维效果图，并以大量文献和史料再次明确钓鱼岛自古以来就是中国的固有领土。

来源：国家图书馆

主要参考文献

1.（日）井上清著 .《关于钓鱼岛等岛屿的历史和归属问题》. 北京：三联书店，1973 年

2. 吴天颖著 .《甲午战前钓鱼列屿归属考：兼质日本奥原敏雄诸教授》. 北京：社会科学文献出版社，1994 年

3. 郑海麟著 .《钓鱼台列屿之历史与与法理研究》. 香港：明报出版社，1998 年

4. 郑海麟著 .《钓鱼台列屿 —— 历史与与法理研究》（增订本）. 香港：明报出版社，2011 年

5. 鞠德源著 .《日本国窃土源流：钓鱼列屿主权辩》. 北京：首都师范大学出版社，2001 年

6. 张植荣、王俊峰著 .《东海油争：钓鱼岛争端的历史、法理与未来》. 哈尔滨：黑龙江人民出版社，2011 年

7. 张启雄 . 钓鱼台列屿的主权归属问题 . 近代史研究所集刊，1993 年 22 期（下）

8. 米庆余 . 钓鱼岛及其附属岛屿归属考 —— 从明代陈侃《使琉球录》谈起 . 历史研究，2002 年第 3 期

9. 谢必震 . 明清士大夫与琉球 . 福建师范大学学报 (哲学社会科学版)，2002 年第 4 期

10. 郑海麟 . 钓鱼岛主权归属的历史与国际法分析 . 中国边疆史地研究，2011 年第 4 期

11. 刘江永 . 历史文献记载中的钓鱼岛 . 世界知识，2011 年第 4 期

12. 郑海麟 . 日本声称拥有钓鱼岛领土权的论据辨析 . 太平洋学报，2011 年第 7 期

13. 刘江永 . 中日钓鱼岛之争中的美国因素 . 世界知识，2011 年第 9 期

14. 李理 . 近代日本对钓鱼岛的“踏查”及窃取 . 中国边疆史地研究，2012 年第 4 期

15. 李理 .“收回琉球”中的美国因素与钓鱼岛问题 . 清华大学学报（哲学社会科学版），2012 年第 6 期

16. 郑海麟 . 从中外图籍看钓鱼岛主权归属 . 太平洋学报，2012 年第 12 期

17. 张海鹏、李国强 . 论《马关条约》与钓鱼岛问题 . 人民日报，2013 年 05 月 8 日

18. 李国强、侯毅 . 论钓鱼岛及其附近海域自古以来就是中国疆域组成部分 . 人民日报，2013 年 5 月 10 日

19. 万明 . 从明清文献看钓鱼岛的归属 . 人民日报，2013 年 5 月 16 日

20. 朱建荣 . 辨析日本关于钓鱼岛主权主张的结构性缺陷 . 日本学刊，2013 年第 1 期

21. 万明 . 明人笔下的钓鱼岛：东海海上疆域形成的历史轨迹 . 北京联合大学学报（人文社会科学版），2013 年第 2 期